中国改革30年研究丛书

专业市场

地方型市场的演进

陆立军 王祖强 著

格 致 出 版 社 上海人民出版社

出版说明

2008年是中国改革开放30周年。30年间，华夏大地演绎了一场人类历史上波澜壮阔的伟大变迁，中华民族用30年的时间走过了其他国家或地区几百年的路程，这种发展被全世界称为“中国奇迹”。在马克思主义的指导下，回顾总结这段历史，揭示中国经济高速发展的内在逻辑和一般规律，乃至进行理论上的创新，是今天我们这个伟大的时代赋予中国经济学和经济学家的机会和责任。

为了全面地反映中国改革开放的伟大历程，我们组织了“中国改革30年研究丛书”。这套丛书涉及经济增长与结构变迁、制度创新与经济改革、公共部门与政府体制、农业改革与农村经济、金融创新与资本市场、对外开放与世界经济、市场体系与经济发展、企业改革与产业调整等15个重大选题。全国数十位经济学家通过招投标的方式参与了这套丛书的著述。

这套丛书的各部著作有一个共同的特点，那就是参与研究和写作的经济学家试图运用现代经济学的理论、方法和工具，以问题为导向，对中国改革开放30年的历程作全方位的梳理和研究，提出一些新的分析框架和理论成果。我们欢迎和支持中国经济学家的这种努力。

需要说明的是，由于中国的改革开放是人类历史上史无前例的社会实验，到目前为止，这一实验仅仅拉开序幕而远未结束，加之现代经济学理论和方法本身的局限性，因此，这些著作对改革经验的探索和总结在资料上和理论上都不可避免地具有相对性，有待于逐步的深化和发展。我们将继续出版更具深度和远见的研究成果。

我们出版这套丛书的目的，既是为了鼓励经济学家进行理论创新和探索，又是希望经济学家之间能展开严肃、认真、求实的学术讨论，以此来推动以马克思主义为指导的中国经济学的发展，进而推动中国改革和开放的进程。

“中国改革30年研究丛书”编辑委员会

2008年10月

目录

0　绪论/1

0.1　改革开放与专业市场现象/1

0.2　专业市场释义/3

0.3　国内外研究综述/7

0.4　研究方法与研究框架/16

0.5　本书的主要贡献/19

1　农村工业化、市场化与专业市场的缘起/23

1.1　改革开放前的商品流通体制/23

1.2　缘起的内在根源:节约农村工业的交易费用/28

1.3　缘起的外部环境:放松商品流通管制/34

1.4　缘起的历史文化基因:民间商业与市镇经济/44

1.5　缘起的典型案例:义乌小商品市场/51

2　专业市场的成长轨迹与基本特征/57

2.1　专业市场的初始阶段/57

2.2　专业市场的成长阶段/64

2.3　专业市场的成熟阶段/72

2.4　专业市场发展的新趋势/82

3　专业市场的交易机制与交易流程/86

3.1　专业市场的类型/86

3.2　专业市场的经营者/91

3.3　专业市场的交易方式与运行特征/95

3.4　专业市场的交易流程与规制结构/102
3.5　专业市场的连接图式/113

4　专业市场的分工与社会资本网络/129
4.1　专业市场的网络结构/129
4.2　专业市场集中交易的效率/136
4.3　专业市场的网络效应与聚集效应/144

5　专业市场的规模扩张与结构演变/150
5.1　专业市场的规模扩张/150
5.2　专业市场的结构演变/156
5.3　专业市场规模扩张、结构演变的总趋势/171

6　专业市场扩展的内在机理：内生报酬递增/182
6.1　专业化分工与报酬递增/182
6.2　内生报酬递增机制:知识溢出与信息外溢/186
6.3　区域间报酬递增机制:区际分工协作网络/191
6.4　跨越"专业市场消亡"的历史宿命/201

7　专业市场与地方产业集群的互动发展/209
7.1　专业市场的嵌入性:内生的低成本交易网络/209
7.2　专业市场推动的产业集群扩张与升级/215
7.3　专业市场扩展的产业支撑:地方产业集群成长/224
7.4　专业市场扩展、产业集群成长与区域经济发展/236

8　专业市场的治理：市场与政府的合作博弈/242
8.1　信息不对称下专业市场的交易困境/242
8.2　专业市场的治理模型与治理机制/252

8.3　市场治理与新的市场秩序／263

9　专业市场的扩展：规模化、专业化和国际化／270
9.1　专业市场的规模化／270
9.2　专业市场的专业化／279
9.3　专业市场的国际化／288

10　专业市场的转型与提升：新型业态／299
10.1　专业市场与电子商务／299
10.2　专业市场与现代物流／310
10.3　专业市场与会展经济／319
10.4　专业市场与品牌战略／331

参考文献／344
后　记／357

8.4 [illegible]

9 [illegible]

[illegible]

[illegible]

[illegible]

10 [illegible]

10.1 [illegible]

10.2 [illegible]

10.3 [illegible]

10.4 [illegible]

参考文献 [illegible]

后记 [illegible]

0 绪论

0.1 改革开放与专业市场现象

专业市场开启了中国农村市场化改革的先河，是中国改革开放的一大特色和亮点。专业市场并不是什么“小”市场，而是折射中国农村市场化、工业化内在规律的大市场。改革开放之初，专业市场为什么首先是在中国的农村大量涌现？专业市场怎样在计划经济的缝隙中生长出来？为什么说专业市场促成了一条独具特色的农村工业化道路？为什么说专业市场是一项富有中国特色的制度创新？

20 世纪 70 年代末 80 年代初，家庭联产承包制改变了农业劳动的组织方式，集体共同劳动变革为家庭分散劳动，极大地消除了农业劳动中的机会主义行为倾向，一举改变了长期普遍存在的低效率状态。农业劳动生产率的大幅度提高和农户家庭财产所有权的初步确立，使农业领域的剩余劳动力显性化，从而为农村新经济组织的诞生创造了所有权因子、市场环境和自由劳动力，改变了中国原先设定的由城市部门和国有经济主导的工业化模式和路径。

农村工业的崛起需要与其企业规模和产品特性相匹配的商贸流通服务，但是，以国有和集体商业为主渠道的传统流通体制，主要是为城市和工业服务的。在计划经济体制下，城市工业品的生产以及生产要素的供给和产品的流通，都为自上而下层层下达的计划所严格控制。乡镇企业和家庭工业要进入这一流通网络，存在着很高的体制性壁垒，这种情况严重地制约了农村工业的发展。当时，乡镇企业和家庭工业发展所面临的严峻问题是：原料从何而来？生产出来的产品如何销售出去？在农村工业还很弱小的时候，专业市场承担了为乡镇集体企业和个体、私营企业提供开放、共享的销售渠道，在计划经济体制外开拓农村地区、边远地区市场空间的使命。专业市场的兴起冲破了计划经济时代主要由国有、集体商业企业控制的销售网络，在体制外为农村工业沟通了从原材料采购、组织生产到销售产品的渠道，使乡镇集体企业和个体、私营企业在国有、集体流通渠道之外开展商品批发成为可能。[1]

专业市场的兴起与农村传统集贸市场的恢复具有很密切的联系：集贸市场的开放是专业市场兴起的前奏；而专业市场的兴起全方位突破了计划经济体制对市场化的约束——交易权的限制。集贸市场的开放肯定了农民劳动所得的排他性产权，允许农副业劳动产品的市场交易，但市场的范围是有限的。早在20世纪70年代末期，东部沿海地区的一些农村，就自发地形成了一批“马路市场”。当时，这些市场属于非法“黑市”，数年之后，在当地政府的支持下，这些市场非但没有被取缔，反而发展成具有一定规模的专业批发市场。1979年拥有500年历史的武汉汉正街率先在全国恢复了个体户经营，1982年8月《人民日报》发表《汉正街小商品市场经验值得重视》的社论，使汉正街市场的合法地位得到巩固。1982年11月，浙江义乌县委、县政府果断地提出“四个允许”，即：允许农民经商，允许从事长途贩运，允许开放城乡市场，允许多渠道竞争，在全国率先开办小商品市场。就全国而言，专业市场风头乍起是在家庭联产承包制在全国推广以后。1983年，中央宣布允许农民贩运三类工业品，企业可以在完成国家计划收购任务后把二类工业品拿到市场上交易，从而打破了只有国有、集体商业企业才能经营工业品的垄断格局。1984年，中央一号文件对农民之间的耕地有偿转包作出了有限度的肯定，并允许部分从事非农产业的农民自理口粮到集镇落户。这一系列制度变革使农民从事非农产业的政治风险趋向于零，为农民进入非农产业提供了更多的经济自由，从而为专业市场的生成和发展创造了较为宽松的制度环境。传统计划经济体制下“短缺经济”造就的绝对卖方市场和比较单一、僵化的流通渠道，给专业市场经营户带来了巨大的商机。在绍兴柯桥、温州桥头、吴江盛泽、东莞虎门、福建石狮、沈阳五爱、成都荷花池、

[1] 由于书中经常会出现乡镇企业、乡镇集体企业与个体、私营企业、民营企业等概念，为了便于阅读，特在此作一区分：(1)乡镇企业是指乡、镇、村及以下单位所办的集体企业、股份合作企业、个体企业及私营企业的总称。在地域上，它主要分布在农村和城郊接合部。(2)乡镇集体企业是指由乡(含镇)、村(含村民小组)农民集体举办的企业。它不仅主要分布在农村，而且从所有制看，产权归农民集体所有。(3)私营企业是指企业资产属于私人所有，雇工8人以上的营利性经济组织，具体包括独资企业、合伙企业和有限责任公司三种形式。(4)个体经济是指在劳动者个人占有生产资料的基础上，从事个体劳动和个体经营的私有制经济。个体经济具有规模小、工具简单、操作方便、经营灵活等特点。(5)严格地讲，“民营”是同国营或官营相对应的概念，属于经营范畴而不是所有权范畴，应该包括非国营的各种经济形式。为了论述的方便，这里所说的“民营经济”泛指除国有经济以外的经济成分，主要包括集体经济、私营经济和个体经济。

重庆朝天门等地区，由于依托当地手工作坊历史悠久、乡镇企业发展迅速、侨乡资源丰富等不同优势，一批专业市场迅速崛起，并在促进当地产业发展的过程中起到重要作用。

改革开放以来，专业市场之所以能迅速发展，主要有以下几个原因：(1)以轻纺工业为先导的农村工业化快速发展，尤其是数量众多的地方型产业集群强烈的交易需求，是专业市场兴起的基本动因。与传统的国有制企业相比较，民营企业的市场竞争意识更强，抢占市场的举措更为有力，作出适应性调整的速度更快。专业市场的兴起有助于打破民营企业在流通领域对国有商业企业的依赖性，使得民营企业通过新的分工和合作契约建立自己的比较优势。(2)对于广大在传统计划经济体制的缝隙中成长起来的民营企业来说，专业市场是一种只需支付较低的费用就可共享的规模巨大的销售网络，是一种具有明显体制落差优势的安全、宽松和低交易费用的"市场特区"。在20世纪80年代初，乡镇企业选择了最简单的人员直接购销的方式来采购原材料和推销产品，于是形成了成千上万的农民购销大军。但是由于缺乏营销规模效益和市场秩序，这种市场制度的交易费用很高，而专业市场的兴起，正是通过市场制度变革降低交易费用的必然结果。(3)各级地方政府的开明决策大大地降低了农民和民营企业进入专业市场的体制性壁垒，地方政府出于自身利益的考虑，与商人(业主)群体形成了事实上的利益共同体，增强了专业市场发展的内在动力。在专业市场萌芽和初创时期，政府作为一种市场主体之外的力量，所起的作用是关键性的。如果既有工商业者自发的集体行动，又有政府的开明决策、因势利导、积极推进和有效规范，专业市场发展的进程就会大大加速。(4)地方政府的兴商政策取向和直接参与市场组建，不仅促进了公正透明、可预期的交易环境和管理制度的形成，而且提升了专业市场在区域经济中的地位和发展目标。专业市场对促进区域经济发展所起的巨大作用，激发了当地政府发展专业市场的热情。地方政府的参与程度与当地专业市场的规模和发展速度高度相关，在专业市场成长过程中发挥了重要作用。

0.2 专业市场释义

中国专业市场的数量之多，分布之广，在整个经济体系中地位之重要，对农村工业化、市场化所发挥的作用之大，在人类历史上前所未有。那么，什么是专业市场，它有什么显著特征和重要功能？为什么说专业市场具有地方型市场的特征，它具体表现在哪些方面？专业市场的发展动态如何，其未来前景怎样？支撑专业市场扩展、成长的内在动力是什么？

0.2.1 专业市场的内涵、特点和经济功能

传统意义上的专业市场是一种以现货批发为主，集中交易某一类商品或者若干类具有较强互补性或替代性商品的场所，是一种大规模集中交易的坐商式的市场制度安排。其主要特点在于：(1)是一种典型的有形市场；(2)以批发为主，兼营零售；(3)集中交易，有一定数量规模的卖者，接近完全竞争的市场结构；(4)以现货交易为主，远期合同交易为辅。专业市场的主要经济功能是通过可共享的规模巨大的交易平台和销售网络，节约中小企业和批发商的交易费用，形成具有强大竞争力的批发价格。专业市场的优势，是在交易方式专业化和交易网络设施共享化的基础上，形成了交易领域的信息规模经济、外部规模经济和范围经济，从而确立商品的低交易费用优势。

专业市场从农村兴起，是传统集贸市场向专业化方向发展的结果，因此其“专业”性是相对于集贸市场而言的。与集贸市场相比，专业市场的“专业”性主要表现在：首先是市场商品的专门性，其次是市场交易以批发为主，再次是交易双方的开放性。将这些特点综合起来，简而言之，专业市场的内涵就是“专门性商品的批发市场”。根据以上特点，可以比较清晰地把专业市场同综合市场、超级市场、百货商店、菜市场、零售商店、专卖店、商品期货交易所、集市、庙会等各种市场形态区别开来。

0.2.2 专业市场的地方型特征

专业市场是一种具有根植性、社区性的嵌入式经济组织，通过生产分工网络、交易网络和物流网络与地方经济、产业集群形成互动结构，在一定程度上主导着区域经济发展。专业市场的地方型特征主要表现在：

(1) 根植性和本土化。专业市场深深地嵌入当地的社会关系之中，其形成和发展与当地群众的商业意识和商业文化传统、手工业、家庭副业、集市贸易、商业技巧、商业型社会资本(社会学意义上)以及地方政府的重商、亲商政策等密切相关。根植性加强了专业市场的黏力，是专业市场的一个根本性优

势。在专业市场形成后，不仅吸引来的企业、商户会根植于本地，还会有许多新企业、新商户在本地繁衍、成长，从而“粘住”流动着的商机。

(2) 嵌入式和互动性。专业市场具有很强的产业形成和集聚功能，往往是一个或几个产业集群信息传播、价格形成的核心；而产业集群为专业市场的持续繁荣提供大量廉价的商品，有利于专业市场形成最具有竞争力的批发价格，两者建立了嵌入式的互动关系。地方工业、产业集群以专业市场为依托，把成千上万个中小企业、家庭工场有效地组织起来，形成最具地方特色的经营模式，即“小商品、大市场；小企业、大集群”。

(3) 社区性和群众性。专业市场的一个突出特征是“在体制外成长”，当地群众自发参与、共同受益。专业市场上的经营者，绝大多数来源于当地的农民、城镇待业人员、离退休或辞职干部、下岗工人，以及其他人员等；专业市场上的商品生产者，绝大多数是私营企业主、专业户和乡镇企业。这两者共同构成了专业市场所谓的“特殊商人”或“专业商人”的早期来源。专业市场的形成和发展完全依靠群众的力量，是真正以市场为导向的“老百姓经济”。

(4) 区域性的交易网络和平台。在计划经济体制下，农村企业的物资、设备和原料的供应完全没有计划保障，这就迫使企业要从市场上去寻找原材料和产品销售渠道，在计划经济体制的夹缝中求得生存和发展。专业市场是中国市场体系中一个发育较早的有机组成部分，与传统国有集体商业企业的僵化模式相比较，专业市场具有显著的自主、灵活、竞争、开放等特性。由于进入的壁垒较低，退出的成本也较低，专业市场拥有众多生产厂家和经销商，是一个接近完全竞争的市场。专业市场为乡镇企业和个体、私营企业以较低交易费用进入流通领域提供了平台和通道。

(5) 形成区域品牌和主导区域发展。经过改革开放 30 年的发展，许多大型专业市场已成为一大商贸流通产业，是当地经济、当地产业整体形象的代表，形成了区域品牌。当地的众多中小企业在专业市场的大旗下，共享这一整体品牌带来的市场信誉和其他无形资产。专业市场用整体品牌整合各种资源，用市场分工网络的整体功能弥补商户“多、小、散”的功能缺陷，使尽可能多的当地资源为市场的持续繁荣服务。

0.2.3 专业市场扩展的内在动力与演进方向

马克思主义经典作家十分重视商品交换和流通在社会再生产中的作

用，把生产力、分工和交往关系并列作为考察人类历史演进和不同民族间相互关系的基本工具，有时甚至把交往关系的发展看作是消灭旧的社会分工的途径。只有形成世界市场，“单个人才能摆脱种种民族局限和地域局限而同整个世界生产（也同精神生产）发生实际联系，才能获得利用全球的这种全面的生产（人们的创造）的能力”。[1]恩格斯在《反杜林论》中论述政治经济学的对象和方法时，把生产和交换称为经济曲线的横坐标和纵坐标；在勾画人类历史发展的图画时，生产方式和交往方式共同构成一组坐标。

在中国农村工业化进程中，专业市场逐步冲破传统的地区封锁和城乡隔离的计划经济体制，成为一个跨区域的、联结城乡的市场网络。全国各地先后建立的专业市场，最终必然分化、整合、集中，形成由若干个全国性和地区性市场组成，层次和结构分明的专业市场体系。在这个市场体系中，大型专业市场从横向来看，它是区域经济启动的起点，商品集散的中心；从纵向来看，它处于市场信息、资金、物流运动的最高层，拥有明显的优势。目前，全国各地各类具有区域特色的专业市场正以不同的方式演绎着各自的发展和变迁之路。就总体而言，中国专业市场的总规模与单个市场的平均规模都在不断扩大，许多大型、超大型的专业市场引领着专业市场的业态变化，电子商务、会展经济、国际贸易、现代物流等新型市场业态不断涌现。

在新世纪，沿海发达地区的专业市场已呈现出分化、整合、转型与提升的趋势。有些大型专业市场通过引入电子商务、现代物流、会展经济、国际贸易等新兴商业形态，保持良好发展态势，市场辐射范围不断扩大。其中少数强势市场正成为特色彰显、颇具优势的区域性、全国性甚至国际性的商贸流通中心，已经成为我国的地方工业、产业集群融入国际经济、参与国际分工的重要平台和通道。与此同时，也有一批低层次的传统专业市场正在逐渐萎缩或消亡。尽管传统的小商品、日用工业品、纺织品和生产资料仍是交易的主要客体，并占有重要的位置，但机电产品和高新技术产品在专业市场交易中的地位正在明显上升。

专业市场之所以持续扩张，根本原因在于它是一种有效率的专业化的交易组织，为中小企业进入市场提供了一个便捷的可共享的低交易费用的

[1] 参阅马克思、恩格斯：《马克思恩格斯选集》第1卷，人民出版社1995年版，第89页。

贸易平台和通道。专业市场的成本优势产生于在批发经销上对规模经济和范围经济的利用。由于商户经营着许多中小企业的产品,所以他们比单一从事销售和批发系列产品(规模)的任何一家中心企业获得的产品数量更多,单位成本更低。以专业市场为核心的区际分工协作网络,形成了内生报酬递增机制:知识溢出与信息外溢在降低交易费用的同时,获得交易的规模经济、范围经济以及专业化分工网络效应所带来的成本优势。

国外发达国家和我国一些地方的实践表明,随着居民收入增长和需求层次的提高,大规模品牌生产集团和商贸集团脱离专业市场创建各自的企业品牌和营销网络,专业市场作为一种中小企业的"公共交易平台"的地位下降,开始衰退乃至消亡了。当前,政府部门和学术界十分关注我国专业市场能否跳出"消亡"与衰退的历史宿命。我们认为,"专业市场消亡"论建立在报酬不变的基础上,没有看到市场规模扩大后所形成的内生报酬递增机制,以及由此所产生的投资协同与跨区域分工协作网络效应。而正是市场规模扩大后所建立的内生报酬递增机制与市场的分工网络效应,使得中国的专业市场有可能跨越"专业市场消亡"的历史陷阱。在内生报酬递增大于内生交易费用增加的前提下,专业市场扩大后相应的净收益可能增加,专业市场也会因此而不断地发展、演进。中国的工业化、城市化水平与欧美国家还存在较大差距,大量分散的中小生产企业仍需要借助于专业市场这一具有准公共产品性质的平台销售产品,而大量的中小零售商难以直接与生产企业对话,在商品采购中缺乏话语权,因此,也需要通过充分竞争的专业市场采购商品。

0.3 国内外研究综述

0.3.1 国外研究综述

西欧是最早开始工业化的地方,专业市场在工业化兴起之后逐渐为大工业的专业化销售渠道或其他业态所替代乃至逐步消亡,因此在西方经济学和经济研究者的视野中,专业市场一直是一个很不起眼的事物。

市场与市场规模、交易效率、专业化交易组织等,一直是西方经济学的重要研究领域。无论是斯密、施蒂格勒(Smith, 1776; Stigler, 1989)所提出的"分工受市场范围限制"的斯密定理,还是杨格(Young, 1928)所提出的

“分工与市场互动”的杨格定理，都揭示了分工与市场之间天然的密不可分的关系。因此，市场与分工存在下列关系：(1)劳动分工因市场而演进，从而促进生产效率提高和科学技术进步；(2)分工的演进导致市场参与者增加，市场范围随之扩大；(3)分工的演进与市场扩大导致经济体系财富增加。因此，市场扩大与分工演进是经济增长不可或缺的条件。杨小凯(1998)认为，劳动分工有三种类型：一是基于比较利益的劳动分工；二是基于规模经济的劳动分工；三是基于专业化经济的劳动分工。以上三种分工好处的获得，都与市场的存在密不可分。历史学家布罗代尔(Braudel, 1975)不仅揭示了集市贸易的早期形态及其在“互通有无”的经济生活中的作用，而且揭示了集市贸易规模扩大和专业化程度增强的趋势。

专业市场在西方发达国家前工业化时期、尤其是工业化早期的经济发展中发挥了重大的作用(Bromley, 1971)。此后，在欧美国家，随着生产规模的扩大和消费需求层次的提高，厂商脱离专业市场创建各自的企业品牌和营销网络，早在这些国家发展成为成熟的市场经济体之前，专业市场作为一种中小企业的“公共交易平台”，就开始衰退乃至消亡了。因此，专业市场并没有成为西方主流经济学的研究重点。一些西方学者(Pine II, 1992; Britnell and Campbell, 1994; Braudel, 1975; Kowaleski, 1995; Miller and Hatcher, 1978；等等)观察到了专业市场在欧美发达经济体中衰退乃至消亡的历史事实。西方学者对“专业市场消亡”的主要解释是：企业在自创品牌后，作为“公共产品”的专业批发市场变成阻碍获得经济租的组织形式，从这个意义上说，创牌行为是与专业市场不相容的；企业自创品牌与自建营销网络最终逐步“蚕食”专业市场，正是这一需求诱致性制度变迁导致了专业市场在许多地区的瓦解。

中国专业市场的发展引起了国外的广泛关注。如联合国、世界银行和摩根斯坦利等机构联合发布的《震惊世界的中国数字》(2005)认定浙江义乌市场是全球最大的小商品批发市场；[1]我国商务部自2006年10月份开始，向全球发布“义乌·中国小商品指数”，目的在于争夺国际小商品、日用工业品和五金电器用品的定价权。不仅如此，鉴于专业市场在中国工业化、市场

[1] 转引自肖华：《义乌奇迹解密》，《南方周末》2006年3月2日。

化以及社会结构转型过程中的重要地位，我国专业市场的发展及其相关研究成果也引起国外学术界的重视，美国芝加哥大学、英国卡迪夫大学、日本横滨大学、澳大利亚悉尼大学以及我国台湾“中央政治大学”等大学和研究机构还专门设立有关专业市场的研究项目或博士论文选题，把专业市场及其演进作为观察、研究中国改革开放和经济发展的重要内容。

0.3.2 国内研究综述

专业市场在世界经济史上虽然不是一个新鲜事物，但是在中国，尤其是在改革开放的大背景下，却有着不同寻常的意义。中国是一个有着比欧洲更为久远的市场交易传统的国家，而现代市场经济的进程却落后西方世界好几百年。[1]就是在近代被强行打开国门开始市场化进程之后，中国的市场化进程也多次中断。如何从传统经济转变为现代经济，在尝试过了计划经济的失败之后，历史证明市场化是一条必经之路。中国的市场化历史性地选择了农村作为突破口。

国内学者对专业市场的研究是在20世纪80年代初开始起步并逐步深化的，其历史背景是农村推行家庭联产承包制、农村工业化、乡镇企业和民营经济的发展，以及专业市场在工业化和以市场为取向的经济改革中的先导地位。浙江、广东、江苏是专业市场主要的发源地，因而也成为了研究区域市场化和工业化的一片沃土。开始阶段，基于对专业市场的感性认知，一些对改革和经济社会发展具有敏锐眼光的学者捕捉到了专业市场现象，揭示了专业市场促进劳动分工、带动农村经济发展的作用，逐步认识到专业市场是一种具有中国特色的商贸流通和批发贸易制度，其与地方产业的联动发展将会形成一个个有特色的区域经济发展模式。从对现象和经验的概括到对内在运行机理和功能的理论分析，研究深度日益深化，研究的角度也不断拓展。

早在20世纪80年代，国内学术界就注意到了专业市场这一农村工业化、市场化进程中的新经济现象。费孝通(1986)、林青松和威廉·伯德(1989)、陆立军(1989)等学者以专业市场与农村工业的互动为重点，对中国农村工业的动因、结构以及不同的区域经济发展模式进行了比较研究。改革开放初期，农村工业化开始起步，在20世纪80年代初，苏南的乡镇企业

---

[1] 参阅吴承明:《传统经济·市场经济·现代化》,《中国经济史研究》1997年第2期。

代表了工业化的一种模式，成为当时农村经济迅速发展的一颗明星。但是在浙江，人们发现了另外一种现象：千家万户的家庭工业很有活力。在农村工业化兴起的地方，农村剩余劳动力得到了有效的转移，农民告别了祖辈相传的农业生产，制造一些当时老百姓非常需要的日用工业品，尽管工厂规模很小，技术水平也很低，但是家庭工厂的产品有很好的销路。在浙江如此活跃的农村经济引起了学术界和决策层的极大兴趣，浙江的农村工业化路子不仅与计划经济体制下的城市工业化明显不同，而且与苏南的农村工业化相比，特色也很鲜明。在这样的背景下，人们发现，浙江农村工业化的特色在于大批家庭工厂围绕着一个交易繁荣的市场，不仅有千家万户的家庭工厂在生产，而且还有成千上万的专业化商人（农民）通过各种渠道销售产品，其中就包括了专业市场。温州是专业市场和家庭工业相结合的一个典型，费孝通（1986）指出，专业市场促进了农村的专业化分工，家庭工厂生产的"小商品"通过专业市场的渠道占领了"大市场"。费孝通的文章在全国引起了不小的轰动，众多目光开始关注温州的农村工业化，对专业市场的研究也开始引人注目。浙江本土的经济工作者发挥了熟悉本地农村经济发展情况的优势，全面介绍和分析专业市场的运行状况和潜在问题。何荣飞（1989）重点介绍了温州的民间市场（专业市场的代称），因此也有了"温州十大专业市场"一说。[1]朱国凡（1995）对浙江省专业市场的发展情况作了比较全面的经验性分析，包括专业市场的规模和内部构成，描述了专业市场的几个发展阶段及其特点，并对专业市场发挥作用的内外部条件作了深入的分析。

为什么中国市场化和工业化初期与西方不同，出现了普遍的、大规模的专业市场现象？农村工商业的发展和相应的经济体制改革为专业市场的兴起提供了基本的制度创新背景，农村工业的迅速扩张和区域间专业化分工的发展是专业市场兴起的直接动因，专业市场的兴起也是市场交易形式自身演进的结果，而地方政府的兴商政策和积极兴办市场的行为则加速了专业市场的发展。在20世纪90年代中期，当时市场化和工业化处在一个转折时期，专业市场和农村工业各自的发展路径产生了一些冲突，对专业市场的发展趋势有许多不同

[1] 十大专业市场是永嘉桥头纽扣市场、乐清柳市低压电器市场、乐清虹桥农贸市场、瑞安塘下编织袋市场、瑞安仙降塑革鞋市场、平阳肖江编织袋市场、平阳水头兔毛市场、苍南宜山再生腈纶市场、苍南钱库综合商品市场、苍南金乡小商品市场。

的看法。浙江学术界(主要是经济学研究者)试图从专业市场的本质和市场运行的经济学原理着手,探讨未来专业市场的发展问题。代表性的学者有张仁寿(1996)、罗卫东(1996)、盛世豪(1996)、金祥荣(1996)、郑勇军(1998)以及金祥荣、朱希伟(2002)等,这些学者共同关注的一个问题是专业市场兴起的特殊国情,专业市场不单单是计划经济体制下区域贸易的一个突破口,更重要的作用是专业市场和农村工业化共生,大量乡镇企业和个体、私营企业借助于专业市场在计划体制之外扩大市场范围和销售渠道,专业市场已经成为从传统的农业社会向现代工业社会转变的一条制度创新的路径。农村工业由于专业市场而迅速扩张,专业市场也可能因为农村工业的成长,或许与工业化的推进同步转变为现代市场,或许因为农村工业的成长而被抛弃,在学者群体中,既有对于专业市场的发展前景表示乐观的,也有对专业市场前途感到担忧的。这一时期,许多学者的研究开始从制度的层面来思考专业市场的机制和功能,而且注意到了中国和西欧历史上的专业市场有着不同的经济背景和发展趋势,认识到了专业市场与中国长时期的工业化有着难以分割的联系,是一种具有中国特色的制度创新。例如,专业市场在中国和西欧工业化进程中形成了截然不同的发展路径,中国的专业市场貌似西欧前工业化时期的专业市场,但实质上是具有中国特色的制度创新。

随着研究的深入,有些学者把新制度经济学和交易费用经济学的研究方法运用于研究专业市场的交易机制,在交易费用概念的基础上建立了分析专业市场交易效率的数理模型,对于揭示专业市场的运行机制和交易机制可能发生的转变是非常有价值的。金祥荣和柯荣住(1997)从交易费用的角度解释专业市场产生的经济原因,认为它是一种有利于那些规模经济不显著的中小企业节约交易费用的制度安排,通过交易的外部化来节约交易费用。郑勇军(1998)认为,专业市场是一种只需支付较低的费用就可共享的规模巨大的销售网络,是一种具有明显体制落差优势的安全、宽松和低交易费用的“市场特区”。罗卫东(2000)从诱致性制度变迁的角度分析了专业市场的起源,认为沿海地区以轻纺工业为先导的农村工业化模式以及数量众多的地方型产业群对专业市场有着强烈的制度需求。张军(2002)从转轨时期资本形成与经济增长的角度,指出专业市场的兴起有助于打破乡镇企业在流通领域对国有商业的依赖性,通过新的分工和合作契约建立自己的比较优势。张曙光(2004)十分重视通过典型案例研究来验证产权制度安排与专业市场制度演进之间的内在联系。史晋川(2005)用新兴古典经济学的分析框架研究专业市场的兴起,指出专业市场作为一种共享式交易网络,规模经济与范围经济的获得对其成长极为重要;区域间制度安排的差异使得一些区域的经济主体在一定阶段获取高额的"制度租"成为可能,专业市场正是凭借"制度落差"才得以发展壮大。由于把交易费用经济学和新制度经济学引入专业市场的研究,加深了人们对专业市场本质的认识。专业市场作为共享式销售渠道、具有高效率的交易机制、促进了农村工业化的制度创新等一些观念已经普遍为学术界所接受,为此后专业市场的具体研究奠定了基础。

20世纪90年代中后期以来,专业市场已成为许多地区建立在专业化交易网络基础之上的一大商贸流通产业。许多学者更加注重对专业市场发展前景及其具体问题的研究,着重探讨专业市场与区域经济发展的关系,同时也针对专业市场发展中出现的一些现实问题,尤其对专业市场的交易方式转变、专业市场的转型和发展展开了研究。政府部门和学术界对专业市场的发展及其未来前景十分关心,引发了一场关于"专业市场是否消亡"的讨论和争论。事实上,我国许多地区的一些专业市场也在创办之后陆续呈现萎缩的趋势,如,温州柳市低压电器市场、妙果寺服装市场和桥头纽扣市场,河北灯饰批发零售市场,郑州童装批发市场等。"专业市场消亡"论的观点认为,专业市场的发展是在企业规模太小,无法建立自己专有的销售渠道,因而只能通过这一公共平台来降低单位产品销售成本的情况下存在的现象;随着竞争带来的优胜劣汰,市场上存活的生产者实力逐渐增强,将逐步脱离专业市场这一交易场所,通过不断拓展和巩固自身的销售网络,对原有专业市场不断加以"蚕食",从而导致专业市场最终走向消亡。英美等发达国家近现代史上出现的下述现象为"专业市场消亡"论提供了依据:在许多行业中,一些大企业建立了自身的物流配送部门,从原有的传统专业市场中退出;现代物流企业的出现,取代了原来的商品和生产资料市场,担负起主要的产品流通职能;历史上一些著名的专业市场(如曼彻斯特轻纺市场)则确实早已消亡。

一些学者(陆立军、白小虎、王祖强,2003;陆立军,2006;陆立军、杨海军,2007)认为,"专业市场消亡"论建立在报酬不变的基础上,没有看到市场规模扩大后所形成的内生报酬递增机制,以及由此所产生的投资协同与跨区域分工协作网络效应。他们以世界最大的小商品批发专业市场——义乌中国小商品城市场作为长期跟踪、观察、研究专业市场演进的基地，揭示了义乌小商品市场不但没有消亡，反而呈现愈益蓬勃发展的态势，并向“义乌商圈”演进的客观现实与内在机理。他们认为，“专业市场消亡”的观点存在以下两个不足：(1)解释建立在报酬不变的假定条件下，对于市场规模扩大后所建立的内生报酬递增机制以及由此所产生的投资协同效应有所忽视；(2)解释侧重于对市场资源配置功能的审视，而没有看到市场更为重要的功能是促进分工并以此获得专业化经济，即市场的分工网络效应。正是市场规模扩大后所建立的内生报酬递增机制与市场的分工网络效应，使得义乌市场得以跨越“专业市场消亡”的历史陷阱。

0.3.3 对已有研究成果的评述

综观国内对专业市场已有的研究，主要有以下几个特点：一是以农村工业化和乡镇企业、民营经济大发展为宏观背景，研究专业市场的缘起、特性、功能，及其在经济改革中的先导地位。二是把专业市场看作一种具有根植性、社区性的嵌入式市场体系，注重研究其与区域经济、产业集群、物流网络之间的关联与互动，在一定程度上主导着区域经济发展。三是研究范式逐步从传统政治经济学的商业资本、商贸流通理论转向新政治经济学的交易费用、市场与分工、公共选择理论。上述研究成果及其在研究范式上的创新是本书开展新的、综合性研究的重要基础。具体而言，国内在专业市场研究方面的主要理论建树是：

(1) 把专业市场作为制度现象，用新制度经济学的概念和理论工具研究中国专业市场兴起的背景、原因。有的学者注意到，专业市场从现象上来看首先是地方性市场。地方性市场的形成本身就是一个很值得研究的问题，而且关系到一个地方性市场能否成长为区域性或全国性市场；因此注重从地方的特殊性来解释专业市场产生和兴起的原因。专业市场虽然从现象上来看是地方性市场，但就其兴起的背景来看，是一种完全有别于计划经济体制的新体制、新制度，而且能够在计划经济占主导地位的情况下，形成不可阻挡的市场化趋势，因此从本质上来讲专业市场就是一种制度创新；而且还可能成为区域经济发展的一个重要的决定性因素。从这个意义上说，对专业市场的研究也是一个制度经济学研究的命题，包含着制度与经济发展之间的关系。

陆立军(1999)与陆立军、白小虎、王祖强(2003)对义乌小商品市场的研究，是把专业市场的形成与发展看成是一个制度创新的一项标志性成果。陆立军等所提出的"初级行动团体"通俗来讲就是农民商人，他们对农民商人作为一个地域性商人群体由于对外部获利机会的响应从而推动制度变迁的行为作了深入细致的分析；同时对政府作为"次级行动团体"的行为也分析得比较全面。这是在制度分析的框架下进行案例分析的一个成功尝试。

(2) 对专业市场的运行机制和效率来源的研究，从交易费用的角度解释专业市场的经济功能，并将其定义为一种只需支付较低的费用就可共享的规模巨大的销售网络。这一研究主要立足于微观经济学对市场机制和效率的分析，并且初步触及了制度创新与经济发展的关系。许多学者在研究专业市场时，十分关注专业市场的运行机制及其效率，所以才会兴起对专业市场功能研究的高潮。这进一步表明专业市场具备了传统集贸市场所不具有的一些功能，如商品和信息的空间集聚以及由此产生的规模经济，例如专业市场作为农村中小企业可以共享的外部销售渠道，等等。专业市场的功能除了商品和信息的集聚之外，还发挥了区际分工和区域内的专业化分工的组织功能，而且专业市场的成长增进了交易效率，提高了专业化分工的水平，最终成为了区域经济发展的推动力。具体而言，专业市场对区域经济的影响是通过贸易(需求)的空间集聚与产业的空间集聚之间的互动才实现的，在浙江省的一些经济发达地区普遍形成了专业市场与专业化产业区共同繁荣的现象。

(3) 把专业市场作为具有根植性、社区性的嵌入式地方型市场体系，作为解释新兴的区域经济发展模式的重要变量，逐步形成了地方型、本土化的研究路子。[1]郑勇军等(2003)认为，专业市场是浙江特有的经济现象之一，要把专业市场放在浙江改革开放后区域经济增长的背景之下，作为一个解释浙江经济增长之谜的重要因素，甚至作为解释浙江经济增长之谜所无法绕过的基本因素。浙江经济增长的动力来自于内源性民间力量的推动，表现为人力资本和民间货币资本两个方面的有效积累，而这都与专业市场有着密切的关系，构成了一个市场深化和专业化分工促进人力资本和货币资本积

[1] 参阅郑勇军等:《解读"市场大省"——浙江专业市场现象研究》，浙江大学出版社2003年版；陆立军、白小虎、王祖强:《市场义乌——从鸡毛换糖到国际商贸》，浙江人民出版社2003年版。

累,从而导致经济发展的一个良性循环。从市场促进专业化分工和经济增长的意义上来讲,专业市场是浙江内源性民间力量形成的重要途径,也是透视浙江现象、浙江模式的理想窗口。在浙江,专业市场兴起与发展的过程,就是市场化推进工业化成长的过程。20 世纪 90 年代中期以来,以专业市场为突破口的市场化的制度创新与区域经济发展,在学术界得到了充分的研究。立足于浙江经济增长之谜的背景研究浙江的专业市场,开拓了专业市场研究的角度,提升了理论深度和研究的价值,同时也使得专业市场的多角度研究能整合为一个既有思想深度、理论高度又有逻辑体系的整体分析。

陆立军、白小虎、王祖强(2003)认为,浙江民营经济开启了中国经济的亮点,义乌小商品市场又是浙江经济的一大亮点。义乌小商品市场并不是“小”市场,而是折射了中国农村经济发展内在规律的大市场,并通过对民间专业市场这一“龙头”的分析,揭示了义乌独特的工业化、城市化道路。义乌区域经济发展的动因并不是工业化,而是市场化;商人的集体行动与政府的开明决策,使义乌成为全国最大的小商品流通中心。“义乌模式”的鲜明特色是:由“鸡毛换糖”开始,利用市场先发优势和集聚功能,发展以小商品流通为主的商贸业,不断积累资本、扩大经营规模,促使商业资本向制造业和城市基础设施建设等领域扩张,实现市场与产业、城市的联动发展,推进区域经济工业化、城市化、信息化、国际化的进程。义乌的成功之处,就在于民间力量和市场自发势力推动着制度和组织的创新;在市场化进程中,有一个“管得少,管得好”的地方政府。“义乌模式”的优势,在于交易方式的专业化,小商品市场的专业化交易形成了信息规模经济、外部规模经济和范围经济,从而确立了义乌小商品的低成本优势;市场秩序扩展、专业化交换组织成长与产业集聚发展的良性互动,形成了义乌独特的经济发展路径。这是“义乌模式”作为一种独立的区域经济发展模式存在的理由,也是研究的意义所在。

(4) 把历史文化因素引入对专业市场兴起和演化的研究,努力从历史的视野观察和思考专业市场,从历史传统和区域文化中寻找专业市场的地方特色,把真实的历史活动理论化,从而丰富和提升了对专业市场的研究。吴承明(1997)、包伟民和王一胜(2002)、白小虎(2006)从经济史的角度研究专业市场的历史渊源,认为专业市场是江南历史上市镇经济在特有时代背景下的延续和复兴,市场是在社会分工和专业化生产推动下兴起的,而市场反过来又促进了经济增长。在历史的视野中,专业市场出现之前,集市贸易是农民商人的市场活动的主要空间,市场交易活动依托了集贸市场的场地和市场范围,专业市场虽然在功能和机制上超越了集贸市场,而且经济学的研究中似乎也将集贸市场作为衬托专业市场更为先进和发达的市场机制的一个较为传统、原始和相对落后的对立面,然而在历史研究的视野中,无法生生割裂专业市场与集贸市场之间的联系。这些学者认为,尽管经济学的分析具有很强的逻辑力量,但是二元对立逻辑(成本与收益)的运用往往忽略了两者内在的联系。经济学偏重于专业市场机制的运行及其效率,而历史研究要问,难道这样的专业市场是在一瞬间就成为了经济学研究中所设定的那种状态吗?显然,由于在经济学研究中对假设方法的使用过于泛滥,在抽象了一些细枝末节的同时,也忽视了对事物的产生发展来讲极为根本的时空观。也就是说,通过一些经济学方法的处理,本来是一个发展过程的专业市场由于对时空的抽象就变成了一个空中楼阁,变成了一个无本之木,也使得经济学研究专业市场的视野就大大缩小。因此,在专业市场运行机制及其效率的研究之后,很难再有新的突破,从而转向了具体问题,例如专业市场的挑战和转型等等。

迄今为止,国内对专业市场的研究主要存在以下不足:一是对专业市场的发展估计不足。受西方专业市场发展经验的局限和“专业市场消亡”论的影响,对专业市场的地位、影响、持久性,特别是通过整合、转型发展成现代商贸流通产业的可能性估计不足,因而,近年来经济学界对专业市场的研究有所削弱。二是理论成果缺乏系统性。尽管在专业市场的起源、特性、治理等专项研究上取得了较为突出的成果,但尚缺乏运用新政治经济学的研究范式、逻辑主线清晰,且一以贯之、理论形态新颖、反映专业市场最新发展动态的高水平研究成果。三是缺乏长期的跟踪研究和对最新动态的准确把握。尤其是对专业市场发展的最新动态,如市场网络化和结构化、新型市场业态、新型物流形态、市场国际化,以及它们之间新兴的经济流程和连接样式,缺乏系统的实证研究。

0.4　研究方法与研究框架

本书主要沿着两条路径开展研究:一条是运用规模经济理论、分工与专业化理论和新历史制度分析，以及问卷调查、案例解剖，研究不同地区、不同类型专业市场兴起的内在动因，揭示专业市场的规模扩张与结构演变的内在机理，以及专业市场整合、转型、提升的新趋势；另一条是运用交易费用理论、公共选择理论等，研究不同地区、不同类型专业市场的市场业态、市场治理、运行机制与产业集群的互动发展、政府作用等。

本书在研究中采用的技术路线是：

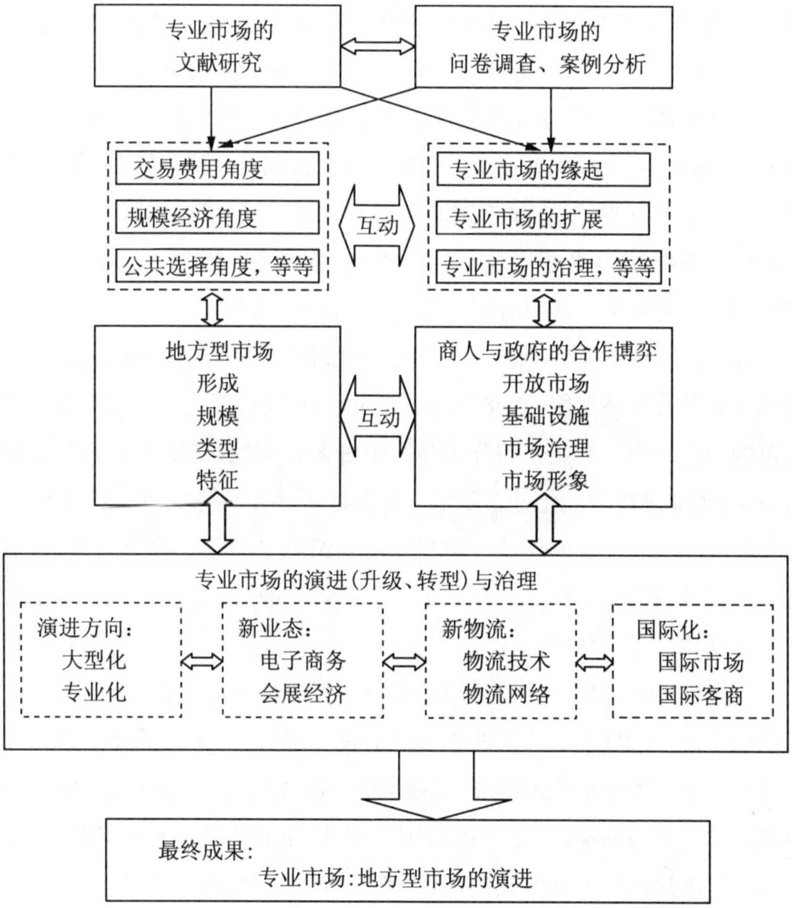

本书运用新政治经济学、新制度经济学的研究范式，特别是市场秩序扩展、区域型分工协作网络、内生报酬递增机制等思想与核心范畴，研究专业市场的缘起、演化和运行机制，致力于提高对专业市场的认识和研究水平。

(1) 运用交易费用理论、规模经济理论、分工与专业化理论，对改革开放以来中国专业市场发展的原因、经济意义、交易特征、分工网络、政府作用等进行理论概括和提炼。专业市场与农村工业化的结合，在中国历史上是开创性的。新中国前20多年的工业化，是一个典型的二元经济格局下的工业化，工业化与市场化隔着相当大的距离。计划体制割裂、隔离了城乡之间的经济往来，因此，农村工业化必须在计划体制之外开辟新的空间。专业市场在计划经济的缝隙中开创了利用市场机制促进农村工业化的空间。改革开放之初，正是专业市场冲破了计划经济时代主要由国有集体商业企业控制的销售网络，在体制外为农村工业建起了商品从生产到流通的渠道，使乡镇企业和个体、私营企业在国有流通渠道之外获取原材料和批发商品成为可能；也正是专业市场，突破了中国长期以来由国有经济部门和城市经济部门主导的工业化模式，在城市工商业体系之外，开创了在体制上相对独立、产权比较清晰、市场化程度较高的农村工商业体系。因此，专业市场在中国特有的改革背景下一次带有综合性、全面性的制度创新。

(2) 运用交易费用理论、分工和专业化理论、公共选择理论研究专业市场的成长及其经济功能，研究专业市场的治理机制，探索专业市场从无序到规范的内在原因。专业化和分工是一个古老的命题，交换活动的专业化与组织化，无非是将专业化分工限定于交换领域，所以很多思想和方法依旧是专业化分工研究方法的延伸。交换要从自给自足的状态中分离出来，不可能一步到位成为完全的专业化分工，在两者之间存在诸多不同专业化商品和分工结构的过渡状态。

一个地区进入那一种分工网络取决于特定的历史条件，也可能在长期形成的传统中就埋下了分工网络类型的种子，从而也决定了分工网络可能发生的转变。贸易型分工网络，依赖于更多的批发商人加入中心，使更多的分销商承接下游的渠道。网络的规模是由外部市场的规模决定的，一定要远远大于本地社会网络的规模，因此纯贸易分工网络一定要超越本地的社会关系网。当然，超出本地关系网也就等同于分工合作的信任机制发生了改变，如果这一转变是成功地转向了弱关系网的信任合作机制，分工网络就可以继续在更加多元化、更加复杂的社会网中扩张。

(3) 运用新历史制度分析和经济社会学的理论，研究专业市场兴起、兼业农民向专业商人转化的历史背景、文化渊源，重视对专业市场变迁中的社会资本网络与历史、文化因素的研究。新历史制度理论认为，制度是自我对行为实施的非技术约束。[1]新历史制度分析的贡献在于提供了一个包容了社会、文化、道德价值、信仰等非经济的因素的历史分析方法。联系到中国改革开放30年来专业市场的发展，在历史制度分析的框架下，需要设问：历史传统、区域性商业文化和社会资本网络在专业市场形成中发挥了什么样的作用？以专业市场为核心的区域性分工网络与以前的历史和传统形成了怎么样的路径依赖？历史和传统能够在多大程度上影响专业市场未来发展的方向？引入制度与历史相结合的研究方法，对专业市场研究的逻辑会越来越清晰。例如，在分析兼业农民向专业商人转化时，把商人为追逐财产权利、身份自由而进行的制度创新与区域性的历史、文化和传统结合起来，会解释的更清晰。

文化和传统特别是其中的社会资本网络、区域特色文化，解决了市场化改革的内在动机，也解释了在正式制度缺失的情况下，与市场兼容的亲市场的文化和传统，如何促使一大批农民向专业商人转化。市场的根植性和嵌入性强化了本地社会网络的作用，使得分工网络受制于有限的本地社会关系网，这虽然有利于产业内的分工，但是不利于拓宽贸易网络，往往导致专业市场发展缓慢或停滞不前，甚至路径锁定。

0.5　本书的主要贡献

专业市场作为改革开放30年来一项极具“中国特色”的诱致性制度创新，是一个符合农村工业化和家庭工业、中小企业需要的共享式、低成本的交易平台和通道。作为中国农民在市场化进程中首创的交易组织创新，专业市场除了前面已经提到的一系列问题外，还有许多问题需要做更深入的研究。如，专业市场的经营者——专业商人有什么群体特征？专业市场的分工网络是怎样形成的，怎样产生内生报酬递增机制？为什么浙江、广东、

[1] 参阅格雷夫：《历史制度分析：从经济史视角研究制度问题的新进展》，《经济社会体制比较》2003年第5期。

江苏等省专业市场的交易额能够数十倍、数百倍地增长？专业市场在享受专业化交易和集中交易的好处的同时，如何成功地消除市场中存在的严重的机会主义行为的侵害？在共享市场的整体品牌、无形资产和声誉资源的同时，如何避免“公地悲剧”和市场竞争的“囚徒困境”？专业市场与产业集群两者怎样形成嵌入式的互动结构？在新世纪，专业市场在规模、结构、业态等方面发生了哪些重大变化？大型专业市场如何参与国际贸易分工，如何走国际化的路子，专业市场在中国的历史地位和命运如何？等等。本书就此开展研究，主要贡献是：

(1) 把专业市场的形成和发展提升到在中国农村建立社会主义市场经济体制的高度进行考察，研究领域逐步从单纯研究市场转向研究产业发展乃至整个经济社会领域。如产业集群、新兴商业资本、新型市场业态、现代物流、民间金融、政府作用、构建和谐社会等，探索在市场先发地区率先建立现代商业文明的各种样式和路径。专业市场与地方产业和企业有着紧密的经济联系，由此形成一个区域性的分工合作与交流网络，两者存在着共存共荣的关系。

(2) 用专业化交易与规模经济解释了专业市场有效率的经济根源，用区域分工网络中存在的内生报酬递增现象解释专业市场的扩张以及“是否消亡”的历史前景。专业市场之所以有效率，其根本原因在于它是一个专业化的交易组织，在特有的经济背景下其交易费用低于其他渠道。专业市场的交易效率主要来自其所提供的专业化经济、信息规模经济和外部规模经济。专业市场不仅为工商业主提供了良好的交易设施等外部环境，而且为他们的交易活动创造了一种有别于场外交易的特殊的制度环境和体制框架。专业化交换活动的报酬递增推动了组织创新，组织创新使得更多的企业和商人卷入了专业化分工；在一个充分竞争的市场环境中，市场组织演进的结果体现出经济效率导向的要求，交易者将随着市场环境的变化，调整交易时间配置和空间分布的组合，以求达到交易费用最小化。

(3) 从专业商人与商业资本、计划经济时期的“缝隙经济”、底层百姓的商业习俗、地域性商人的群体特征等角度，诠释了专业市场兴起的经济社会背景和历史文化根源。在浙江、广东、江苏的许多地区，专业市场的兴起体现了典型的民间商业精神。这种精神在传统重农抑商思想的重压之下，在广大的小农经济和手工业经济的缝隙里，在政府几乎无法管制的领域，寻找到了避免压制的途径，并发展成为民间的经济理性和商业精神。

（4）用商人的集体行动与政府的开明决策诠释专业市场的形成与发展，为研究市场经济中的地方政府职能提供了新的视角和典型案例、实证材料。专业市场的兴起，既有某些领导人和企业家个人的历史功绩，更离不开一个有形或无形的创新群体。这个群体可以是工商业主，可以是地方政府，也可以是地方政府与工商业主的有机结合。正是有了这样一个创新群体，专业市场的兴起才不是历史的偶然。在市场的发育和形成过程中，如果既有工商业者的自发行动，又有政府的因势利导、积极推进和有效规范，其进程就会大大加快。专业市场与地方产业和企业有着紧密的经济联系，由此形成一个区域性的经济分工合作与交流网络，两者存在着共存共荣的关系。

（5）从市场业态提升、分工网络扩展和基础设施完善等角度，初步研究了专业市场的大型化、专业化和国际化趋势。在农村工业化的进程中，专业市场会逐步冲破传统的地区封锁和城乡隔离的经济体制，成为一个跨区域的、联结城乡的商品集散渠道。全国各地先后建立的专业市场，最终必然经过整合、转型、提升，形成由若干个全国性市场和一大批区域性市场组成的结构合理、层次分明的专业市场体系。近年来，不仅专业市场的组织形态及其功能都发生了重大变化，出现了与博览会、连锁经营、电子商务等现代流通业态相融合的趋势；而且，出现了大型化和专业化的趋势，尤其是长三角地区，专业市场的结构化与分化现象十分明显。国际化是大型专业市场发展的新趋势，专业市场国际化的路径一般要经历从立足本地到全国经营再到内向国际化，最终实现跨出国门外向国际化三个发展阶段。

（6）清晰地描述了专业市场与地方产业、现代物流、国际贸易之间的流程和联系图式，分析了专业市场在新兴区域型分工协作网络中的地位与作用，以及专业市场成长、交易效率增进与区域经济发展之间的内在联系。专业市场是商贸流通在特定空间集聚的结构，这种贸易集聚与产业集聚的结合,形成了嵌入式的跨区域分工协作网络。当一个大规模市场存在时,区域间分工协作的一个重要动力来源是市场不断拓展所产生的投资协同以及由此引致的规模报酬递增,不同区域基于各自的比较利益在利用市场的基础上分工协作,其间的"产业关联"嬗变为生产要素、产业等与市场的网络结构。因此,专业市场在促进区域分工与协作,重构区域经济版图的同时,还具有引领区域经济融入全国统一大市场和国际经济的地位与作用。

1 农村工业化、市场化与专业市场的缘起

专业市场开启了中国市场化改革的先河，是中国农民商人在市场化进程中首创的交易组织创新，是一个符合农村工业化和家庭工业与中小企业需要的共享式、低成本的交易平台和通道，也是一个将千千万万农民企业家的贸易活动和产业活动融合起来的产业组织创新。改革开放之初，专业市场为什么首先在中国的农村大量涌现？专业市场如何从定期的集市贸易中转变而来？是什么因素促成了千千万万个农民从传统的小商小贩转变为专业化的商人，促成了千千万万个农耕家庭摆脱数百年来"男耕女织"的小农模式，在许多缺少资源和国家投资的落后地区闯出一条独具特色的农村工业化道路？专业市场是在计划经济的缝隙中生长出来的，它并不是"小"市场，而是折射中国农村市场化、工业化内在规律的大市场。专业市场制度，不仅是一种交易平台和通道，或一套市场交易的组织和规则，而且是在特有的改革开放背景下对我国工业化模式和国民经济流程的重新塑造，它涉及市场化、工业化、城市化等诸多方面，是一个历史性的开拓，是一次综合性的制度创新。

1.1 改革开放前的商品流通体制

传统商品流通体制的重大弊端之一，就是限制和隔离城乡之间的经济联系，限制和排斥市场、市场机制在城乡经济交往中的作用，把中国农村排斥在国家的工业化过程之外。但是，在计划经济体制和城乡二元经济结构的背景下，城乡集市贸易、农副产品交易、小商品贸易等自由市场、自主贸易依然在计划经济的"缝隙"中顽强地存在和生长。

1.1.1 传统商品流通体制的形成和特点

传统商品流通体制是20世纪50年代在社会主义改造和工业化过程中逐步建立起来的，是传统计划经济体制的重要组成部分。传统商品流通体制的确立过程同时也是一个经济的市场调节逐渐萎缩的过程。在1949—1956年间，随着统一的宏观计划管理系统的建立、财政经济管理工

作的统一，计划机制开始具体调节生产和流通环节，国民经济的主体和主要运行环节被纳入了计划轨道。[1]从1953年开始，国家扩大了对私营工业加工订货和统购包销的范围，使工业产品与批发商脱钩；同时，国有商业直接介入农产品收购，逐步实行粮食、油料、棉花等主要农产品的统购统销，将工农业产品的流通全部纳入了国家计划。1956年全国开始了对个体、私营工商业进行全行业社会主义改造，私营商业和个体商贩被迫转业、歇业，或全部改造成公私合营商业、合作商店和合作小组。虽然合营商业、合作商店和从业人员人数并未减少很多，但已经完全丧失了在物资流通渠道上原有的优势，主要从事一些生活服务性行业。1956年，从中央到各大区、省、地、县，自上而下对口的专业性领导和管理国民经济的计划体系形成，执行垂直化计划部门的计划指令，企业的生产和流通等经济活动服从主管部门下达的计划。计划经济体制取得了决定性的优势，市场经济的因素随之消亡。

传统商品流通体制的基本特点是：排斥市场和市场机制的作用，由行政命令和计划组织商品流通，以通过按层级制原则组织起来的行政机构载体，划分商品的管理权限和流通领域，在商品流通决策上形成以集中化和官僚化为特点的垂直管理体制和金字塔式的等级结构，后果是商品流通的效率低下，产业结构和产品结构与需求结构严重脱节。1953年统购统销制度开始实施，计划制度在行政体制的支持下，大大压缩了市场机制发挥作用的空间，割断了经济主体之间的市场联系。在随后的社会主义改造过程中，孤立的经济主体离开计划行政部门就难以生存，资本主义工商企业、个体商业、个体农民，只有融入计划轨道，依靠统购统销的物资流通渠道，才能维持运转，社会主义改造消灭了市场主体。最终的结果是各类市场购销活动迅速减少，各类市场也随之萎缩，市场体制之所以能存在的基础已完全被计划经济的自上而下的等级行政体制打破。市场制度作为一种正式制度，已经在国家层面上退出。

从20世纪50年代开始到70年代末，我国的商品流通是在单一封闭

[1] 参阅赵凌云：《1949—1956年间中国经济体制中市场因素消亡过程的历史考察与启示》，《中国经济史研究》1994年第2期。

的系统内进行的，流通渠道中的控制权配置完全是非市场化的。所有的物资和消费品，都由国家按照统一的计划实行收购、调拨和销售；商品严格按照一、二、三级批发流通体系实行单渠道的流通；以国营和合作商业为代表的公有制商业成为商品流通领域的唯一主体，商品的市场价格也受到计划的严密控制。[1]在上述统配和统购包销制度下，生产企业没有独立的自销权，自然无权选择分销渠道模式，完全按计划由政府指定的国有商业统一收购、集中分配和调拨供应，自然在流通渠道上不占有控制权。所以，在短缺经济条件下，计划性的商业体制严重扭曲了生产与流通之间在渠道上的控制权分配关系。

1.1.2 供销合作社：传统农村商业的主要形式

改革开放以前，供销合作社是农村商业的主渠道，是以农民为主体的合作经济组织，其中虽然几经变革，但始终在满足农业生产需要，组织农村商品流通，联结城乡、联系工农、沟通政府与农民的关系方面发挥着重要的桥梁和纽带作用。20 世纪 50—70 年代的农村商品市场，从总体来看，市场主体和市场范围在萎缩，但还没有被完全限制，在许多国家计划难以控制的领域，还保留了一定规模的市场交易。20 世纪 50 年代初期，“物资交流大会”在城乡物资交流中发挥了重要作用，后来逐渐被正式的商业渠道取代，如国营商业网和供销社商业网。私营商业及合作化组织在整个农村商业经营中的比重很小，大量保留的是农村集市贸易，农村初级市场承担农民之间调剂有无的职能。虽然农村集贸市场一度被国家要求取缔，但是由于其对恢复农村经济的作用很大，因此成为在计划经济的“大铁板上”唯一一点“自由市场”的缝隙，这种特点使其成为我国流通体制改革的突破口。[2]

在计划经济体制逐步建立的过程中，各类市场主体的产权经过社会主义改造后变成了国有产权，统购统销的流通制度强制性剥夺了市场主体从事交易行为的权利，生产和流通企业按照上级计划部门的指令开展活动，丧失了经济决策的独立性，完全从市场交易中退出。要能保证低效率

---

[1] 这一时期的分销渠道模式极为单调，即制造商按照政府计划组织生产并将产品卖给指定的各级国有批发站，再由批发站按计划转售给相应的零售商。

[2] 参阅徐建青：《50 年代农村商品市场变化述略》，《中国经济史研究》2000 年第 1 期。

的计划实施,就必须排除高效率的自发式的市场交易,对交易对象的产权和交易行为的限制,是计划能够自上而下得到贯彻的条件。一方面,通过社会主义改造改变了产权格局,消灭了资本所有者和个体工商户的私有财产;另一方面,对于面广量大的小规模的私有财产的存在,国家也采取了限制政策,只是在非常有限的范围,允许保留一部分个人资产。在推行"极左"政策的年代,最低限度的私人财产也不为容许,如农民的自留地及其少量的农副产品产出,也都被视为"资本主义尾巴",个人私产和交易行为受国家的严格管制和打击。

计划经济的流通体制,是所谓的"一二三零"——职能严格区分的一二三级采购、批发、供应站和零售商店的体系。计划经济的流通体系由国有流通企业和供销社组成的分层级的计划实行调拨分配,按固定区划组织流通,"统购统销、统购包销",自发性的自由市场是不允许的。计划经济制度在城市和农村的影响有明显的不同:城市经济的生产、流通相对集中,基本上由计划指令来调配;农村的生产、流通非常分散,虽然计划经济高度集中化的生产流通体制,一度延伸到农村,但是效果很差,国有商业基本退出了农村初级市场,供销合作社成为农村商业的主要经营者和领导力量。

1.1.3 自由市场:计划经济"缝隙"中的市场化萌芽

改革开放之前,国有商业和集体商业之外的自由贸易受到极为严格的管制和制裁。市场交易被管制,甚至被取缔,农副产品被禁止随意交易。与此同时,还严禁人员流动和自由劳动,取缔自主生产。但是,在高度集中统一的计划体制下,城乡集市贸易、农副产品交易、小商品贸易等自由市场、自主贸易依然在农村基层经济生活中得以保留,以至于计划当局以干扰计划经济运行的名义,在各级都设立了类似的机构,打击本来是自然而正当的通过自愿交易的谋利活动,如由"打击投机倒把办公室"设置路卡,检查来往人员,没收交易商品和交易所得。

即使在浙江这样一个市场化先行的地区,专业市场兴起的发源地,计划当局对市场交易活动的打击也是非常严厉的。在浙江农村,之所以在危及人身财产安全的打击之下,市场和市场交易还是屡禁不止,表面上是交易者强烈的获利动机所致,根本原因则是计划体制的低效率。计划经济体制下建立了地区、部门的等级计划体系和流通体系，“统购统销”制度加上分地区、层级制的公有制流通机构，不利于商品在不同地区、不同部门、不同收入水平的群体之间的合理分配。但是，事实上商品和资源在地区间、层级间的分布不平衡是客观存在的，同一种价格与不平衡的稀缺程度显然是不匹配的。解决稀缺程度不平衡的最好办法是通过商品的流通，就好比水总是流向低处，商品和资源总是流向稀缺的地方，流向最需要的地方。但是在计划经济的流通体制下，首先，在等级之间是单向的制订计划和实施计划的关系，行政权力较大的上级更多倾向于集中和减少下级渠道的物资，所以层级之间物资调配的不平衡问题就难以解决。其次，在平行的地区与部门之间，由于不存在上下级之间的计划制订和计划执行的关系，物资分配不平衡的问题难以解决，需要各自的上级计划部门来协调。但是出于对地区利益和部门利益的保护，上级计划部门也难以实现在地区和部门间调配物资，反而会加剧物资分配和物资稀缺程度的不平衡。在计划经济年代，商品物资配置的不平衡，在许多部门造成了短缺，但在另一些地区和部门，这就使物资和商品过剩。又造成了一些在计划体制之外的人员，主要是基层的农民，有可能利用体制外的自由流动，偷偷摸摸地贩运一些地区供求很不平衡的物品，牟取了丰厚的利益。有的甚至利用现成的流通渠道中的机构，如邮政的包裹运送紧俏物资，如直接从供销社批发商品到集贸市场、庙会上销售，再如通过跨地区的客运系统携带一些体积较小的物资商品，等等，不一而足。这些游离在计划体制之外的物资，要实现商品到货币的“惊险一跳”，显然只能通过地下交易市场，或者在集贸市场上偷偷交易。总之，虽然计划制度是一个在国家层面上具有合法控制地位的经济制度，但市场交易由于其效率和顽强的生命力，在农村基层和老百姓的日常生活中，在最低限度的社会需要和当局默许的条件下，仍然在发挥着有限的作用。

在计划经济制度下，农村的集市贸易虽然在有限的范围内，发挥着调节农民有无的功能，并且得到了政府的默认和许可，但充其量也只能算是计划制度极为有限的一点补充，只是计划经济的“夹缝经济”，难以从产权制度和交易制度上撼动计划制度的统治地位。从这个意义上来讲，虽然专业市场与农村基层的集贸市场共有相似的市场形式，但前者在本质上是一套制度的创新。从农村起步的专业市场制度，比较容易从计划制度相对较弱而且存在较大“缝隙”的农村起步，打破计划经济对流通的城乡、地区、部门、体制分割，初步打通从生产、流通到分配的各个环节，从较为原始和简单的商品流通起步，建立市场制度的基础，为进一步的更为高级和复杂的市场制度创新创造条件。从这个意义上来讲，专业市场及其制度的创新，开创了中国市场化的先河。

1.2　缘起的内在根源：节约农村工业的交易费用

在城乡二元经济格局下，广大的农村是工业化的空白地区，专业市场为工业化这一社会大分工破解了“市场范围限制”的难题。在农村家庭工业还很弱小的时候，专业市场上专业化农民商人为众多成长中的农村企业提供了开放、共享的销售渠道，在计划体制外开拓农村地区、边远地区的市场空间。在专业市场的发源地浙江，农村家庭工业依托专业市场渠道，以极低的交易费用获得了市场范围，专业化从事某一种产品的生产，形成了大量集中生产某一种产品的“块状经济”，“一村一品”、“一乡一品”的现象在农村遍地开花。沿海农村工业化比较发达的地区，往往就是专业市场发源较早的地区，也是专业化生产的“块状经济”比较发达的地区。专业市场的兴起冲破了计划经济时代主要由国有集体商业企业控制的销售网络，在体制外为农村工业架起了商品从生产到流通的渠道，使乡镇企业和民营企业在国有流通渠道之外获取原材料和批发商品成为可能。

专业市场产生的重要原因是，当商品生产者数量极多、商品种类多、生产批量小、效率低且交换关系不稳定时，通过专业市场能节约发现交易对象，以及价格发现、信息传播、相互谈判等多项交易费用。在这种特殊的环境下，专业市场比其他流通方式更有效率。就农村商品流通而言，家庭联产承包制和农村工业化的兴起，使农村的商品流通出现了历史性的转折，即全面恢复农村的集贸市场传统，允许农民从事市场交易活动，放松了对农民从事跨地区贩运活动的限制。专业市场与农村集贸市场传统的恢复具有很密切的联系：集贸市场的开放是专业市场兴起的前奏；而专业市场的兴起全方位突破了计划制度对市场制度的约束——产权的限制。

集贸市场的开放肯定了农民劳动所得的排他性产权，允许农副业劳动产品的市场交易，市场的范围是有限的。随之国家放开了对城乡物资流通的限制，城市国有集体企业也逐步脱离了计划指令，计划指令的权威性大大降低。尤其是一些面临大量产品积压的企业，在上级计划部门默许自救的前提下，逐步获得了生产、流通的决策权，从而具备了相对排他性产权，一定程度上可以在计划范围外自主支配产品。专业市场的商人虽然是农民，但是农民商人主动联系城市的国有、集体企业，将企业的许多积压产品在国营流通渠道(包括各类专业贸易公司、百货公司和供销社)之外销售，这就标志着市场制度的范围已经突破了农村集贸市场传统下沟通农副产品有无的本地市场空间。工业品的供求不平衡是跨地区、跨部门的不平衡，专业市场的交易将国有集体企业引导到市场机制中，势必会引起地区性市场产生和发展的过程，进而扩展到全国范围，推动全国范围内的一体化的商品市场。综合国内学者对专业市场兴起成因的分析，改革开放以来，专业市场之所以发展如此迅速，主要有以下几个原因。

1.2.1 农村工业化是专业市场兴起的基本动因

以轻纺工业为先导的农村工业化快速发展，以及数量众多的地方型产业集群强烈的交易需求，是专业市场兴起的基本动因。专业市场的兴起有助于打破乡镇企业在流通领域对国有、集体商业的依赖性，通过新的分工和合作契约建立自己的比较优势。[1]沿海发达地区走向市场经济的动因，主要是诱致性的制度变迁，即由市场利益和竞争机制诱导的改革创新；是在市场获利机会尤其是制度创新的超额利润的诱导下，个人和民间企业、团体打破原有制度安排率先进行的变革和创新。与传统的国有制企业相比较，乡镇企业的市场竞争意识更强、抢占市场的举措更为有力，作出适应性调整的速度更快。正因为如此，乡镇企业也就能得到更大的市场份额，在竞争中取得主动。这是乡镇企业能够快速发展的关键性因素。

20 世纪 80 年代初期，在沿海发达地区农村工业已经迅速崛起，但是，以国有和集体商业为主渠道的传统流通体制，主要是为城市工业服务的。在计划经济体制下，城市工业品的生产以及生产要素的供给和产品的流

---

[1] 参阅郑勇军、金祥荣:《农村制度变迁中的专业市场》,《经济学家》1995 年第 1 期。

通，都由自上而下层层下达的计划所严格控制。乡镇企业和家庭工业进入这一流通网络，存在着很高的体制性壁垒，这种情况严重地制约了农村工业的发展。当时，乡镇企业和家庭工业发展所面临的严峻问题是：原料从何而来？生产出来的产品如何销售出去？中国农民凭借勇于创新的精神和顽强的毅力，绕过壁垒森严的传统体制的流通渠道，创建了一个以民间专业市场为核心，专业市场与千百万农民购销大军相结合的流通网络，从而为农村工业的发展开拓了巨大的市场空间。

沿海发达地区乡镇企业与市场经济的天然亲和力，突出地表现在专业市场、供销员与乡镇企业的关系上。专业市场数量越多的地区，往往农村工业发展也最快。各地的生产者聚集到同一市场上进行交易，通过市场的传导功能和信息辐射作用，在专业市场周围又兴建起一批乡镇企业，扩大了专业市场的货源，如此循环往复，专业市场越办越大，乡镇企业也越办越多。供销员是沿海发达地区乡镇企业发展时期连接企业与市场的流动媒介。供销员跑遍全国，也就把企业与全国的市场联系起来。所谓“四千”（跑遍千山万水，说尽千言万语，想尽千方百计，历尽千辛万苦）精神就是乡镇企业供销员的写照。在整个20世纪80年代，温州的十万供销员在农村工业的创业时期发挥了不可替代的关键作用，可以说正是供销员把本地企业连向全国，专业市场把全国企业集聚到本地，构成市场化进程与农村工业化进程的互动式良性循环。

1.2.2 商人群体的集体行动与体制性流通壁垒的突破

沿海发达地区各级地方政府的开明决策大大地降低了农民和企业进入专业市场的体制性壁垒，地方政府出于自身利益的考虑，与商人（业主）群体形成了事实上的利益共同体，增强了专业市场发展的内在动力。在专业市场萌芽和初创时期，政府作为一种市场主体之外的力量，所起的作用是关键性的。如果既有工商业者自发的集体行动，又有政府的开明决策、因势利导、积极推进和有效规范，专业市场发展的进程就会大大加速。政府开明的经济原因是，通过收取场地租金和工商税费，逐步与商人结成利益共同体。政府开明的个体与人文因素是：(1)对中央改革开放总方针的深刻理解与全面把握；(2)对本地比较优势的准确判断；(3)地方党委与政府领导敢于担当、不计名利的修养与品质；(4)逐步开放、次第推进的工作技巧。

早在 20 世纪 70 年代末期，沿海发达地区一些农村，就自发地形成了一批“马路市场”。当时，这些市场属于非法“黑市”，数年之后，在当地政府的支持下，这些市场非但没有被取缔，反而发展成具有一定规模的专业批发市场。尤其是 1982 年 9 月 5 日，义乌县委作出了一个当时被许多人认为是冒天下之大不韪的举动——开放小商品市场，这成为义乌第一代小商品市场的雏形。1984 年义乌地方政府又确立“兴商建县”的发展战略，把商贸业作为义乌的主导产业，这是对老百姓的创造与实践的理论总结。这些积极、主动和富有前瞻性的政府决策，促进了义乌市场的兴起，走出了一条以商贸为主导、带动工业和第三产业其他部门的区域经济发展新路子。[1]20 世纪八九十年代，义乌又利用沿海发达地区农村工业化和乡镇企业、民营经济快速发展的有利条件，逐步冲破传统的地区封锁和城乡隔离的经济体制，把小商品市场发展成为一个跨区域、联城乡的商品集散渠道，一个综合性的专业市场群，一个分工明确、专业化交易倾向十分明显的小商品市场体系。在这个市场体系中，义乌是市场辐射的起点，商品集散的中心，处于市场信息、资金、物流运动的枢纽地位。

就全国而言，1983 年中央宣布允许农民贩运三类工业品，企业可以在完成国家计划收购任务后把二类工业品拿到专业市场上交易。这就打破了只有国营商业企业才能经营工业品的垄断格局。1984 年，中央一号文件对农民之间的耕地有偿转包作出了有限度的肯定，并允许部分从事非农产业的农民自理口粮到集镇落户。这一系列的制度变革使农民从事非农产业的政治风险趋向于零，为农民进入非农产业提供了更多的经济自由，从而为专业市场的生成和发展创造了较为宽松的制度环境。

1.2.3 地方政府的开明决策与新的交易秩序的形成

地方政府的兴商政策取向和直接参与市场组建，不仅促进了公正透明、可预期的交易环境和管理制度的形成，而且提升了专业市场在区域经济中的地位和发展目标。专业市场对促进区域经济发展所起的巨大作

[1] 参阅陆立军、白小虎、王祖强：《市场义乌——从鸡毛换糖到国际商贸》，浙江人民出版社 2003 年版，第 158、159 页。

用，激发了当地政府发展专业市场的热情。地方政府的参与程度与当地专业市场的规模和发展速度高度相关，在专业市场成长过程中起到了关键作用。主要表现在：(1)政府通过制定和实施一系列的地方性优惠政策，不断促进专业市场的生成和发展。对经商户采取政治上鼓励，资金上扶持，技术上指导，政策上优惠和法律上保护。(2)政府参与市场空间布局的规划和基础设施建设，形成良好的交易设施、物流设施等硬件设施。例如，义乌从1982年到2006年，进行了第一代至第五代小商品市场建设。其间经过8度搬迁，5次新建，历史跨度很大，不同时期市场的建设和发展都带有鲜明的政府主导的烙印。目前，由政府决策，并组织有关部门实施，开始建设规模更大、设施更好、功能更全、信息化程度更高，占地170万平方米的第六代小商品市场。(3)政府规制市场交易，为市场交易活动提供了公正透明、可预期的制度环境和体制框架。在专业市场发展的早期阶段，交易中往往会有“质量、价格欺诈”、“强买强卖”、“假冒伪劣”、“合同违约”等不利于客商和经商户整体利益的行为发生。这些问题在市场发展初期往往比较普遍，而市场本身又无法解决，因此需要政府强制力介入，通过法制、法规等途径建立和维护市场交易规则，建立和完善市场管理制度。

专业市场的形成和发展，对增加地方政府的财政收入，启动和加快区域工业化和经济发展所起的作用非常显著。在许多经济发达地区，当地政府都把专业市场作为经济发展的突破口，专业市场在地区经济发展中居于特别重要的战略地位。例如，在20世纪80年代，柯桥仅是浙江省绍兴县下属的一个镇，绍兴县委、县政府以组建中国轻纺城市场为突破口，经过20多年的努力，使柯桥成为一个以贸易为中心的多功能的新兴中等城市。又如，21世纪初，义乌市委、市政府重新审视义乌市场在区域经济发展和沿海发达地区乃至全国对外开放过程中的地位，对义乌市场进行国际化定位，确立了建设国际性商贸城市的发展目标，努力使之成为国际性小商品流通、制造、研发和展示中心。目前，这一目标正在逐步的实现之中。

1.2.4 专业市场是可共享的低交易费用的“市场特区”

对于广大在传统体制的缝隙中成长起来的乡镇企业、家庭工业、私营企业来说,专业市场是一种只需支付较低的费用就可共享的规模巨大的销售网络,是一种具有明显体制落差优势的安全、宽松和低交易费用的"市场特区"。[1]以小企业、小商品为特征的生产体制既不可能采用千军万马直接促销的交易方式,又难以运用现代化的传播媒介、公关手段等营销方式,这就决定了专业市场是与这种生产体制最相适应的交易方式。市场深化的历史表明,市场的成长过程表现为一种市场制度不断地被另外一种交易费用更低的市场制度所替代的过程。在20世纪80年代初,乡镇企业选择了最简单的人员直接购销的方式来采购原材料和推销产品,于是形成了成千上万的农民购销大军。由于缺乏营销规模效益和市场秩序,这种市场制度具有很高的交易费用。一般而言,市场范围和容量与市场交易的单位成本高度相关。这种市场制度由于交易费用过高因而无法为农村工业的发展提供足够大的市场空间。专业市场的兴起,正是通过市场制度变革降低交易费用的必然结果。

市场范围和容量的扩大,同时也为农村工业的生产分工和专业化提供了尽可能大的空间。根据比较利益原则进行区域间的专业化分工,是中国农村工业向纵深发展的一种必然选择。但区域间专业化分工格局的形成,以存在着较大的市场空间为必要条件。市场的范围和容量决定着分工所能达到的水平。如果每一个地区的产品市场都仅仅局限于本地,那么,由于市场空间和容量有限,区域间的专业化分工就难以形成。而正是由于专业市场的兴起,才使各个地区商品生产的市场范围向周边地区和全国延伸成为可能。同时,区域间专业化分工的发展,反过来又为专业市场的发展提供了产业基础。例如,2006年绍兴县有各类纺织企业5 300多家,占企业总数的80%以上,年产化纤原料127万吨,占全国十二分之一;年产面料42.16亿米,占全国十二分之一;印染加工年产量134亿米,占全国规模以上印染总产量的三分之一;纺织产业的增加值占绍兴县的四分之三。经过30年的发展,绍兴纺织业已基本形成上游PTA、聚酯、化纤,中游织造、染整,下游设计、制衣,半径约为25公里的纺织产业集群区,纺织大县的产业集群优势日益显现。如果没有专业市场做依托,就很难想象能够形成如此巨大的区

[1] 参阅郑勇军:《浙江农村工业化中的专业市场制度研究》,《浙江社会科学》1998年第6期。

域生产规模。事实上，沿海发达地区的绝大多数专业市场都有一定规模的专业生产基地，两者之间形成了休戚与共的关系。

1.3 缘起的外部环境：放松商品流通管制

专业市场的兴起与商贸流通体制的变革密切相关，其中最主要的是商品购销政策变化、尤其是允许私人贩运。1978 年底党的十一届三中全会后，我国的商业流通进入了计划调节与市场调节相结合的阶段，开始形成"主体多元化，渠道多元化，形式多样化"的基本格局。特别是从 20 世纪 80 年代中期开始进行商品流通体制改革，使原国有商业系统的封闭运行体制被彻底打破。原来由国家计划严格控制的"统购统销"、"统购包销"的商品购销体制，逐步放开。允许生产者在一定范围内将产品自行销售，允许商店在一定范围内自由采购商品。同时改变了严格按一、二、三级批发流通体系实行商品流通的单渠道流通状况，实行了多渠道的流通。以上的制度变革为制造业开展自销活动解除了政策约束，使制造商有权选择适合自身的分销渠道模式。

1.3.1 商品流通体制改革的历程与成就

市场经济是交换经济、订单经济和效率经济。研究表明，[1]在社会再生产时间中，生产加工时间只占 5%左右，而产前流通与产后流通时间占据 95%左右；社会再生产过程中所用的物质在生产过程只占 5%左右，而 95%却停留在流通的各个环节；整个社会再生产费用，生产过程只用 5%左右，而 95%都是花在产前、产后的流通过程的各种费用。因此，重不重视流通，不仅仅是产业发展的问题，更直接关系到生产的出路和整个社会的效益。中国经济运行长期处于高速度、低效益状态，究其根本原因，就是不重视流通、交换、市场在社会再生产过程中的作用。这些现象必须引起全社会的重视。流通改革任重道远，它作为一个系统工程，是长期的历史任务。

中国商品流通体制的改革，大体可分三个阶段：1978—1984 年，重点是恢复和发展农副产品集贸市场；1985—1991 年，重点是发展城乡集贸市场

---

[1] 郑峰：《生产专家：合理利用提前期，提高生产效率》，《硅谷动力》2007 年第 10 期。

和批发市场;1992年至今,重点是通过促进新型流通组织与经营方式的发展,形成与我国市场体制、规模和结构相适应的,具有更高流通效率的新型商品流通体系。

1. 改革开放与新流通体制的初步形成

1978年开始的商品流通体制改革的方向,是针对原有流通体制的种种弊端,坚持以市场为取向,扩大市场机制的调节作用。经过1978—1984年6年多的改革,使长达30年的高度集中的商品流通体制发生了突破性的变化,初步形成多种经济成分、多条流通渠道、多种经营方式和减少流转环节的"三多一少"流通新格局。

(1) 调整和改革商品购销体制,减少统派购商品品种。在商品购销体制上,国家几次大幅度提高农副产品价格,统购、派购农副产品的品种由1978年的46种减少为1984年的12种。日用工业品的计划商品,由原来的135种逐步减少到1984年的26种,增加了订购、选购、代购代销、联营联销等购销形式;小商品的价格则全部实行市场调节。根据货畅其流的原则,为广开流通门路,减少流通环节,国家自20世纪70年代末开始改革国营三级批发站的僵化体制,逐步打破了批发商业长期实行的按照行政区划、行政层次、固定供应区域、固定供应对象、固定折扣率的批发办法,开始实行开放式经营。到1984年,各地逐渐建立了一大批日用工业品和农副产品贸易中心,做到地不分南北,人不分公私,采取自营、联营、联购联销、代购代销、代储代运等灵活多样的经营方式,对发展以中心城市为依托的横向经济联系,打破封闭式、分配式的旧批发体制,建立开放的、多渠道的、少环节的新型商品批发体制发挥了不可替代的作用。

(2) 调整和改革商业所有制结构,形成多种所有制相互竞争的流通渠道。在商业所有制结构的调整上,按照坚持公有制为主体,国家、集体、个人一起办商业的方针,在恢复、发展农村集市贸易的同时,开放了城市农副产品市场。[1]积极鼓励集体、个体等多种所有制商业发展,改变了国营商业和

---

[1] 参阅1980年8月中共中央批转全国劳动就业会议文件《进一步做好城镇劳动就业工作》的通知,该通知提出了发展新集体商业的政策和措施;1981年7月国务院《关于城镇非农业个体经济若干政策性规定》;1983年国务院《关于发展城乡零售商业、服务业的指示》和《关于城镇集体所有制经济若干政策问题的暂行规定》。

供销合作社独家经商和渠道单一的状况。1984年社会商业、饮食服务业零售网点达915万个，比1978年增长6.2倍，其中：国营网点27.2万个，减少40.1%；集体网点159.4万个，增长55.86%；个体728.1万户，增长将近40倍。购物、用餐、住店、理发、缝衣、修理难的状况得到大大缓解。[1]

(3) 扩大商业企业自主权，实行多种经营方式。国有商业企业是整个国有企业的一个重要组成部分。在旧体制下，国有商业企业同其他国有企业一样是各级行政的附属物，企业吃国家"大锅饭"、职工吃企业"大锅饭"已经成为国有商业不景气的病根所在，严重阻碍了企业、职工生产积极性的发挥。针对上述问题，中共中央、国务院决定对国有商业企业实行调整和改革。主要举措是：实行扩权让利，扩大企业自主权，范围涉及自有资金处理权、定价权、购销权和人事权等。农村实行联产承包责任制的经验也被"嫁接"到国有商业企业，承包经营责任制最先从饮食、服务行业及小型零售企业起步。1982年，商业系统实行经营责任制的企业已占全部独立核算单位的35%。[2]大中型国营商业企业的经营责任制以承包利润指标为主要内容，具体形式包括利润包干、利润基数包干、利润递增包干、全额利润分成、亏损包干等，主要目的是解决企业与国家的利益分配问题，通过确定利益机制调动企业的积极性。这些改革举措在增强企业活力，提高服务质量，改进服务态度，增进社会经济效益方面收到了较好效果。

(4) 冲破生产资料不能作为商品流通的束缚，建立物资贸易中心。在这一时期，生产资料流通部门突破了"生产资料不是商品，不能作为商品流通"的框框，开始打破旧的调拨体制，按市场办法组织部分生产资料的流通。[3]1984年底，各地物资部门先后在60多个城市和10多个县，建立起110个物资贸易中心。这些中心为供需双方直接洽谈业务提供了场所，打破了地区、行业界限，疏通了供销渠道，尤其为集体、个体企业获取生产资料提供了必要的采购场所。进入贸易中心的物资一般实行浮动价，有利于发挥价格机制的调节作用。物资企业还开展了多种形式的联合经营，包括物

---

[1] 参阅赵德馨：《中华人民共和国经济史》(1967—1984)，河南人民出版社1988年版，第622页。

[2] 参阅贺名仑、韩大林主编：《中国改革全书——商业体制改革卷》(1978—1991)，大连出版社1992年版，第26页。

[3] 1981年6月国务院批转的国家物资总局《关于全国物资局长会议汇报提纲》中指出："一般的生产资料实行自由购销"，"要试办物资贸易中心"。

资企业与工业企业之间的联营，这对于精简层次，减少环节，广开资源渠道，加强经济横向联系，形成开放式的生产资料市场有着重要意义。

2. 有计划的商品经济与商品流通体制改革的新进展

1984年10月，中共十二届三中全会明确指出："社会主义经济是有计划的商品经济"。从1985年至1991年是我国发展有计划的商品经济时期。在这一历史时期内，以城市为重点的经济体制改革全面展开，商业体制改革在前一阶段取得伟大成果的基础上继续深化。主要表现在：

(1) 深化商品购销体制改革，扩大市场化范围。首先，取消对农副产品的统派购制度，实行合同定购制度。1985年1月开始，国家不再给农民下达指令性计划而改为指导性计划；对农副产品实行合同收购、议价收购，执行国家合同定购制度。其次，进一步减少国家规定的计划商品，到1989年只剩下11种。取消对农副产品的统派购制度，对日用工业品的计划管理进一步放开，从而对促进商品流通起到了重大推动作用。其次，与大量减少指令性计划、扩大指导性计划和市场调节的整个经济体制改革相适应，我国生产资料流通体制开始了重大改革。从1984年起，物资管理系统大幅度缩减了国家统一分配的物资目录，至1987年，由1980年的256种缩减至27种。各工业主管部门管理的产品由1980年的581种缩减为496种。由国家计委和商业部实行计划管理的工业品也由1980年的131种减少至1985年的14种。计划外商品的价格也随之陆续放开，这些都大大推进了生产资料市场的发展。至1992年，沿海地区生产企业所需物资的90％以上、重要大型企业所需物资的75％以上均是通过市场采购解决的。[1]再次，深化商业批发体制改革，大力发展横向经济联合。生活资料商品批发体制改革在原有基础上继续推进。1985年1月，商业部将上海、天津等19个工业品一级站下放到所在城市。到1986年底，各省区所属的二级站，下放了517个。[2]工业品流通以城市为中心，农副产品流通以集散地为中心，不受行政区划和行政层次限制，使开放的、多渠道的、少环节的新型批发体制得以逐步建立。在打破原有僵化的三级批发体制后，需要按照商品流通

[1] 参阅国务院发展研究中心：《中国经济年鉴》1993年版，第87页。
[2] 参阅许飞青：《中国的经济体制改革》，中国财政经济出版社1988年版，第192页。

的内在规律探索新的商业批发形式。横向联合在一定程度上避免了经济生活中广泛存在的工商、农商、商商之间互相争利、扯皮等问题，在很大程度上打破了地区分割、城乡分割、部门分割的桎梏，为形成合理的流通体制创造了条件。

(2) 整顿贸易中心，兴办专业批发市场。[1]为了加强对批发企业的经营管理，中央决定对贸易中心进行认真清理和整顿，使其逐步规范化。据统计，到1987年，工业品贸易中心由过去的1 000个减为871个。[2]随着改革的不断深入，一批农产品和工业品批发市场开始兴起。据统计，国有商业、合作社商业兴办的大中型蔬菜、水果市场达600多个。1991年初，原商业部和河南省在郑州兴办第一个中央粮食批发市场、又与四川省成都市兴办了肉类批发市场等。同时，还建立了一批区域性工业品批发市场。据统计，到1990年12月，全国工业品批发市场有681个。批发市场的兴起，对培育市场起了重要作用，一个以横向经济联合并朝着工业品以城市为中心，农副产品以集散地为中心的开放式、网络型商品流通格局开始形成。据统计，这一年商业经济联合体已发展为6 792个。进入20世纪90年代后，全国流通领域的横向联合的企业集团进一步发展，工商、农商、商商之间的联营联销进一步扩大。

(3) 整顿和规范商品流通秩序，探索新型的商品市场监管体制。由于新旧体制转换过程中难免存在着市场机制和法制不健全、政府管理不完善等矛盾和管理上的"真空"地带，20世纪80年代中后期，流通秩序混乱的情况较为严重，并成为恶性通货膨胀的重要原因之一。为此，党中央于1988年9月果断提出"治理经济环境，整顿经济秩序，全面深化改革"的方针。一是规范流通秩序的参与主体。二是加强物价的管理和监督。三是加强对重要商品市场流通的管理，对部分紧俏商品实行专营。四是加强市场立法，逐步建立商品经济新秩序。过去对市场秩序的维护，基本依靠行政命令和行政手段，往往收效快，反弹也快，扰乱市场的行为不断复发，一个根本的原因

[1] 把兴办专业市场的时期划分在1985—1991年，是就全国而言的。其实，专业市场产生的时间是改革开放之初，例如早在1982年，浙江义乌就兴办了中国第一个小商品专业批发市场；浙江温州、台州等地的专业市场也大都在20世纪80年代初就开始兴起。

[2] 参阅万典武主编：《当代中国商业简史》，中国商业出版社1998年版，第249、254页；王相钦主编：《中国民族工商业发展史》，河北人民出版社1997年版，第845页。

就在于市场经营活动未纳入法制轨道。为此，国家在实施治理整顿的同时，加快了行政法规建设的步伐，对国有企业、集体企业、股份合作企业、私营企业等市场主体的设立、变更、终止、权利和义务、法律责任等都作了明确规定。这对于保护市场主体的合法权益，规范其交易行为，推动市场秩序的建立发挥了积极作用。

3. 市场经济体制目标的确立与建立新型商品流通体系

1992年中共十四大明确提出建立社会主义市场经济体制的目标，商品流通体系的改革开放进入了一个新的发展阶段。在建立商品市场体系、国营商业企业改革、非公有制商业进一步发展、外商进入中国零售市场、对商品市场宏观调控等方面有了长足进展。

(1) 大量引进新的流通形式和经营方式。主要表现在：第一，重组商品批发体系，使现有各种批发企业，按照市场经济的要求和商品流通的特点，建立起社会化、现代化、多元化的批发经营网络。一批起点高、规模大、辐射面广、功能齐全的全国性专业市场不断兴起，如上海汽车交易市场、郑州粮食批发市场、中国北方木材批发市场等。它们作为商品集散中心、价格形成中心、商情信息中心，在稳定供求、满足市场需要和平抑物价等方面发挥着越来越大的作用。第二，大力推行连锁经营和代理制。连锁经营于1994年初试办，一开始便势头强劲。这种经营方式实行大量集中采购、配送，与生产企业、副食品基地直接挂钩，减少中间环节，降低进货成本，增强了竞争力；实行规范化经营管理，提高了企业效益；实行采购和销售分离，有利于防止假冒伪劣商品，净化流通秩序；统一标价，规模经营，有利于降低费用；直接向生产企业反馈大量信息，可以促进生产者调整产品结构，改进产品质量。代理业务不断向规范化、规模化、专业化和合理化方向发展，实施范围也在逐步扩大。

(2) 改革、完善少数重要商品的流通体制。20世纪90年代初中期，我国绝大多数生产资料和生活资料已实现由市场形成价格和自由流通。但少数重要商品如粮食、棉花、化肥等由于在国民经济中处于特殊地位，仍实行较多的政府管理。为此，国家仍需根据不同时期的情况不断探索这些商品的流通体制改革。其中粮食流通体制改革具有代表性。1993年2月，国务院提出“统一政策、分散决策、分类指导、逐步推进，争取在二三年内全部放开粮食价格。”当年底，全国就已有95%以上的县(市)放开了粮食价格。这标志着粮食流通由计划经济体制向社会主义市场经济迈出了关键一步。1994年还开始了粮食部门政策性业务和商业性业务经营两条线运行。针对国有粮食企业经营机制转换滞后，管理不善，财务亏损挂账使财政和银行不堪重负等情况，1998年4月，全国粮食流通体制改革工作会议推出了“四分开一完善”的改革方案，即实行政企分开，储备与经营分开，中央与地方责任分开，新老财务账目分开，完善粮食价格机制。这一举措有利于将政府的行政管理职能与粮食企业的经营分开，使粮食企业成为真正的经济实体，加强和改善国家对粮食的宏观调控，积极培育粮食市场，建立和完善政府调控下的市场决定价格的机制，保护粮食生产者和消费者的利益。一个与我国社会主义市场经济体制相适应的新的粮食流通体制将在实践中形成和完善。

(3) 培育和发展全国性、区域性商品市场体系。全国性或区域性批发市场迅速发展，市场规模不断扩大。其中全国性与区域性的粮食、钢材、木材、肉类及其他重要商品批发市场以及商品交易所等有100多个。大中城市和主产区果菜批发市场集散量达到当地流通量的50%左右。1992年以后，零售企业积极发展多种经营形式，形成了百货商店、专业店、购物中心、超级市场、便民店、连锁店、仓储式销售、邮购、直销等业态并存的局面。

(4) 建立商品流通宏观调控体系与运营机制。1992年以来，针对流通领域存在的问题，我国加强了对商品流通宏观调控体系的建设。这个体系主要包括:第一，中央、地方两级关系国计民生重要商品的储备，以及相互配套的市场风险基金与调节基金，当前重点是要加快建立地方的储备网络与各种基金。第二，商品储备与各类基金的管理制度与运行机制。第三，重要商品的购销制度，也就是通过市场经济的办法，改革完善中央、地方两级商品购销体制，使国家能掌握相当比例的重要商品资源。第四，全国性的市场信息监测网络，通过网络随时了解掌握市场商品生产、流通和消费的基本状况与价格行情，为国家宏观调控提供依据。第五，重要商品价格的监控制度，在全国大中城市定期公布关系国计民生的基础性或特需商品的价格，实行社会化监督。这些措施增强了流通领域的宏观调控能力。与此同时，我国的市场立法进程明显加快，涉及规范市场主体组织和行为、建立市场体系和交易规则、市场监督和管理、促进市场中介组织正常发展等许多方面，推动了市场运行朝着有序化、规范化、制度化的方向发展。

1.3.2 商品流通体制改革的主要内容

经过 30 年的探索与创新，中国商品流通体制改革取得了举世瞩目的重大成就。除极少数品种外都已放开购销、放开价格，使供求规律和价值规律的作用得到比较充分的实现。在商品经营上，彻底改革了国营商业和供销社垄断城乡市场的局面，实现了经营主体的多元化，并试办了一批中外合资商业企业。在商品市场体系上，集贸市场、批发市场、零售市场等初步形成规模。在商品流通的宏观调控上，作了许多有益的探索，采取了一些重要措施。随着改革的不断推进，商贸流通促进生产发展、提高人民生活、服务国民经济增长的作用十分显著，为我国经济的持续高速发展作出了重大贡献。

在打破传统计划流通体制、建立社会主义市场经济体制的过程中，商品流通体制改革的基本内容是什么？实践表明，随着多元化、多业态、竞争程度不断提高的市场流通格局的形成，流通体制改革的主要任务是充分发挥市场机制优化配置流通要素的作用，通过加快流通创新促进新型流通组织与经营方式的发展，形成与我国市场体制、规模和结构相适应的、具有更高流通效率的新型商品流通体系，通过健全与完善流通规则，形成统一、公平与充分竞争的市场流通秩序。30 年来商品流通体制改革的主要内容是：

1. 改革商品购销体制

改革商品购销体制是商品流通体制改革的“闸门”和突破口。从形式上看，商品购销体制改革是国有商业对工业品从统购统配、统购包销改变为统购、定购、选购；对农副产品由统购统销、派养派购改变为定购、选购和自由购销等多种形式，是工商、农商以及商业内部批发零售之间经济购销关系的调整；但这在实质上是由政府计划为主配置资源转变为以市场为主配置资源，是国家（政府）对商品生产、流通、分配、消费全过程管理范围和力度所进行的根本性改革。经过近 30 年的改革，目前除极少数关系国计民生的重要商品（如粮食）仍实行一定程度的控制管理外，绝大多数商品都通过市场进行自由流通，恢复了商品的本质属性，产品经济转变为商品经济。商品购销体制的改革，为生产者、经营者都松了绑，为落实企业经营自主权创造了条件，推动了工农业生产的商品化、市场化。

2. 改革商业管理体制

商业(或称流通业)企业是商品流通的当事人,如果说商品是流通的客体,那么商业企业就是市场流通的主体。商业企业管理体制的改革,是商品流通管理体制改革链条上的一个中心环节。通过商业管理体制改革,一方面,调整了国家(政府)对国有商业企业的经济关系,通过实行企业利润留成、“拨改贷”(即固定资产投资由国家财政拨款改为银行贷款)、“利改税”(即利润上交改为按章纳税)、经营责任制、资产承包责任制等经济举措,同时下放权限,使商业企业由政府附属物的地位向着政企分开、产权明晰、权责明确、面对市场、自主经营、自负盈亏的独立法人经济实体转变;对名为集体实则“二国营”的归口管理的集体所有制商业企业,则主要是按照自愿组合、自筹资金、自主经营、自负盈亏、共同劳动、自主分配的方向改革,还其应有的本来面目。另一方面,放宽对社会流通业的管制,放开市场准入,实行国家、集体、个人一起上的方针,允许个体、私营经济进入商品流通和服务领域,并且适度允许外资进入零售和制造业,从而涌现出一大批非国有制、非公有制的零售商(包括坐商和摊贩)、批发商,以及制造商、贩运商和其他中间商。国家(政府)对其管理的基本要求是守法经营、照章纳税。市场准入的放开,使流通业形成多元化,实质上是商品流通领域所有制结构的重大调整,彻底打破了长期存在的国有流通业的垄断和公有制的一元结构,为商品流通领域注入新的活力,初步形成以公有制为主体、多种所有制经济共同发展的格局。

3. 构建市场组织体系

市场组织体系是商品流通的载体,其改革是商品流通体制改革的基础。过去市场组织体系由国有流通业和供销合作社组成,其他自发性市场都是不允许的。就国有流通业来说,其体系表现为严格区分职能的一、二、三级采购、批发、供应站和零售商店,实行分层次的计划调拨分配,按固定区划组织流通。改革开放以来,随着一、二级采购供应站管理体制的改革和下放,中央和省一级不再垂直进行计划、业务、财务管理,保持了近30年的纵向管理的市场组织体系已被以横向经济联系为特征的市场网络所取代;特别是以乡镇企业和农村家庭生产为依托,实行产销直接见面的各类商品批发交易市场,以及城乡集贸市场的蓬勃兴起,以及连锁超市、专卖店、仓储式批发等新型业态的萌生、发展,形成了多元化、多层次的市场组织体系,空前扩大了商品流通的容量和市场规模，提高了流通的总体效率，适应了生产和消费增长的要求。

4. 培育商品流通的内在动力

这是商品流通体制改革的核心。改革前商品流通的动力来自政府的指令性计划，确切地说只是实物调拨，因为商品与企业并不具有其本质属性，这种动力机制不能解决供求关系中经常出现的矛盾，商品供应时多时少。改革开放近30年来，市场机制取代了计划机制，价值规律、竞争规律已经在很大程度上成为商品流通的内在动力。到2007年，全国的生产资料出厂价格中约92%是由市场调节；在商品零售价格中由市场调节的达到98%；特别是农副产品中的鲜活商品已基本上由市场定价，供求关系和市场调节成为价格形成的基本因素，地区差价、季节差价、质量差价已由市场供求变化来调节。

5. 建立商品流通的调控体系

商品流通调控体系的建立是商品流通体制改革的重要环节。改革开放近30年来，在坚持简政放权、政企分开、调整国家（政府）对国有流通企业经济关系的同时，按照政府调控市场、市场引导企业的思路，着力建立覆盖全社会和商品流通全过程的宏观调控体系。重点是制定产业政策，建立必要的调节基金和商品储备，灵活运用利率、汇率、税率等经济杠杆，加大调控宏观经济的力度，并把经济手段与法律、行政手段结合起来，保持总供给与总需求之间的相对平衡。在商品供不应求时，采取适度从紧的财政、货币政策，有效地遏制了通货膨胀，实现了经济的"软着陆"；在需求不足时，则加大投资力度，增加内需拉动，开拓国外市场，促进商品流通的持续增长。

改革是渐进的，但不是孤立的，而是相互配套和彼此适应的联动。需要着重指出的是，商品流通体制的改革离不开整个经济体制改革的大环境以及社会主义现代化建设的发展。在农村，家庭联产承包责任制的改革和农业的市场化、现代化进程；国有工业由单一的生产型向经营型转变；交通运输等基础产业条件的改善；信息产业，以及商品的包装、冷藏等新技术的大量应用，上述这些都对商品流通体制的改革产生了十分重要的甚至是决定性作用。反过来说，商品流通体制改革的意义也远远超出了流通本身，是一项既包括流通也包括生产与消费，既涉及微观经济又涉及宏观经济调控等诸多方面的系统工程。我们决不能低估商品流通体制改革的艰巨性与复杂性，这也是近30年来改革开放的实践给予我们的重要启示。

1.4 缘起的历史文化基因：民间商业与市镇经济

在商品和货币经济尚不发达的年代里，市镇经济的范围非常有限，广大农村地区依旧是小农经济。市场范围的大小决定了专业化分工的程度，市镇经济作为一个网络中心，市场范围较为集中，做生意的方式完全不同于农村地区。农村地区人口分散，货币缺乏，需求水平远低于市镇，要在这样的地方做生意并不是大商人所能看中的，因为这些大商人承受不了农村生意的零散性，纵然有雄厚的资本，也只能选择放弃；但农村的商业活动也不是一般农民所可以从事的，因为市场分散意味着做生意的风险很大，利润空间很小，货币又那么缺乏，而没有货币的媒介其交易难度是可想而知的。

1.4.1 历史上的商品经济与市镇经济

在历史的视野中，专业市场出现之前，集市贸易是农民商人的市场活动的主要空间，市场交易活动依托了集贸市场的场地和市场范围，专业市场虽然在功能和机制上超越了集贸市场，而且经济学的研究似乎也将集贸市场作为衬托专业市场更为先进和发达的市场机制的一个较为传统、原始和相对落后的对立面，然而在历史研究的视野中，无法生生割裂专业市场与集贸市场的联系。吴承明(1997)、包伟民和王一胜(2002)、白小虎(2006)从经济史的角度研究专业市场的历史渊源，认为专业市场是江南历史上市镇经济在特有时代背景下的延续和复兴，市场是在社会分工和专业化生产推动下兴起的，而市场反过来又促进了经济增长。

从公元10世纪的宋代开始，中国的商品—市场经济就有了较快的发展，主要表现是：农业的商品化与专业化程度的加深，相当广大的国内市场(拥有几十个大商业城市)的形成和海外市场的日益开拓，大商人资本的兴起和商人地位的提高，工场手工业的出现，租佃制的演变和财政货币化，雇工制的出现和人身依附关系的削弱，农村地区商业聚落市镇的勃兴和城乡市场体系雏形的形成，等等。[1]

---

[1] 参阅吴承明：《中国的现代化：市场与社会》，三联书店2001年版，第36—45页。

(1) 相当广大的国内市场(拥有几十个大商业城市)的形成和海外市场的日益开拓。在中国,由于较早地废除了领主制割据和实现了国家的统一,商业一向比较发达。在商品经济发展的基础上,城市和新兴商业城镇日益繁荣起来,在16、17、18世纪,北京、江宁(南京)、扬州、杭州、苏州、广州、汉口等都已发展成为具有相当规模的工商业城市。对外贸易急剧增长,出口商品主要有茶叶、丝绸、棉布、瓷器等,尤以茶叶占第一位。18世纪末,英国东印度公司每年平均从中国购买茶叶一项就值银400万两。在正当的商品贸易中,中国长期处于出超地位。

(2) 大商人资本的兴起和商人地位的提高。商人资本通过外部市场,组织、支配和控制着城市和农村的手工业,或多或少对旧的生产方式起着解体作用,诱导着生产和流通过程资本化的趋势。早在16世纪前期,徽商、晋商、陕商等大商帮开始出现,单体资本规模已达银百万两的水平;16世纪中后叶,随着对外贸易的发展,广东、福建两个海外贸易商帮开始形成。众多商帮集中出现决非偶然,而是商品经济发展的反映。他们都是脱离封建制度束缚的自由商人,主要从事长途贩运和海外贸易,其地位和作用类似于16世纪西欧"特殊的商人阶段"或"专业商人"。大商人交通官宦,地位提高则毋庸置疑。宋、明以降,弃农就商、弃儒从商、致仕就商者屡见记载,士农工商的四民本末观也在悄然改变。早在南宋时期,浙江温州以叶适为代表的"永嘉学派"就开始否定和突破"重本抑末"的传统经济观,提出士农工商"此四者皆百姓之本业",倡导事功务实,形成"义利兼顾"的从商观。明朝中后期,阳明理学主张"四民异业而同道";张居正主张"省征岁以厚农而资商"、"轻关市以厚商而利农";至17世纪黄宗羲乃有"工商皆本"之论。

(3) 工场手工业的出现。在中国封建社会中,不仅有小农业与家庭手工业结合的自然经济,而且还有相当发达的各种形式的独立手工业和工场手工业,其技术和工艺水平居于世界先进行列。家庭手工业主要是为满足自己需要、纳贡、地方市场而生产,无论如何不能满足整个封建社会对工业品的需要。像盐、铁、铜这一类的产品,不能依靠家庭手工业来生产,而必须由独立手工业和工场手工业来生产。这些产品的市场不是地方性的,而是全国性的。这些产品不只为少数人所需要,而是全民都需要。在16—17世纪,中国的工场手工业已发展到相当高的水平,生产规模较大,劳动分工十分精细，已有十多人以上的工场手工业出现，如广东的冶铁业、京西的采煤业、江南的纺织业、云南的铜矿业等。与传统的小农经济相比，工场手工业毕竟是一种全新的生产方式，虽然发展迟缓，但是不可逆转。

(4) 租佃制的演变和财政货币化。实物地租是中国封建社会地租的基本形式。实物地租由分成租约制向定额租约制的演进，有利于佃农生产，但社会经济关系并未发生质的变化。16 世纪开始推行的押租制和永佃制，则有新的意义。押租制是以佃权的商品化和货币化为前提的，并且常是加押减租，反映佃农以货币实力获得了更多的经营自由。永佃制不仅使佃农有完备的经营自由，并可以出卖田面权，导致经营权与土地所有权分离，这是有现代意义的农业生产方式。17 世纪以后，押租制和永佃制都有所推广，但由于受到小农生产制度的制约，而未能成为租佃制的主要形式。

中国封建社会的财政是大财政，不仅是公共收支，还具有配置资源、干预生产和流通的作用。宋代财政已相当货币化。明初厉行实物主义，田赋和丁税全部征实，财政货币化出现了反复。明朝中叶开始，田赋、劳役开始货币化。1581 年，张居正推行一条鞭法，财政货币化成为不可逆转的趋势。财政货币化，对于促进中国封建社会后期商品经济的发展，起到了十分重要的作用。

(5) 雇工制的出现和人身依附关系的削弱。资本主义萌芽的一个重要条件，是具有人身自由的雇佣劳动者的出现。租佃制和实物地租在中国封建社会很早就成为普遍形式。租佃制下的农民拥有一定的私有财产和人身自由，虽然某种程度的人身依附还存在，但是与农奴制的人身依附相比，有了重大区别。明朝中叶以后，已有相当多从事雇佣劳动的作坊和手工工场存在。工人与手工业主之间一般不存在人身依附关系，两者在法律上处于平等地位。中国早期的资本主义萌芽中存在若干封建关系的成分，这是难免的；但也不能由于残留着某些封建成分，如人格依附、工资低廉等，就否定它是资本主义关系的萌芽。

在商品—市场经济发展的基础上，中国的部分农村地区就逐渐开始形成一种独特的经济形态——市镇经济。所谓市镇，就是以工商业聚落为中心所形成的农村经济圈。在市镇经济圈内，农业生产从以往相对封闭、单一的形态，转向在相当大的程度上依靠介入市镇的商业活动来维持。作为商业中心的市镇之所以能成为小农经济的载体，是由于这时农业经济中经济作物、农副业和手工业的成分扩大，农民需要通过集市来交换的商品增多了，传统的集市已无法满足农村商品经济发展的要求，因此在小集市的基础上产生了市场辐射能力更强、商业化组织更为严密的市镇网络。[1]

不过，曾经主宰过繁华市镇的商人阶层能否使工商业走出自给自足的小农经济，这对于事功文化与经济发展的关系非常重要。在事功哲学兴起的同一时代，江南部分农村地区就逐渐开始形成一种独特的经济形态——市镇经济，并以工商业聚落为中心形成农村经济圈。在市镇经济内，农业生产由以往相对封闭、单一的形态，转向在相当大的程度上依靠介入市镇的商业活动来维持。作为商业中心的市镇在小集市的基础上产生了市场辐射能力更强、商业化组织更为严密的市镇网络。[2]南宋时期，城市已初具规模，杭州是南宋都城，市镇经济规模最大，百业兴隆，府城内外形成了许多同行业店铺、货摊相对集中的“行业街市”。即使是地处中部丘陵地带的义乌，依托当时的水运条件，也陆续出现了一些市镇，其中最有名的当属古镇佛堂。佛堂地处义乌江畔，水运极为便利。在明清时期，佛堂开始聚集徽商、龙游商，凭借义乌江与外埠通商。这可以当地所设的新安会馆、绍兴会馆等为证。[3]

1.4.2 区域性的商业习俗与商业文化

市场经济是一个制度化的交换经济，在此之前存在着大量的交易行为。但是，普遍的交易行为并不一定能发展出一个成熟的市场经济，而且，得到正式制度支撑的市场经济也只是在少数几个地方首先形成。那么，是什么样的因素隐含了一条正式的市场制度的演化路径呢？经济的因素本身就是需要解释的对象，而文化一定是一个超越了经济、摆脱了利益关系的因素，否则就不能作为市场制度路径依赖的来源。因此，文化可以定义为与商业活动(牟利)并无直接关系、但又能影响商人群体特性(如经济理性和商业冒险精神)的因素。在一个重农抑商的农耕社会中，在主流社会宣扬的价值观念之外，老百姓出于自身生计的考虑，在许多领域形成了与交换经济相适应

---

[1][2] 参阅包伟民、王一胜：《义乌模式：从市镇经济到市场经济的历史考察》，《浙江社会科学》2002年第5期。

[3] 参阅义乌县志编纂委员会：《义乌县志》，浙江人民出版社1987年版，第62页。

的社会活动方式，我们可以把它看作是民间文化或民间习俗。在传统社会中，这种商业习俗不仅与统治阶层的农本思想格格不入，而且与新兴市镇工商业者“工商兼本”的事功思想也没有太大的联系；它是一种社会边缘群体的边缘文化，是底层百姓的日常交换和习俗惯例，其中的一些因素连同这一个群体，成为了市场制度的起点。

例如，许多著作在谈到浙江市场经济的先发优势时，不约而同地都牵扯到了历史上浙江学人的学术思想遗产。以研究文化经济著称的青年学者陈立旭提出，“讲求实效、注重功利”是浙江传统文化精神的一个显著特征。陈立旭(2001)认为：“浙江一些著名的政治家和思想家，大多提出过重要的经济思想和发展经济的主张，并形成了‘义利并存、工商皆本’的精神遗产。”[1]总的来说，这些解释所围绕的中心，就是浙江浓厚的商业文化与功利主义哲学之间有着密切的关系。

浙江经济发展的动力有着深厚的文化根基，其中最有代表性的是浙东学派的事功哲学。在浙江学术史上，极力鼓吹事功思想、强调工商皆本的浙东事功学派大体有三个分支，即：以陈亮为代表的永康学派，以吕祖谦为代表的金华学派，以叶适为代表的永嘉学派，这说明浙江人的商业文化有着很深厚的思想土壤。事功学派在学术上有一个共同本质，即主张学术与事功的统一，倡导事功务实，认为学术的目的是经世致用。事功学派的一个重要特征是重视工商的文化精神，认为士农工商“此四者皆百姓之本业”，否定和突破“重农抑末”的传统经济观，形成“义利兼顾”的从商观。如陈亮在论述商业的重要性时指出：“古者官民一家也，农商一家也。”[2]商业文化精神是事功学派的核心理念和价值判断标准，它无疑浸润于浙江民间的社会实践和思想观念之中，是当时社会追求功利和实效之心态的概括与提炼。事功学派所代表的是一种新兴的商业阶层的精神需求，反映了自宋代以来儒家思想受到外来思想、新兴力量的冲击而疲于应付的态势。新兴的力量来自于商人阶层，他们获得了财富，却没有相应的政治地位，他们的思想得不到作为正统观念的儒家学说的承认。在与僵化和教条化的儒家学说的正面交

[1] 参阅祁茗田、陈立旭：《文化与浙江区域经济发展》，浙江人民出版社2001年版，第11页。

[2] 参阅祁茗田、陈立旭：《文化与浙江区域经济发展》，浙江人民出版社2001年版，第103页。

锋中，商人阶层必须为自己独立于传统的主流特权阶层的地位找到理论依据。这些商人生活在以手工业、商业为主的市镇，也就是说真正感到需要与正统儒家思想相抗衡的新兴力量仅限于工商业繁华的市镇，就像市场被广大农村包围的态势一样，事功学派的文化被传统的儒家思想所包围。

专业市场是观察浙江经济发展的一个重要的窗口，集中反映了从专业市场发源地开始扩展的市场化和工业化过程。制度经济学中一个核心的命题是“制度是重要的”，因此可以说，专业市场制度是浙江经济发展的一个关键。经济发展不同于经济增长，是一个长期现象，也是多种因素作用的过程。除了经济分析中常见的资本、劳动、技术和制度等因素外，文化与经济发展的关系也越来越受到了关注，越来越多的研究注重从文化传统进行比较和分析，挖掘经济发展的根源。文化对经济发展的影响，这一问题来源于“韦伯命题”，该命题考察资本主义在西方兴起的宗教精神与政治精神的基础。

中国改革开放取得了经济发展的成就，学者们对中国文化与中国经济发展的关系提出了类似于“韦伯命题”的思考。同样，浙江经济发展的成就、尤其是计划经济体制下落后贫困地区的崛起（温州、义乌等地）尤为引人关注，许多学者也从浙江特有的文化传统来探析浙江经济发展。对文化有不同的理解，从学术思想的文化与非正式制度的文化来解释经济发展是目前较为普遍的两类研究路径。我们认为，无论是非正式制度，还是正式制度，本身尚且有一个制度起源的问题，也就是制度的路径依赖，因此直接把学术思想看作是经济发展的决定因素，这种研究方法是值得斟酌的。

事功哲学所代表的商业文化是与市镇经济相联系的。从历史演化中市镇经济的地位来看，近现代市镇经济在国内外近代资本主义经济的冲击下，无一例外地出现了萧条，这是以农产品的商品化、手工业的专业化为基础的市镇经济的必然命运。例如，浙江义乌仅有的一两个较为发达的市镇经济（如佛堂、稠城）网络，到建国前已基本消亡了。建国后，在高度统一的计划经济体制下，传统的市镇经济更无立锥之地。在义乌，小商品贸易和小商品市场的发源地稠城镇和廿三里镇，都不是当年的大市镇；相反当年成为浙东四镇之一的佛堂，在改革开放后，一度属于市场经济比较滞后的地区。

文化与经济发展存在着联系，这是毫无疑问的，但直接从文化来解释经济发展，显得是牵强附会的，浙东事功哲学思想就是一个例子。更进一步的研究，试图在文化与经济发展之间通过制度的联系建立间接的关系。制度是资源禀赋和技术之外来解释经济发展的一个重要因素，新制度经济学的一个核心命题就是“制度很重要”，并建立了制度变迁与经济发展的理论模型。

不过，“文化制度论”还是有缺陷的，这主要是它缺乏严格的方法论基础。关于文化的含义，其实可以根据研究的需要加以设定，“精神”或“非正式制度”都是可以接受的，但是由这些假定推演制度变迁，缺乏了很关键的一环，即不能解释推动制度变迁的主体是如何形成的。从抽象“精神”出发，缺乏创新主体作为特定的载体；从“非正式制度”出发，能说明其对创新行为的约束，但也无法说明创新主体是如何产生的。因此，在方法论上必须解决文化内生出“创新主体”的问题，而不是依靠简单的主观设定。

1.4.3 专业商人与区域性商人群体

商人是新型社会的推动者。改革开放以来，中国政府逐步允许私商从事长途贩运、批发贸易和对外贸易，这会对中国社会转型、经济体制转轨产生巨大的影响。制度创新不仅仅归功于个人，个人的创新在任何社会的任何时期都曾经发生过，离开了组织，这些创新就失去了推动社会进步的能力。经济发展表现为经济增长和收入水平提高的过程，也是从传统自给自足的农业社会向社会化专业化分工的市场经济演进的过程，这决不是单个个体的贡献。在一个分工日益专业化的经济进步过程中，分工网络中必然存在着一个有机联系的群体在推动传统社会的进步，这当然也是一个在特定制度下有组织的过程，此所谓制度内生的经济发展。因此，在市场经济改革中，形成一支工商业者队伍是非常重要的。这一创新群体是在一定的文化中形成的文化内生制度创新组织，创新组织推动经济发展的逻辑。

如果要以民间文化与习俗作为市场制度的起点，必须满足两点：第一，民间文化与习俗中包含了市场制度的创新主体，而且存在着很强的历史联系，他们从世代相袭的民间文化和习俗中汲取了商业精神，获得了商业活动的历史知识。第二，民间文化和习俗本身也在不断的变化，保持了一个连续的状态，并不会由于某一历史阶段重大的社会变迁而中断，这也说明其中必然有一个群体在延续着民间文化和习俗。浙江的专业市场带有鲜明的地方特色，我们不可能对所有的早期专业市场都挖掘出前市场的民间文化与习俗。在此，结合义乌小商品市场，从具体的民间文化和习俗来认识市场制度的路径依赖。

从民间文化和习俗中，我们能够找到市场制度演化的源头，看到了传统社会中的农民是如何实现向市场制度创新主体转变的。在计划经济实行了几十年之后，一个传统农业社会中的农业劳动者，要从农业劳动为主的农民转变为专业化的商人，超出了个人的能力范围，不是个别农民有这方面的意愿就能通过自身的努力而实现的。作为一个社会化的过程，促使一大批农民转变为专业化商人并成为市场化进程的推动者，其中的社会因素，而非个人的因素，是非常关键和根本的。不同于计划经济下的集中决策和计划指令的自行机制，市场经济的每一个个体都是独立的，不存在上下级隶属的科层关系，市场经济活动的决策也是独立的，这样一个分散的独立的经济体系，单个的农民如何了解市场活动，如何加入到市场活动中来，通过什么样的途径可以实现市场交换，等等，必须依靠某一种机制，独立分散的个体之间能够顺利地建立市场交换的联系。独立分散的个体之间，由相互之间的联系形成了一个网络，市场活动下的联系，主要是分工和交易的关系，也就是通过分工的网络，衔接了独立分散的个体，个体也是通过特定的分工网络，加入到了市场化的进程之中，无形之中已经从一个农民转变为了一个专业化商人。

1.5 缘起的典型案例：义乌小商品市场

改革开放以来，义乌市场从“鸡毛换糖”、马路市场起步，已发展成为具有国际意义的小商品市场，形成了独特的区域经济发展路径。2007 年，义乌市场拥有营业面积 260 多万平方米，经商摊位 5.8 万多个，经商人员 20 多万人，汇集了 28 个大类 40 多万种小商品，市场成交额 443 亿元，出口约占 70%；有 80 多个国家和地区的近 5 万多名外商来义乌采购小商品，常驻义乌的外商达 8 000 多人，义乌小商品已出口到 212 个国家和地区，义乌日益成为国际性小商品采购基地。从 1990 年开始，义乌市场成交额连续 17 年位居全国各大专业市场之首。

义乌市场经历了社会的漠视、上级的怀疑，甚至来自方方面面的指责和批判，但始终没有动摇，最终成长为全国年交易额最大的小商品市场，这是一个艰难的探索与创新过程。义乌市场的兴起，既有某些个人的历史功绩，更离不开一个有形或无形的创新群体。这个群体可以是经商户，可以是地方政府，也可以是地方政府与经商户的有机结合。正是有了这样一个创新群体，义乌市场的兴起才不是历史的偶然。在市场的发育和形成过程中，如果既有工商业者的自发行动，又有政府的因势利导、积极推进和有效规范，其进程就会大大加速。

1.5.1 市场创新群体：商人(商贩)与地方政府

义乌市场作为一种制度创新，是在内在主体发动和外在主体推进的共同作用下，才取得社会认可的。创新的内在主体，是广大的经商户或商贩。创新的外在主体，既包括起到主要推动作用的区工商所、县工商局，也包括县委县政府领导，因为他们的价值判断和行为最终关系到创新的合法性。只有他们既可以承认创新的合法性，也可以否定创新的合法性，或者给予默认。

在义乌市场形成和开放的过程中，“敲糖帮”(商贩)、基层政府(包括县工商局、区工商所和区、乡政府)、县委县政府、县级以上政府部门这四个不同层次利益的相关主体，对市场创新具有不同的价值认同。其价值认同大致经历了如下的传递过程：“敲糖帮”的市场取向最为强烈，这是自然萌发的生存本能和经济理性使然；接着是区工商所、直至县工商局开始接受“敲糖帮”的市场创新，此时的小百货市场已经处于定期定点不定摊位交易的半开放状态；继而影响到了县委县政府领导层的价值判断，他们的判断处于形成过程时，市场仍在不确定的气氛下兴旺发展，而一旦作出“四个允许”[1]的决定，经商户就如决堤的洪水一般，一发而不可收；地市级和省级的主管部门不断接收到来自义乌等地的创新信息，其市场观念受到影响。显然，市场取向的强烈程度与利益相关主体的层次级别是负相关的，“敲糖帮”处于最底层，然而市场取向最强烈；地市、省级政府部门在最高层，市场取向也最不

---

[1] 1982年11月25日义乌县委、县政府召开了农村专业户、重点户代表会议，县委书记谢高华在讲话中果断地提出“四个允许”，即：允许农民经商，允许从事长途贩运，允许开放城乡市场，允许多渠道竞争。参阅义乌市场经济研究所：《“兴商建市”十五年》(内部，1997年)。

强烈。市场取向的强烈程度同所采取的创新行动是正相关的，因此，要使市场创新能真正站立于历史舞台，底层和基层利益相关团体的行动是最关键的，他们的合力将会影响到决策层的政治意志并迫使其承认创新的合法性。

1.5.2 商人(商贩)的集体行动

开放小商品市场是一次了不起的制度创新，是一项由商贩们的集体行动所促成的地方政府的开明决策。从此，义乌小商品流通从摊贩式的集市贸易开始向有组织的批发交易发展。在不同层次的创新主体中，“敲糖帮”的行动是有组织、持续性的。20世纪80年代初，看上去货郎担们一个个怀揣许可证，做着与个体户相似的生意，实际上他们之间有着内在的联系。这种联系一方面是从传统中继承而来的。这时虽然已没有帮会出面组织协调和划定线路，但是他们外出“鸡毛换糖”时仍旧成群结队，而且同伴基本上来自稔熟的生活圈子。尔后，从游走四方的流动生意转为坐摊经营后，他们的批发摊位有固定的地点和日期，不同的摊位有不同的经营品种和客户。一个批发商决不会孤立地摆摊，只有在群体中从事合理的分工，才能找到自己的立足之地。小百货摊位与一般的集市贸易大有不同，尽管最初两者是混合的；后来，小百货摊位形成了固定的地址、日期、摊点，这表明市场分工制度在无形地协调着“敲糖帮”。

当小商品市场刚从地底下冒出来的时候，经商户们也不是零零星星出现的。一批批摆地摊的“货郎担”被工商所从东赶到西，又从西赶到东，没有固定的经营地点。但这些“货郎担”也没有像打“麻雀战”一样四处分散，而是化零为整，拧成一股绳，不管是做生意，还是与工商所周旋，他们都是成群结队出现的。因此可以说，“敲糖帮”虽然做的是个体批发生意，但却是有组织的。他们深知没有批发市场就没有批发摊位，没有别人的批发摊位也就没有自己的批发摊位，因此在推动市场制度创新时，他们既有强烈的价值取向，也有较好的组织。作为最底层的创新者，他们在有组织地推动市场交易制度的形成。

1.5.3 地方政府的开明决策

地方政府出于自身利益的考虑，与商人群体形成了事实上的利益共同体，增强了市场创新的合法性。“敲糖帮”既是工商所的管理对象，又对区工商所的价值取向有着深刻的影响，可以说，正是他们的行动引导着区工商所、甚至是县工商局价值取向的转变。而随着后者价值取向的转变，基层政府(区工商所、稠城镇政府)开始转变管理方式,其态度朝着有利于市场的合法性得到承认的良好方向发展。当小百货市场开始在稠城镇街道和廿三里镇出现,尤其是当自发市场脱离集市贸易并形成相当规模和影响时,工商所最初的判断并不是正面的,在一段时间里对待小百货市场的态度是比较负面的、至少是消极的。一度对小百货市场采取劝阻,劝阻不成就罚款、围堵和驱赶,一时间弄得小百货市场风风雨雨。经过了几次较量,工商所发现小百货市场并非一般的集贸市场,表面上看来是无组织的,其实内部是非常有序和团结的,只要加以正确的引导,自发形成的小百货批发市场其实是一个很好的流通渠道。在推进市场创新的过程中,基层政府部门的价值观是最早转变的,其行动影响到关于市场合法性的决策;因此,在市场创新和扩展中,这是一个关键性环节。

小百货市场毕竟不是普通的集贸市场,而是一种新的市场交易制度和商品流通渠道;发展到一定阶段,必然会对传统的经济管理体制造成巨大冲击,迫使义乌县委县政府重新认识其身份和地位。为什么长期以来试图禁止和关闭义乌小商品批发市场都没有奏效,而且还呈蔓延扩大的趋势?这说明,单纯用堵的办法是无效的,而且还起了负面作用,因此必须从正面来认识小商品批发市场。通过调查研究和听取群众意见,义乌的领导班子认识到:义乌除了“鸡毛换糖”和一些经商能人之外,发展经济再没有其他什么明显的优势,所以小百货交易以及小百货流通渠道应该得到保护。1982 年 9 月,义乌新的县委领导班子决定,积极、有序地开放小商品市场,通过加强管理和合理疏导来结束“猫捉老鼠”的被动局面,至此,市场创新的合法性问题才得以解决。随后,义乌县委县政府宣布“四个允许”政策,正式开办小商品市场。

这说明,小商品市场的创新行动也是结构化的,可从不同层次相关主体的价值取向来观察创新的集体行动。简单来讲就是:“敲糖帮”有组织地交易,并使得市场规模和影响逐步扩大;工商所尝试过几次围堵驱赶未果后,积极加以疏导和管理;县委县政府不贸然关闭市场,先是在政策的边缘加以限制性发展,尔后明确表态支持;地市、省级政府部门不只一次来义乌考察,但在一段时间中对开放小商品市场不置可否。如果将“敲糖帮”作为小商品市场创新的内部力量,而促成小商品市场开放的外部力量主要有三个方面:第一方面是县委县政府领导,确立了实事求是和调查研究的工作基调,在当时的形势下，实际上是在曲折地肯定小商品市场；第二方面是主管工商业的领导干部，他们站在社会经济管理的角度，迫切要求扭转经济战线上长期的“左”倾政策；第三方面是基层干部，他们在上级领导的默许和支持下，大胆地制订了整顿和开放小商品市场的决策方案。

可以说，义乌市场的特殊之处或成功之处之一，就是义乌地方政府在最初的市场化改革中，在市场制度创新和市场持续发展的关键时刻，起了“第一推动力”的作用；在制度变迁的过程中及时抓住机会，采取了积极的措施以引导良性有序的市场竞争。

1.5.4 市场创新群体的风险和成本

为什么在市场起步阶段，外在主体中起推动作用的是区工商所、县工商局，而不是县委县政府领导？其中的重要原因在于，外在主体的创新行为所面临的风险和成本约束是不同的。外在主体即使没有直接的利益动机，也会形成正面评价市场化创新的价值取向，并推动创新的合法性得到承认。但在具体实施创新行动时，外在主体还是要考虑自身的政治得失的。政治的得失是同当事人的政治地位有关的，随着政府官员地位、级别的提高，可能因为创新遭到反对和否定而失去的利益就越多，因此，创新的政治风险在加大；另外，职务越高，承担风险的人数越少，风险的集中度也加大了，推动市场化创新合法化的动力就越小。

在创新的外在主体中，处于最底层的是区工商所的管理人员。他们的角色是政策的执行者，但也最有可能使政策走样。他们如果毫无保留地执行了上级的政策，劝阻、驱赶“敲糖帮”，不但市场管理不能正常，自身的困境也很难为上级领导所体会。因此，要摆脱吃力不讨好、“里外不是人”的尴尬角色，只有一种办法，就是实行“招安”——收取摊位费和市管费，默认小商品摊贩的存在。当然“招安”的做法有悖上级精神，但是通过“招安”至少能使得矛盾暂时不再激化。之所以这样，因为这种做法的风险最小，按集市摊贩的性质来处理，并没有成立专门的自由市场，不闯政策红线；收取摊位费和市管费，还可以加强管理。

然而随着市场规模扩大，矛盾最终还是要爆发的。当县级领导意识到“敲糖帮”的小商品批发不是一般的摊贩，而实际上是一个自由市场时，就碰到了政策的禁区。当小商品市场无法用集市贸易来掩盖时，关闭还是开放小商品市场的问题就在县级领导层引发了激烈的争论；当地工商管理部门也向市(地)、省工商局请示汇报，邀请上级做检查指示，但最终还是没有定论，因为谁都必须掂量一下关闭或开放决策的分量。尽管谁都承认小商品市场的做法不错，但是没有哪一级政府和主管部门敢于作出明确批示，为小商品市场开绿灯。在当时，开放小商品市场是一个没有政策依据、没有正式文件批准的事件，是一次“做了不说”的改革试验。就小商品市场而言，作为一个由内在主体发动的市场化创新，在历时数年之后，已经从一个不显眼的现象，发展成为一个引起地方政府领导层争论的事件，在 1982 年的某一天终究要作为事实被承认。

对创新的内在主体来说，其动力不言而喻，是为了生存，为了获取市场先发优势，赚取比小摊贩更高的商业利润。内在主体之所以能在短时间内就造成一个在地方领导心目中的既成事实，这是由于他们创新的风险和成本很小，行动的成本也很小。主要表现在：第一，他们主要是一批农民，还有一些城镇的无业人员，其经济和政治地位属于社会的最底层，从事小商品交易是他们唯一的新希望；第二，做小本生意，凭的主要不是资金规模，而是个人的能力和胆识，即使生意亏本了，被没收了，也无非是陪上一些时间和精力，多吃一点苦，更何况还有逃跑和躲避管制的机会；第三，“敲糖帮”(商贩)成群结队出没，很容易团结起来，不需要专门的人来协调统一行动。可见，对创新的内在主体来说，创新的风险和成本较小，且受惩罚的风险和成本是平均分摊的，因此，个人与团体创新的风险和成本都是很小的。

从理论上来讲，开放小商品市场是一场由双重创新主体实施的市场化的制度创新。开放小商品市场只是历史的一瞬间，但是在此之前小商品市场作为一个既成的事实，已历时数年，经历了一个较为漫长的过程。没有民间的自发创新，就不可能坚持走一条在当时得不到承认的市场化道路；但是没有某一级别的政府主管部门的推动，市场化改革就可能失去先发优势，甚至沦为平庸和落后。市场化制度创新的两类主体的角色和功能不同：发动创新的是民众，他们可贵的是市场经济意识和艰苦创业的精神；推动创新的是某一级别的政府官员，他们可贵的是高度的责任感和实事求是的精神。任何的市场化制度创新，都离不开具有直接利益的内在主体，也离不开推动合法性得到承认的外在主体。

2　专业市场的成长轨迹与基本特征

专业市场是在农村工业化、商品化日益发展和专业户、专业村、专业镇不断涌现的背景下，在初级集市贸易进一步发展的过程中出现的。专业市场的发展始终与农村工业化与市场化的进程紧密相联。改革开放以来，我国专业市场的发展大体经历了三个阶段：(1)1978 年至 1984 年，是专业市场产生、形成阶段；(2)1985 年至 1997 年，是专业市场大发展、大提高且基本成型阶段；(3)1998 年至目前，专业市场进入了成熟与调整、转型阶段，出现了网络化、国际化等新的发展趋势。在上述发展过程中，专业市场集中化、专业化的交易机制，为广大中小企业构筑了一个共享式的销售渠道。专业市场在中小企业、专业化商人之间建立了分工网络，许多专业化产业区依托专业市场的分工交易网络得到了迅速扩张。21 世纪初，一些大型专业市场的经济意义与辐射功能已经远远超越了当地行政区域的范围，成为周边地区产业参与国际经济、参与国际分工的重要平台和通道。

2.1　专业市场的初始阶段

专业市场是伴随着改革农副产品统派购制度，乡镇企业、家庭工业的崛起，以及工业品和生产资料等商品交易逐步放开，在传统集贸市场的基础上产生和发展起来的。1978 年至 1984 年，是中国商品交易市场的恢复和起步阶段，也是专业市场的产生、形成阶段。1978 年后，随着国家开放城乡集市贸易，以及逐步放开小商品价格，促进了一些小型批发交易市场的发展。在一些经商意识较强的地区，如浙江、广东等地，形成了很多小商贩扎堆经营的集市贸易。少数商品经济较发达的地区，在集市贸易和专业化商品生产的基础上，出现了一些以批零兼营为主的专业市场。著名的武汉汉正街小商品市场、义乌小商品市场、温州永嘉桥头纽扣市场、广州一德路市场集群就是在这个时期产生的，并最早以正式制度的形式确立了与传统集贸市场的不同地位。

2.1.1 开放集市贸易与专业市场的形成

1978 年党的十一届三中全会以后，党中央、国务院实施了一系列拨乱反正、解放思想、放宽政策的措施，在农村推进了以联产承包责任制为中心内容的改革，并相继开放了农村和城市的集市贸易。广大农民从单一的粮食生产中解放出来，投入农业专业化生产和二、三产业。到 1980 年底，全国实行包产到户和包干到户的生产队，从年初仅占生产队总数的 1.1%上升到 14.9%。1983 年初实行"双包"制的生产队进一步发展到占生产队总数的 93%，1984 年达 99.1%。这一时期农村"两户"不断涌现，乡镇企业、家庭工业不断崛起。到 1983 年 8 月全国农村专业户、重点户发展到 1 560 多万户，占农户总数的 9.4%。

迅速发展的商品生产与严重不适应的旧流通体制之间，产生了日益尖锐的矛盾与冲突。在农副产品的产销上，一方面全国 500 万个基层生产队核算单位变成了几亿个自主经营的生产单位，如何把高度分散的生产经营单位与社会化大生产衔接起来，使农民按照市场需要生产，避免多了卖不出，少了满足不了需求，产销出现大起大落的情况，已成为迫切需要解决的问题。另一方面，种植、养殖和饲养业专业户的大量涌现，农副产品商品率迅速提高，上市量猛增，与原来计划经济条件下供销社收购什么、农民生产什么的那种封闭式单一狭小的流通体制发生了突出矛盾。生产发展了，流通问题成为当时农业生产的严重问题。

为了解决这些矛盾，党中央和国务院发布了一系列政策。1983 年国家对农民完成统购派购任务后的产品和非统购、派购产品，允许多渠道经营；同年 10 月经国务院批准，将商业部管理的实行派购的农产品，由 43 种减少到 18 种。1982 年和 1983 年，国务院两次下达关于放开工业小商品价格的文件，先后放开了 510 种小商品价格。逐步开放农村和城市专业市场，放宽农村个人和集体经济组织的贩运政策，并于 1983 年 2 月 5 日颁发了《城乡集市贸易的管理办法》，确定了集市交易的法律地位。在日用小商品方面，由于乡镇企业、家庭工业产品销售靠自找门路，必须自己找米下锅，生产的发展促进交换的发展，在一些经济比较发达的沿海地区和一些大中城市自发形成了规模较小的摊群。1982 年国家工商局针对全国专业市场出现的状况，及时在武汉汉正街召开小商品市场现场会，分析利弊和市场作用，确定在全国开放小商品市场。

这样，在全国一些经济比较发达的地区出现了一批发育较早的专业市场。如浙江黄岩路桥小商品市场、湖州织里机绣品市场、义乌稠城小商品市场、嘉兴田乐乡头巾纱市场、苍南宜山腈纶制品市场、慈溪白沙针织品市场、永康四路机绣品市场、武汉汉正街小商品市场、四川成都荷花池市场、辽宁西柳市场等第一代工业品专业市场。1982 年全国形成初具规模的小商品批发市场 265 个，当年成交额为 113.4 亿元。温州市曾以十大专业市场为依托，形成十大产销基地而名闻全国。[1]

2.1.2 专业市场产生的主要途径

纵观专业市场形成的历史，主要有以下四个途径：

1. 从传统集市贸易中分离出来

十一届三中全会后，随着集市贸易的恢复和农村专业化商品生产的发展，商品率提高，集贸市场上销售的商品日益增多，规模不断扩大，原来一些综合性的集贸市场难以容纳迅速增多的商品，于是在划行归市的基础上，专业市场就从综合市场中逐步分离出来。起初，以零售为主，尔后慢慢发展成为批发为主，批零兼营的市场。如浙江杭州的新声路小商品批发市场是从原来的新声综合市场中分离出来的，慈溪市周巷副食品批发市场是在农贸市场中发展起来的，黄岩市柑橘果品批发市场也是从集贸市场中逐步分离出来的。

2. 伴随产业集群的形成而产生

由于农村联产承包责任制的落实，大批农村劳力转向二、三产业，农村专业化生产和多种经营获得空前发展，家庭工业、联户企业、乡镇企业迅速崛起，商品的地域分工加强，社会化程度提高。这种高度集中的集约生产，规模大，产品销量也大，所需原材料也多。“两头在外”集中生产和分散消费的矛盾日益尖锐。对于生产者来说，希望相对集中精力发展生产，要求批量销售成品，低价购进原材料，尽量缩短产品的销售周期，加快资金周转，以便扩大再生产。对购买者来说，也希望有集中的交易场所，“货比三家不吃亏”。这样产需双方的共同愿望形成了市场产生的基础。于是在集中产地

---

[1] 参阅何荣飞：《温州民间市场考察》，人民出版社 1989 年版，第 16 页。

就形成了专业性批发市场。

位于太湖南岸的湖州织里机绣品市场,所在的织里镇附近有1万多户家庭机绣专业户。1983年该市场随着织里家庭机绣业的兴起,先在镇上的街头自发形成,后几经改扩建,目前市场占地12 180平方米,建筑面积为13 722平方米,有营业用房530间,上市的品种有绣品等500余种,1993年成交额为9.1亿元,是浙江省出现较早、规模较大的产地专业市场之一,产品辐射全国各地。浙江海宁许村被面市场也是依托于当地家庭被面专业化生产而产生和发展的。海宁许村镇一带有家庭织机户5 780多户,织机8 220台,1987年这里曾自发形成5个被面市场和2个轻纺原料市场。还有辽宁沈阳五爱路市场、山东寿光蔬菜批发市场、福建石狮服装市场、诸暨大唐轻纺市场、辽宁海城西柳服装市场等都是伴随着当地产业集群的发展而形成的。

3. 因商品的中转、集散而自发形成

这类市场既不在产地,也不在销地,而是受商品自然流向、历史习惯、交通条件,以及当地市场贩运户发展等多种因素影响而形成的,多数为中转集散型市场。它的基本功能就是把产区的商品吸引过来,通过贩运户的购销活动,再向外扩散,有的带动当地生产发展,成为产销中转结合型市场。如杭州市环北小商品市场位于杭城经济文化中心的武林广场北侧,是市区交通的枢纽地段,客运轮船、长途汽车站、民航售票处就在附近,水陆交通十分便利。市场利用这些优势,集散温州、义乌、黄岩等地的服装,自1982年建立以来,市场不断发展,曾经拥有7 100平方米经营面积、1 700个摊位,交易人数4万多人,商品辐射全国各地,年成交额达10.5亿元。此外还有杭州市的四季青服装市场、武汉汉正街小商品市场、上海福民街市场、黑龙江哈尔滨中外民贸市场、河南郑州友爱路布匹批发市场等等,都属于这种类型的。

4. 在国家设立的大型批发市场的基础上形成

这类市场主要是国家调整一些重要商品购销政策后,为了加强国家对这些重要商品的宏观调控,国务院和中央有关部门及省、市政府,在交通枢纽和全国一些商品重要集散地开设的批发市场。如上海华东钢材市场是原国内贸易部1992年创办的沪上最大的钢材现货市场之一,市场常年驻有钢材经销商300多户；市场内拥有一条近千米的铁路专用线，3万平方米的室外货场和9万平方米的室内仓库，配有先进的装卸、运输和计量设备，为住场企业开放使用；市场钢材实物交易量连续多年在全国同行中名列前茅，荣获2003年全国百强商品交易市场第9名。

2.1.3 专业市场初始阶段的主要特点

由于农民商人的跨区域商业活动，专业市场作为一种非常简便、易于模仿的市场组织形式在各地推广。此后，随着农村工业化的广泛开展，专业市场出现区域分布扩散和形态升级的趋势，其发展呈现出较为明显的阶段性特点。这一阶段，专业市场发展的主要特点是：

(1) 市场规模小，辐射力不强。许多专业市场是在集市贸易的基础上通过划行归市后分离出来的；有些即使单独形成，但规模也不大，一般只有几十个摊位，最大的只有几百个摊位。如浙江温州苍南宜山的新西河腈纶纱市场、湖州织里的机绣品市场、嘉兴田乐乡头纱巾市场等。由于规模小，容量不大，而且辐射力不强，市场的覆盖面较小。

(2) 市场的专业化程度较低，商品的门类较多。多数以产品大类形成专业市场，如小商品类，农副产品类；而以一个品类或一个商品形成的专业市场则很少。永嘉桥头纽扣市场，以纽扣为主，同时也上市各种表带、手表零件等。武汉汉正街小商品市场、沈阳的五爱小商品市场等都包含许多门类的小商品。

(3) 交易商品以国家计划放开的三类商品为主，批零兼营较多。市场总量上三类农副产品较多，且一般都是批零兼营，有许多市场批发比重不很大，处于萌芽状态。如浙江杭州市的环北小商品市场、慈溪白沙针织品市场等。

(4) 市场设施比较简陋，处于自发形成的状态。一般都是露天市场，少数是棚顶市场，占用街道马路交易情况比较突出。许多市场处于无设施、自发形成的状态。如当时石家庄市的南三条小商品市场，场地由一条170米长的胡同扩大到8条街。江苏吴江丝绸市场、浙江诸暨珍珠市场等，都是从简陋的设施逐步改造的。因此，这一时期出现的市场，总体上属于初级市场，处于起步阶段。

表 2.1　中国商品市场历年市场数量

年　份	市场数（个）	增长率（%）	年　份	市场数（个）	增长率（%）	年　份	市场数（个）	增长率（%）
1978 年	33 302	—	1986 年	67 610	10.23	1994 年	84 463	1.76
1979 年	38 993	17.09	1987 年	69 683	3.07	1995 年	82 892	－1.86
1980 年	40 809	4.66	1988 年	71 359	2.41	1996 年	85 391	3.01
1981 年	43 013	5.40	1989 年	72 130	1.08	1997 年	87 105	2.01
1982 年	44 775	4.10	1990 年	72 579	0.62	1998 年	89 177	2.38
1983 年	48 003	7.21	1991 年	74 675	2.89	1999 年	88 576	－0.67
1984 年	56 500	17.70	1992 年	79 188	6.04	2000 年	88 811	0.27
1985 年	61 337	8.56	1993 年	83 001	4.82	2001 年	86 454	－2.65

注：1995 年前的商品市场为集贸市场，1995 年后调整为集贸市场与生产资料市场之和。
资料来源：历年《中国市场统计年鉴》。

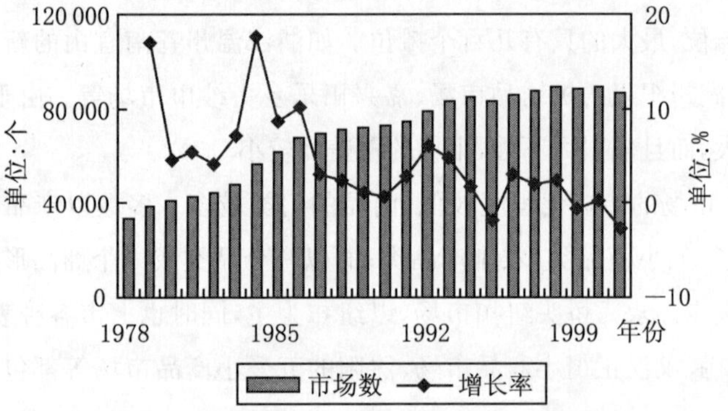

图 2.1　1978—2001 年中国商品市场数与年增长率

表 2.2　中国商品市场历年成交额

年　份	成交额（亿元）	增长率（%）	年　份	成交额（亿元）	增长率（%）	年　份	成交额（亿元）	增长率（%）
1978 年	125.2		1986 年	906.5	77.19	1994 年	8 981.5	68.10
1979 年	170.8	36.42	1987 年	1 157.9	27.73	1995 年	14 730.2	64.01
1980 年	211.7	23.95	1988 年	1 621.3	40.02	1996 年	18 574.0	26.09
1981 年	253.2	19.60	1989 年	1 973.6	21.73	1997 年	22 025.5	18.58
1982 年	287.0	13.35	1990 年	2 168.2	9.86	1998 年	24 890.1	13.01
1983 年	327.9	14.25	1991 年	2 622.2	20.94	1999 年	27 581.0	10.81
1984 年	381.7	16.41	1992 年	3 530.0	34.62	2000 年	31 528.6	14.31
1985 年	511.6	34.03	1993 年	5 343.0	51.36	2001 年	32 826.8	4.12

注：1995 年前的商品市场为集贸市场，1995 年后调整为集贸市场与生产资料市场之和。
资料来源：历年《中国市场统计年鉴》。

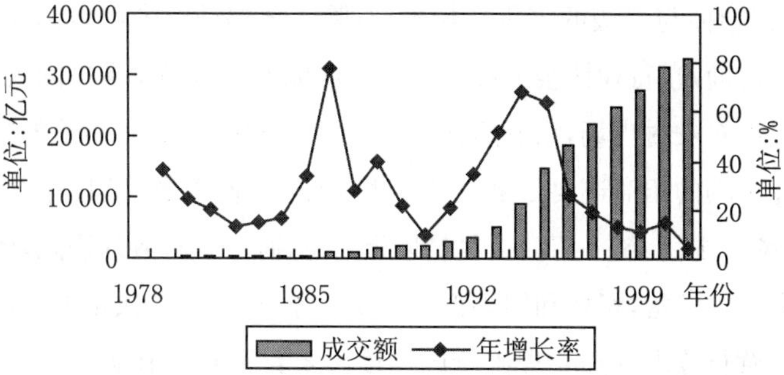

图 2.2 1978—2001 年中国商品市场成交额与年增长率

2.1.4 影响专业市场经营成败的主要因素

兴办专业市场作为一种商业项目,其开发、经营是否成功的关键并不在市场硬件的规划与建设,而在于开发、定位、招商、经营等各个环节合理运作,以及开发商、投资者、经营者、消费者等各个阶层间利益的协调,其商业价值只有在经营管理中才能体现和提升。

(1) 立项选址。现代城市化发展的商业规划,基本上都是“城内大商场、城郊大市场”,城内大多以零售商场为主,专业市场大多会往城郊发展,并以批发为主,它对产业资源、交通运输、商户资源、市政配套、商品流通、辐射范围、经济水平、消费人流、服务功能等要求较高。所以,在立项选择时必须综合考虑这些功能是否具备,是否符合城市的总体产业布局和商业统筹规划,要科学研究,不能盲目上马、重复建设。政府也应科学规划引导,提高专业市场的综合批发辐射能力,改善环境、质量、秩序、服务。

(2) 定位与规划。各类专业市场的经营业态、经营种类、功能配套、规划设计与综合市场、零售商场等有很大不同,因此在商业定位、规划设计方面应灵活调整、因地制宜,多听经营者和消费者的意见,力求定位清晰准确,商业规划设计、结构空间、交通路线科学合理,功能配套完善,软硬件齐备,减少交通、消防、安全隐患,避免住宅、商业混建混居。有条件的大型专业市场要建成集批发、零售、运输、仓储、展览、服务、行业培训、信息交流、电子商务为一体的一站式批发采购中心,并提供商务、工商、税务、金融、海关、进出口、餐饮、酒店、娱乐等综合服务,营造良好的经营、采购、服务环境。

(3) 招商运营。专业市场针对的是特殊专业/行业的经销商和消费群体，因此其招商与一般的零售商场不同，除了要提前招商和走出去招商外，要经常面对商户、行业协会和各级政府。内地专业市场发展空间大，很多市场要直接面对农村市场，招商运营的手法要因地制宜，符合当地的特色与文化。专业市场的招商还要尽量避免零售商业买（投资者）、用（经营者）分离的现象，统一规划、统一招商。尽量以租为主，减少投资者的进入，既使销售也以招商带动销售，租赁和销售都要限制对象，以避免二次招商、开业不旺、开业后经营行业混乱和管理困难的局面。要真正吸引有实力的生产厂家、专业经销商和代理商进驻，巩固经营者的进场信心，并根据招商情况及时调整业态、品种和功能。没有好的经营者进场，市场也很难做好、做旺和升值。

（4）经营管理。这是专业市场能否繁荣兴旺、批发辐射能力能否形成、商业价值能否提升的最重要环节，也是投资开发商最容易忽略的环节。在专业市场顺利招商、租赁、销售完成后，要对市场开业和经营前期进行扶持和统一规范管理，积极组织开业、促销、展览、活动、推广和信息交流，规范市场秩序，改善经营环境，寻求政府、行业协会、各地商会的支持，迅速做旺做大市场。要根据市场发展及时调整业态、行业、功能、配套、服务、环境和经营管理策略，以大商贸、大流通、大物流整合提升当地的商贸经济，以通过现代化的经营管理，力求做到旺一方市场、兴一方经济，造福一方人民。

2.2 专业市场的成长阶段

1984 年至 1997 年是专业市场的数量和规模急剧扩张的时期。这一阶段无论从数量、分布区域，还是种类来讲，专业市场都已经在全国范围内普遍推开，市场建设投资多，新建、扩建的市场数量多，市场门类向多样化发展。在市场上交易的商品中，工业品所占比重明显提高，区域特色产业成为其重要的产业依托。工商管理部门、国有商业、供销合作社和粮食、物资等部门也加入到专业市场举办者的行列。各地都在积极探索专业市场建设、管理的市场化运作方式和管理模式。

2.2.1 专业市场快速发展的内在动因

1984 年 10 月党的十二届三中全会明确指出，社会主义经济是商品经济，商品经济的充分发展是社会主义经济发展不可逾越的阶段。这次全会通过的《关于经济体制改革的决定》是全面进行经济体制改革的纲领性文献。随着改革开放的深入发展，中国商品交易市场发生了翻天覆地的变化，专业市场作为当时最具发展潜力的商业模式而倍受青睐。在20世纪80年代中期，党中央、国务院出台了一系列活跃农村经济、办好集贸市场、建立农副产品批发市场、放宽长途贩运，以及取消国家对粮食、棉花等大宗农产品统购、派购，实行合同订购和市场收购等相关政策和措施。国家计划管理商品目录逐步缩小，市场调节范围和规模进一步扩大。这一系列重大改革措施，给我国农村经济发展注入生机和活力，极大地调动了农民的生产积极性，促进了农村产业结构的调整，使农村经济发展出现了前所未有的好势头。政策的宽松，生产的发展、农民从事流通增多，为市场发育创造了良好的条件。发展流通的重要性越来越被政府领导和有关部门所认识、所重视。如中共浙江省委、省政府针对当时农村商品经济发展的大好势头，在1985年初，及时地向全省党政干部发出了发展商品经济要认识市场、运用市场、建设市场的号召。各地相继采取了一些措施，大力组织建设市场，专业批发市场在全国各地得到普遍发展。

农村改革深入推进，乡镇企业异军突起，家庭工业蓬勃发展，农村专业户、专业村不断涌现，贩运队伍日益扩大，全省农村生产的专业化、商品化、社会化进程明显加快。这一阶段市场交易额增长较快。1997年全国市场商品交易额17 424.5亿元，与1984年的457亿元相比，增长了38.1倍。市场主体结构明显变化，进场经营的乡镇企业数量有较大增长；个体商贩占较大比重。经营品种也从原来的小五金、小百货扩大到服装、布匹、丝绸、化纤原料等。市场单体规模逐步扩大，专业化程度逐步提高。

与第一阶段相比较，农村工业发展的态势有了很大的变化。第一阶段市场产生的区域一般都是农村集体工业基础较差从而发展小规模家庭工业的地区。此后，随着专业市场交易关系的扩散，专业市场这一种方式不仅可以为家庭工业所利用，同样可以为规模稍大的农村集体企业所利用。兴办专业市场的区域有所扩大，也由于所在地工业的不同，导致了专业市场专业化程度的进一步提高。更多的日用工业品及其原材料开始进入专业市场的交易网络中，纺织及其原材料是一个典型的代表。随着更多交易商品注入专业市场，交易量增加了，市场规模（包括专业种类、建筑规模、摊位量）明显扩大。浙江绍兴轻纺市场是新兴专业市场发展的代表。1988年10月,被列为绍兴县政府十件实事之一的室内轻纺市场在柯桥古运河畔正式开业;有回忆者称这个市场的前身始建于1986年,当时每间店铺的售价不到万元。

这一阶段专业市场的发展动力主要来自于两个方面:一方面是农村工业化进入了多种所有制快速发展的阶段,各地的特色产业蓬勃兴起,大量新生的中小企业纷纷进入专业市场的共享销售渠道;另一方面得益于政府的积极介入与推动,专业市场经过了前两个阶段的发展,对农村工业化与区域经济的拉动作用有目共睹,在市场制度建设方面的体制环境基本上已经成熟,包括新建与扩建的专业市场建设都纳入了政府的重要工作日程。为了适应这种要求,各地市场建设步伐进一步加快,尤其是浙江的专业市场建设进入了一个在提高中求发展的新阶段。义乌中国小商品城、绍兴中国轻纺城、萧山商业城、湖州丝绸城等一批大中型市场相继扩建了场地,增加了容量。温州商贸城、瑞安商城、路桥中国日用品商城、宁波轻纺城等一大批规模较大、档次较高的新市场先后建成开业。专业市场的模式还向特色农林渔产业扩散,庆元中国香菇城、温岭松门水产品批发市场、绍兴生产资料市场等一大批规模较大的农副产品市场、生产资料市场相继建成开业。

2.2.2 专业市场的大发展与大提高

这个时期又可以分为前期和后期两个发展阶段,前期是1984年至1991年,其标志是在社会主义有计划的商品经济理论的指导下,大力发展专业批发市场和贸易中心。在这一阶段,专业市场建设全面展开,乡镇企业和民营企业的异军突起,为专业市场的迅速发展奠定了基础。其特征是市场规模不断提高,一些市场的辐射范围有所扩大,逐步发展成为区域性市场和全国中心批发交易市场,市场功能和作用也日益显现。产地型批发市场建设得到发展,产生了如浙江绍兴柯桥轻纺城市场、嵊州中国领带城市场、永康中国科技五金城市场、织里童装市场。后期阶段是1992年至1997年,其标志是在社会主义市场经济理论的指引下,各地大力建设市场、培育市场,全国市场建设突飞猛进,掀起了专业市场发展的新高潮。这一阶段是专业市场快速提升阶段,大量产地型、销地型和集散地型的农产品专业市场、工业消费品专业市场和生产资料专业市场呈规模化发展,专业市场的综合服务功能得到一定程度发挥，国内许多著名的专业市场就是在这段时间奠定了在全国的地位。

这一阶段，我国专业市场发展的主要特点是：

(1) 市场建设在全国各地普遍兴起，数量增多，规模扩大。20 世纪 90 年代以后，专业市场进入了一个快速发展时期，在数量、种类、功能等方面都得到了迅速发展，成为中国经济发展的一个新的增长点。全国初步形成了以农副产品、小商品、建筑装饰材料、生产资料等为主的，包括皮革、五金、家居、食品、服装、纺织、电器、IT、化工、医药、汽配、玩具、机械等在内各类专业市场，成为中国特色社会主义市场经济体系的重要组成部分。尤其是农副产品专业市场和工业品专业市场发展较快。到 1997 年底，全国亿元以上专业市场发展到 1 235 个，亿元以上专业市场拥有市场摊位数 282.81 万个，营业面积 10 380.73 万平方米，成交额 1 611.8 亿元。

(2) 市场专业化程度迅速提高，市场商品细分明显。这一时期，出现大类商品市场向小类商品市场细分，小类向品类、品类向单个商品细分的配套成龙趋势。许多市场以其专业化程度高、品种全为优势，吸引全国客商，市场容量和辐射力大大加强。如浙江上虞市伞件市场专业经营由当地家庭工业生产和来自全国各地的伞件，有两折伞、三折伞、直柄普通伞、芭蒲伞等上千种。1997 年松厦镇有 5 000 多人制伞，以这个市场为“大本营”，伞件辐射全国各地，年市场成交额达 1 亿多元。

(3) 交易品种范围不断扩大，专业市场在区域经济中的地位明显提高。农副产品，除了少数当时尚未放开的棉花及蚕茧、茶叶等重要出口创汇产品外，其余基本上都进入市场。工业品，由小商品发展到服装、布料、丝绸及重要生产资料。市场的作用和地位从过去拾遗补缺的补充渠道，发展成为必不可少的重要流通渠道。在许多市场发展较快的地方，专业批发市场成为“兴一门产业，带一方经济，富一片群众”的区域经济发展的龙头和依托力量。

(4) 全国各地普遍兴起市场建设的新高潮。市场建设上规模、上档次。在一些市场发育较早的地方，一大批具有现代化商业设施条件，多功能的专业批发市场或汇集几个专业批发市场的商城脱颖而出。市场设施建设进入退路进厅、退厅进室的发展阶段。在浙江义乌、绍兴等地一些市场发育较早的地方，出现了市场建设向高层次、强辐射的大型市场发展的势头。1997年全国建设市场投资总额328亿元，是1988年16.3亿元的20.1倍，其中以广东、浙江、江苏、辽宁、河北等省发展较快。

2.2.3 专业市场成长阶段的主要特征

20世纪90年代，随着我国市场取向改革方向日益明确、力度进一步加大，各级党委、政府对专业市场作用的认识有了深化，许多省、市、县领导提出要把流通放在与生产同等位置上，“一手抓生产，一手抓流通”，大力发展各类专业批发市场、“筑巢引鸟”、借场兴商。

(1) 市场组织出现企业化、股份化的趋势。20世纪90年代以后，市场投资主体多元化，一批新创办的市场一开始就由股份制企业创办，市场组织出现企业化、股份化的趋势。市场实行管办分离后，一些早期由工商等部门创办的市场，纷纷实行股份制改造，市场组织向企业化、实体化方向发展。一批以大型生产场地为依托的专业市场迅猛发展，这些市场凭借与当地产业紧密结合、商品成本低、花色品种多、更新快的优势，成为全国一类产品的一级批发市场。与此同时，一些原属集散型性质的市场及其经营者，为了增强竞争力，提高经营效益，在完成资本的原始积累后，纷纷兴办实业，走“前摊(店)后厂(场)”、“前市场后产业(基地)”等产销一体化的路子。

(2) 市场形态多样化、功能多元化。20世纪90年代以后，随着经营品种、规模、条件的变化，商品批发市场开始从摊位式集合向批发企业集合方向发展，一些大型专业市场的形态已从过去单一的摊位式向摊位、商店、专业街相结合的形态转变。一批大型专业市场积极进行市场功能创新，不少市场开始从单一商品交换的功能向产品展示、信息交换、价格形成、生产引导、商品配送、资金结算等多功能方向发展。

(3) 经营规模、商品档次、交易手段的提高。一些专业市场出现了由小商小贩经营向批发企业规模经营转变的趋势。一批经营大户凭借掌握若干企业货源和一大批稳定客户的优势，积极扩大经营规模，生意日渐向大户集中。一些专业市场的营销方式出现了从一般的经销向总代理、总经销转变，从现货交易为主向现货交易和远期合约交易相结合方向转变的趋势。

(4) 交易环境日趋规范、公平、高效。经营秩序、市场管理、交易规则、制度以及政策逐步规范，竞争条件日趋公平。各地市场重视进一步改善经营的硬环境和配套设施，完善市场的综合服务功能。

(5) 专业市场内部开始分化和结构重组，形成了一大批全国性的专业批发市场。20世纪90年代以后，少数实力雄厚的大市场采取发展连锁式分市场的形式，跨地区、跨行业兼并市场。一些市场则走强强联合之路，产生了市场的联合效应；而一些缺乏基础和优势的市场则趋于萎缩乃至变成"空壳"市场。我国中西部地区专业市场的发展尚有较大潜力；而东南沿海地区因专业市场空间上过于集中、经营上交叉、功能定位上趋同，必将出现分化、重组；大型综合性跨区域的批发市场和具有产业依托的特色专业市场功能继续发展，满足当地需求的销地型批发市场仍能适度生存，一般小型无特色的中间集散型批零市场将面临萎缩和淘汰的危机。义乌中国小商品城、绍兴中国轻纺城、江苏东方丝绸市场、河北白沟市场、永嘉桥头纽扣市场、四川成都荷花池市场、辽宁西柳棉布市场、河北石家庄南三条市场等从区域性市场发展成为全国性的大市场，产品销往全国各地。有许多市场的商品通过边贸或外贸公司销往周边国家和地区，说明了我国专业批发市场的商品开始与国际市场接轨。

表 2.3　1997 年全国亿元以上市场基本情况

	交易额(亿元)		营业面积(万平方米)		摊位数(1999 年)(万个)		市场数(2000 年)(个)	
	绝对数	比重(%)	绝对数	比重(%)	绝对数	比重(%)	绝对数	比重(%)
合　计	**2 875.9**	**100**	**27 529.75**	**100.00**	**1 273.63**	**100.00**	**3 087**	**100.00**
一、综合市场	**1 250.9**	**43.50**	**17 033.46**	**53.46**	**986.56**	**77.46**	**1 256**	**40.69**
1. 工业品综合市场	664.9	23.12	3 538.64	16.76	180.00	14.13	436	14.12
2. 农产品综合市场	452.7	15.74	7 307.21	23.86	495.31	38.89	820	26.57
3. 其他综合市场	133.3	4.64	6 187.61	12.84	311.25	24.44	0	0
二、专业市场	**1 611.8**	**56.05**	**10 380.73**	**46.31**	**282.81**	**22.20**	**1 235**	**40.01**
1. 纺织品、服装、鞋帽	457.3	15.90	1 578.15	11.69	78.29	6.15	256	8.29
2. 食品、饮料、烟酒	186.9	6.50	398.81	3.46	18.77	1.47	102	3.30

（续表）

	交易额（亿元）		营业面积（万平方米）		摊位数（1999 年）（万个）		市场数（2000 年）（个）	
	绝对数	比重(%)	绝对数	比重(%)	绝对数	比重(%)	绝对数	比重(%)
3. 家具市场	8.6	0.30	268.80	0.80	5.78	0.45	30	0.97
4. 小商品市场	117.3	4.08	208.95	1.91	17.61	1.38	48	1.55
5. 机动车市场	21.3	0.74	380.34	2.99	5.74	0.45	91	2.95
6. 原材料专业市场	181.4	6.31	4 034.12	9.47	29.78	2.34	321	10.40
7. 农副产品专业市场	169.7	5.90	2 125.53	8.24	75.87	5.96	322	10.43
8. 农业生产资料市场	3.1	0.11	188.80	0.27	7.86	0.62	16	0.52
9. 其他专业市场	466.2	16.21	1 197.23	7.48	43.10	3.38	49	1.60
三、其他市场	**13.1**	**0.45**	**115.55**	**0.23**	**4.26**	**0.34**	**596**	**19.30**

资料来源：历年《中国商品交易市场统计年鉴》和《中国市场统计年鉴》。

2.2.4 专业市场快速发展中存在的主要问题

这一阶段，专业市场从总体来说形成了三个方面的优势：一是商品的价格低廉，这是较低的进货成本所致；二是品种多，专业市场大多实行“摊位制”，且大多是非公有制经济成分，许多专业市场拥有成千上万个摊位，每一个摊位就有若干个进货渠道，多渠道必然带来多个商品；三是经营灵活，良好的经营机制，决定了每一个商人都按市场需求组织货源，且商品具有特色，应季商品较多，从而能够适合消费者的需要，紧跟社会消费时尚。三个方面是商业业态所不能够比的。这些优势的保持将会延续相当长的一段时间，这是由我国现有生产力发展水平和市场发育状况所决定的。

在这一阶段，专业市场广泛分布在生产资料、生活资料等各个领域，在一些领域如粮油食品、农副产品、重要生产资料、日用工业品等，专业市场已成为商品流通的主要渠道，较好地发挥了集散商品、形成价格、传递信息、服务产销的功能，不仅实现了以市场配置资源，缓解了小生产和大市场的矛盾，而且成为政府调控市场的有效载体。许多市场还发展为外向型市场，成为连接国内外市场的桥梁。但是随着经济的快速发展和流通改革的日益深

入,专业市场存在的问题日趋暴露:

(1) 盲目建设,缺乏特色,相互趋同、重复建设现象十分严重。专业市场从总量上来说已具相当规模,但其中有很多并没有特色。由于结构趋同,重复建设,同类型的市场过多过滥,形成过度竞争,以至于造成现在很多专业市场"有场无市",据不完全统计,2006 年全国有场无市的"空壳"市场有近 2 150 家,其中建成以后一直无法开业的 1 300 家,造成大量资源浪费。

(2) 各类批发市场之间的过度竞争。20 世纪 90 年代,我国商品批发市场进入大发展的时期,初步形成了以集贸市场为基础的各种类型的批发市场体系。1997 年我国有各类批发市场 9.27 万个,其中,城乡集贸市场 8.71 万个,生产资料市场 5 575 个,工业品专业市场 3 964 个,农副产品专业市场 7 928 个,各类市场年成交额 1 742.4 亿元。此后,批发市场的数量和规模仍在继续扩大,这是由于批发市场具有较大的投资回报,是平均利润率较高的投资领域。随着批发市场的发展,其内部的竞争也日益加剧。具体表现在:大部分批发市场都采用优惠政策吸引经营户,如降低场位出租价格、降低管理费收费标准、减免税收等,这一方面促进了批发市场的发展,另一方面由于各市场之间竞相降低管理费用、减免税收,使批发市场未来长期发展的竞争优势正在逐步丧失。

(3) 市场管理政出多门,企业和交易者负担过重。以农副产品专业市场为例,农业部、国家经贸委、工商行政管理总局以及原国家内贸部等部门,都有管理职能,多个部门管理也就造成了谁都管、谁也不都管、管理趋利、管理不力、管理体制混乱的状况。目前之所以出现的盲目建设、布局不合理等问题,主要原因就是多头管理。由于政出多门,行政管理收费乱,有些市场负责人的精力主要用在协调与政府部门之间的关系上,很少顾及市场的经营和服务。

(4) 法律不健全,管理不规范,市场秩序比较混乱。由于全国没有统一的专业市场法规,许多专业市场组织化程度和管理水平不高,而且相当一批交易市场不注意对进驻商家的资质审查,市场进入没有门槛,入市人员素质参差不齐,强买强卖现象时有发生,商业欺诈行为屡禁不止,缺乏商业信用、偷税漏税、欺行霸市,使专业市场给人一种散、小、乱、差的印象。另外专业市场对经营者的进货渠道难以控制,个别专业市场甚至成为假冒产品藏污纳垢的庇护所。

(5) 经营设施简陋,交易手段落后。我国专业市场大多数主要采取摊位式经营,粗放式收费管理,市场的现代化管理水平比较低。现有的专业市场所发挥的主要是交易功能,而其他市场功能发挥不够。专业市场主要是交易场所,而且简单、低档、初级的商品交易仍占主流。同时交易手段也十分落后,全国 4 000 多个农产品专业市场,98%以上基本是以传统的现货、对手交易为主,代理结算还不普遍。至于实行会员制,采取竞价拍卖、远期和约交易和期货交易方式尚处于萌芽阶段。

2.3 专业市场的成熟阶段

在农村工业化进程中,一些大型专业市场逐步冲破传统的地区封锁和城乡隔离的经济体制,成为一个跨区域的、联结城乡的市场网络。全国各地先后建立的专业市场,最终必然分化、组合、集中,形成由若干个全国性和地区性市场组成的,层次和结构分明的专业市场体系。在这个市场体系中,许多大型专业市场从横向来看,它们是市场辐射的起点,商品集散的中心;从纵向来看,处于市场信息、资金、物流运动的最高层,拥有明显的优势。

2.3.1 专业市场由数量扩张型向质量效益型转变

1998 年以来,专业市场在交易额、市场范围、市场规模和设施水平等诸多方面,都取得了长足进展,不仅在区域经济发展中居于重要地位,而且成为具有全国意义的一大商贸服务产业。专业市场发展的基本状况是:

(1) 专业市场的规模大、数量多,在商品交易中占有重要地位。1998 年至今,为我国专业市场由数量型扩张转变为质量效益型的发展阶段,专业市场的数量和交易额的增长率有所下降,但市场的规模、结构、管理、效益等方面有了大幅度提高。第一,市场个数。2006 年,全国共有工业品综合市场、农产品综合市场、专业市场等年交易额亿元以上的市场 3 876 个,其中亿元以上的专业市场 1 433 个,占全国亿元以上市场的 37%。第二,市场营业面积。2006 年,全国亿元以上市场共有营业面积 18 072.3 万平方米,其中亿元以上专业市场的营业面积 5 664.4 万平方米,占全国亿元以上市场的 31.3%。第三,市场摊位数。2006 年,全国亿元以上市场共有市场摊位数

252.8 万个，其中亿元以上专业市场的摊位数 73 万个，占全国亿元以上市场的 28.9%。全国规模最大的义乌“中国小商品城”拥有经营面积 260 万平方米，经营商位 5.8 万多个，从业人员 20 多万，日客流量 20 多万人次，年成交额 389 亿元。

(2) 专业市场的成交额大，单个摊位规模与效益增速显著。2006 年，全国亿元以上专业市场共实现成交额 26 280.6 亿元，占全国亿元以上市场成交额的 70.77%，其中每个亿元以上专业市场平均成交额 18.34 亿元。2006 年，全国亿元以上专业市场平均摊位营业面积达 77.59 平方米，平均摊位年成交额 360 万元，分别比 2000 年增长 36.5%和 200.15%。2006 年亿元以上商品交易市场平均摊位营业面积达 71.5 平方米，平均摊位年成交额 146.9 万元，比入世初期增长 51.9%和 62.2%。统计显示，市场规模越大，平均摊位的成交额越高。100 亿元以上市场摊位的年平均成交额达 506.4 万元，是亿元市场的 3.4 倍，10 亿元市场的 2.5 倍；单位营业面积创造的年成交额 100 亿元以上市场达 6.6 万元，是亿元市场的 2.4 倍，10 亿元市场的 1.6 倍。

(3) 专业市场仍处于较快的上升区间，但增速与综合市场相比有所减缓。2006 年，专业市场无论是市场数量、摊位数，还是营业面积、成交额都是历年来最多的，分别为 2 525 个、147.3 万个、1.3 亿平方米和 2.6 万亿元，占全部亿元市场的 65.1%、58.3%、71.3%和 70.8%；与上年相比分别增长 14%、13.1%、47.2%和 23.5%。专业市场尽管占主导地位，但是增速与综合市场相比有所减缓。

2006 年综合市场数量、摊位数、营业面积和成交额分别为 1 106 个、91.3 万个、3 899 万平方米和 7 824.2 亿元，虽然分别只占全部亿元市场的 28.5%、36.1%、21.6%和 21.1%，但比重分别比上年提高 5.4%、4.2%、0.3%和 0.9%，市场数量、摊位数和成交额的增速达 44.2%、27.4%和 28.8%，超过了专业市场的增速。特别是在国家支农惠农政策的扶持下，农产品综合市场数量、摊位数、营业面积和成交额的增长速度尤为突出，市场数量增加了 272 个，摊位数、营业面积和成交额分别增长了 45.8%、89%、79.9%。2006 年农产品综合市场单位营业面积创造的成交额达 2.3 万元，高出亿元市场 10.6%，为促进农民增收起了较大的作用。

表 2.4　2000—2006 年亿元市场发展基本情况

年　份	市场数(个)	摊位数(万个)	营业面积(亿平方米)	成交额(万亿)
2000 年	3 087	211.5	0.8	1.56
2006 年	3 876	252.8	1.8	3.7
增加数	789	41.3	1	2.14

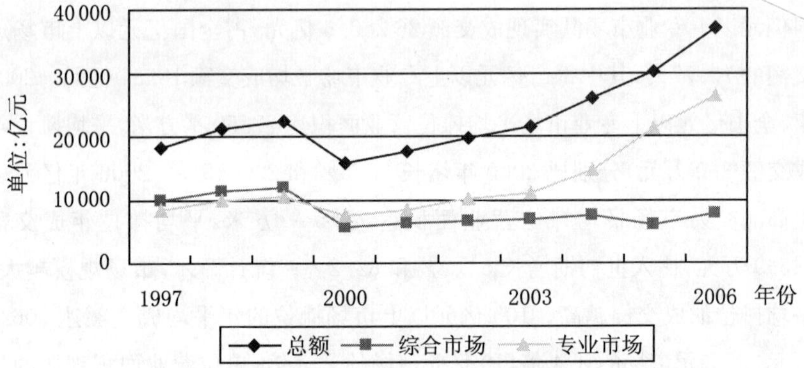

图 2.3　全国亿元商品市场交易额构成

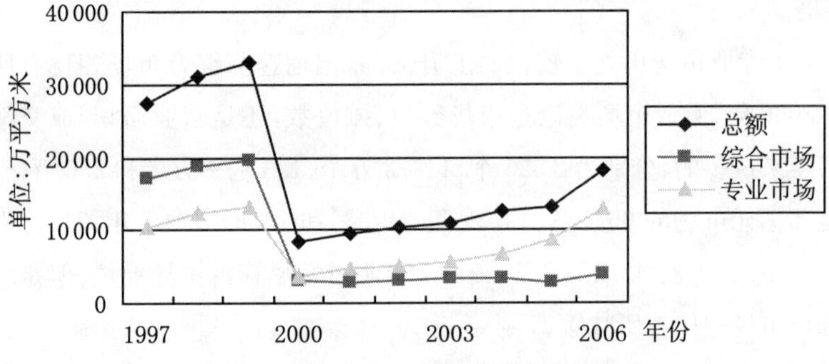

图 2.4　全国亿元商品市场营业面积构成

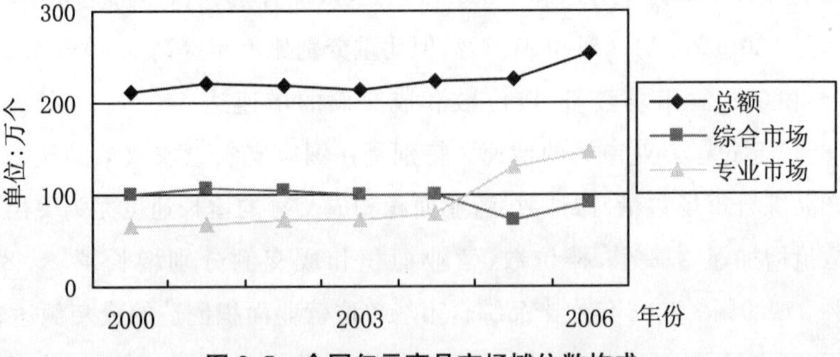

图 2.5　全国亿元商品市场摊位数构成

2.3.2　专业市场区域分布的重心仍在东部沿海发达地区

亿元以上专业市场集中分布在东部沿海与大中城市。在东部地区的长三角、珠三角与环渤海地区中，长三角占绝对优势，无论市场数与成交额都超过珠三角与环渤海地区的总和。但从2006年的统计分析，中西部专业市场的发展速度明显加快，这表明东部已处于专业市场的结构调整期，而中西部地区正处于专业市场的发展期。专业市场的十大强省分别是：浙江、江苏、山东、广东、河北、湖南、辽宁、上海、河南、北京。专业市场的十大强市分别是：上海、杭州、北京、广州、宁波、天津、重庆、南京、沈阳、武汉。这充分体现了这些地方的经济发展水平，交通枢纽的优势与经济大省、大市的集散功能。

浙江、广东是公认的两大专业市场强省。根据资料统计，浙江省内有各类专业批发市场4 300个，年交易额4 600多亿元，其中年成交额超亿元的市场有465个，超10亿元的市场有78个，超过100亿元的6个，成为全国之最，产生了温州、义乌、绍兴、海宁、萧山、永康等一批市场强市(县)；浙商更在巴西、匈牙利、韩国、俄罗斯、南非等国家设立特色专业市场。浙商的玩具占全球市场份额50%，海宁的皮具销售占世界25%，萧山的羽绒出口量占中国40%以上，温州是世界打火机生产基地，占国际市场70%，嵊州的领带产量是世界的三分之一，永康的五金享誉全球，气筒产量稳占60%份额，诸暨的淡水珍珠占全球产量的30%。

2006年，广东省的各类专业市场已达6 000多家。成交额上亿元的批发市场有316家，成交额2 304亿元，分别占全国的9.4%和10.2%，有48家批发市场的年成交额在10亿元以上。并形成了一大批具有产地优势的专业市场群落和专业镇，如古镇的灯饰、阳江的小五金、佛山的陶瓷、水口的水暖器材、西樵的纺织品、虎门的服装、广州的精品、服装、内衣、袜业、电子、建筑材料等等，享誉国际市场。

西部地区如新疆、青海、内蒙古、宁夏、甘肃等边远省份，经济基础比较薄弱，专业市场发展较为缓慢，亿元市场数和成交额仅占全国的3.9%和2.2%；单位营业面积创造的年成交额仅为0.6万元/平方米，还不到东部地区的1/5。值得指出的是，近年来一些中西部地区逐渐重视专业市场的发展，如吉林、湖北、河南、四川、贵州、内蒙古、陕西、宁夏等地，亿元市场成交额的增幅均超过30%，有的甚至高达50%以上。

表 2.5　2006 年亿元以上市场的区域分布

区　域	市场数（个）	占亿元以上市场总数比例(%)	成交额（万亿）	占亿元以上市场总成交额比例(%)
东　部	2 658	68.6	2.9	78.4
中　部	789	20.4	0.51	13.8
西　部	429	11.1	0.29	7.8
大城市	1 520	39.2	1.8	48.9
中城市	1 229	31.7	0.98	26.5
小城市	1127	29.1	0.9	24.6

表 2.6　2000—2006 年东、中、西部地区亿元商品市场成交额及比重

年　份	东　部		中　部		西　部	
	成交额(万亿)	比重(%)	成交额(万亿)	比重(%)	成交额(万亿)	比重(%)
2000 年	12 269.99	75.01	2 575.46	15.74	1 513.44	9.25
2001 年	13 691.22	77.27	2 531.50	14.29	1 496.34	8.44
2002 年	15 360.15	77.42	3 049.87	15.37	1 430.02	7.21
2003 年	16 934.56	78.71	3 059.02	14.22	1 520.90	7.07
2004 年	20 686.59	79.25	3 436.31	13.16	1 979.84	7.58
2005 年	23 768.83	79.17	3 938.29	13.12	2 313.80	7.71
2006 年	29 111.92	78.39	5 126.78	13.80	2 898.76	7.81

表 2.7　浙江、江苏、广东亿元市场基本情况比较

年　份	浙江省				江苏省				广东省			
	市场数量(个)	摊位数(万个)	营业面积(万平方米)	成交额(亿元)	市场数量(个)	摊位数(万个)	营业面积(万平方米)	成交额(亿元)	市场数量(个)	摊位数(万个)	营业面积(万平方米)	成交额(亿元)
1997 年			1 411	2 876			1 661	2 069			1 355	1 432
1998 年			1 612	3 146			2 049	2 483			1 593	1 665
1999 年			1 676	3 366			2 257	2 635			1 776	1 749
2000 年	210	18.7	505	2 865	435	20.2	1 031	2 040	270	11.9	368	972
2001 年	420	26.2	802	3 317	445	19.8	1 117	2 444	246	11.9	463	1 016
2002 年	446	27.6	834	3 893	454	20.3	1 193	2 535	258	11.9	463	1 213
2003 年	463	28.8	1 026	4 455	443	19.7	1 403	2 857	287	12.8	691	1 492
2004 年	496	31.0	1 192	5 374	456	22.3	1 666	4 193	293	12.7	746	1 589
2005 年	520	33.2	1 428	6 257	459	24.2	1 718	4 814	268	12.9	831	1 940
2006 年	580	35.3	1 546	7 320	482	26.1	1 896	5 822	287	14.5	1 159	2 558

注：1997—1999 年为所有市场数据，1999 年交易额依据上半年交易额计算而得。

资料来源：历年《中国商品交易市场统计年鉴》。

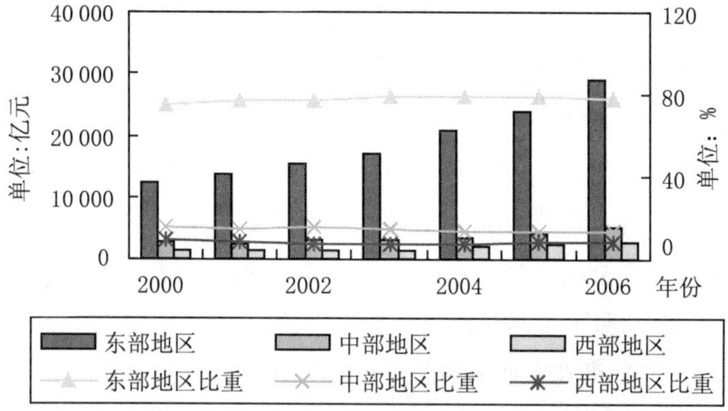

图 2.6　东部、中部、西部地区亿元商品市场成交额及比重

2.3.3　专业市场的大型化、结构化现象十分突出

专业市场的层次性和结构性是由市场的地理条件、经济支撑、交通条件等所决定的，不以个人意志为转移；从市场体系来看，我国专业市场呈分层次的“宝塔型”结构，即：国家级专业市场和外向型专业市场较少，面向全国的专业市场较多，区域型专业市场则是大多数。

进入新世纪以来，随着我国流通现代化的发展，专业市场逐渐形成了省、地、县、乡相互承接的体系，它们以当地生产基地作依托，凭借商品成本低、花色品种丰富及更新快的优势，实行产销一体化；集散地专业市场发挥资讯、交通和服务的优势，加快了商品流通速度；消费地专业市场由无品牌、低档次的交易平台，向商品品牌的集聚地转变，打造出新的产品和品牌，市场自身也得到了改造和升级。2006 年产地型、集散地型、消费地型市场数量分别为 1 127 个、1 229 个和 1 520 个，比上年分别增加了 44 个、268 个和 241 个，成交额分别增长了 10.6%、35.5%和 25.3%。其中集散地和消费地农产品市场发展更为突出，成交额的增幅超过入世初期近一倍。

近年来，大型、超大型专业市场发展迅速，初步形成了全国性交易网络。2006 年成交额 10 亿元以上的商品交易市场有 743 个，其中成交额 50—100 亿元的市场有 87 个。2006 年 10 亿元以上市场的成交额占全部亿元市场成交额的比重为 75.5%，其中 100 亿元以上市场成交额已占全部亿元市场成交额的近 1/3。2006 年全国拥有年成交额 10 亿元以上的大型专业市场 500 多个，年成交额 100 亿元以上的超大型专业市场 40 多个。在 2006 年全国专业市场竞争力30强排名中，绝大多数属于浙江、广东、江苏沿海发达地区。

尤其是浙江，不但是市场大省，而且是市场强省。以浙江省内一大批全国性集散型和产地型专业市场为基础，以省外众多分市场和一支庞大的“浙商”大军为依托，浙江专业市场的辐射范围可以达到中国大陆的各个省市，形成了由浙江商人掌控的全国性的市场网络。2006年10月开始，商务部与义乌市政府联合向全球发布“义乌·中国小商品指数”，此后，又于2007年10月发布“绍兴·中国纺织品指数”、“余姚·中国塑料价格指数”，这些指数的发布表明，浙江专业市场已经形成全国性的市场网络，开始成为全国性乃至国际性纺织品、日用品和小商品的价格形成中心、信息发布中心，有能力争夺国际小商品、日用工业品、纺织品和塑料产品的定价权。

表2.8　2006年全国专业市场竞争力30强排名

排名	市场名称	所属省、市、区	排名	市场名称	所属省、市、区
1	浙江义乌中国小商品城	浙江省	16	浙江路桥中国日用品商城	浙江省
2	杭州四季青服装市场	浙江省	17	宁波镇海液体化工产品交易市场	浙江省
3	浙江海宁中国皮革城	浙江省	18	浙江丽水庆元香菇市场	浙江省
4	中国茧丝绸交易市场(嘉兴)	浙江省	19	上海宝山钢材交易市场	上海市
5	浙江颐高数码连锁市场	浙江省	20	江苏吴江中国东方丝绸市场	江苏省
6	浙江宝马汽配集团有限公司(浙江汽配城)	浙江省	21	石家庄新华集贸中心市场	河北省
7	萧山商业城	浙江省	22	石家庄南三条市场	河北省
8	余姚中国塑料城(浙江中塑在线有限公司)	浙江省	23	江苏常熟招商城	江苏省
9	宁波轻纺城	浙江省	24	山东临沂华东胶合板(批发城)	山东省
10	浙江绍兴中国轻纺城	浙江省	25	山东寿光蔬菜批发市场	山东省
11	浙江省织里童装市场	浙江省	26	成都荷花池市场	四川省
12	浙江南浔建材市场	浙江省	27	沈阳中国家具城	辽宁省
13	中国舟山水产品中心批发市场	浙江省	28	辽宁省海城市西柳服装市场	辽宁省
14	嵊州中国领带城	浙江省	29	广东西樵轻纺城	广西壮族自治区
15	永康(中国)科技五金城	浙江省	30	沈阳五爱小商品批发市场	辽宁省

资料来源：课题组：《2006年中国商品专业市场竞争力报告》(蓝皮书)，《中国信息报》2007年6月18日。

2.3.4 专业市场与地方产业集群的联动发展

专业市场的持久繁荣，需要有产业的坚强支撑。专业市场在促进上游产业结构调整、重组、集中的过程中，已从单纯的交易主体聚集场所逐步转变为大批发商、大代理商、大经销商的培育基地，由外延式的数量扩张转向内涵式的整合，推动其自身向集中化、规模化经营方向发展，提高了专业市场的整体素质和运行效率。区域特色产业是专业市场形成、发展的重要基础。专业市场是一种嵌入式市场体系，通过交易网络、物流网络与当地产业形成关联。浙江、广东、江苏等省有数千个以生产同类产品为主的专业村、专业乡(镇)，形成了颇具特色的区域特色产业。这些区域特色产业或产业集群成为专业市场发展的产业基础。

许多专业市场之所以能够长盛不衰，就在于各地并没有孤立地搞专业市场建设，而是在建设专业市场的同时，充分发挥商贸资本雄厚、市场信息灵敏、经商人才众多等优势，引导商业资本向工业扩展，大力发展与专业市场关联度紧密的区域特色产业，推进工业的规模扩张和产业升级，形成了与专业市场紧密联动的工业产业体系。浙江省中小企业局最新的研究报告显示，[1]2005 年，浙江“块状经济”工业总产值已达到 18 405 亿元，占全部工业总产值 30 212.4 亿元的 60.9%。全省工业经济总量中，高达六成的份额以“块状经济”的形态来显现，这在全国首屈一指，区域特色经济优势十分突出。其中，工业总产值在 1 亿元以上的“块状经济”有 360 个，超过 300 亿元的就有 14 个，很多块状产业在全国乃至全球的产业中都具有举足轻重的地位。

表 2.9 浙江省亿元市场基本情况

年　份	亿元市场数量(个)	其中:专业市场(个)	摊位数(万个)	营业面积(万平方米)	成交额(亿元)
2000 年	210	114	18.7	505	2 865
2001 年	420	236	26.2	802	3 317
2002 年	446	252	27.6	834	3 893
2003 年	463	261	28.8	1 026	4 455
2004 年	496	288	31.0	1 192	5 374

[1] 资料来源：浙江省中小企业局：《2005 年浙江省中小企业发展报告》，《浙江日报》2007 年 1 月 17 日。

（续表）

年　份	亿元市场数量（个）	其中：专业市场（个）	摊位数（万个）	营业面积（万平方米）	成交额（亿元）
2005 年	520	393	33.2	1 428	6 257
2006 年	580	372	35.3	1 546	7 320

资料来源：历年《中国商品交易市场统计年鉴》。

表 2.10　浙江省商品交易市场情况

年　份	交易市场个数(个)	十亿元以上个数	百亿元以上个数	成交额(亿元)
1981 年	1 656			14.7
1982 年	1 736			18.1
1983 年	1 788			21.6
1984 年	2 241			26.9
1985 年	2 345			44.0
1986 年	3 653			59.1
1987 年	3 706			80.9
1988 年	3 632			96.3
1989 年	3 669			149.0
1990 年	3 797			161.9
1991 年	3 802			204.6
1992 年	3 865			321.3
1993 年	4 127			651.2
1994 年	4 207			1 480.5
1995 年	4 349			2 165.7
1996 年	4 388	57	3	2 545.3
1997 年	4 488	57	2	2 798.0
1998 年	4 619	58	2	3 209.6
1999 年	4 347	69	3	3 606.0
2000 年	4 348	68	4	4 023.0
2001 年	4 278	78	6	4 652.0
2002 年	4 193	77	6	4 997.0
2003 年	4 036	93	9	5 591.0
2004 年	4 049	114	9	6 384.0
2005 年	4 008	120	10	7 173.0
2006 年	4 064	125	13	8 247.0

资料来源：2006 年《浙江统计年鉴》。

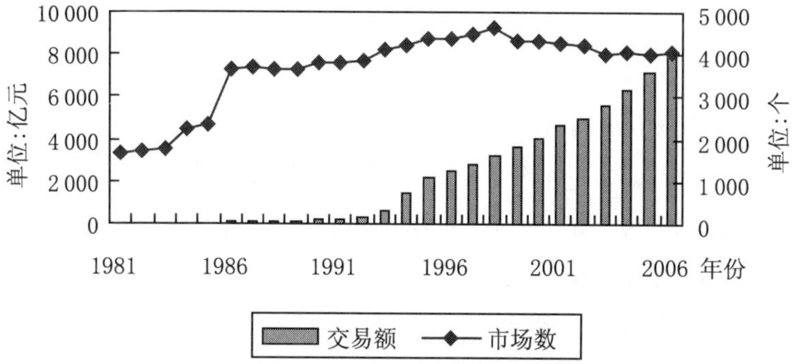

图 2.7　浙江省历年商品市场交易额与市场数

表 2.11　2006 年全国亿元市场基本情况

	交易额(亿元)		营业面积(万平方米)		摊位数(1999 年)(万个)		市场数(2000 年)(个)	
	绝对数	比重(%)	绝对数	比重(%)	绝对数	比重(%)	绝对数	比重(%)
合　计	**37 137.5**	**100.00**	**18 072.31**	**100.00**	**252.80**	**100.00**	**3 876**	**100.00**
一、综合市场	**7 824.2**	**21.07**	**3 898.99**	**21.57**	**91.28**	**36.11**	**1 106**	**28.53**
1. 工业品综合市场	3 484.9	9.38	1 990.39	11.01	40.62	16.07	295	7.61
2. 农产品综合市场	4 339.3	11.69	1 908.60	10.56	50.66	20.04	811	20.92
二、专业市场	**26 280.6**	**70.77**	**128 84.03**	**71.29**	**147.35**	**58.29**	**2 525**	**65.14**
1. 纺织品、服装、鞋帽	6 348.7	17.10	1 953.67	10.81	55.12	21.80	480	12.38
2. 食品、饮料、烟酒	850.0	2.29	336.90	1.86	5.54	2.19	129	3.33
3. 家具市场	482.8	1.30	661.35	3.66	4.82	1.90	100	2.58
4. 小商品市场	628.4	1.69	201.48	1.11	5.71	2.26	84	2.17
5. 机动车市场	1 957.6	5.27	782.68	4.33	3.89	1.54	169	4.36
6. 原材料专业市场	9 226.4	24.84	5 891.62	32.60	21.43	8.48	612	15.79
7. 农副产品专业市场	4 851.6	13.06	2 087.79	11.55	37.19	14.71	671	17.31
8. 农业生产资料市场	179.7	0.48	130.88	0.72	1.68	0.66	34	0.88
9. 其他专业市场	1 755.4	4.74	837.66	4.65	11.98	4.75	246	6.34
三、其他市场	**3 032.7**	**8.16**	**1 289.29**	**7.14**	**14.17**	**5.60**	**245**	**6.33**

资料来源:历年《中国商品交易市场统计年鉴》和《中国市场统计年鉴》。

2.4 专业市场发展的新趋势

在20世纪末21世纪初，有些大型专业市场已经成为中国的地方工业、产业集群融入国际经济、参与国际分工的重要平台和通道；也有些专业市场的地位和功能趋于萎缩。就总体而言，专业市场的发展基本成熟，出现了分化、整合、转型与提升的趋势。

2.4.1 专业市场的规模化与专业化趋势

在将来，专业市场将越来越强化批发功能，而综合市场则会逐年萎缩。一方面，规模大的专业市场日益发展壮大并随着交通的改善不断增强辐射范围；另一方面，中小企业和经营者随着经济的快速增长，所提供的产品规模也在迅速扩大。未来，在全国形成数十个像义乌中国小商品城、绍兴中国轻纺城、永康中国科技五金城、武汉汉正街、郑州粮食批发市场、安庆光彩大市场等年交易额超过百亿元的航母级重点专业市场是必然的，它们将发挥重要的商品集散枢纽、进出口基地和批发辐射中心功能。而规模化的发展，又必然会导致大型或超大型专业交易市场越来越转向批发辐射功能，并逐渐把销售的末端留给零售商业和小型市场，散、乱、脏、差的中小批发市场将逐渐减少和搬离市区。

同时，由于市场竞争日趋激烈，将迫使很多商品交易市场不断向生产领域延伸，以利于畅通供应渠道，掌握优质货源，减少流通成本，依托产业基础，确立价格竞争优势。这将导致市场之间在经营范围和产品种类上的分化和区别越来越细。有实力的专业市场将集中销售某一类别或某一区域、甚至是某些品牌的商品，以求通过特色经营，获得最大的辐射广度和强度，占据最好的区位优势。这是今后相当多的商品专业市场的发展方向。这在珠三角、长三角等地区已可以明显看出，除了传统批发市场外，许多只是内地综合市场或零售市场中一小类的商品，如纺织、五金、玩具、酒店用品、包装机械、农产品、美容化妆品、眼镜等在珠三角、长三角已发展成为非常专业、规模庞大的产业集群链专业批发市场。

2.4.2 专业市场的品牌化与连锁化趋势

在过去，一提到专业市场，一些人就会将其与假冒伪劣商品联系到一起，特别是小商品市场表现得更为突出，严重损害了专业市场声誉。近年来，一些市场认识到产品质量的重要性，采取了一些措施，但力度不够，假冒伪劣商品仍然在相当一部分市场中存在。近些年开展的百城万店无假货向专业市场延伸的活动，目的就是提高专业市场中经营商品的质量和诚信，逐步杜绝假冒伪劣商品，树立专业市场的新形象，更加重视规划设计和品牌推广，改变千店一面、毫无特色的局面。一些注重品牌化、连锁化、优质化管理的规范的专业市场的竞争力和辐射能力将不断加强，将兼并和淘汰一批管理不规范、市场环境和秩序混乱的中小市场。

(1) 塑造市场品牌和市场形象。专业市场的生命在于产品质量，由于多渠道进货，产品的质量问题，往往是专业市场存在的最主要的问题之一，如果专业市场的价格低廉是建立在假冒伪劣产品的基础上，那么，这样的专业市场是没有生命力的。而从长期发展来看，专业市场必须提高市场的产品质量，从而才能在社会公众中树立企业形象。当前我国将百城万店无假货活动引入专业市场具有较强的现实意义，但是，这也是一个极为艰巨的工作。

(2) 建基地，引名品、名厂家进场。一个专业市场，必须有基础，实践证明有产业支撑的市场具有较强的生命力和活力。同时，进入的名品、名厂家或商家的多少也是衡量专业市场规格的一个重要指标，如果有基地、名品、名家三大要素进入市场，专业市场就具有强大的生命力。专业市场必须逐步建立起产供销、农工商一体化、一条龙的市场体系和机制。

2.4.3 专业市场的多元化与多样化趋势

专业市场的发展将改变以往只注重数量增加，而忽视优化质量的发展模式，在重视硬件建设的同时，将加强软件建设，完成市场由外延扩张向内涵提升的过渡；大力发展专业批发市场，努力实现批发市场与产业基地的有机结合，走市场连基地、基地促市场的发展路子，形成贸工农、产供销一体化的市场发展模式。

(1) 投资主体向多元化转变。专业市场的单一投资主体的管理模式，不能适应专业市场发展的要求。要积极引导专业市场运行和管理体制向现代企业制度方向发展，通过对现有专业市场的改组、改制，努力实现跨所有制、跨行业、跨地区的联合，实现专业市场的战略性重组，通过股份制形式来经营管理专业市场,并培育一批全国性的大批发商、大代理商。加强联合,是市场经济发展的趋势,各同类市场要通过兼并、联合,扩大市场规模,引进现代企业管理制度,增强市场的竞争能力和批发辐射力,推动专业市场的进一步繁荣发展。

(2) 经营方式向多样化转变。当前我国专业市场的经营方式主要采用摊位制交易、现货交易、买断交易、批发交易、单个市场经营,而交易所制交易、信用交易、零售交易(专业市场与零售店的"嫁接")、租赁交易、代理交易、连锁市场经营等新型经营创新还比较少。先进的交易方式有利于形成客观公正的市场价格,规避市场风险。

(3) 市场交易方式向现代型转变。专业市场不是简单的商品中转站,从世界专业市场的发展趋势来看,必须具备"商品集散、财务结算、信息传播和形成价格"四大功能。因此,专业市场的发展,应围绕上述四大功能逐步把专业市场建设成为商品的集散中心、信息中心、价格形成中心和统一结算中心。积极把连锁、代理、配送、拍卖等现代营销方式引入到专业市场中来,大胆探索网络交易、仓单经营等符合专业市场运作的现代交易方式。要积极促进专业市场信息网络建设,逐步形成全国联网的信息网络体系,推动专业市场朝着适应现代流通改革要求的方向发展。

2.4.4 专业市场的功能创新

从世界范围来看,专业市场的发展也有一个生命周期,在工业化发展的初期,专业市场曾经在许多国家起到过应有的积极作用,后来,随着其功能的衰退,专业市场也随之而萎缩。许多国家的专业市场被展销会(show)、超市和仓储超市、商业中心(mall),以及无形专业市场所代替。近几年,在我国一些经济比较发达的地区,例如温州,专业市场的发展势头减缓,甚至出现有些专业市场交易额减少的趋势。这表明,专业市场需要从制度、组织、经营方式等多方面进行创新,并充分发挥其功能。应当说,只要功能转型与提升工作做得好,专业市场在我国的发展是具有较大空间的。

在我国农村工业化进程中,专业市场逐步冲破传统的地区封锁和城乡隔离的经济体制,成为一个跨区域、联结城乡的商品集散渠道。全国各地先后建立的大批专业市场,最终必然经过分化、整合、转型、提升,形成由若干个全国性市场和一大批区域性市场组成的结构合理、层次分明的专业市场体系。一批颇具潜力的专业市场经历了由马路市场、集贸市场到地区性专业市场，由地区性专业市场到全国性小商品流通中心，再由全国性小商品流通中心迈向国际性商贸中心的发展历程；但与此同时，也有不少专业市场日趋衰落，有的甚至已经“消亡”。

1998年以后，专业市场进入了调整、重组、改造和功能创新阶段。在本段期间的末期，开始产生了一些具有复合性功能的专业市场：批发市场与会展业务得到空前发展；电子商务在批发市场的应用也越来越广；展示性卖场功能开始突现。传统的专业市场正悄然向一种新型的模式在演变。专业市场主要有集散功能、价格功能、信息功能、配送功能、展销功能等，由于专业市场自身有一个逐步成熟的过程，因此充分发挥现有的专业市场功能也需要有一个过程。在专业市场发展的初期，商品集散、物流配送是其主要功能；在专业市场成熟的时候，价格形成、信息分布和商品展销等方面的功能就会凸显出来。在当前，要充分发挥现有的专业市场的作用，从效率的角度而言，应做到“一市多用”，即批发与零售相结合、销售与租赁相结合、网络交易与配送中心相结合、展销会与批发交易相结合。

3 专业市场的交易机制与交易流程

专业市场是改革开放以后中国市场体系中一个发育较早的部分,与传统国有商业、集体商业的僵化模式相比较,专业市场具有自主、灵活、竞争、开放等显著特性。由于进入的壁垒较低,退出的成本也较低,专业市场拥有众多生产厂家和经销商,是一个接近完全竞争的市场。专业市场为当地乡镇企业和个体、私营经济以较低交易费用进入流通领域提供了交易平台和通道。本章通过分析专业市场种类、交易方式、交易流程和连接图式,揭示专业市场的内部结构与外部联系方式,以及交易机制的特征和交易流程的演进。

3.1 专业市场的类型

专业市场可以按商品的性质、供求状况、产权关系、地域特性、交换时间等相关因素及其存在形式进行分类。这里,着重说明以下三点:第一,任何一种分类,都是粗线条的,因为同一类市场还可以细分。例如,农副产品市场还可细分为农产品市场、水产品市场、畜产品市场等。市场细分的基础是社会分工的发展。一般来说,社会分工和商品经济越发达,市场分类就越精细。第二,任何一种分类,都是相对的,因为商品的存在形式本身是相对的。例如,化纤布既可用于生活消费,又可用作服装厂的生产原料,从而化纤布市场,如绍兴轻纺市场,既可视为生活消费品市场,又可视为生产资料市场。第三,任何一种分类,都只是从某一角度考察而言的。从不同的角度进行考察,可以把同一个市场视作不同类型的市场。例如,杭州丝绸市场,它既是工业品市场,又是批零兼营市场,或城市专业市场,或区域性市场,等等。

3.1.1 从农副产品市场到工业品市场

工业品专业市场主要是工业消费品专业市场。农副产品专业市场,包括蔬菜市场、干鲜果市场、水产品市场、肉禽蛋市场、粮食市场、仔猪市场、中药材市场等。据2006年年底统计,在专业市场中,工业品专业市场的比重占21.87%,农副产品专业市场的比重占67.6%;而就商品成交额而言,前者占总成交额的50.92%,后者只占38.7%。[1]

在浙江专业市场发展的早期阶段,消费品专业市场的发育状况优于生产资料专业市场的发育状况。这既表明浙江消费品专业市场有了一定的发展;同时也表明,浙江生产资料专业市场的发展还很不够。应当说,一方面,这与浙江省轻工业、农业、加工业较为发达的产业结构特点是相适应的。另一方面,生产资料专业市场不发达,与加工业对原材料、能源的需求是不相适应的。因此,今后应当在培育生产资料专业市场方面花更多力气,力争有一个较大的进展。

表3.1 依据商品的属性来划分的专业市场分类

一级类别	二级类别		备注
	名称	数量	
综合市场	工业品综合市场,农业品综合市场	2	
专业市场[2]	纺织品服装鞋帽市场,食品饮料烟酒市场,药材药品及医疗器材市场,家具市场,小商品市场,文化音像书报杂志市场,旧货市场,机动车市场,金属材料市场,煤炭市场,木材市场,建材装饰材料市场,粮油市场,干鲜果品市场,水产品市场,蔬菜市场,肉食禽蛋市场,土畜产品市场,农业生产资料市场,计算机市场,通讯材料市场,花卉市场,五金家电市场	23	
其他市场			

资料来源:根据《2007中国商品交易市场统计年鉴》整理而得。

3.1.2 从零售市场到批发市场

从按商品交换方式的角度看,专业市场可以分为批发市场、零售市场、批零兼营市场。这种划分本是很平常的。但是,从中国具体情况看,这种划分就有了特殊意义。因为,这表明,已允许商人从事批发贸易,从而允许市场对商品流通进行更高层次、更宽领域的调节。

专业市场大多数是批发或批零兼营市场,只不过其中一些以批发为主,另一些则以零售为主。为便于分析,可以把前者以及专营批发的称为批发

[1] 参阅国家统计局贸易外经统计司等编:《2007中国商品交易市场统计年鉴》,中国统计出版社2007年版,第67—76页。

[2] 此类别"专业市场"与本书所研究的专业市场的外延并不完全一致,本书所研究的专业市场商品属性为"某一类以及相关商品",因此应包括上述分类中的大部分"综合市场"以及"其他市场"。

市场,后者以及专营零售的称为零售市场,批零大体相当的称为批零兼营市场。

批发市场是商品批量买卖的场所。它反映生产者与批发商、批发商与零售商之间的交换关系。在流通领域里,批发市场一般是流通的起点。而就一些批发市场来说,则是流通的中间环节。浙江省现有的批发市场大体有四个特点:一是在批发市场上购买商品的绝大部分是零售商,也有不少是贩运者(批发商),二者的比例视市场交易规模大小而定。在全国性批发市场上以贩运者居多,而在地域性批发市场则以零售商为主。二是市场的辐射力较强,覆盖面较广,有不少是辐射全国的批发市场。三是交易次数不多,进销差价小,但每次销售商品数量大,经营者靠做交易量获利。四是经营方式灵活多样,有经销也有代购代销,有独资也有联营,价格按销售商品多少而定。批发市场是比零售市场高一级的商品交易市场。专业市场中的批发市场,较大规模的有绍兴轻纺市场、义乌小商品市场等。

零售市场是向最终消费者出售商品的场所。它反映批发商与零售商、零售商与消费者之间的交换关系。浙江零售市场大体也有四个特点:一是购买商品的主体是消费者(包括个人消费和集团消费),市场流通距离短,绝大部分局限在当地;二是各种商品直接与消费者见面,任其挑选,当场成交,一次性完成现货交易;三是交易次数较多,购买数额较小,经营者主要靠批零差价获利;四是市场上的经营者不担负商品储备或调剂的功能,但能为消费者提供相应的服务。

批零兼营市场兼有批发市场和零售市场的功能。它综合反映生产者、批发商、零售商和消费者之间的交换关系。就具体的批零兼营市场来说,它往往是过渡性的。因为,随着市场经营者上市商品数量的变化,它可能会转化为批发市场,也可能会转化为零售市场。从专业市场经营者的活动情况看,决定其从事零售或批发的关键因素是效益。从事零售,价格可以定得高些,但每次销售商品的数量少,资金周转慢,耽误时间长,特别是鲜活商品损耗大;而从事批发,虽然价格要比零售低得多,但商品周转快,费用省,便于勤进快销。因此,当每次上市商品达到一定数量时,许多经营者就不愿兼营零售,批零兼营的市场就会向批发市场转变。但是,批零兼营的市场又总是长期存在的。形成批零兼营市场,需要具备三个条件:一是市场经营者出售的商品要达到一定数额。如果商品数量少，销售商就不可能向其批购，而出售者也无需批发。二是出售的商品要易保管存放。因为，同一种商品批发多少、零售多少，是随着市场供求情况而经常发生变化的，如果该商品不适于保管存放，经营者就很难根据市场需求来确定进货数量和经营方式。对不易保管存放的商品，如鲜活商品，经营者一般不采取零售方式而采取批发方式，尽量缩短商品在流通领域停留的时间，以减少损耗。三是从事批发的收入要与从事零售的收入大体接近。如果批发收入大大超过零售收入，经营者就不愿零售；反之，零售收入大幅度高于批发收入，经营者就不愿批发。

3.1.3 从产地市场、销地市场到集散地市场

根据产品的来源和消费者的分布，即供给和需求方向的不同组合，可以把专业市场分为：产地市场、销地市场和集散地市场。这种划分，既可使人们大致了解市场所在地的资源情况，又可以初步表明该地商品经济的发展情况。一般说来，产地市场的形成表明，该地的商品生产比较发达，同时商品流通也比较发达；销地市场的形成表明，该地商品生产不够发达，但商品流通比较发达；而集散地市场的形成至少表明，该地有人才、地理以及经商的习俗传统等多种发展市场经济的有利条件。

产地市场是以商品生产基地为依托，主要经销该地商品的市场。如绍兴轻纺市场是以当地乡镇轻纺企业为依托的；杭州丝绸市场是以本地国有、集体绸厂为依托的；海宁市许村被面市场是在众多家庭工业的基础上形成的；庆元香菇市场是在当地香菇专业生产发展的基础上形成的；而新昌羊毛衫兔毛市场，则主要销售当地乡镇企业生产的羊毛衫和农户生产的兔毛。产地市场主要有两个特点：一是卖方人员主要由商品生产者和贩运者构成。生产者是否亲自到市场上出售商品，一般由其生产经营规模大小和距离市场远近而定。生产经营规模较大的生产者，为了直接了解市场供求情况，往往在市场上设点销售，这样，既了解市场信息，又减少了环节。而分散在农村的家庭工业和专业户，一般要求贩运者上门收购，这既可解决产品销路，又可了解市场需求。二是产地市场的商品，主要不是满足当地需要，而是用于远途销售的。因此它需要吸引一大批外地客商，需要有一支贩运队伍，还需要有一整套的市场服务设施。

销地市场是专为该地零售商提供商品的市场。商品主要由贩运者从产

区运来。例如,温州市干鲜果批发市场上的商品,除了有温州各县的瓯柑、蜜柑、甘蔗外,还有海南的菠萝、椰子,新疆的哈密瓜、葡萄,广东的香蕉,福建的桂圆、荔枝,天津的鸭梨,以及烟台的苹果等。销地市场一般有三个特点:一是它主要以满足当地群众需要为目的;二是市场上代理商、中间商居多,代理业务较多,代购、代销、代保管储藏、代开发票司秤、代汇资金等市场服务项目比较齐全;三是有些外来客商不直接参与商品分销,而是支付一定的手续费或服务费,委托代理商销售,自己则专门从事地区之间的商品贩运活动。

集散地市场是利用人才优势和地理条件进行商品集散交易的市场。例如,义乌小商品市场和永嘉县桥头纽扣市场基本上属于这种类型。集散地市场主要不销售本地产品。同时,也主要不供应给当地,而是将外地的商品吸引过来,然后通过市场将商品扩散出去。现在情况有所变化。集散地市场主要有四个特点:一是经营者主要是批发商,交易迅速而频繁,市场信息灵通。二是有一支庞大的贩运队伍。他们既把商品贩运进来,又把商品运销出去,成为市场不可缺少的两翼。三是集散地市场吸引力强,辐射面广,交易十分活跃。四是推动了当地商品生产的发展,使当地产品不断进入市场。

3.1.4 从区域性市场到全国性市场

划分区域性市场和全国性市场的依据,是商品体流程空间范围的大小。商品体的流程以既定市场为中点分为前后两段,即入市前流程和出市后流程。入市前流程的起点可以是某地的生产厂家,也可以是某地的前级市场;出市后流程的终点可以是某地的消费者,也可以是某地的后级市场。一般来说,如果前流程起点远,后流程终点远,该商品体流程的空间范围就大;反之就小。如果前流程起点远,后流程终点近,或者前流程起点近,后流程终点远,则要根据具体情况来确定总体流程的空间范围是大是小。就本书的考察来说:一是只要商品体流程的某一端点在外省,我们就认为它的空间范围大;如果端点都在省内,则认为其空间范围小。从市场经济的角度看,商品体流程空间范围的大小不应以行政区域的界限来框定,而应以资源的社会分布状况、生产和消费的联系等因素来确定。这里只是为了与目前体制状况相适应,才用行政区划来界定。二是称那些以经营流程空间范围大的商品为主的市场为全国性市场,称那些以经营流程空间范围小的商品为主的市场为区域性市场。按商品体流程的空间范围来划分市场，可以直观市场的辐射面，进而反映出市场经济关系发育的状况。

区域性市场也可称为地方性市场，或省内市场。在浙江 200 多个较大的批发市场中，这类市场约占 3/5。例如，杭州市环北小商品批发市场、余杭县蒋村水产品批发市场、黄岩市头陀禽蛋批发市场，都属于这种类型。区域性市场的主要特点是带有集散地市场的性质，但辐射范围较小。例如，余杭县蒋村水产品批发市场，每天成交淡水鱼 2.5 万公斤，产品主要来自该县塘栖、仓前以及湖州、德清等渔区，销售去向主要是杭州、萧山、安吉、临安等地。目前，它已成为杭嘉湖地区淡水鱼的主要集散地之一。但由于这些商品的特殊性，使交换成本相对偏高，加上流通设施的限制，辐射面不广，因而它只能在一定的区域内交易，很难在全国流通。

全国性市场的辐射范围遍及全国，并与产地市场形成了庞大的流通网络。例如，义乌小商品市场、绍兴轻纺市场，以及永嘉县桥头纽扣市场等，都是全国性市场。全国性市场主要有四个特点：一是地区之间流通顺畅，打破了人为的割据和封锁；二是有广泛的生产专业化协作基础，形成了流向合理的商品交换网络；三是市场竞争激烈，经营者有较大的内在动力和外部压力；四是服务设施齐全，尤其是交通方便，冲破了地理条件的限制。

目前，全国有 9 万多个专业市场。它们名称不同，所在地不同，发育程度也不同。它们之间有着多种关系，但基本关系可以用三句话来概括，即：它们都是社会主义市场体系的有机组成部分；它们互相依赖，分工协作，共同促进社会经济的发展；它们互相渗透，在不断完善自身的同时，不断提高专业市场的总体素质。

3.2 专业市场的经营者

商业活动中也有专业化经济效果，交易效率的增进可以被商人的专业化水平所解释。市场最重要的功能就是有效地协调人们各自选择专业化水平和模式的决策，组织复杂和大规模的分工；而在自由竞争、自由择业、自由定价的市场上，不会有那类协调的困难。一个社会中商人和企业家的人数众多，表明了这个社会拥有向市场经济过渡的巨大潜能。希克斯指出："一旦有了一个商人阶级，他们便会开始把自己或紧或松地组成一个社会，一个新型的社会。”[1]因此，在市场经济改革中，形成一支专业化的商人队伍是非常重要的。

3.2.1 从兼业经营到专业商人

专业市场的经营主体，从交易关系看，可分为卖方主体和买方主体；从所有制关系看，可分为公有经济主体和个体、私营经济主体；从身份看，可分为农民、城镇待业人员、离退休或辞职干部、工人，以及其他人员等；从籍贯看，可分为本地经营者和外地经营者；从生产和消费的关系看，可分为商品生产者、商品经营者和商品消费者。上述分类只强调了市场主体某一方面的属性。然而，在现实中，市场主体往往是同时具有多种属性的。

专业市场的经营者就相当于马克思所说的“特殊商人阶级”，或希克斯所说的“专业商人”。不过，比起西欧，他们还不像马克思所说的那样“纯商人”，而是工农商兼营或工商兼营。专业市场上的商品生产者，极大多数是家庭工业主、专业户和乡镇企业，也有国有企业和城镇集体企业。商品生产者处于专业市场运行的起点。他们主要与商品经营者发生关系，同时也与一些消费者发生关系。

专业市场上的商品经营者，从其经营方式来分，包括四种类型：其一，贩运商。贩运商主要向生产者购进商品，然后在市场出售给批发商、零售商，使商品在地区之间流动。其二，批发商。市场上的批发商从生产者或贩运者那里购进商品，再卖给小批发商或零售商，而不与消费者直接发生购销关系。其三，代理商。代理商与经纪人有类似之处，其本身没有资金，专门为买卖双方代办购销业务，或者为购销双方牵线搭桥，从中获取报酬。其四，零售商。零售商介于批发商与消费者之间，直接与消费者发生关系。商品经营者作为一个整体，一方面向生产者买进商品，另一方面又向消费者出售商品，有买有卖。因而，商品经营者在市场交易中具有双重身份，处于中介地位，起着媒介作用。

专业市场上的消费者，主要包括城镇居民、农村村民，以及各类生产者。他们主要集中在零售市场上购买商品；也有少量集团消费者到批发市场上

---

[1] 参阅希克斯：《经济史理论》，商务印书馆1987年版，第32页。

购买商品。浙江专业零售市场大部分是农副产品和日用工业品市场，它们与广大人民群众的日常生活关系密切，因而交易十分活跃。据典型调查，在某些专业市场的成交额中，城镇居民和农民个人购买的部分约占55%；在一些生产资料和废旧金属市场上，消费者主要是乡镇企业、家庭工业以及能工巧匠，他们购买商品，主要是用于生产。

3.2.2 专业商人的特征群体

在中国传统的贸易形式和流通渠道中，农民商人的地位原是微不足道的。在历史上靠“鸡毛换糖”和小商品贸易发展起家的浙江义乌商人，有下列明显的群体特征：

(1) 分工体系的边缘性与社会群体的边缘性。在工业品统购包销的体制下，专业市场的批发贸易，实际上是打了计划经济的“擦边球”，专业市场是一种边缘性的分工，农民商人是一个边缘性的群体。

(2) 团体的开放性与成员间良好的合作氛围。从事批发、零售的商户之间固然不能完全排除在货源和价格上的竞争，但更多的还是他们之间在竞争中的合作。边缘性的商人必然要依靠彼此的合作才能立足于当地社会。他们只有通过合作，才能融入商业圈子。为此，每个人都必须与团体中的成员保持融洽的互助关系。

(3) 特殊的商业型人力资本。在专业市场的生意中，人力资本积累与货币资本积累同样重要，而且先于货币资本积累。商人是一个独特的社会阶层，在传统社会与转轨社会中，边缘属性决定了这一阶层的独特品格。因此，他们的人力资本，如吃苦、耐劳、勤劳、灵活的个人品质，以及计算、报价、谈判、推销、沟通等商业技能，都是通过长期的商业实践逐步积累起来的，十分宝贵；用经济学术语来讲，就是一种特有的“人力资本”。

(4) 特有的冒险精神和商品交换方式。农村的零碎生意，农民没有货币，消费能力有限，那就物物交换；农民买不起贵重的商品，那就经营小商品，薄利多销，积少成多。通过市场创新，使皮糖变成鸡毛、骨头和其他杂物，再进行加工处理，价值就大大超过了种植糖梗、熬制皮糖、走村串户所付出的辛劳。

3.2.3 竞争性的地方型市场

在专业市场内，同类或者关联商品的集中交易，必然集聚了相关商品的数量众多的买者和卖者。市场上,不同摊位所提供的商品由于功能、用途上的相近,因而替代性比较大。买者可以在不同的商户之间自由选择,由于卖者的集聚,不同摊位商品的价格信息搜寻成本很低,不同摊位提供的同类商品价格信息对于买者来说是近乎完全的。由于买者可以在功能接近的商品中选择价格更低的商品,在竞争的压力下,单个卖者对商品的定价能力非常小,对商品交易不具有垄断力量。因此,由于进入的壁垒较低,退出的成本也较低,专业市场拥有众多生产厂家和经销商,专业市场的市场结构是一个接近完全竞争的市场。[1]专业市场作为一个具有根植性、社区性的嵌入式的地方型市场体系,其主要特点是:

(1) 生产厂家众多,接近完全竞争。由于纺织品、日用品、小商品、五金产品等商品的生产具有非常典型的劳动密集型特征,生产规模可大可小,资本规模和技术对进入者的要求不高,新的厂商看到有利的市场机会,很容易就能进入市场,因此同类商品的生产厂家数量众多。这使市场上交易商品的品种趋于雷同,一种款式的商品可由多家厂商提供。

(2) 生产厂家选择专业经销商,建立共享式销售渠道。由于纺织品、日用品、小商品、五金产品等商品的生产具有分散性,厂家的平均市场规模不大,再加之各种商品本身的单价并不高,也就使得大量的厂家不必建立专门的销售渠道,而直接面向零散的消费者。否则,大量的销售费用分摊到单个商品上,按照市场价格销售,厂家根本不可能获得利润;因此,生产厂家总是把销售转让给专业经销商。只有专业经销商通过集中销售,降低单位商品的销售成本时,生产厂家才有利润可言。

(3) 经销商众多,销售市场也接近完全竞争。在专业市场上,生产厂家可以选择外部的共享式销售渠道,若干个生产商可以通过一个专业经销商出货。这样的结构也反映到了销售市场,并形成了完全竞争的市场结构。这是因为,在专业市场上各类商品的销售没有过高的门槛,经商户的数量众多,生产商和经销商都不拥有绝对的优势地位,而只能通过相互竞争选择对

[1] 根据市场竞争程度,市场结构通常可以分为完全竞争市场、完全垄断市场、垄断竞争市场和寡头垄断市场四种基本类型。市场结构分析的核心是揭示某一特定市场中企业之间的竞争格局及其对市场行为、市场绩效的影响。影响市场结构的因素主要有市场容量、厂商数量、产品差别、进入壁垒、资产专用性等。

方。如果市场上商品供不应求，生产厂家占据了有利地位，经销商就会考虑进入生产领域；如果供过于求，经销商压低价格，生产商就会考虑自建销售渠道。

(4) 价格竞争是最重要的竞争方式。专业市场是一个接近完全竞争的市场，任何一个厂商都不能影响供给的价格，任何一个批发销售商也不能制定一个需求价格并迫使生产商接受，双方都只能接受由于市场供给与需求的相互作用而生成的市场价格。因此，在供求双方相互选择并建立关系时，除了商品质量、稳定的客户关系外，最重要的还是价格。只有价格合理，双方都能接受，才能实现生产和销售的衔接。否则，双方必然会寻求更换交易伙伴。

3.3 专业市场的交易方式与运行特征

专业市场与传统的集贸市场相比，在运行体制、机制上有自己的特征。这至少表现在运行系统的构成、运行方式的具体形式以及运行机制的作用机理等方面。

3.3.1 专业市场的运行系统

从总体上考察，专业市场的运行系统主要由交易、服务和管理三个子系统构成。其中，交易系统是整个运行系统的核心，服务系统和管理系统是根据交易系统的需要建立起来的。长期以来，市场运行所必需的服务系统不太健全，一度依附于管理系统。但目前，除了在某些方面这两个系统的边界仍不清晰外，总的说，服务系统已开始从管理系统中分离出来，并在整个运行系统中取得了应有的地位。交易系统和服务系统的结合，构成了市场运行的经济系统。管理系统作为经济系统的“上层”，目前正在“寓管理于服务之中”的导向下，进行结构和功能方面的调整。

1. 交易系统

运行中的市场交易系统，从物质形态方面考察，主要由商品流、货币流和信息流构成。商品流就是商品流通系统，货币流和信息流是货币流通系统和信息流通系统。由于在物质交易活动背后起支配作用的是市场经济的交易关系，因此，从交易关系方面考察，专业市场的交易系统由商品交易关系、货币交易关系和信息交易关系所构成。在专业市场发展过程中,交易关系的发展是最值得注意的特点之一。

2. 服务系统

正在形成中的专业市场服务系统,大致由运输服务、金融服务、信息服务、司法服务和生活服务五个部分构成。其共同特点:一是它们直接为市场交易服务。这一特点使之区别于诸如为直接满足生产需要或城镇居民生活需要而提供的那一类服务。二是它们大多属于经营性服务。这一特点使之区别于诸如政府管理等行政性服务。

(1) 运输服务。作为物流的载体,运输服务系统与市场交易系统有着直接的联系。近年来,在市场交易迅速发展的同时,专业市场运行中的运输服务也有了较大的发展,并初步形成了与专业市场特点相适应的运输服务系统。较健全的运输服务系统,大大增加了商品流量,加快了商品流通,方便了各地客户。

(2) 金融服务。目前,中国较大规模的专业市场内均设有金融服务网点。以这些网点为依托,市场中大致形成了由存贷服务、结算服务、保险服务等构成的金融服务系统。

(3) 信息服务。专业市场具有卓越的信息集散渠道和处理机制,这是其交易效率的重要来源。在不同的市场制度及其运行机制下,获取交易信息的难易程度是不一样的,而难易程度就是某种市场制度的交易费用。专业市场作为一种综合性的专业市场之所以能发展得如此迅速,就在于专业市场在集聚信息和发布信息方面具有独特的优势。

(4) 生活服务。生活服务涉及面非常广,除了传统服务项目外,近年来还兴起了教育服务、娱乐服务等。为了使外来个体经商户安心经营,市场所在地各有关部门便积极配合,帮助他们解决生活上的困难,尤其是居住问题和子女上学问题。为了丰富外地客商的文化生活,许多市场还开设了娱乐场所,许多市场还专门修建了供外地客商住宿的旅馆、招待所。

3. 管理系统

专业市场运行中的管理系统基本上是与其交易系统同步发展的。尽管目前该系统的发展程度在各个市场不尽相同,但在构成上大致包括两个子系统,即综合行政管理系统和经营者自我管理系统。前者形成较早,相对较完善，后者出现较迟，在许多市场还不甚健全。

(1) 综合行政管理系统。由于市场交易和服务系统涉及面广，所以相应的市场管理系统也就必然涉及许多管理部门。主要有：工商行政管理部门、财税管理部门、金融管理部门、商业管理部门、交通管理部门、邮电管理部门以及治安管理部门等。为协调这些部门之间的关系，提高管理效率，专业市场一般都建立了以工商行政管理部门为主、其他有关部门配合的综合行政管理系统。

(2) 经营者自我管理系统。经营者自我管理系统是在市场管理委员会统一领导下，由各种经营者组织构成的管理系统。以义乌市场为例，经营者组织主要有三种，即党团组织、个体劳动者组织(个体劳协)，以及民兵组织。这些经营者组织能及时而准确地了解并反映市场管理情况，有效地协助政府管理部门，组织经营者学习，调解经营纠纷，查处假冒伪劣商品，完成税收任务，打击各种刑事犯罪活动等，为市场管理有序作出了很大贡献。

3.3.2 专业市场的交易方式

专业市场的交易方式大致有四种，即批发兼零售，经销、代销、包销兼自产自销("前摊(店)后厂(场)")，场内交易兼场外交易，以及现货交易兼期货交易。

1. 批发与零售相结合

专业市场除少数几个只采取零售或批发(如绍兴轻纺市场只搞批发)这种单一的交易方式外，大多数采取批发与零售相结合的交易方式。在批零结合的专业市场中，多数市场以批发为主，零售为辅；也有少数市场以零售为主，批发为辅。

以批发为主，批发与零售相结合的商品出市方式的形成，冲破了传统体制下有关批发和零售必须分开，尤其是民间市场不准搞批发的限制，有力地促进了专业市场的繁荣、市场网络的形成，以及不同于计划经济的崭新的市场经济流通体制的产生。其一，这种交易方式也使农村商品流通体制真正开始适应以家庭联产承包责任制为基础，以乡镇企业为主体的农村商品生产体制的要求。其二，以批发为主、批发与零售相结合的交易方式的形成，使专业市场不再像传统的农贸集市那样，只具有为个人生活消费服务的功能，而是在继续保持这种功能的同时，具有了协调生产活动和经营活动的功能。这种更为重要、更为本质的功能的发挥，意味着专业市场已成为名副其实的市场。其三，这种交易方式的形成，既扩大了交易数量，又加快了交易速度，降低了交易费用，从而不仅为市场上的买者和卖者带来了经济效益，也为他们背后的生产者和消费者带来了更大的经济效益，同时还有利于地方税收的增加。

2. 经销、代销、包销与“产销一体”相结合

专业市场运行中的商品入市方式多种多样，除了最常见的经销方式外，还有代销、包销、“产销一体”等。代销方式对委托方来说，可以使自己的商品通过市场找到或扩大出路；对代理方来说，虽然商品销路不一定理想，但风险较小。包销方式对委托方来说，虽然盈利可能减少，但同时风险也小；对承包方来说，虽然风险较大，但只要找到出路，盈利也大。代销和包销不仅发生在个体摊主与个体推销户之间，而且发生在个体摊主与国有、集体企业之间。例如，义乌小商品市场的个体摊主，与杭州第二中药厂、宁波鄞县缝纫机针厂、江西樟州四特酒厂、福州百货公司、广东健力宝有限公司、山东威海第八毛纺厂等省内外一大批企业建立了广泛的代销关系，为它们推销产品。一般说来，代销和包销总是同经销结合在一起的，也就是说，个体摊主往往既从事代销或包销，同时又从事经销。

“产销一体”或“前摊(店)后厂(场)”可以说是最能反映目前专业市场结构和功能的经营方式。“前摊(店)后厂(场)”式的经营方式，把生产和销售直接结合起来，以销定产，以产促销，既增加了投资渠道，有利于资金增值，又利用了空暇，节约了劳动时间，充分发挥了市场合理配置资源的功能。“前摊(店)后厂(场)”式的经营方式还把竞争、供求、价格、风险以及信息等多种市场要素结合起来，既减少了市场运行的波动性，增加了稳定性，又提高了市场运行的灵敏性和有效性。从中国农村的实际看，“产销一体”式的市场经营方式是以大量存在的专业生产基地为前提的。如果没有广阔的专业生产基地，“产销一体”、“前摊(店)后厂(场)”的运行方式也就很难形成，即使形成了，也没有多大经济意义。

3. 场内交易与场外交易相结合

专业市场既有场内交易，又有场外交易。场内交易透明度较高，它既有利于卖方寻找销路，节约销售成本，又有利于买方进行比较选择，减少购买

费用;既有利于经营者稳定经营,又有利于管理者有效管理;既有利于市场本身的繁荣,又有利于当地经济的发展和方便人民生活。当然,场内交易也有一定的局限性。例如,它受到建场资金、建场用地、当地经济繁荣程度、交通运输等服务条件,以及经商人数等因素的制约。此外,在目前情况下,还要受各种不规范管理制度的制约。场外交易则相反,它虽然不具有场内交易的一系列优点,但同时却不受那些因素的制约。它的最大特点是更自由、更灵活,因而更有活力。

从发展角度看,场内交易所依托的是看得见摸得着的市场,而场外交易所依托的是看不见摸不着的市场关系。在培育市场体系中,场外交易也是一种可取的形式。当然,目前场内交易已是一种有组织的交易,而场外交易相对而言还是一种"无组织"的交易。因此,要改善对场外交易市场的管理。从总体上看,场内交易的发展还大有潜力,但场外交易的发展同样具有强大的生命力。二者的互补和健康发展,将有力地促进浙江市场经济的发展。

4. 现货交易与期货交易相结合

到目前为止,专业市场中只有现货市场,而没有期货市场。然而,也应该看到,目前现货市场上的有些交易已具有了期货交易的某些特征或萌芽。例如,在绍兴轻纺市场,不少客户因经常与某些企业做生意,互相之间建立起了良好的信誉关系,以此为基础,他们之间开始通过期货合同进行交易,使这些企业在销售淡季照常生产,而不必担心多产积压。期货交易是以现货交易为基础的,没有现货交易,期货交易就失去了依据。当然,期货交易是比现货交易更完善的交易方式。它加强了生产和消费、供应和需求之间的联系,从而在一定程度上弥补了现货交易所具有的盲目性和波动性。

3.3.3 专业市场运行的特征:自主、开放

专业市场是中国市场体系中一个发育较早的有机组成部分,与传统国有商业、集体事业的僵化模式相比较,专业市场具有自主、灵活、竞争、开放方面的显著特性。

1. 专业市场的开放性

专业市场向所有的商品生产者、经营者、购买者开放,不受行政区域的限制,尤其不受所有制关系的限制,国有、集体、个体和私营企业者都可以进场交易。经营者可以自营、联营,也可代购代销;可以批发,也可以零售;可

以长途贩运,也可以短途运销;可以现货交易,也可看样订货;可以现金成交,也可以托收承付。总之,采取何种方式经营,均由不同经营者根据自身条件和经营需要而定。价格也随行就市,由购销双方自定。"一手交钱,一手交货",不存在其他条件。现货交易,买卖关系单纯,不能预先确定,也不能事后了结,只能根据当地情况确定,自由交易,当即付钱,银货两讫。

2. 专业市场的自主性

参加专业市场交易的主要是个体工商户、私营企业和乡镇企业,它们按照市场需求独立自主地组织生产经营。参加市场交易的国有和集体企业绝大部分采取经营承包责任制,所有权与经营权分离,有一定的经营自主权。因此,专业市场上的商品生产者和经营者,能够独立自主地支配自己,参与市场的购销活动,迅速传递市场信息,及时作出生产经营决策,不受或很少受外界干预的影响,使商品能够在购销双方之间顺利移位,自由流动。

专业市场的供求关系变化较大,市场价格反应灵敏,买卖关系的当即性、实在性较强。在千变万化的市场交易活动中,商品生产者和经营者如果没有独立自主权,就不可能适应市场需求,对市场价格的变动作出灵敏的反应。由于有了自主权,所有参加专业市场交易活动的单位和个人,就能平等地进行等价交换。他们没有高低贵贱之分,经济地位是平等的。他们在市场交易活动中,按照自愿、平等的原则,自由选择交易对象,自行确定交易数量,讨价还价,协商议价,任何人都无权强行压价迫使对方出售,也无权强迫他人购买自己的商品。集体企业举办的商场,虽然实行柜组承包,但商场是一个经济实体,是一个独立核算单位,商场经理与部、组长是上下级关系,这就同专业市场有较大的不同。

3. 专业市场的灵活性

在专业市场的交易活动中,经营者总是根据市场供求变化、商品属性以及自身的经营条件,及时调整经营策略,以取得最佳的经济效益。这突出地表现在定价方式上。

第一,商品成交价格由购销双方协商而定。出于专业市场上的商品是自由交易的,所以价格就必须由购销双方自行议定。在协商议价时,价格的高低直接关系到交易双方的经济利益,关系到出售者货币收入和购买者货币支出的多少。因此,在商品交易中,购销双方不能不衡量买卖商品的价格是否合算。只有在他们认为成交价格对自己适合时,才肯出售自己的产品或购买别人的产品。

第二,经营者根据市场商品供求关系的变化而灵活作价。当市场商品供不应求时,他们就提价,从而促使生产者增加商品的生产量和上市量;当商品供过于求时,他们就降价,从而促使生产者减少商品的生产量和上市量。

第三,经营者灵活运用各种差价。差价是价值规律发生作用的基本形式之一。专业市场的经营者,除了灵活运用通常所见的地区差价、季节差价等差价外,还经常运用款式差价。当一种新商品式样开始被一部分消费者所喜爱而成为流行款式时,经营者就顺势提价;当这种新款式被广大消费者所接受,成为大众化商品,失去了"时髦消费品"的特点,人们的注意力普遍转向别的新款式时,经营者就顺势降价。

4. 专业市场的竞争性

在专业市场交易活动中,生产者之间、经营者之间,以及工商企业和个人之间的竞争是多方面的,如商品竞争、价格竞争、时间竞争、信誉竞争、服务竞争,以及广告竞争等。

(1) 商品竞争。商品竞争是市场竞争的首要内容。它包括商品质量、数量、品种、规格、花色等的竞争。生产经营者总是千方百计提高产品质量,多创名牌以吸引广大消费者;同时,根据市场需求,不断更新品种,改进花色,刻意求新,以适应消费者消费需求的变化。

(2) 价格竞争。价格竞争是市场竞争的重点。专业市场的情况表明,凡属于适销对路、供不应求的商品,价格就高;货不对路、市场滞销的商品,价格就低。因此,每个商品生产者和经营者都千方百计按照市场需求组织生产销售,采用先进的技术和管理机制,降低成本费用,薄利多销,以便在市场竞争中取得优势,加速资金周转,提高市场占有率。

(3) 商誉竞争。在专业市场上,有不少商品生产者和经营者能诚实经商,恪守信用,赢得客户的信任,建立起顺畅的购销渠道,在市场竞争中站稳了脚跟。但是,也有少数经营者经营作风不正,出售的商品质次价高,甚至制售假冒劣质商品,欺骗客户和消费者。但这终将会被客户所唾弃,被市场所淘汰,有的还会受到法律的惩罚。

(4) 服务竞争。在商品成交过程中，出售者尽力为购买者提供良好服务，是促使商品成交，赢得顾客信任的一个重要方法。在零售市场上，经营者往往为消费者免费提供包装物，代为加工，对商品数量多的还送货上门；对一些日用工业品，在一定期限内实行免费修理或调换。在批发市场上，主要是为客户联系膳宿，代办运输，为他们创造一个良好的购销环境，取得客户的信任。

3.4 专业市场的交易流程与规制结构

专业市场是一种融合企业、市场和网络的交易结构。威廉姆森的交易三维度理论为我们提供了一种观察专业市场交易结构的新视角。[1] 企业的等级制方式，市场以及网络是可以实现资源优化配置的三种治理结构，也是协调交易活动的方式。这就形成了企业内部交易、市场交易与网络交易三种既可以相互替代，又可以相互融合的交易方式。专业市场的交易是在各种交易主体和客体之间，由商品、货币、信息等交易流紧密相连，并通过企业、市场与网络三种治理结构相互融合而实现的。而三种治理结构的融合程度由不同交易的性质和特点所决定，因而不同类型的专业市场也就具备了各自的交易特点与交易流程。

3.4.1 专业市场的交易流程

要判断专业市场交易的性质，就必须了解其交易的主客体、交易流与交易链的特点与形成机理，以及三种不同治理结构的融合程度，并探究这种融合程度的交易三维决定机制。

1. 专业市场的交易主体与客体

交易的主客体是专业市场的重要组成部分，也是专业市场交易活动的必要条件。交易的主、客体处于专业市场的交易组织系统内，两者通过一定的交易活动发生联系。交易主体是专业市场中最基本、最直接的参与

---

[1] 威廉姆森用交易的不确定性、交易频率和资产专用性这三个维度来解释市场交易的结构，事实上是试图用交易频率来表示交易的市场特征，用资产专用性来表现交易的"技术"特征。参阅威廉姆森：《交易费用经济学：契约关系的规制》，载陈郁编：《企业制度与市场组织》，上海三联书店、上海人民出版社 1996 年版，第 24—63 页。

者，主要指商品或服务的卖方与买方。商品的卖方主要是指批发商，包括经销商、代理商、生产企业的直接销售机构和生产者合作组织，以及各类市场经营户。商品的买方主要是指各类中间商、生产企业、社会机构或个体消费者等。另外，在专业市场内部为交易双方提供服务的经济组织或个人，也是重要的交易主体。例如，专业市场内经营户与运输企业之间尽管没有具体商品的所有权交易活动，但是两者之间进行的是服务交易，因而包括运输公司在内的市场服务提供者也可视为交易主体。交易客体主要指交易的对象，即市场交易的商品、信息、关系、服务等等。专业市场上的交易商品主要是有形商品，如一般的消费品、农副产品、工业品以及生产资料等。除了有形的商品外，随着电子商务等现代交易技术的发展，信息、商务关系等无形商品也日益成为重要的交易客体。例如，作为专业市场重要交易形式的各种博览会，既是各种有形商品的交易，又是在有形的商品背后交易的主体与客体之间的一种信息交易，甚至是一种社会资本的交易。

2. 专业市场的交易流与价值链

交易流是指在交易活动中形成的信息流、商品(服务)流、货币流的总和。这三种交易流发生在交易的不同环节，产生了不同的交易价值。假设交易是连续发生的，即从相关信息的收集、利用，到商品(服务)所有权的转移和货币支付的整个过程可以顺利完成，那么在这一过程中便形成了一条交易价值链。商品(服务)流是指在交易的主客体之间实现的，商品在时间或空间维度上的所有权转移，或主客体之间某项服务的完成，它推动着专业市场上商品(服务)供给方与需求方的有效对接，是专业市场交易流的重要组成部分，创造了交易价值链上的主要价值量。信息流是指在专业市场内，有关商品的品质、价格、供求、款式、质量等信息在各个市场交易主体之间的流动，在这一过程中，各个市场交易主体根据自身需要不断收集、加工、处理、储存相关信息，以降低交易费用，提高交易净价值。一个有效率的交易过程，信息流是必不可少的组成部分，是交易价值链得以形成的基础与条件。如果没有相关信息的收集和流动，交易就难以完成，或者必须付出更大的交易费用，因此信息流所创造的交易价值是不可忽视的。货币流是商品的买者为取得商品(服务)的所有权而要支付的代价，当前主要表现为“现金”流。但是，随着电子支付手段等现代支付技术的进一步发展，今后货币流将主要以电子货币流的形态存在。货币流对于专业市场交易的最终完成意义重大，没有高效的货币流动，专业市场的日常交易将受到极大的冲击。

综上所述，交易流的三个主要组成部分，对交易活动的完成具有各自不同的作用，因而也就创造了不同的交易价值。然而，尽管专业市场的交易价值以不同的比例分配于商品(服务)流、信息流与货币流等不同的交易环节，但是，总的来看，交易价值与交易流的活跃程度是成正相关的，如图 3.1 所示。商品流、信息流与货币流的运行越快，越活跃，越有利于激活专业市场内的各种生产要素，创造越多的交易价值。

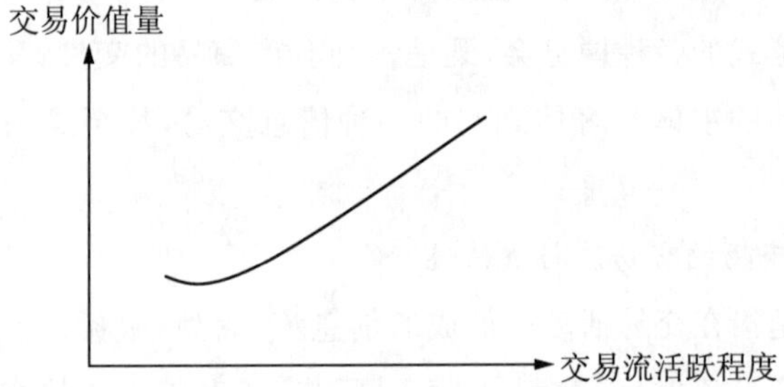

图 3.1　专业市场交易价值与交易流活跃程度之间的关系

3. 交易费用与专业市场的规制结构

交易是有费用的，交易要受到成本的约束，例如搜寻交易对象、讨价还价等，我们把这些称之为“交易费用”，这是价格机制运营的成本。产生交易费用的根源在于人们的机会主义行为和专用性的人力资本和物质资本投资。在威廉姆森看来，交易的不确定性、交易频率和资产专用性是刻画交易特征和结构的维度。资产专用性是指，当一项耐久性投资被用于支持某项特定的交易时，所投入的资产即具有专用性。在这种场合，假如交易资产已经投入而交易被终止，所投入的资产将全部或部分地因无法改作他用而损失。资产专用性主要有四种类型，场地资产专用性，物质资产专用性，人力资产专用性及专项资产。它们的共同特征是，一旦形成则很难移作他用，因此交易双方具有很强的依赖性，一方违约将使另一方产生巨大的交易风险。交易的不确定性是指，由于市场环境复杂多变，使交易双方的稳定性受到影响。另外，交易双方的信息不对称和相互依赖程度的不对称，也增加了交易中的不确定性和履约风险。交易频率和交易费用具有线性相关，频繁的交易行为意味着反复地签约，因而导致较高的平均成本和交易费用。由这三个交易维度产生了协调不同交易以降低交易费用的三种治理结构，即企业、市场与网络。例如，当一项交易的资产专用性很低，而且交易的频率与不确定性都较低时，市场或网络的治理结构最有利于交易费用的节约。

企业、市场和网络是资源配置的三种治理结构，不同的治理结构具有不同的功能，并因此直接影响各类行为主体之间对资源的分配和使用；同时，针对不同的交易行为，三种不同的治理结构具有它们各自不同的适用性，并对资源的配置和使用产生各不相同的效率。企业主要是通过内部等级制获取企业交易的优势；市场主要是通过价格机制调节配置资源，因此，价格是市场交易过程中的关键信号，但是由于信息的非对称、外部性等问题，市场存在着失灵的领域，从而使资源配置达不到最优；作为在企业和市场之外而存在的另外一种治理形式，网络是以行为主体之间的文化、技术和制度等的交流与信任为基础，通过长期合作而形成的社会关系和资源的系统化存在，比如产业网络、创新网络、学习网络、技术网络等。网络的存在有利于促进知识、信息的扩散和传递，有利于丰富和有效发挥社会资本的作用，也有利于形成稳定和网络化的交易形式，从而能有效克服在市场化交易过程中存在的信息非对称、行为主体的原子化特征等问题，以降低交易和合作风险，优化资源配置。

专业市场这种交易机制本身就是在一定条件下协调三个交易维度的一种交易费用最低的制度安排。以浙江为例，在改革开放之初，“轻、小、集、加”的产业结构与产业特征，以及短缺经济的影响，简单的商品生产决定了企业生产的资产专用性较低，另外，交易的不确定性较小，交易的频率较高，所有这些都意味着企业一体化产销商品，不可能是最低成本的选择；与此同时，实力较弱的中小企业也无力建立自己的营销网络，因此，专业市场这种交易治理结构成为当时最有效率的选择。专业市场在商品资产专用性和交易的不确定性较低，以及交易频率较高的条件下，使得经营户采用专业市场这种“坐商式”的交易方式成为最优的选择。因此，专业市场本身是一种替代企业内部交易、网络交易的治理结构，只是不同种类的专业市场有各不相同的交易流程。

但是，严格来说，专业市场的内部交易又不是纯粹的市场交易，它是一种企业、市场与网络相互融合的交易结构。在专业市场内部，我们可以将经营户看作一个个“企业”，在经营户内本身存在着交易。与此同时，各个经营户与其他的主体又同处于一个市场之中，通过市场实现交易；另外，随着专业市场的发展，各个主体之间逐渐建立起各自的网络关系，例如，某个经营户与一些特定的客户建立相对较为稳定的供销关系，双方利用网络关系促进交易。当然，至于各个主体选择何种交易方式，这需要权衡由交易的三个维度所决定的交易费用。因此，在特定的专业市场内部，存在着企业、市场与网络三种治理结构的相互融合，只不过不同专业市场的融合程度相异。而这主要又与专业市场的发展水平或阶段有关，因而也使这些专业市场具有各自不同的交易流程。

3.4.2 专业市场交易流程的演进

不同类型的专业市场在不同发展阶段具有不同的交易范围，从而也形成了不同的交易流程，专业市场的企业内部交易、市场交易以及网络交易的融合程度也就不尽相同。因此，可以从发展阶段以及市场上商品的来源和去向两个角度来划分专业市场，并据此分析处于不同发展阶段、属于不同类型的专业市场的交易流程。

1. 专业市场发展初期的交易流程

1978年至1984年，是中国专业市场的产生、形成阶段。改革开放后，乡镇、个体经营企业如雨后春笋般地兴起，这些企业数量多、规模和生产批量小、效率低、生产关系不稳定，生产出的产品在市场上经常受到排斥，较难通过传统的流通渠道进入国有流通领域，不得不寻求其他的分销渠道。因此，在经商意识较强的地区，如浙江、广东等地，形成了很多的小商贩以扎堆经营的集市贸易。市场的商户与新兴的家庭作坊、家族企业之间逐步形成“前店后厂”、产销一体化的经营模式。在发展早期，专业市场并不是一种严格意义上的契约性交易市场，传统的社会人际关系网络对于降低交易费用、解决由于信息不对称引起的逆向选择行为、有效弥补政府信息服务的供给不足等方面都有非常积极的作用。

改革开放之初，农村家庭企业的商品无法通过由国有企业控制的正式的流通渠道销售商品，再加上短缺经济时代商品生产者与市场交易具有相对固定性，因而决定了专业市场这种交易治理结构对于他们来说是最优的选择，因此，专业市场应时而生。在产生阶段，专业市场作为对企业内部交易以及网络交易的一种替代，是一种适应于当时经济社会条件的有效率的制度安排。在这一阶段，市场是比较初级的，如图 3.2 所示。这时，市场内

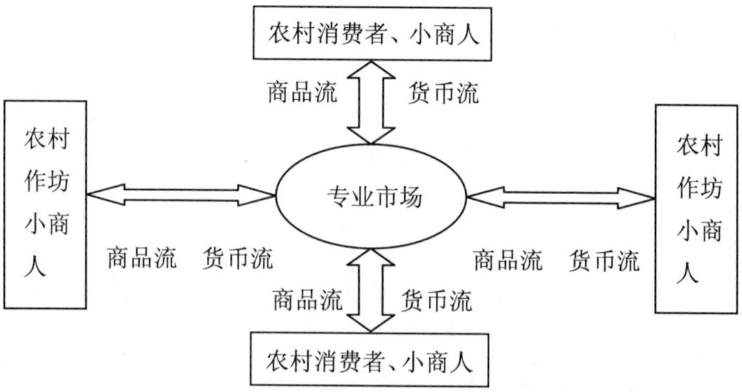

图 3.2　专业市场发展初期的交易流程

部只有简单的商品流、货币流，而缺乏信息流与服务流，市场服务系统远未形成。市场交易的主体主要是那些由于农村土地制度改革而得以释放的农村劳动力及其家庭作坊，刚刚走上贩销生意的小商人，以及乡村消费者。市场客体主要是局限于一些小商品，服务交易远未形成。起步阶段的农村专业市场，市场范围主要在乡村一级。由于国有城市商业渠道的封锁，这一时期的农村专业市场难以与国有企业、国有商业系统发生交易。与此同时，这种专业市场的交易方式是一种较为纯粹的市场交易方式。由于短缺经济下，消费者与市场交易者容易形成较为固定的购销关系，因此交易是相对确定的；加之小商品生产相对简单，资产专用性较低，所以，企业较易选择专业市场这种交易方式。因而甚至是在市场内部，企业与摊位之间实现一体化购销也是相对高成本的。除此之外，处于该阶段的专业市场主客体相对缺乏，摊位与摊位之间、摊位与客户之间以及摊位与前项采购商之间缺乏形成经济网络的利益激励，因此这一阶段的专业市场是一种较为纯粹的市场交易方式。

2. 专业市场成长阶段的交易流程

1985年至1997年,是中国专业大发展、大提高且基本成型阶段。在专业市场的成长阶段,强劲的工业化需求推动了专业市场的超常规发展。如图3.3所示,随着市场经济的发展,专业市场内部的主客体不断丰富和成长,在原先市场的简易摊位基础上逐渐发展起相对规范的市场经营户,其中有些市场经营户最后成为具有一定规模的大企业。金融机构,中介服务机构等开始在专业市场内部出现,并不断得到发展。货物运输企业的产生和发展提高了市场的交易效率。

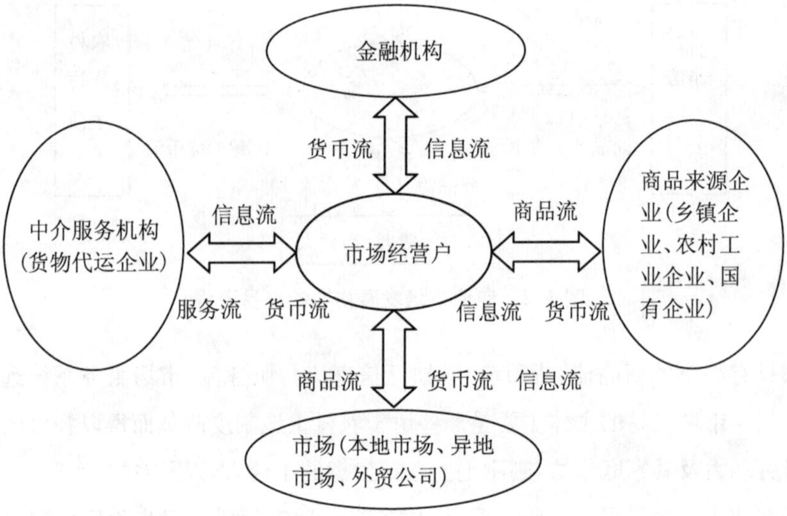

图3.3 专业市场成长阶段的交易流程

在成长阶段,专业市场的商品来源并不像前一阶段那样局限在有限的农村作坊与小商人贩卖,而是面向乡镇企业、农村工业企业,甚至是国有企业采购商品。与此同时,商品的销路或销售半径不断扩大,本地市场与异地市场成为专业市场的有效延伸。有的经营户甚至通过组建外贸公司或经由外贸公司的销售渠道将商品销往境外。在专业市场交易主客体不断增加的基础上,其交易范围扩大,交易内容也不断丰富。在这一阶段,专业市场的交易逐渐从原先简单的商品流、货币流成长为商品流、服务流、货币流与信息流相互融合、互为促进的交易流程模式,专业市场的交易效率进一步提高。例如,中介机构的服务交易促进了专业市场的分工,降低了交易费用,扩大了专业市场的交易范围。由于交易主客体的增加，以及我国短缺经济状况的明显改变，商品的买方市场日渐形成，专业市场内商品交易的不确定性增强，商品的形态日益复杂，使得专用性资产增多，从而在专业市场内一些企业开始向外剥离建立自己的营销网络，或者逐步在专业市场内建设自己的经济社会网络，促进商品销售。因此，在这一阶段，专业市场原先较为纯粹的市场交易方式开始向企业、市场与网络相互融合的方向发展。

3. 专业市场成熟与转型阶段的交易流程

1998 年至目前，专业市场进入了成熟与调整、转型阶段，出现了网络化、国际化的发展趋势。随着工业化与城镇化的进一步推进，中国专业市场在 20 世纪 90 年代末逐步走向成熟。国际贸易、现代物流、会展经济、电子商务等市场新型业态的发展对专业市场的交易方式与交易流程提出了新的要求，专业市场又面临调整与转型的历史课题。

在这一阶段，由于信息网络技术与全球化的发展，专业市场的交易主体开始呈现出虚拟化的特征。例如，专业市场内部开始出现虚拟组织，并不断得到应用和发展。如图 3.4 所示，网上数字化市场、网上支付系统和新型物流系统不断出现，并建立起了网上“信息中心”、“交易中心”和“配送中心”，网上市场与网上交易不断增长，并与传统交易方式相结合，创造出多样化的交易方式，使专

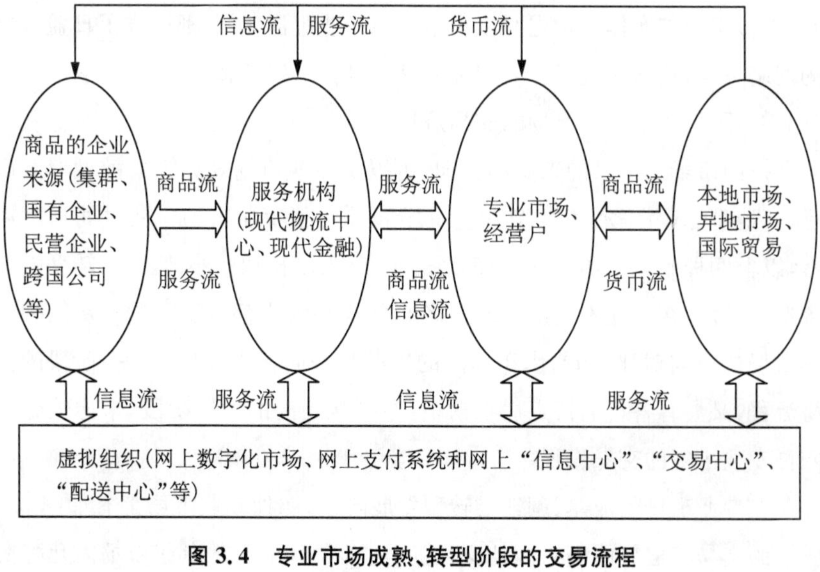

图 3.4　专业市场成熟、转型阶段的交易流程

业市场的交易范围空前扩大，突破了交易的空间限制。这突出表现在，专业市场与国际贸易相连接，在更大的市场范围内组织资源。与此同时，另一个新兴的交易主体开始在专业市场内崭露头角，并发挥越来越重要的作用，这就是现代物流中心，它在运输、保管、包装、装卸、流通、加工和信息等诸多方面，为专业市场提供多向服务。由于信息化与网络技术的发展，这一阶段的专业市场交易流中商品流的主导地位逐渐被信息流、服务流所取代，良好的信息服务等逐渐成为专业市场的竞争优势。这也是专业市场未来功能创新的方向之一。

在成熟与转型阶段，专业市场的交易流程中似乎已经无法找出交易流程的真正源头，因为作为专业市场重要元素的信息无处、无时不在流动，谁也不知道它产生于何时、何地，关键的是各个主体能否适时地利用相关信息。如图 3.4 所示，从商品生产企业开始，经由现代物流系统，将商品与服务传输到专业市场，与此同时专业市场又通过信息网络技术、电子商务连接本地市场、异地市场与国外市场，及时地将有关信息反馈给企业、物流机构等主体，从而完成整个交易流程。在整个流程中，虚拟组织的作用至关重要，网络技术与信息技术从始至终促进着商品流、信息流、服务流与货币流等交易流的高效流动。另外，此时的专业市场，市场交易的纯粹性又一次减弱。在整个市场内部，各个主体之间的网络关系逐渐取代了许多通过市场实现交易的功能。例如，在市场内部的经营户之间、经营户与服务机构之间、虚拟组织与实体机构之间以及市场与产业集群之间，都形成了日益重要的网络关系，从而实现了企业内部交易、市场交易与网络交易的高度融合。

3.4.3 不同类型专业市场的交易流程

按照市场上商品的来源和去向，可以把专业市场划分为集散型专业市场、产地型专业市场、销地型专业市场和混合型专业市场。从时间角度来看，以上四种专业市场，一般也都经历了产生、成长和成熟、调整与转型的三个发展阶段，在上述不同发展阶段各自的交易流程都有所不同。从四种专业市场的横向对比来看，由于商品的来源与去向各异，因此，每一阶段的交易流程，又具有各自的特点。在这里，主要从当前的发展阶段，来比较分析四种专业市场的交易流程。

在专业市场的成熟、调整与转型发展阶段，四种专业市场都有如图 3.4 所示的交易流程。而使它们的交易流程相区别，主要是专业市场内几种交易流的地位和作用不同，例如商品流（服务流）的起点与终点不同，以及交易流程的本地"嵌入性"等方面，如表 3.2 所示。

表 3.2　四种专业市场交易流程的特点

市场类型	交易流的地位与作用	商品流的起点	商品流的终点	交易流程的本地"嵌入性"
集散型市场	服务流与信息流作用重大；商品流空间范围大	全国性的，甚至是境外	全国性的，甚至是境外	与本地的交易习惯，交易文化相融性较差
销地型市场	要求服务流、信息流较为活跃；商品流范围较大	非本地	主要是本地	面向本地消费，本地消费习惯改造市场交易流程
产地型市场	商品流相对服务流与信息流更为活跃	本地	本地及全国或全球	与本地的交易习惯、文化融合较好
混合型市场	交易流往往较为活跃	本地或外地	本地或外地	与产品特征、消费文化有关

对于集散型专业市场而言，由于它承担着非本地生产和消费的商品的贩销与中转职能，因此，一方面，对于来自于全国各地乃至国外的商品，必须有足够的消化接收能力；另一方面，又要将这些商品销往全国各地或者国外，以完成其商品的中转功能。所以，面对如此巨大的商品中转使命，专业市场必须有完善的运输、保管、包装、装卸、流通、加工和信息等服务机构，由此产生的信息流与服务流对于集散型专业市场至关重要。有时，服务流与信息流要求在商品流之前流动，为商品的顺利中转提供条件。在集散型专业市场中，商品来自于外地，又销往外地，因此，其商品流具有非常广阔的空间范围，交易价值链一般较长。所以，尽可能地降低交易费用非常重要。这种商品流"两头在外"的交易流程，由于没有与本地的产业结构、消费习惯、消费文化很好地结合，因此，它的本地"嵌入性"较差。所以，集散型专业市场一般倾向于利用现代网络技术，发展网络交易市场，来克服这一弊端，实现自身与区外生产要素与商品的更好结合。例如，作为全国粮食新集散地的浙江衢州粮食交易市场，利用中国网上粮食市场，形成了我国粮食市场的"衢州指数"，逐渐取得我国粮食市场的定价权[1]。

对于销地型专业市场而言，由于市场上的商品来自外地，这就要求本地

[1] 参阅《衢州成为全国粮食新集散地》，《浙江日报》2007 年 11 月 22 日。

的市场服务业较为发达，专业市场必须具备有效营销远距离生产的商品的能力，对包括长途运输、仓储、加工等在内的市场服务要求较高。所以，在销地型专业市场的交易流程中，服务流与信息流占有一个非常重要的位置，商品流能否顺利实现，在很大程度上决定于服务流与信息流的活跃程度。销地型专业市场商品流的起点与集散型市场一样，也是起源于外地，但是商品流的终点却在本地，这就减少了流通的环节。另外，销地型专业市场的商品前向交易环节发生于外地，但是商品流的终点在本地，因此，商品交易流程的末端在本地。当地消费者的"挑剔"往往会影响、改造这种专业市场的交易流程和习惯，使得交易流程的最终完成能与本地消费习惯相吻合。例如，来自于外地的商品包装，在运抵销地前，就应当考虑到销地消费者的文化习俗、消费偏好等，从而促进商品流的顺利流动。

对于产地型专业市场而言，其前向交易流程发生在本地，其交易方式与本地的产业结构、生产规模和产品特征密切相关。由于商品来自本地，这种近距离的商品流动，使得专业市场的经营户与本地产业集群之间较易形成比较稳定的购销关系，很多时候，这种商品流都是在经营户与产业集群的企业之间完成的，而并没有通过社会化的服务来促进商品流动。同时，商品信息以及市场信息能通过比较固定的渠道在市场与产业集群之间流动，信息流也较为稳定或固定。所以，在产地型专业市场上，商品流、货币流与服务流和信息流相比，显得更为活跃。产地型专业市场的商品流起始于本地，终于本地或外地。而商品流的半径有多长，与这个地区的国际化战略以及本地是否拥有能培育、引导本地产品走国际化道路的领导型企业有关。产地型专业市场的商品来自本地，在市场与产业集群之间的互动过程中，往往可以达成市场交易流程与产业集群之间的某种默契，它们的交易习惯与做法能较好地与本地消费习惯和文化相融合，从而有利于降低交易费用。

商品的供求地非确定的混合型专业市场，其交易流程具有专业市场成熟阶段的一般特点，如图 3.4 所示。混合型市场的交易流较为活跃，商品、信息与服务流等必须与商品供给状况以及商品需求范围和规模相适应。但是，随着工业化加快和人们收入水平的提高，导致商品需求量的上升，从而对专业市场吸收一定量商品的服务水平提出了更高的要求。

例如，以典型的混合型专业市场，义乌小商品市场为例，其对内部相关服务业的发展的要求就很高。如表 3.3 所示，本书作者所进行的问卷调查结果表明，义乌市场急需加强的功能的前四位都与市场服务有关，分别是信息服务、电子商务、物流配送与技术研发服务。其中，要求加强信息服务的占受调查者总数的 40.67%。混合型市场商品流的起始点与终点有可能是本地，也有可能是外地。与此同时，由于混合型专业市场的交易流程较为复杂，所以，它在本地"根植性"取决于产品的供求范围以及当地的消费习惯、生产能力和城市化水平。

表 3.3　义乌市场急需加强的功能

功　　能	信息服务	电子商务	物流配送	技术研发服务	会展宣传	其他
占比(%)	40.67	30.33	26.05	16.26	11.69	3.32

注：由于问卷中该题是多项选择题，因此，上表中的占比之和可以大于 100%。

资料来源：2007 年本书作者在义乌市场向 4 000 家企业发放《义乌商贸企业和经商户问卷》，经汇总统计而得。

3.5　专业市场的连接图式

连接主要是指系统与系统之间、系统内部各个元素之间，以及系统内部各个元素与系统外其他元素之间的关系形态。专业市场也可以视为一个大系统，是一个由交易系统、管理系统与服务系统构成的有机统一体。专业市场的连接图式就是这三大子系统之间，以及三大子系统内部各元素之间的关系形态。由于专业市场的管理系统与服务系统主要是为专业市场内的各个主体提供各类管理服务或市场服务的，因此在研究三大子系统内各个元素之间的连接关系时，我们将重点分析专业市场交易系统的连接图式[1]，并以浙江省义乌市场为例对其中的连接关系形态作一具体的解析。

3.5.1　专业市场子系统之间的连接图式

专业市场由交易系统、管理系统与服务系统三部分构成。专业市场的

[1] 专业市场的管理系统与服务系统为交易系统提供各类管理服务与市场服务，本质上也是交易的组成部分。例如，管理系统中的管理部门以税率为价格，向市场相关主体征税，以向市场提供市场秩序的维护等服务，因此，本质上也是一种"交易"。服务系统向交易系统提供服务，其实质上也是在交易，只不过交易的是一种无形的服务。因此，服务系统提供的服务也可以视为交易系统的组成部分。

交易系统是指交易主体、交易客体以及两者在不断地交易、互动过程中所产生的商品流、信息流和货币流的关系总和。市场交易主体有专业经销商、代理商、生产企业的直接销售机构和生产者合作组织等各类市场经营户，以及各类中间商、生产企业、社会机构或居民消费者等。交易客体主要是指交易的对象，即市场交易的商品、信息、关系等。在交易的主客体之间形成了商品流、服务流、信息流与货币流等交易流。专业市场的管理系统是管理主体、管理客体以及管理主客体之间关系的有机统一体。管理主体包括工商行政主管部门、公安部门、税务部门、环境保护部门、卫生检疫部门、城市建设部门，以及针对于某个专业市场的市场管理机构等等。管理客体主要是指专业市场内各个市场主体及其行为。专业市场的服务系统是指由专业市场内的服务主体、服务客体组成的组织体系：服务主体主要是为专业市场提供诸如金融服务、信息服务、生活服务、仓储运输服务、法律服务等各种中介服务机构；服务客体是专业市场内的各个主体，主要是市场的门店和经营户。

如图 3.5 所示，专业市场三大系统之间由货币流、信息流和服务流等交易流相连接，最终形成一个完整的专业市场系统。(1)服务系统与交易系统之间。服务系统内部的相关服务机构，如现代物流配送中心、金融机构等向专业市场内相关主体提供各类市场服务，有利于提高专业市场的交易效率。与此同时，交易系统也向服务系统支付服务报酬，提供服务需求信息，这些都以货币流与信息流的形式流向服务系统。(2)交易系统与管理系统之间。

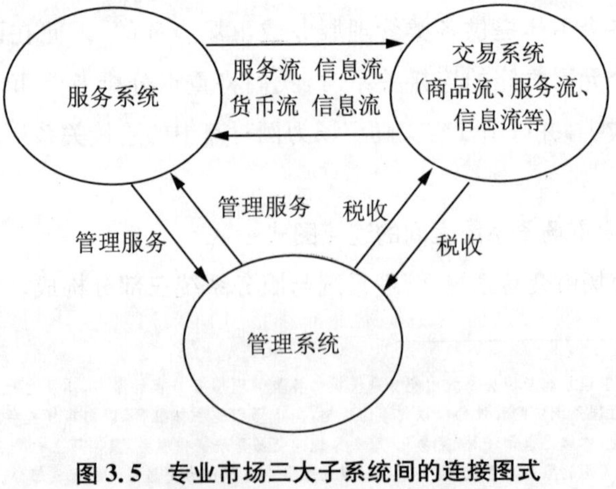

图 3.5　专业市场三大子系统间的连接图式

管理系统的相关管理部门，如工商行政主管部门、公安部门、税务部门、环境保护部门、卫生检疫部门、市场发展部门等通过制定和实施市场发展政策、措施，以规范、引导和促进专业市场的发展；交易系统的相关主体主要是向管理系统缴纳税收。(3)管理系统与服务系统之间。专业市场所在地的政府相关职能部门根据市场需要制定相关政策以扶持市场服务机构的成长，并在相关服务机构的发展过程中，制定政策引导、规范中介机构的市场行为，维护专业市场正常的交易秩序。同时，相关服务机构接受政府部门的引导与规范，并向政府管理部门缴纳税收，以换取管理系统的管理服务。

作为全球最大的小商品市场，义乌市场是一个功能日趋完备、效率不断提高的市场系统。义乌市场的交易系统、管理系统与服务系统有机连接，共同完成成百上千来自摊主、客户、服务机构等的各种商品和生产要素在市场上流动与配置，形成了一个跨区域的小商品生产、加工、销售的全球性分工协作网络。

截至2007年底，义乌小商品市场有260万平方米经营面积、5万余个经营商位，20余万直接从业人员，汇集了41个行业1 901个大类的40余万种商品；皇园、宾王和国际商贸城三大市场群，加上与之相配套的10多个专业市场、30多条专业街，共同构成了义乌的市场交易系统。它与提供运输、信息、餐饮、住宿、资金结算、外贸代理、现代物流等服务的服务系统和以义乌市场贸易发展局为主体的管理系统相互配合，相互服务，共同推动着商品流、信息流、服务流、货币流在义乌乃至全国全球市场奔流，共同演绎着义乌市场成交额不断攀升的一次次奇迹。

3.5.2 专业市场交易系统的连接图式

专业市场的交易系统主要是指市场经营户(商贸企业)、产业集群、管理部门、服务组织与商品对象市场等五大主体之间的关系形态，如图3.6所示。在这里，我们将产业集群、市场经营户、服务机构、管理部门以及专业市场商品的去向作为分析的主要对象，也可以认为是专业市场交易系统所包含的主体系统，专业市场交易系统的连接就是这几大主体之间的连接。这里之所以将管理系统列入分析的范围，是因为管理部门与专业市场内各个主体之间，在本质上也进行着管理服务与税收的“交易”。

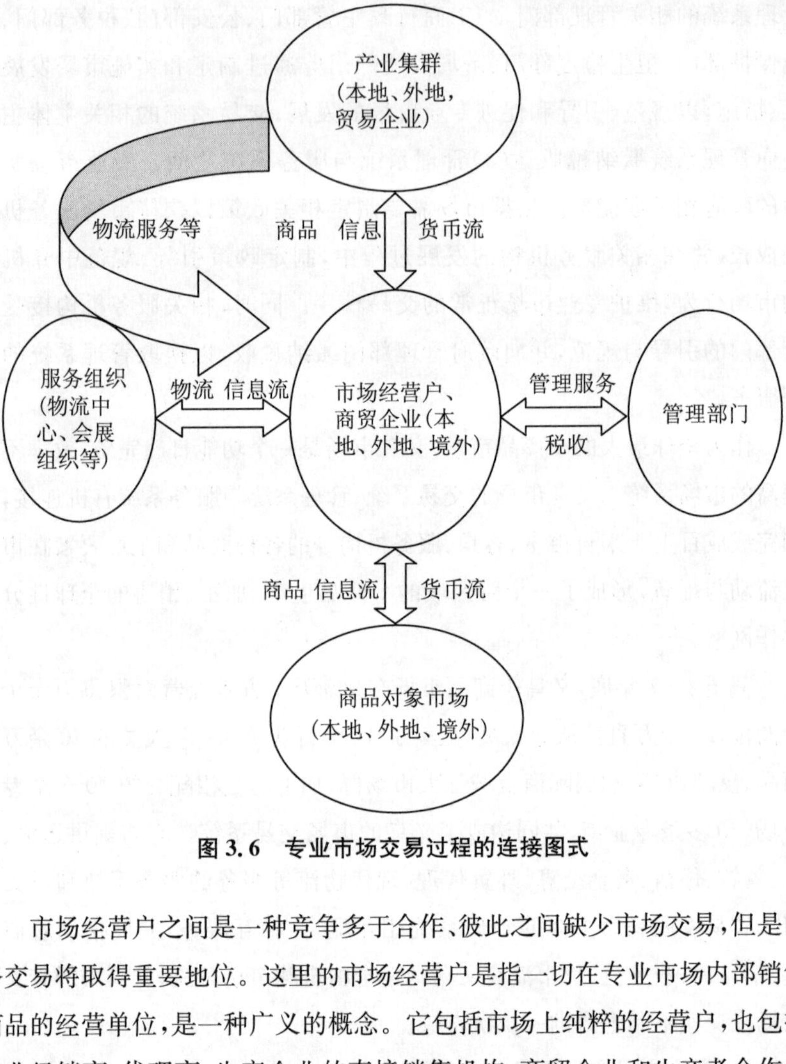

图 3.6 专业市场交易过程的连接图式

市场经营户之间是一种竞争多于合作、彼此之间缺少市场交易,但是网络交易将取得重要地位。这里的市场经营户是指一切在专业市场内部销售商品的经营单位,是一种广义的概念。它包括市场上纯粹的经营户,也包括专业经销商、代理商、生产企业的直接销售机构、商贸企业和生产者合作组织等,本书将它们统称为市场经营户。这些经营户之间由于在特定的专业市场上经营某一类或相似的商品,因此他们之间总体上存在着相互竞争的关系。这种竞争关系使得市场经营户之间缺少了严格意义上的市场“交易行为”,更多的是彼此之间在价格、质量、款式、品牌等方面的竞争。

这些市场主体具备完全竞争意义上的企业特征:(1)专业市场内有大量相似的经营户,它们基本上处于市场价格接受者的地位,因此,规模经营对它们有着非常重要的意义。(2)专业市场内经营的是某一类或相关的商品,因此市场上的同质商品使得任何经营户试图利用广告等手段扩大销售量都无利可图，所以，专业市场内的大多数经营户所利用的主要是专业市场的集体品牌，并在规模经营的基础上获利。但是，也不排除某些知名企业一旦进入专业市场的流通渠道，其知名度和美誉度将获得一种循环累积的效应，这也正是目前为什么有那么多的大企业一边在建设自身营销网络，一边又充分利用专业市场的商品展销平台功能，积极参加专业市场的会展、博览会的原因。(3)专业市场内经营户之间有关商品、价格等的信息是相对充分的，这与专业市场本身就具备一种信息传播平台的功能密切相关。在专业市场内，经营户之间所开展的是“近距离的坐商交易”，这种交易方式有利于经营户之间面对面的交流，从而形成一种市场信息优势。此外，随着信息网络技术的发展，专业市场这种固有的信息优势与信息技术相结合，将带来更大的信息累积优势。但是，这种信息流动并不是市场交易的结果，更主要的是当地信息网络交易的结果，因此，培育市场经营户之间的信任与网络对于专业市场的发展意义尤为重大。(4)专业市场内的经营户进入和退出市场都是相对自由的，消费品专业市场和小商品市场尤其如此，这是因为在消费品市场和小商品市场上，商品款式多样、种类众多，所以对于经营户或商贸企业来说，它们的资产专用性较低，进入和退出专业市场的壁垒也较低。另外，专业市场内开展的是原子式的竞争，从而使任何经营户进入或退出市场，在很大程度上都是市场竞争的结果，是市场的激励约束机制在发挥作用，难以违背。因此，对于专业市场内的某一经营户来说，它与市场内的其他经营户之间，在很大程度上是竞争对手的关系，它们相互之间生产要素、商品、关系资源的交易是较少的。义乌市场上 5 万余个经营商位使市场内经营户之间竞争多于合作，这使网络交易将显现特殊意义的数字依据。

服务机构与其他市场主体之间，尤其是商品的供求双方之间，是一种双向流动、互利共赢的服务交易关系。服务业的发展不但能降低加工成本，而且能降低交易费用。随着分工的深化和交易费用在社会总成本中比重的提高，服务业对于降低成本的作用愈益突出，建立强大的服务业就成为提高社会整体经济效率的基本手段[1]。市场交易费用是专业市场运行成本的核

---

[1] 参阅吴敬琏：《中国增长模式抉择》，上海远东出版社 2006 年版，第 86 页。

心部分，因此发展专业市场内部的服务业，尤其是现代生产性服务业对于降低专业市场的交易费用意义重大。所以，在现代经济增长条件下，即在如前所述的专业市场发展的成熟、调整与转型阶段，服务主体与其他主体之间的交易关系是一种十分重要的关系。它们之间连接关系是否顺畅，连接图式是否明朗，服务机构能否为市场主体提供有效服务，将日益成为专业市场能否在现代条件下实现功能创新和更好发展的关键。

现代商贸物流与会展业是专业市场内两类非常重要的生产性服务业，是专业市场功能创新的发展方向，也是专业市场内市场主体与服务机构连接关系的重要方面。

3.5.3 专业市场与现代物流的连接图式

物流是以满足客户需求为目的，以高效和经济的手段来组织原材料、在制品、制成品以及相关信息从供应到消费的运动和储存的计划、执行和控制过程。物流按其自身规律进行运作，以系统论为指导，并以低成本、高效率的方式服务于商品和流通，是一种先进、科学的物质资料流通模式。将现代物流理念引入到专业批发市场之中，无疑将提高专业批发市场的客户服务水平，增强专业批发市场生存的活力，进一步提高交易效率。专业市场的发展，自然而然地催生了物流业的发展。物流业在专业市场的发展过程中扮演了重要的角色。一方面，现代物流业将大批量外地产品运送到本地专业市场；另一方面，现代物流又将专业市场上的商品高效地运往目的地市场。除此之外，现代物流还承担了仓储、保管、包装、装卸、流通、加工和信息等服务，提高专业市场上生产要素、商品的流动速度与效率。这些环节主要由产地、集散市场仓库、商品交易市场、运输货场、目的地货场、目的地市场仓库、目的地市场组成，如图 3.7 所示。

在上述交易流程中，现代物流促进了专业市场上商品从产品到商品再到消费品或中间品的转变。(1)从第一个环节的产地到第二个环节的集散市场仓库，现代物流推动着生产企业的产品向专业市场的位移，从而实现了第一次商品流的流动，从而也就完成了第一阶段的商品交易。从第二环节的集散市场仓库再到第三环节的交易市场，仓储、运输、物流业帮助商品实现了再次位移，使其成为有待出售的商品，从而完成商品流的第二次流动，进而完成了商品的第二次交易；从第三个环节的交易市场到第四个环节的

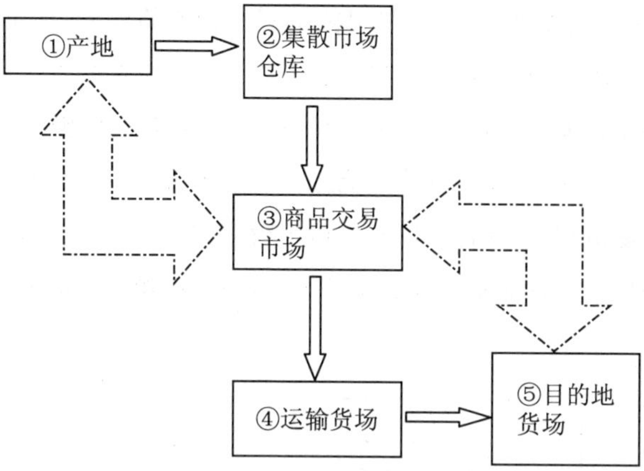

注:实线箭头表示商品流(物流),虚线箭头表示商品交易,物流和商品交易的中心专业市场。

图 3.7　专业市场的物流分布图

运输市场,商品流再次被现代物流所推动,使其进一步接近消费领域或中间使用领域;最后一个环节,从运输市场到目的地市场,现代物流对商品流做了最后一次推动,除了使商品发生位移外,物流最后使原先来自产地的产品最终真正成为商品,实现了市场价值,完成了商品交易流程。(2)现代物流在推进商品流从产地到目的地市场的过程中,服务流是一种十分重要的力量。它是推动商品流流动的力量,因此,在这一过程中,专业市场中交易的不但有有形的商品,而且有无形的服务,商品流与服务流相辅相成,并行不悖。在此过程中,从产地到消费目的地市场,物流没有使商品的所有权发生变化,在不同的主体之间买卖的是一种服务,所进行的是服务交易。例如,从第一环节到第二环节,从产地到集散市场仓库,物流企业所作的只不过是接受了交易市场上某一经营户的运输服务委托,负责将产地的产品运送至交易市场,其间商品的产权并未发生变化。在物流机构与交易市场的经营户之间所发生的只是一种服务交易。(3)在物流推进商品流与服务流的过程中,交易价值不断提高,提高的部分就是物流机构所获得的利润。因此,现代物流是创造价值的产业,它的发展对于专业市场交易效率的提高不可或缺。

综上所述,物流对于专业市场交易的意义重大。如图 3.8 所示,仓储、运输、保管作为物流业的载体,是专业市场交易价值链的重要组成部分。但是，在一个单一的专业市场内，尽可能地减少物流的环节，是充分发挥物流价值的内在要求。也就说，物流尽管会为整个专业市场减少交易的环节，但是物流本身也需要减少环节，降低交易费用，这也是现代物流业发展的题中应有之意。只有这样，现代物流才能进一步顺畅与专业市场的连接关系，尽可能能缩短交易流程，用最低的成本创造出最高的交易价值。而要实现这些，现代物流提供了一种非常有效的制度组织，即现代物流配送中心[1]。

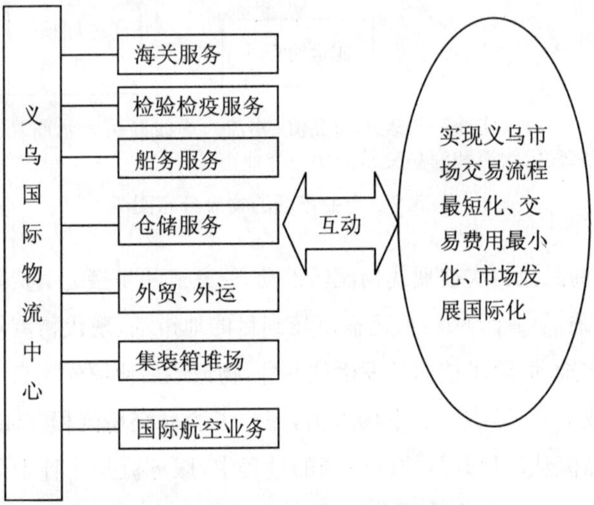

图 3.8　义乌国际物流中心的服务交易

物流配送中心是指专业批发市场由集中现货交易场所转变为以商品的物流配送为主营业务的物流企业。物流配送可以自营物流，也可作为第三方物流开展配送业务，从而实现专业市场流通模式的转型。这种现代物流配送的理念与专业批发市场满足客户需求、为顾客创造价值的目标是一致的。现代物流配送中心运用系统的理念，优化运输、仓储、包装、配送等环节的资源配置，达到降低成本、提高效益的目的。在现代市场经济条件下，专

[1] 物流中心按其功能分可以分为供应型物流中心和销售型物流中心。供应型物流中心，也可称之为集配中心，指处于产前备料环节，位置靠近制造商，用于储存全部或部分供应材料的场所及设施，根据协议只有在供应材料被真正使用时才收到货款。负责集配中心运作的管理者就是集配商，按制造商要求为其进行原材料订购、运输、仓储并最终配送至制造商处。销售型物流中心指处于产后环节，用于储存制造商产成品的场所及设施。它的管理者是分拨商，按协议约定负责对制造商的产成品、半成品等进行仓储、订单处理、运输及配送。

业批发市场与现代物流进行有效整合是生存和发展的需要。物流配送中心将实现专业批发市场商流与物流的分离，从而改变以往批发市场人车嘈杂、拥挤无序的交易状态，将通过明确合理的功能分区和高效快捷的物流作业程序实现商品快速分销。另外，在条件成熟后，专业批发市场改造、升级为物流配送中心，将一改以往摊位制的经营模式，这更有利于批发市场企业通过收购、兼并、重组等资本运营手段，优化资源配置，实现规模化经营，形成以大型批发集团为核心的物流供应链，提高专业市场的交易效率，进而增强其整体竞争力。

现代物流与专业市场连接的一个成功案例是浙江省义乌市的现代物流业。经过近30年的发展，义乌小商品市场形成了产、供、销、运密切相联的成熟产业链，确立了全国最大的小商品流通中心的地位。与此同时，与小商品市场密切相关的货运业依托繁荣的商品市场，也形成了较为完备的货运体系，成为浙江省运营最繁忙、业务量最大的货运集散地之一，对外运输拥有公、铁、空三大运输方式，辐射全国，初步建立了较为发达的物流网络。目前，义乌市场内有公路托运经营单位400多家，业务直达全国30个省市自治区的250多个大中城市，年货物出运量280万吨；铁路行包专列开通了5趟，全国20多个铁路大站在义乌设立了中转站，年货物吞吐量800万吨；航空货运量也逐年增加，保守估计每年出运量在3万吨以上；外贸集装箱运输增势强劲，货物主要通过上海港码头和宁波北仑港码头直接运往海外，2006年出口货物近60万个标箱。市内短途物运输更是形态各异，运输网点遍布城乡，基本做到随时随地、货畅其流。义乌物流最为重要的组成部分就是义乌国际物流中心，它高效地与义乌市场进行交易连接，减少义乌现代物流自身的环节，降低义乌整个市场的交易费用。如图3.8所示，义乌市国际物流中心主要通过以下服务推进和实现义乌小商品市场与产业集群、国内各市场以及国际产业基地与市场的连接。义乌国际物流中心通过海关业务、检验检疫服务、船务服务、外贸外运服务、仓储服务、集装箱堆场服务以及国际航空业务等七大业务连接义乌各个专业市场，为义乌市场与国内外的生产贸易企业、尤其是境外企业架设服务的桥梁，缩短交易流程，降低义乌各个专业市场的交易费用，从而实现义乌市场交易流程的最短化、交易费用的最小化以及国际化。

3.5.4 专业市场与会展业的连接图式

会展经济是专业市场展示商品、提升服务、宣传品牌的平台，是专业市场功能创新的重要环节，也是推动专业市场走向品牌化、国际化的重要力量。与会展经济的连接是专业市场转型、提升所不可或缺的重要组成部分。在专业市场与会展经济有效对接的基础上，会展经济强大的产业带动效应不仅能给专业市场带来场租费、广告费、运输费等直接收入，还能创造住宿、餐饮、通信、旅游、购物、贸易等相关收入。更为重要的是，会展能汇聚巨大的信息流、技术流、商品流和人才流，从而对专业市场产生难以估量的积极影响和催化作用。因此，专业市场创造条件发展会展经济，努力推动会展经济与专业市场的交易相互连接是至关重要的。

如图 3.9 所示，在专业市场与会展经济的连接图式中，会展中心、生产和商贸企业、各类经营户以及政府管理部门是重要的主体。其中，政府部门与会展经济的连接作用主要体现在政府为会展经济的发展创造条件，制定相关的政策吸引专业参展商，并组织相关力量联合举办专业市场的大型专业和综合博览会。例如，义乌市政府整合政府相关职能部门，成立中国义乌国际小商品博览会(以下简称“义博会”)组委会，统一协调、组织、管理、规范一年一度的“义博会”。参展单位主要是生产、商贸企业以及各类市场经营户。参展的生产、商贸企业有来自于本地的，也有来自于外地，甚至是国外的。这些企业依规模与竞争力来划分主要有以下几类:(1)大企业或知名企业。这类企业虽然具备自身的营销网络，但是随着专业市场会展效应的不断扩大，它们已经将专业市场的会展平台纳入自身营销网络并作为一个重要节点，因此，积极参加专业市场的会展，以此来展示自己的商品，扩大自身的品牌效应，并借此走向世界。例如，2007 年 1 至 6 月份，浙江义乌国际商贸城安徽馆累计成交达 1 032 万美元，并吸引了更多的安徽名牌企业争相入驻国际商贸城安徽馆，以此借助义乌市场走向国际[1]。(2)中小企业。这类企业在营销方式上主要采用一种追随型的市场营销策略。在有大企业主导的市场格局下，中小企业也积极参加专业市场的会展，以显示自身存在，扩大商品影响力，取得专业市场的进入权。

---

[1] 参阅《新徽商借义乌市场走向国际》，《义乌商报》2007 年 8 月 3 日。

与此同时，专业市场内经营户也是会展经济的重要力量，它们主要是经销商、代理商等。这些经销商或代理商，没有被企业专业营销机构所取代而参加专业市场的会展，主要是基于它们对于专业市场交易习惯、交易文化和消费环境的熟悉，以及它们所长期积累的市场文化与敏锐性。

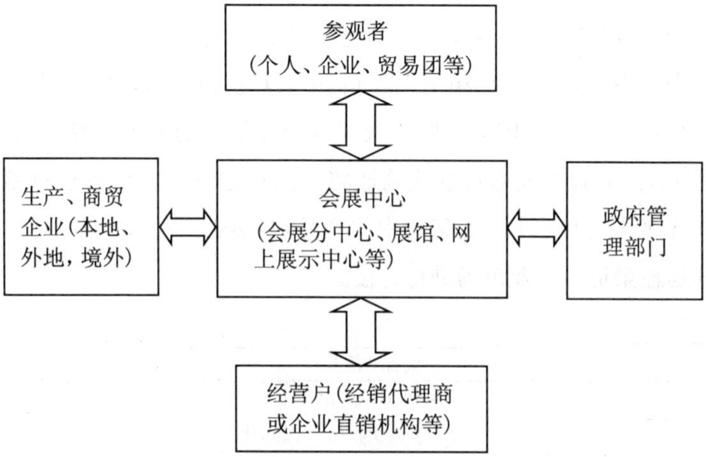

图 3.9　专业市场与会展经济的连接图式

会展中心是专业市场会展经济的核心载体，是连接各类参展主体的枢纽。如图 3.9 所示，会展中心一般由会展总中心、分中心、各类展馆以及网上展示中心等有形和无形的展示平台所构成。各类展示平台依据地理位置、规模等发挥不同的展示功能。例如，浙江省义乌市的会展中心由义乌梅湖国际会展中心以及多个会展分中心和众多的展馆构成。作为集国际国内展览、会议、智能网络、餐饮设施等多种功能为一体、华东地区规模最大的专业展馆之一的义乌梅湖国际会展中心每年具体承担举办“义博会”，为义乌市场的品牌化与国际化提供大型交易、展示平台。2007 年义博会展览交易成交额共 108.9 亿元，比上届增长了 15.3%，其中外贸成交额 9.8 亿美元，占总成交额的 67.5%。

参观者是专业市场会展经济中信息流的最终对象，参观者的多少可以反映一个专业市场的吸引力和发展潜力。各类生产企业、商贸企业以及市场经营户，都希望以会展中心等为平台将自身商品、品牌的信息传递给最终的参观者，完成信息的流动与连接，因此，参观者可以说是专业市场会展经济的风向标,当然,最根本的还是专业市场本身的内在潜力与吸引力。例如,2007 义博会各类展馆专业客商报到共 110 156 人,其中外商人数 17 011 人,比上届增长 5.9%,来自 172 个国家和地区,其中来自发达国家客商占 60%以上,共接待境外贸易团队 85 个。这些都充分显示了义乌市场强大的市场吸引力,显示了义乌市场与会展经济的彼此高度融合、互促互进的能力。

3.5.5 专业市场与产业集群之间的连接图式

在产业集群与专业市场的连接过程中,以现代物流为中介,相互传递商品与信息;专业市场范围的不断扩大促进产业集群的分工与专业化。如图 3.10 所示,产业集群或通过现代物流将产品运送到专业市场进行销售,或利用现代物流从专业市场上采购中间产品,当然也有一部分集群企业利用自己的运输渠道与专业市场进行连接。

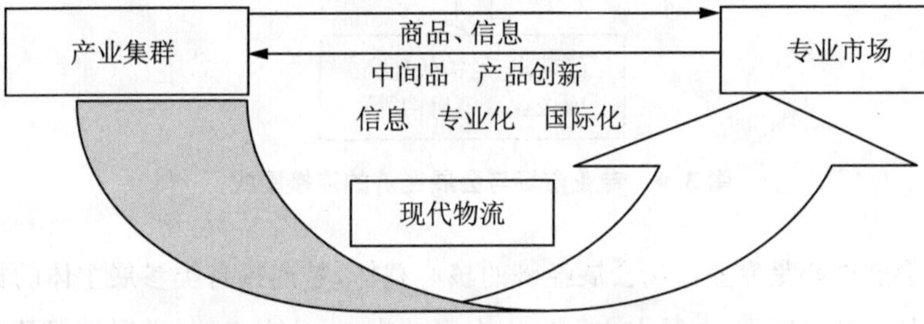

图 3.10 产业集群与专业市场之间的连接图式

产业集群与专业市场的连接过程中,产业集群对专业市场的作用主要有:(1)产业集群所形成的外部经济效益与交易费用的降低都使专业市场上商品的降价空间更大,从而提升了专业市场的竞争力。产业集群的内部规模经济与外部规模经济使得外部经济性十分明显,从而降低了产品的平均生产成本。此外,由于产业集群的存在,一方面能降低信息搜寻及交易谈判费用。产业集群使不同环节上的生产企业在一个较小区域范围内集聚,大大降低了分工企业彼此搜寻交易对象的费用。而且,"老朋友"、"老关系"的存在使谈判费用大大降低;另一方面,能降低交易风险费用。企业在产业区中的相互关联决定了他们之间必然具有较高的交易频率,频繁的交易次数也有利于建立一种专用性的规制结构来克服交易当事人的机会主义行为倾向。所有这些都可使专业市场获得一种极大的价格优势,从而能向纵深发展。(2)产业集群形成的需求聚集效应，能吸引众多消费者，易于开拓市场。从产品差异性和消费者需求角度分析，集群内企业众多，生产能力强，内部竞争激烈，迫使企业选择差异化竞争策略，使产业区内企业所生产的产品具有品种多样化的优势，而多个有差异的同类型产品，有利于吸引众多的消费者，开拓与扩展专业市场。

在专业市场与产业集群的连接过程中，专业市场反过来也会促进产业集群的发展。这主要体现在：(1)根据“斯密-杨格”定理，随着专业市场范围的扩大，势必促进分工与专业化，而这反过来又会促进专业市场的范围与规模进一步扩大。专业市场大大降低了分工过程中的协调成本，使分工在企业之间得到发展。另外，有相当数量的交易者在熟悉了行业内情、掌握了相关技术、积累了一定资金或者出现很好的投资机会的时候，从专门从事贸易活动转而进行工业生产。[1]如此，产业集群得以形成并不断发展。(2)专业市场为产业集群提供创新信息，有利于提升产业结构，实现专业市场与集群的良性互动。专业市场的商品直接面对消费者或各种采购商，老练、挑剔的消费者会对企业产生一种促进改进产品质量、性能和服务等方面的压力，这样就可通过专业市场将产品的创新要求传导到产业集群内的相关企业，从而推进了产品创新。产品创新为市场创新奠定了基础，是产业集群与专业市场的连接良性互动的成果。(3)专业市场是产业集群的展示、销售平台。跨国公司、境外贸易商进入专业市场，使产业集群的商品走向世界成为可能，从而促进了产业集群的国际化。

如前所述，根据专业市场上商品的来源与去向划分，专业市场可以分为集散型市场、产地型市场、销地型市场和混合型市场。由于产品的来源与去向的差异，这四类市场就存在着连接图式在空间范围上的差异。在产地型专业市场，市场与产业集群的连接就基本局限于本地，两者在本地范围内实现交易连接；销地型市场，从市场的前向产业群来看，其商品可以来自于非本地的任何地方，既可以是外地的某一产业集群，也可以是外地任何生产此

[1] 这一点在浙江省义乌市表现得非常鲜明。义乌小商品市场自1982年起创办，到20世纪90年代初，从市场的摊主涌现出一大批先富起来的商人。1994年，中共义乌市委、市政府及时提出“引商转工”、“以商促工”、“工商联动”的重大举措，促进了工业企业的发展，经过此后十多年的培育，目前已形成针织、袜业、拉链、服装等十六大优势行业，从而有力地支撑了小商品市场的发展，巩固了其“全球最大小商品市场”的地位。参阅陆立军、白小虎、王祖强：《市场义乌——从鸡毛换糖到国际商贸》，浙江人民出版社2003年版，第16页。

类商品的企业,因此,这类专业市场与前向产业集群的连接就较为模糊,空间范围可大可小;但是,从后向销售来看,销地型市场主要面向本地销售。如果是面向本地产业集群提供中间品,那么此时专业市场与集群的连接就较为固定。但是,如果是主要面对本地的消费市场,那就不存在专业市场与集群之间的连接关系了;对于集散型和混合型专业市场,由于两者的产品来源范围和去向更为广阔,因此,它们与产业集群之间的连接也较为模糊,空间范围是不确定的。如表 3.3 所示,具有混合型市场特征的义乌市场,受访经营户或商贸企业的产品来源既不是主要来自于义乌本地,也不是主要来自于义乌周边地区或浙江其他地区,其地区来源分布比较广泛而均衡,这就表明义乌市场与产业群或企业的连接范围是相对宽泛和不确定的,它们的连接关系具有可拓展性。

表 3.3　义乌市场经营户和商贸企业产品来源地分布

来源地	义乌本地	义乌周边地区	浙江省其他地区	其他省(直辖市、自治区)	港澳台地区	国外
受访者占比(%)	32.67	29.06	27.56	19.74	2.91	2.36

注:由于问卷中该题是多项选择题,因此,上表中的占比之和可以大于 100%。

资料来源:2007 年本书作者在义乌市场向 4 000 家企业发放《义乌商贸企业和经商户问卷》,经汇总统计而得。

3.5.6　专业市场与境外市场的连接图式

专业市场与境外市场之间的连接方式多元,推动着专业市场加入全球交易价值体系。专业市场产品的特征、全球市场特征以及产品技术水平等因素,决定了我国专业市场与境外市场的连接方式主要有三种:

1. *外贸型的连接方式*

外贸型连接方式是指市场经商户、外贸企业以及国际物流、会展中心等,利用专业市场这一公共交易平台,不出国门就可开展对外贸易,以此将商品、品牌推向世界,提高国际化程度。在这一过程中,专业市场充分利用现代物流与外贸企业,开展国际贸易,提高专业市场的品牌与国际化水平。外贸企业可以是国内的,也可以是跨国公司在本地所建立的跨国外贸企业。这种连接方式是目前我国各类专业市场走向国际化的主要方式。以浙江省义乌市为例,目前,约有来自世界上 100 多个国家和地区的 1 万多名商客汇聚在国外公司常驻义乌的900余家商务代表处等采购机构中，从事商品采购或其他商务活动。自1997年以来，中国小商品城市场的商品交易60%以上为出口，出口额每年翻一番。目前，日出口商品1 000余只标准集装箱，销往212个国家和地区。

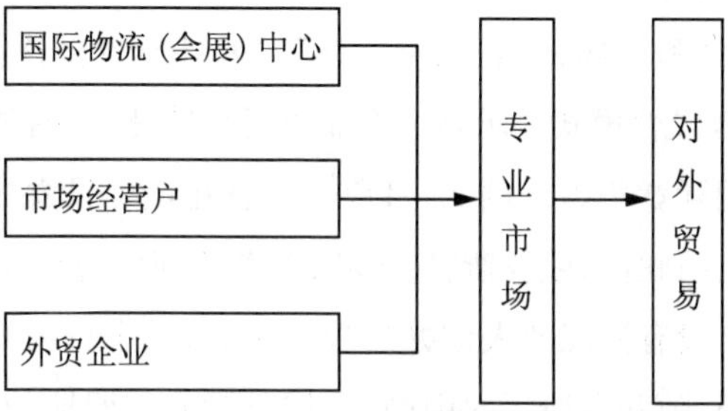

图3.11　专业市场与境外市场的连接图式1

2. 展示型的连接方式

展示型连接方式是指以展示商品和品牌为主，而不是直接向境外市场销售商品，力图通过开拓本地市场以外的潜在市场，以提高专业市场及其商品的知名度。这一连接方式的主体也主要是专业市场内的市场经营户、商贸企业或与之相联系的产业集群中的知名企业，其中国际物流中心也发挥着重要作用，如图3.12所示。例如，2007年10月，义乌的9家无缝内衣企业参加了在我国香港新机场亚洲国际博览馆举办的内衣及泳衣展。在该馆的一号馆内设置了12个展位，集中展示了义乌最新款式的无缝产品，吸引

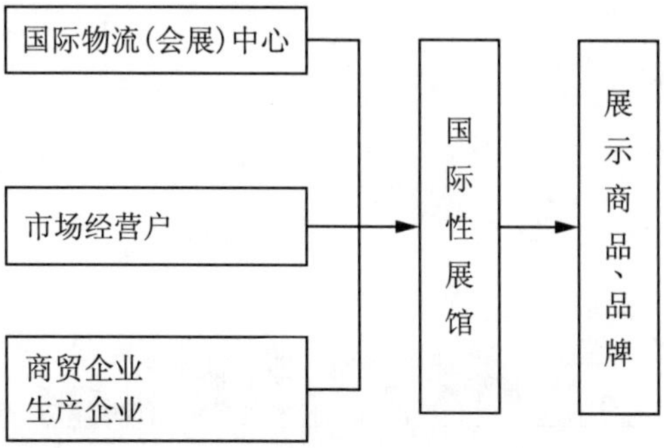

图3.12　专业市场与境外市场连接图式2

了世界各国专业客商的光顾，为提高义乌无缝内衣的国际影响力和开拓潜在市场创造了可能。[1]

3. 投资型的连接方式

投资型连接方式是指专业市场直接“走出去”，到国外投资创办海外分市场，以此来扩大海外市场，实现市场的延伸。这种方式实质上是市场商品、市场经营主体和市场公司“三位一体”的海外投资型连接方式，[2]如图3.13所示。这种经营模式要求整个专业市场系统化，具有领导型的市场集团以及较强的国际竞争力。例如，目前浙江省在境外设立的专业市场已经形成规模，南非、阿联酋、俄罗斯、匈牙利、喀麦隆、尼日利亚、荷兰等10多个国家和地区都已设有浙江商人创办的专业市场，其中较为知名的有南非的中华门商业中心，阿联酋迪拜的中国“龙城”市场，俄罗斯的中国皮革城，泰国的中国商品城，越南的中国商贸城等等。

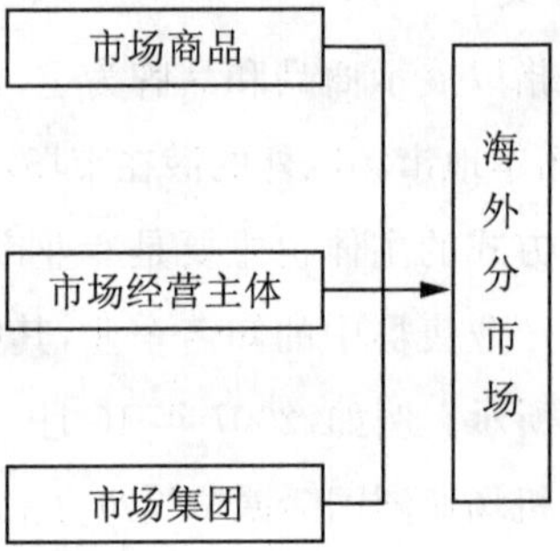

图3.13　专业市场与境外市场连接图式3

[1] 参阅《义港合作开辟新天地》，《义乌商报》2008年1月9日。
[2] 参阅陆立军、王祖强：《浙江模式——政治经济学视角的观察与思考》，人民出版社2007年版，第186、187页。

4　专业市场的分工与社会资本网络

专业市场与产业集群一样，在本质上是一种分工网络组织。在分工网络的中心，基本状态有两种：一种是以生产者（或者生产环节）为中心的“生产—交易”组成的产业型分工网络；另一种是以贸易商为中心，由“交易—生产”环节组成的贸易型分工网络，批发商从各厂家集中不同的货源，分销商从批发商获得更多种类的货源。专业市场是贸易型分工网络的一种组织形式，是贸易型分工网络的中心。问题是：专业市场的分工网络是怎样形成的？专业市场的参与方——企业、商人、顾客有什么特征？历史传统、区域性商业文化和社会资本网络在其中发挥了什么样的作用？本章通过分析专业市场贸易型分工网络的构成，以及社会资本网络在其中的作用，认为专业市场所造就的高度发达的分工体系，具有显著的网络经济效应。虽然进入专业市场交易的企业规模普遍较小，无法享受古典经济理论中的规模经济，但是企业的专业化程度较高，可享受外部规模经济和分工经济。这是专业市场促进区域经济快速发展的重要原因。

4.1　专业市场的网络结构

从理论上讲，为了解决由于空间扩大而产生的分工经济和交易费用之间的两难冲突，促进分工的演进，带来更大的分工网络正效应和递增的聚集效益，必须找到一种组织形态，它既能降低交易费用，又能避免交易的组织成本。这种组织形态就是市场分工网络。[1]网络是介于市场和管理等级制之间的一种组织形态，其特征是：“包含互相信任和长期远景的合作以及得到遵守的行为规范”。[2]网络降低了契约不完全时的交易费用，代表了信息时代市场组织、企业组织的发展方向。网络结构理论将社会经济活动放到更加现实和更为广阔的背景下分析，探讨各种主体间相互联结的网络安排及其结构。不同主体之间的相互联结与相互渗透，最终形成它们之间复杂

[1] 参阅惠宁：《分工深化促使产业集群成长的机理研究》，《经济学家》2006年第1期。
[2] 参阅迈克尔·迪屈奇：《交易费用经济学》，经济科学出版社1999年版，第138页。

多变的网络结构以及丰富多样的制度安排。近年来,学术界对研究专业市场的角度正在从规模经济效益、范围经济效益等经济机理,转向专业市场所处的制度与社会环境,并成为新的研究重点。专业市场各个主体之间在地理上的相互接近性虽然获得了重要的外部经济性,但是地理接近的内涵比单纯的距离靠近更为深入和丰富。地理上的接近融合了市场相关性、制度与组织协调,以及文化接近的深层内涵,使得本地化的经济联系与社会联系交织在一起,因为,专业市场是镶嵌在本地的社会经济背景中的。尽管从整体上来说,专业市场是一种市场的交易协调方式,但是在一定的社会经济背景下,它也是一种网络结构。[1]

4.1.1　网络与专业市场网络

网络的概念,起源于20世纪六七十年代。20世纪八九十年代,网络与结网的概念和方法开始流行,并被广泛应用在经济学、社会学、管理学和地理学中。随着计算机互联网的快速发展,有些学者甚至提出了"网络经济"的概念。瑞典的哈堪森(Hakanson, 1987)认为,网络应包括三个基本的组成要素,即行为主体、活动与资源[2],如图4.1所示。网络元素(活动、行为

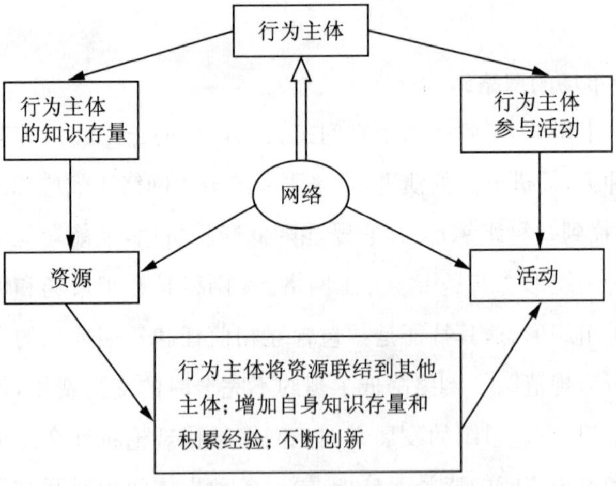

图4.1　网络的基本形态

[1] 这里探讨的专业市场的网络结构,主要是指某个特定的专业市场本身存在的网络结构,而非研究某一类多个专业市场之间的空间网络分布结构。关于后者,可以参阅本书的第5章。

[2] 参阅闫二旺:《网络组织的机制、演化与形态》,《当代财经》2005年第1期。

主体和资源)与网络的构成关系(企业、关系和网络)是彼此依存的。由此,网络的概念可以界定为各个行为主体之间在交互活动、交换并使用相关资源的过程中所形成的各种关系的总和。行为主体间的活动就是企业之间网络的协作与竞争行为,同时,网络组织中的个别企业不能逃脱它自己过去所创造的网络制约,因而网络的形成还是一个自组织过程,其演进带有路径依赖的特征。

专业市场是一种经济社会现象,在它内部的经济联系和社会联系形成了网络结构,即专业市场网络。根据以上分析,我们认为,专业市场网络是指在一定的专业市场范围内,[1]各个行为主体(市场经营户、供应商、采购商、中介服务机构、金融机构、政府及个人等)在交互作用与互动活动中,彼此之间建立起来的有利于市场交易流顺畅流动的正式关系与非正式关系的总和。其中,正式关系主要是指专业市场内各种行为主体之间的交易合作网络,非正式关系主要指各个行为主体在互动过程中所产生的社会网络关系。这两大网络分别主要包含以下内容:

(1) 专业市场内各种行为主体之间形成的交易合作网络。这主要是指专业市场内的市场经营户在采购、销售、展示等交易活动中,有重点、有选择地与市场中其他行为主体之间结成相对稳定的合作关系。例如市场经营户与商贸企业、生产企业之间的商品交易合作关系;市场经营户与金融机构之间形成的资金借贷合作关系网络;市场经营户与物流中心、行业协会等中介机构之间建立的相互合作关系;市场经营户与政府相关管理部门之间建立的网络关系等等。除了市场经营户与其他主体之间的合作网络关系之外,专业市场内的其他主体之间也会不断建立各自的交易合作关系网络。例如,产地型专业市场中的现代物流中心与市场产品供应商之间形成的服务交易合作网络;各类商贸企业与现代物流中心等中介机构之间的合作关系等等。这种正式的网络关系具有相对稳定和长期性等特点,往往通过某种载体表现出来,例如,通过达成某项合作契约以实现长期合作。正式合作网络有利于在专业市场内传递与扩散编码化的市

[1] 专业市场网络的边界是相对模糊的,它并不局限在专业市场所在地的地理空间范围内,但是网络的主体结构一般位于专业市场所在地的空间范围内。因为,专业市场内的各种行为主体,商品资源、生产要素是在不同的区域之间流动的,这就难以保证专业市场网络的边界与其所在地的地理边界一致。

场信息与知识,[1]使得各个主体能有效地获得相关的市场信息与知识,然后作出及时的市场反应。

(2) 专业市场内人与人之间在互动中逐渐形成的社会网络关系。这种非正式的网络关系一般是基于共同的社会文化背景而建立起来的人与人之间的社会联系。例如,在专业市场内部,市场经营户的户主、商贸企业的管理人员、供货企业的营销人员、中介机构内部的工作人员、金融机构的员工以及政府官员等,相互之间形成一种公共关系网络或个人间的人际关系网络。这些关系是在一定的社会文化背景下,通过人与人之间频繁的非正式交流与接触而形成的相互信任关系。如表 4.1 所示,义乌市场经营户和商贸企业对义乌的社会文化环境有比较好的评价,有 87.3%的受访者表示他们与义乌本地社会是融洽相处的,也就是说义乌市场的社会信任基础较为坚实。非正式的网络关系有利于人们所具有的隐含经验类知识(经商的经验、市场意识等)在专业市场中迅速传播与扩散,从而有效地促进专业市场内市场、商业文化与知识的积累,加速市场发展。

表 4.1　市场经营户和商贸企业对义乌社会网络关系的评价

融洽程度	很融洽	比较融洽	不太融洽	不融洽
受访者占比(%)	18.99	68.31	10.10	1.05

资料来源:2007 年本书作者在义乌市场向 4 000 家企业发放《义乌商贸企业和经商户问卷》,经汇总统计而得。

4.1.2　专业市场网络的基本结构

米切尔(Mitchell, 1969)把网络定义为联系一组特定的人、物体或事件的一个特殊的关系类型,同时他又认为,构成网络的人、物或事可以称为“行为主体”(actors)或“结点”(nodes)。[2]因此,网络结构主要由组成网络的主要结点、网络中各个结点联结而成的关系链条,以及在网络中流动的各种资源等基本要素组成。如图 4.2 所示,专业市场网络结构也主要由这些要素构成。

---

[1] 经济合作与发展组织(OECD)在《以知识为基础的经济》中提出,当代创新活动是由厂家和用户在交流显性知识(explicit knowledge)和隐性知识(tacit knowledge)的过程中相互作用所推动的。因此,知识大体上可以分为可编码化的知识和隐含经验类知识。前者是可以通过磁盘、文字、图像等直接交流与学习的知识,后者是指存储在人类大脑中,只可意会不可言传的、只有通过非正式的面对面交流才能传递的知识。

[2] 参阅曾德明、陈立勇:《利益相关者治理与企业绩效关系研究综述》,《经济学动态》2003 年第 3 期。

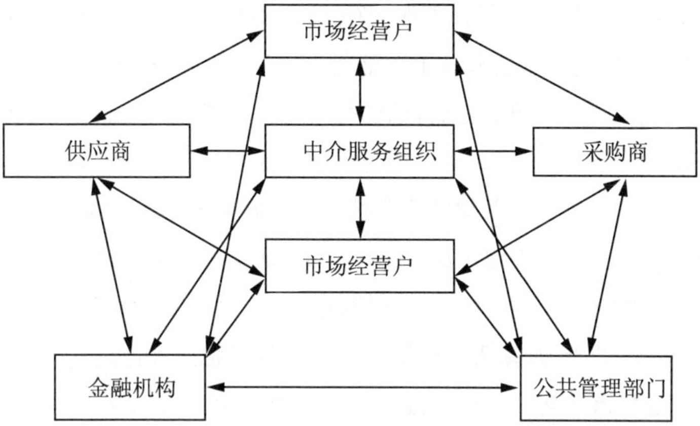

图 4.2　专业市场网络的基本结构

1. 专业市场网络结构中的主要结点

专业市场网络结构的主要结点包括市场经营户、产品供应商、产品采购商、中介服务组织、金融机构以及公共管理部门等，如图 4.2 所示。(1)市场经营户。即在专业市场内部销售产品的经营单位，通俗地讲就是“市场摊位”。市场经营户主要有个体摊主、专业经销商、代理商、生产企业的直接销售机构和生产者合作销售组织等。然而，在专业市场内，有些企业不销售产品，但是它以专业市场作为展示商品和品牌的平台，这些企业在专业市场内设立的展示场所在一定意义上也可以认为是市场经营户，因为它们经营的是品牌与营销资源。在专业市场内，市场经营户有不同的存在形式，如有的只是一个简易的经营场所，有的则以整个销售公司的形式存在。前者如中国轻纺城第一代市场内的简易经营户；后者如江苏吴江盛泽东方丝绸市场内的经营户。市场经营户是专业市场网络结构最为基本的单元，也是市场内十分重要的交易主体。培育市场经营主体不但对于市场网络建设十分重要，而且对于专业市场本身的发展也至关重要。(2)供应商。即为专业市场提供商品的各类主体，主要有生产企业、商贸企业、中间商等。这些主体的空间分布是不确定的。例如，生产企业可能是本地的企业，也可能是来自于外地甚至国外的企业；有些商贸企业既可能为某个专业市场提供某件商品而成为供应商，也可能从专业市场采购另一些商品而成为采购商。(3)采购商。即从专业市场上购买商品的各类主体，主要有从专业市场采购中间产品的中间商、生产企业、商贸企业，当然也包括市场上的个人购买者。与供应商一样，采购商可以是来自于本地的，也可以是来自于外地。例如，在义乌市场上就活跃着大量的外商，他们每天从义乌市场上批量采购各种商品，然后分销到全球各地。(4)中介服务组织。主要包括专业市场内各种行业协会、商会、物流中心以及律师事务所、会计师事务所、教育培训机构、翻译机构等中介组织。中介组织作为连接商品、服务供求双方的纽带与桥梁，兼具市场灵活性与公共服务性两方面的特点，不仅可以有效协调、规范专业市场内各个主体的行为，降低交易费用，促进资源优化配置，而且可以在政府与市场之间建立资源激活机制，增强专业市场的自我增长能力。(5)公共管理部门。公共管理部门是专业市场网络中不可或缺的结点，它主要面向市场提供各种管理措施和服务，从而引导、规范市场秩序，以推动专业市场的发展。例如，政府公共部门可以整合专业相关职能部门与行业协会的力量，联合举办博览会，为不同市场主体提供进行展示、交流的公共平台，促进市场网络建设，并最终增强专业市场的吸引力，促进市场走向品牌化与专业化、国际化的轨道。(6)金融机构。实践表明，良好的金融生态是专业市场顺利成长的重要条件。因此，充分发挥地方金融在专业市场发展、结网过程中的作用，是在新的条件下，专业市场能否及时实现功能创新与转型的重要一环。

2. 专业市场网络结构的关系链条

关系链条是市场信息、知识等扩散的重要渠道，也是市场信息、知识等在扩散过程中创造价值的“价值链”(value chain, Porter, 1990)。在专业市场内，这种关系链条也可以视为“交易价值链”。如图 4.2 所示，专业市场网络结构中各个行为主体之间的关系链条纵横交错、复杂多样，概括地看，主要有以下几类：(1)以市场经营户为基点，市场经营户在专业市场网络结构中的关系链条主要包括经营户与经营户之间的合作关系，以及经营户与其他主体之间的网络关系。如前所述，尽管在专业市场内部各个经营户之间可能存在一种竞争关系，但这并不排除它们之间在需要的情况下彼此进行合作，建立相对稳定的合作网络；尤其是彼此之间由于面对面交流所发展起来的社会网络关系和相互信任。市场经营户与其他主体之间的网络关系同样非常重要，它们对于市场经营户提高交易效率、降低交易费用具有非常重要的作用。例如，市场经营户与中介组织之间合作网络的建立，将大大降低其采购商品的成本，从而获取更大的交易价值。如表 4.2 所示，浙江义乌市场经营户和商贸企业通过加入行业协会得到了比较好的行业服务，解决了自身无法解决的问题。(2)以中介服务组织为基点，中介服务组织在专业市场网络结构中的关系链条主要包括中介组织与市场经营户、供应商、采购商等产品供求双方之间的关系链条。中介组织在专业市场网络结构中为产品和服务的供给与需求打通渠道，促进了商品流、服务流、信息流在市场内的高效流动，是提高市场交易效率的主要影响因素。例如，在信息技术和电子商务进一步发展的条件下，现代物流中心对于专业市场的转型与提升将发挥日益重要的作用。(3)从无形的社会网络关系链条来看，这种基于人与人之间互信的社会关系链条是专业市场网络结构的润滑剂。

除了上述这些关系链条外，专业市场网络内政府、金融机构、采购商或供应商也分别与其他行为主体建立了相互之间的网络联系，并发挥着各自的作用。

表 4.2 义乌行业协会或商会满足经营户和商贸企业需要的情况

能否满足需要	未加入	能	基本能	不能
受访者占比(%)	29.54	25.84	34.48	10.12

资料来源：2007 年本书作者在义乌市场向 4 000 家企业发放《义乌商贸企业和经商户问卷》，经汇总统计而得。

4.1.3 专业市场网络结构的差异

由于专业市场具有不同的类型，因此不同类型专业市场的网络结构必定存在着差异。在这里，我们仍然从专业市场产品来源与去向的不同，来探讨集散型、产地型、销地型及混合型专业市场网络结构的差异。这些差异主要表现在专业市场网络中主要结点的地位和作用、关系链条的长短和网络根植性等三个方面，如表 4.3 所示。

表 4.3 按商品来源与去向划分的不同专业市场网络结构的差异

市场类型	主要结点的地位与作用	关系链条	根植性
集散型市场	中介服务组织需发挥十分重要的作用	较复杂、较长	较差
产地型市场	各主要结点地位与作用相当	较短	较好
销地型市场	采购商、中介服务组织很重要	产品前向较长，后向较短	较好
混合型市场	视市场混合程度而定	一般较复杂	不确定

(1) 对于集散型市场来说,由于市场上的商品来自于非本地的四面八方,因此,需要一种非常强大的中介服务能力完成商品流、服务流的中转功能。在这方面,市场网络中的中介服务组织相对而言,具有更为重要的地位与作用,例如,在这种市场中,必须要有比较发达的现代物流产业。同时,由于产品的来源与去向都是非本地的,所以各个结点之间的关系链条就可能较长,市场的本地根植性也较差。尽管在信息网络技术十分发达的今天,技术可以克服距离的不便,但是,隐含经验类知识仍然需要行为主体之间的面对面交流,因此,在建立联系的条件下,尽可能缩短关系链条是发展专业市场网络的重要内容。与此同时,加强市场与本地要素的交流,增强市场的本地根植性,也是一项紧迫任务。

(2) 对于产地型市场而言,由于其产品来自于本地特定的产业集群,因此,市场网络各个节点之间的关系链条较短,有利于实现面对面交流,促进本地商业文化、市场意义和经商经验的扩散与交流,因而市场的本地根植性较好,在各类主体之间容易取得相互信任。这种市场需要注意的问题是,要防止专业市场网络的本地封闭,打破对外地生产要素进入的壁垒,增强市场的拓展。另外,产地型市场网络内各个结点的地位和作用相当,需要彼此互动,相互协作。

(3) 对于销地型市场而言,因为产品是来自于外地,在本地消费,所以,专业市场网络的前向关系链条较为复杂,这就需要充分发挥中介组织、采购商团体的协调和整合作用,因此,它们的地位相对较为重要。销地型市场的产品在本地消费,这就为交易商们与本地文化、消费习惯等结点之间的互动创造了先天条件,因此,有利于增强市场经营户与本地消费者之间的相互信任,培育商业资源。

(4) 至于混合型专业市场,其网络结构内部主要结点的地位与作用、根植性如何,都应视混合程度而定。例如,如果混合型市场主要以集散为特点,那么它就与集散型市场的网络结构相差无几。但是,无论混合型市场的特点如何,其网络结构的关系链条联结的方向、频数等一般都较为复杂。

4.2 专业市场集中交易的效率

专业市场最主要的特点在于,市场中数量巨大的中小企业,将某种消费品的最终制造过程分解，由专业化程度很高的单体企业进行生产和组装，产品生产出来后集中交易，市场交易费用的经济性使得企业间的竞争具有充分性和近似完全竞争的性质。专业市场的一切交易特性都是由它的以上运作特点所决定的。交易的地理集中是分工网络所要求的，分工网络的大小取决于交易效率，而交易效率又取决于交易的地理布局。下面结合分工理论和交易费用理论来分析专业市场的交易特征以及为什么会产生这些特征。[1]

4.2.1 专业市场的内生交易效率模型

虽然专业市场上企业的规模普遍较小，无法享受古典经济理论中的规模经济。但是专业市场上企业的专业化程度较高；更重要的是专业市场内部的企业都可享受外部规模经济和分工经济。这就是为什么专业市场上企业规模普遍偏小、设备比较落后但价格竞争力却很强的主要原因。专业市场所带来的高度发达的分工体系，是造就各区域经济快速发展的重要原因。很显然，专业市场在推动上述分工中，起到了关键性的作用。

假定一个经济中有 M 个消费者—生产者，人口数 M 是个很大的数字。有三种产品及一种服务。三种产品的自给量分别为 x、y、z，其售卖量分别为 x^s、y^s、z^s，而购买量分别为 x^d、y^d、z^d。交易费用系数为 $1-k$，而 k 可被视为交易服务系数。这种服务可以自给自足，也可以购买，所以是 $k=r+r^d$，其中 r 为自给自足的交易服务，而 r^d 为买来的交易服务，每个人可以选择向别人提供交易服务，而这种服务的售卖量为 r^s。因此，每个人三种产品一种服务的生产函数为：

$$x+x^s=l_x^a,\ y+y^s=l_y^b,\ z+z^s=l_z^c,\ r+r^s=l_r^t \tag{4.1}$$

其中，l_i 为生产 i 种产品或服务的专业化水平，a、b、c、t 为四种活动中分工的程度。每个人的时间约束是：

$$l_x+l_y+l_z+l_r=1,\ l_i\in[0,\ 1],\ i=x,\ y,\ z,\ r \tag{4.2}$$

现在，假定交易服务系数 k 只与交易量有关，而交易中贸易伙伴之间的距离也会影响到交易费用。而交易费用系数用 $1-k$ 来表示，所以，对于产品 x 而言，购买 x^d 时实际收到的是 Kkx^d，而 $(1-K)kx^d$ 因长距离运输或

[1] 参阅杨小凯：《经济学原理》，中国社会科学出版社 1998 年版，第 248、327、328 页。

通讯的费用而在交易中消失掉了。

假定每人居住地是外生固定的,而每一对邻居之间的距离是一个常数。所以,当每人的专业化水平上升时,他的购买商品种类数增加,因此他的贸易伙伴就不光有邻居,还会有住得很远的非邻居。由于每个人周围的人口密度 N 与所考虑区域的半径 R 的平方成正比,或 $N=\pi R^2$,而每个人与此区域内其他人的平均距离 A 却与 R 成正比。所以,每个人与此区域内其他人的平均距离与 $\sqrt{N}$ 成正比。而如果每人为节省交易费用,都尽量与近邻做生意,且不同的贸易伙伴种类数大致等于所购买商品种类数,所以我们可以假定 $N=n-1$,其中 $n-1$ 为每人所买的商品种类数。我们假定与贸易伙伴之间平均距离有关的交易费用系数为:

$$1-K=s\sqrt{N} \tag{4.3}$$

其中,s 与圆周率 π、每对邻居之间的距离及运输和通讯条件有关。

为什么要这些关于贸易伙伴之间距离与交易费用的关系呢?一个原因是,如果所有产品的生产和交易服务中都有专业化经济,则没有式(4.3)时,就没有真正的分工经济与交易费用之间的两难冲突。交易和生产中的完全分工不但能利用分工经济,而且可以减少交易费用,所以均衡会永远在完全分工状态,我们的模型就无法用均衡的比较静态分析来解释在何种条件下分工会发生演进。而引进式(4.3)后,分工会增加每个人购买的商品种类,因而使他要与远距离的不同专家贸易,这种分工产生的代价可以保证我们真的有两难冲突,所以在一定参数范围内,这两难冲突的最优折衷可能产生不同的分工水平,于是我们关于分工演进的故事就出来了。而且,由于式(4.3)引进了区位问题,城市化的发展意味着每对邻居之间的距离缩小,所以使 s 下降,因而城市化对均衡分工水平的影响可以由此模型解释。

市场与分工内生演进的机制表明,市场容量的扩大直接促成了专业化和分工的深化,从浙江、广东、江苏等地的经济发展的实证分析中不难看出这一点。刚开始是几个家庭作坊自产自销,市场范围和容量相当有限。因此,对于生产者而言,完全一体化的生产已经可以满足现有的市场需求。随着市场的进一步扩大,一些生产者开始发现,仅凭自己家庭成员的生产已经无法满足市场的需求,于是开始雇用帮工,扩大生产。但是,随着市场容量的进一步扩大，一些人发现，完全脱离生产专门从事销售是有利可图的，于是销售与生产之间的分工就发生了。随后，新的市场进入者也纷纷开始加入到这个生产系统中。他们开始可能仅仅从事某一个环节的生产活动，为先进入市场的其他企业提供各个工序的生产服务。而先进入者由于市场的扩大也愿意将中间工序分包出去。于是，分工随着市场容量的扩大而逐步深化。

虽然无法用理化指标来直接衡量改革开放以来中国企业分工的效率水平，但中国许多规模偏小、技术优势并不明显的企业，生产出来的产品却依然具有很强的成本优势，这一事实恰恰证明专业市场具有较高的分工效率。中国中小企业的效率来源之一是专业化与分工。这表明，改革开放以来，我国经济发展的基本动力之一是"斯密动力"，即以专业市场为主的市场群推动分工深化，导致的生产曲线外移。

4.2.2 专业市场集中交易的效率改进模型

交易费用的存在导致了分工深化，分工的深入使完成一件成品的交易次数增多，因而交易费用随之升高，甚至可能抵消分工所带来的生产效率的改进。这种交易费用是由于分工而产生的，因而是内生的。按照杨小凯(1998)的定义，内生交易费用的产生是由于人们争夺分工的好处，这种机会主义行为使得分工的好处不能被充分利用或导致资源分配产生背离帕累托最优的扭曲价。专业市场的产生，扩大了交易的可选择性，提高信息流动的充分度，有效抑制了信息不对称所带来的机会主义行为。由于场内大量经营户在空间上的聚集，形成了近于完全竞争的市场格局。同时，由于专业市场采用"坐商制"，卖者因其摊位固定而无形中向买者提供了信用保证和财产抵押。双方在议价过程中，要注重自身信誉的投资与长期交易收益预期的贴现，使得合作走向成功，降低了内生交易费用。最后，传统专业市场的有形性使得主办者承担了威廉姆森(Williamson, 1975)所描述的第三方规制结构中的仲裁者的角色，为交易双方提供了契约公正实施的保证与质量监督，大大降低了交易双方因信息互不相通而造成的内生交易费用。此外，专业市场的出现也有效地降低了交通运输、信息搜索、交易时间等一系列的外生成本。除了空间距离上的减少，交易的次数也因专业市场的存在而大为减少。

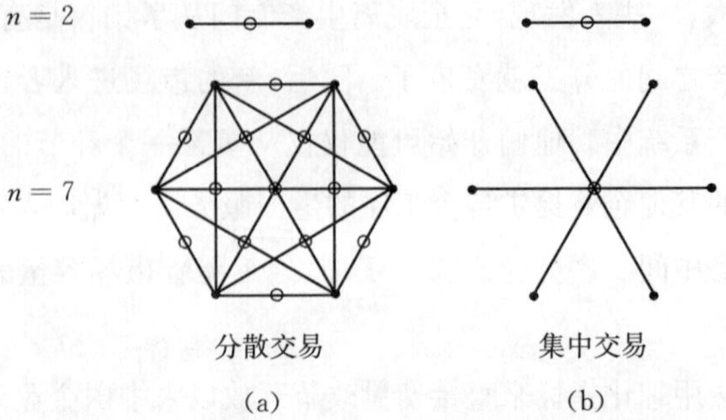

图 4.3　专业市场集中交易与分散交易的地理分布[1]

这里用一个简单的例子说明，为什么交易集中在一个地方会由于分工网络效应的存在而大大提高交易效率。请看图 4.3 中 $n=7$ 的两个图。其中图 4.3(b)代表当贸易品种类为 7 时，所有人在一个农贸市场上进行与此分工水平相应的所有交易。七个黑点中的每一个是一个人的居住地，而每一对邻居之间的距离假定为 1 单位。中间那个人的居住地也被人们当作农贸市场。而图 4.3(a)中的七个点有同样的意思，但每两个人之间的贸易用两点之间的连线代表，它表示两人在线的中点(用小圈代表)互相交换各自的产品。由于模型是完全对称的，所以每个人向其他 6 人售卖自己的专业产品，并向 6 个人的每一个购买一种商品。由于完全对称性，每个人购买的每种商品量都相同。假定每人每单位距离的运输费用都是一元。因此，可以计算图 4.3(a)中的两两之间分散交易方式的每人交易费用如下。每人与他的每个邻居的交易费用为 1 元，他共有 3 个邻居，所以与邻居的总交易费用为 3 元。他有一个最远的贸易伙伴，与他的距离是 2 单位，所以在二人中点贸易意味着他的来回运输距离为 2 单位，交易费用为 2 元。而另两个邻居中任一个与他的距离为$\sqrt{3}$单位，他在中点与其贸易的来回运输距离是$\sqrt{3}$单位，所以他与这两个人的交易费用为 $2\sqrt{3}$ 元。因而总交易费用为 $2\sqrt{3}=8.46$ 元。

但是，如果所有人都把自己的产品带到图 4.3(b)中的中点去，与其他人交易，则每人的总交易费用是 2 元。如果我们将市场定义为众多贸易伙

[1] 参阅杨小凯:《经济学原理》，中国社会科学出版社 1998 年版，第 329 页。

伴集中在一个地方进行他们之间的所有交易，则图 4.3 中 $n=7$ 的两个图说明，市场在分工水平足够高时，可以大大节省交易费用。不难证明，如果分工水平不高，每人只买卖两种商品，则在完全对称模型中，每个人只需要一个贸易伙伴，每人的交易费用在没有市场时是 1 元，而都到市场去，每人的交易费用是 2 元，这是图 4.3 中 $n=2$ 的情形。这时，市场不但不会节省交易费用，反而会增加不必要的交易费用。

下面分析在考虑交易的地理分布时，一般均衡如何同时决定交易效率、交易的地理分布和分工水平。在一个完全对称模型中，分工水平 n 与交易效率系数 k 的关系是：

$$n = m + l - (l/A) - (m/\ln k) \tag{4.4}$$

m 为所有消费品种类数，n 为贸易品种类数（分工水平），A 为每种活动的固定学习费用。现在假定：

$$k = \beta/d \tag{4.5}$$

其中，β 是与运输条件有关的运输效率系数，而 d 是每人与所有贸易伙伴交易必须旅行的距离。而这一距离 d 肯定与交易地理分布的集中程度有关，而且与此集中程度和分工水平 n 的交互作用有关。为了使问题简化，我们只考虑 $n=1, 2, 3, 4, 5, 6, 7$ 的情形如前所述，当 $n=2$，每人的旅行距离是 $d=1$。而二人的中心就是二人居住地的中点。所以，分散和集中交易对这二人来说是一回事。而对全社会而言，每一对贸易伙伴之间会分散在各自的中点交易，不会有很多交易集中在一起的情形。将 $d=1$ 代入式(4.5)，然后将式(4.5)代入式(4.4)。可以解出使分工水平达到 $n=2$ 的运输效率系数 β 的临界值 $\beta_2 = e^{-mA/[1-(m-1)A]}$，其中 A 是每种生产活动的学习费用，m 是所有消费品包括非贸易品的种类数，$e \approx 2.718$ 是自然对数的底。当 $\beta \geqslant \beta_2$ 时，分工水平至少会是 $n=2$。

因此，交易的集中程度能不能节省交易费用与分工水平的高低有关，交易效率、交易的集中程度与分工水平三者是交互影响，在市场竞争中同时确定的。当经济制度或工业化、城市化等外部条件变得更利于交易时，生产和商业活动中的专业化水平会演进，交易效率就会内生地提高，在这个演进过程中，交易的专业化水平的上升往往会扩大或深化生产的专业化分工。

4.2.3 专业市场网络的产品特征与契约特征

人们可以买卖中间产品来组织分工，但也可以不买卖中间产品，而买卖劳动力。专业市场的出现，说明在特定的历史阶段和特定的区域中间产品的交易效率要比大规模组织企业的效率更高。

1. 市场网络中的产品特征

(1) 中间品交易。专业市场与传统的市场流通形式相比，并非只是最终产品的交易，许多专业市场交易的是中间产品，如各种模具市场、辅料市场、原材料市场等，这是专业市场区别于传统流通形式的特征之一。按照上面的分析，企业在自己组织要素生产和向市场购买中间产品之间，有一个合理的选择。企业的功能不仅在于节约要素(中间品)交易费用，是要素的"间接定价装置"，还在于节约最终产品的交易费用。信息不对称的产品市场上，企业在交易中"制造"了一个重复博弈机制，这使其更关心长远利益。它用自身的专用性资产——从价值和数量两个维度——作为其产品是合格品的担保。企业为生产中间品所做的专用性投资所形成的资产专用性越高，数量越多，企业通过专业市场购买这种中间品的利益就越大。因此，专业市场提供中间品在一定程度上避免了企业专用性投资的风险。

通过上面的模型分析可知，中间品交易替代劳动交易的关键是中间品交易的效率，这就需要中间品交易必须以集中交易的形式出现，必须有中间品产品有关信息的展示平台，而专业市场就是以这样的组织形式出现。[1]

(2) 最终产品的标准化。专业市场主要以批发为主，只是兼营零售，因此，在专业市场上进行交易的最终产品一般是标准化、通用化的，专业市场不交易个性化、定制化程度很高的产品。

定制化的主要目的是提升产品品质、满足客户个性要求、促进产品销售，促进销售是定制化开发追求的终极目标。定制化开发包括产品定制化和服务定制化两个组成部分，产品定制化由基础、构件和附件三部分组成，根据客户选择的自由度来划分。产品定制化受时间、经验等条件限制。尽管定制化可以带来许多经济租：定制化针对每一个消费者的，能够利用最小

---

[1] 专业市场上产品的中间品特征并不是说所有的专业市场上的产品是中间品，而是说明专业市场的制度安排有利于中间品从企业的自组织中解放出来。事实上，下面我们会说明专业市场在进行最终产品交易时，最终产品的特征。

规模的市场机会，为企业的发展提供了更加广阔的空间；定制化可以使企业获得更多的市场机会，但定制化之后的产品必须有足够的规模，能够实现企业的利润目标才被认为是有价值的，这就使一些市场机会因规模较小而不能被企业利用；实行定制化有利于提高企业竞争力，定制产品是消费者根据自己的个性化需求自行改进、设计出来的产品，是消费者最满意的产品，因而也是竞争力最强的产品；实行定制化，企业不会有产品积压的危险。由于在产品生产之前就形成了一个契约，就成为已经销售出去的产品，所以不会造成产品积压，并缩短了再生产周期。

可见，基于专业市场的特性，定制化产品的以上经济租不可能在专业市场上实现，因为专业市场的核心优势在于为产品生产厂商提供规模效应以及自身实现范围经济，定制化将从根本上破坏专业市场的报酬递增机制。

2. 市场网络的契约特征

专业市场主要从事批发经营，只是兼营零售，这一特点造成了专业市场的交易契约具有以下特征：与传统的一次性市场零售交易不同，专业市场的大部分交易具有长期性；与因为中间品而结成的企业联盟式稳定交易不同，专业市场的交易契约又不具有企业联盟间长期交易契约的强制性。换言之，由于专业市场经营的特征，其经营户希望在契约设置过程中保持对那些批发商的足够“吸引力”，使他们之间能够保持稳定的交易关系，但由于他们交易的投资专用性不高，又不可能签订带有强制性的长期契约。但是，若投资的专用性不高，签订带有强制性的长期契约会导致交易效率下降。

大家知道，长期合同可以有两种保证：其一，由政府或其他某些外部机构提供法律强制力，它是一份明确订立的合同保证；其二，由市场机制实施，是一份隐性的合同保证，如果机会主义行为发生，未来的业务将被终止(Klein, Crawford and Alchian, 1978)。专业市场上的交易合同显然主要是属于上述第二种情况。对大部分关系合同而言，发生偶然性事件的可能性非常大，发现所有这些在未来可能发生的偶然事件，以及找出交易各方对所有这些假想状态的最优反应，所需的资源成本就很高。在这些假想状态中，有许多事情是极不可能发生的，因此，在经济上根本不重要；如果一个不可能的事件确实发生了，事后调整常常很容易做到。此外，如果盲目地对未来不确定事件作出明确的规定，一旦发生机会主义，将会使一方“套牢”，遭受准租金的剥削，或者导致合同失败。因此，交易方往往以隐性合同作为补充。隐性合同，也称自我实施的合同。隐性合同的实施可以防止“套牢”行为发生。隐性合同是不完全合同。这种合同的市场实施机制通常是缔约的一方通过向潜在的欺诈者提供一个未来“升水”；或者更准确地说，提供一个足以超过平均变动成本的价格以保证自身可以获得超过潜在欺诈收益的准租金流。这一未来“升水”流的现值，必须大于潜在欺诈者通过欺诈和终止业务关系所能实现的财富增加的现值。隐性合同得以实现的因素是，为可能发生机会主义行为的一方提供必要的预期收益，使预期收益大于机会主义方可能把资源用于其他地方的收益。专业市场提供了一个可以稳定地获得未来收益的平台(由批发而非零售特征所带来的)，因而可以在一定程度上抑制机会主义行为的发生。也正因如此，在现实中我们可以看到，在专业市场上，大部分的契约是隐性合同。

4.3 专业市场的网络效应与聚集效应

网络效应是指这样一种经济现象，每个人的生产率随参加网络的人数增加而上升，每人的决策依赖于他人的决策。由于分工有网络效应，所以如果与分工有关的交易集中在一个地方进行，则分工的网络效应会产生聚集效益(economies of agglomeration)。网络效应使交易活动在地理布局上的集中产生了一种特别的经济效果，如果不了解分工如何产生网络效应及这种网络效应与交易集中化效益之间的关系，就不可能理解为什么浙江、广东、江苏等省专业市场的交易额何以在二三十年内数十倍、数百倍的增长，也不能预见和理解中国大型专业市场未来发展的潜力。

4.3.1 专业市场的分工效应与专业化经济

分工可以促进专业化，专业化能提高生产率，当分工水平上升使边际转换曲线向右上方移动时，就发生了分工经济。分工经济在没有规模经济时也可能存在。

专业市场之所以有效率，根本原因在于其是一个专业化的交易组织，其交易费用低于其他渠道。专业市场的专业化经济，可以从交易效率、竞争效率和外部规模经济三个维度对此作出解释：一是专业化交易的效率。这是一般的集贸市场所无法具有的效率，专业市场提供的专业化销售渠道，是商品从生产商到销售商的一条最便捷的通道。二是竞争效率。专业市场集中大量相同或相近产品的销售者，是一种接近完全竞争的市场结构，竞争的结果导致了最有竞争力的批发价格的形成。三是专业市场提供的外部规模经济。这不仅仅指共享式的销售渠道，更包括了由于专业化市场集群而形成的良好的外部环境。商品批发经营的规模越大，专业化经营的水平就越高，经营商品批发的利润也越高。这是经济发展中专业化分工的规律在商品批发交易中的表现。

专业化分工作为一个动态演进的过程，与市场范围是相互作用的。因此，只要在某一个方向上开始了分工和交换，专业化分工和专业化交换这两者一定会相互推动，不断发展。例如，在义乌专业市场还处于地下状态时，旺盛的交易就足以说明商品批发已经是一种很有效率的专业化分工了。大量的义乌经商农民之所以没有在外地采购而是回到义乌老家采购，这是因为专业化的批发交易分工已经在义乌出现，而当时国内其他地区还是以国有、集体商业批发渠道为主。同时，客商的结构也发生了变化，一方面，“敲糖帮”（商贩）出现了分化，大批“行商”加入了“坐商”的行列；另一方面，更多的外地客商慕名而来，逐渐成为专业市场的主要买家。

专业市场的专业化经济可以用经济理论作出清晰的解释，这些解释包括：一是贸易生利和效用的多样性。分工是财富增长的源泉，而市场范围的扩大可以提高分工和专业化的程度。二是专业化分工的“学习效应”。专业化分工是一个长期、动态的学习过程，时间越长，学习的单位投入越少。就专业市场的专业化经营而言，批发商是在实践中逐步掌握商品价格、供货渠道和客户心理等经营技能的。三是专业化投入的规模经济。例如，把货币资本和人力资本专门投入某一种商品的经营，节省了大量的非专业化重复投入；在专业化规模经营的基础上，才能将各类销售成本降到最低水平，从而获得更具竞争力的批发价格。这也是专业化交易的一大好处。

4.3.2 专业市场的规模经济与范围经济

专业市场的成本优势产生于在批发经销上对规模经济和范围经济的利用。由于商户经营着许多中小企业的产品，所以他们比从事销售和批发单一系列产品（规模）的任何一家中心企业获得的产品量更多，单位成本更低。

1. 专业市场的规模经济

专业市场作为众多农村工商企业的共享式销售渠道，是专业化分工在工业化过程中的具体表现。专业化的交换实现了流通领域的社会化分工，也就出现了专业化的批发商来沟通供给与需求，一个批发商可以沟通若干个生产企业和下一级批发商。显然，这样的销售渠道是可以为众多农村工商企业共享的。销售成本经过若干个企业和客户的分摊后，平均交易费用明显下降。在专业市场信息集聚功能的作用下，共享销售渠道的企业和客户越多，平均成本下降的幅度就越大。商品生产企业规模普遍较小，采用直接的人员销售和建立独立的购销网络必然会导致单位商品的销售成本过高。而专业市场的兴起则顺应了生产和销售专业化分工的历史趋势，以外部销售渠道的规模经济，弥补了众多生产企业规模小、技术低、资金少的劣势，为它们开拓市场作出了重要贡献。可见，专业市场是在特殊历史条件下出现的一种专业化交换的组织形式。

专业市场不但为市场经商户提供了良好的交易设施等外部环境，而且为他们的交易活动提供了一种有别于场外交易的特殊制度环境和体制框架。例如，义乌专业市场拥有由遍及全国200多个大中城市的运输线路构成的联托运市场网络，专业化的运输代理降低了商品的运输成本，使商品的批发价格极具竞争力。专业市场增加了当地政府的财政收入，地方政府又大力投资建设专业市场和其他相关的市场，整顿联托运行业，形成了较为完整的市场体系。同时，政府规制市场交易，优化了市场经营环境。

2. 专业市场的范围经济

专业市场通过扩大其经营范围增加竞争优势，即通过单一组设施来处理许多的相关产品系列(范围)，这就是范围经济。新的大批发商和新的大规模零售商——百货店、邮售商行和联营商店——就是这种情况。这类批发商和大规模零售商仅是在高效率的物流业形成的基础上才能出现。

正如制造商的大规模生产和大规模流通会使大批发商失掉其规模成本优势那样，当产品在销售和批发中要求专门化的设施和技能时，联合批发或范围的成本优势也减少了。产品要求这种专业技能和专门化的储存和运输设施越多，专业商人要从经营一些制造商的若干相关产品的能力而产生的范围经济取得的机会就越少。如果有关产品的销售和交货的合同安排是简单而又标准化的，那么单个专业商人便可轻易地处理涉及一家制造商产出经销的所有交易量。但是，如果交易是复杂的，如果需要专业知识来销售、安装和维修产品并且提供必要的信贷安排，并且如果需要昂贵的专业化设施来分发货物，那么专业商人必须雇用具有这些专业技能的人员并对这些专业化的设施进行投资——这些技能和设施往往只适用于一个特定产品系列。如果专业商人确实对设施和人员进行了投资，他就变得越来越依赖有关产品的少数制造商，越来越依赖为维持经营而需要的现金流量。

专业市场批发商的范围优势和规模优势是有限度的。当达到了这些限度时，制造商自己来对采购、销售和批发设施进行投资便变得更加优越了。当制造商的产量达到一种规模，从而把产品的运输、储存和批发的成本降低到批发商通过他的批量交易所达到的水平，专业商人便失去了他的成本优势。假如在交易中存在这种最低效率规模，那么，只有在专业商人从事的交易量比他的顾客或供应商从事的交易量更接近于这个规模的条件下，他的成本优势才会超过他的顾客和供应商。除了在高度集中的城市市场外，单一产品的制造商在零售中达到这种交易量是罕见的。但是，批发商在消费品和工业品的批发销售中往往达到这种数量。

4.3.3 专业市场的价格形成与信息集聚功能

专业市场是一个共享式的销售网络，它作为经营者共有的“俱乐部”，任何进入市场的经营者都可以利用这一销售网络。在农村工业水平低及其产品难以进入国有、集体商业系统和建立自己的销售网络的高成本条件下，使他们能以较低交易费用进入流通领域。专业市场为市场交易提供了特殊的制度环境和体制框架，即存在“体制落差”或“体制灰区”，如税收优惠、公平待遇、社会治安及提供政府信用保障等。这些条件在市场外部是不具有的，从而在场内营造了一种宽松、安全的制度环境和经营条件，使交易费用降低。

专业市场之所以能够节约交易费用，其核心在于它具有卓越的信息集散渠道和处理机制，这是其交易效率的重要来源。在不同的市场制度及其运行机制下，获取交易信息的难易程度是不一样的，而难易程度就是某种市场制度的交易费用。专业市场作为一种综合性的专业市场之所以能发展得如此迅速，就在于专业市场在集聚信息和发布信息方面具有独特的优势。从这种意义上讲，与其说专业市场是商品集散地，还不如说是商品信息的聚集地。具体表现在:(1)专业市场为采购方提供了较为完整、真切的商品供给信息。(2)专业市场为供应方提供了专业化、有针对性的客户需求信息。(3)专业市场有助于供求双方的信息集聚,从而扩大了交易规模和市场范围。尤其是在专业市场初创时期进入市场的企业(经营者)大多并不通过或不靠自己的商标、品牌来扩大企业的知名度和拓展市场,而是通过专业市场搜集和反馈各种信息,这不但增加了交易量,而且可以大大节省单位交易量的交易费用。

4.3.4 区域型分工网络的形成和新兴产业区的兴起

专业市场的发展伴随专业化交换组织的成长(陆立军等,2002),专业化交换组织可以极大地提高交易效率,促进产业、区域分工。这是专业市场推动区域经济实现“斯密经济增长”[1]的关键。专业市场的商品集散、价格和信息中心功能,可以形成统一、开放、公开、公平的市场集群。密集的市场集群具有对农业剩余劳动力的吸纳效应以及其他生产要素的集聚效应。

从全国各地的情况来看,随着专业市场的发展,成交额的持续增长,富有特色、成交量大、辐射力强、发展势头旺的专业市场无一不与当地的支柱产业相联系。如义乌中国小商品城、绍兴中国轻纺城、佛山乐从国际家具城等,都与当地或周边地区的支柱产业小百货产业、轻纺业、家具产业的迅速崛起与发展分不开,这些产业的产值已占当地经济总产值的70%以上。专业市场与本地区域支柱产业之间形成了良性互动。

(1) 专业市场是区域性主导产业优势形成的平台。支柱产业是区域分工和当地比较优势运用、聚集、发挥的结果;专业市场本身也建立在区域产业分工和特色的基础上,在这种“专业”或“特色”的形成过程中起关键作用的,显然是当地的支柱产业。可以说,专业市场本身正是地方支柱产业优势形成、发展、扩散的一种有效形式。

---

[1] “斯密经济增长”很多文献称为“斯密动力”(Smithian dynamics),也可以译为“斯密式经济增长的动力机制”或“经济增长的斯密式动态机制”。主要含义是:人类社会经济增长的动力,有赖于劳动分工和专业化所带来的劳动生产率的提高。换句话说,人类社会的经济增长说到底与市场的深化和扩展是一回事。从市场自发扩展的内在机制看,市场交易是任何文明社会经济增长、人们收入增加以及生活水平提高的初始动因和达致路径。市场交易源自分工,并会反过来促进劳动分工,而劳动分工则受市场规模大小的限制。市场扩大会加速和深化劳动分工,从而经济增长与市场的深化和扩展,实际上构成了一枚硬币的两面。这种劳动分工和市场扩展的相互促进,构成了任何社会经济成长的“斯密动力”。

(2) 专业市场是区域性主导产业产品销售的平台。专业市场作为大规模的要素和商品的集散地,既要求一定规模的市场需求,也要求一定规模的市场供给。这种一定规模的市场供求,离不开当地支柱产业发展的支撑。由于支柱产业本身是同规模经济相联系的,其发展既要求生产要素的集聚,也向市场提供大量的商品供给。可以说,支柱产业的规模与发展程度,直接决定着专业市场的规模与发育程度。据统计,浙江大部分专业市场 60%的产品是由当地提供的,有的甚至超过 80%(贺华丽,2004)。

(3) 专业市场促进了新型商业型城镇的兴起。随着专业市场的发展,利用专业市场所提供的公共平台,原来从事传统农业而在空间散布的农民,由于可能的商业机会而在趋利的动机下不断围绕专业市场积聚;专业市场发展以后,因为商业资金的积累而转向产业投资的资金,可以带动当地工业和服务业的发展,这又可以进一步加剧人口的集聚。另一方面,工业化的发展带动城市化,城市基础设施的建设又成为吸纳人口集聚的重要因素。许多城市的兴起与集市的发展有关,专业市场可以通过加速城镇化的三大要素(人口、产业结构、基础设施)的积累而推动城市化。我国很多市镇的发展历史现实确实如此,比如,义乌在小商品城兴办之前,县城人口不到 2 万人,但随着专业市场的发展,现在已经成为一个常住人口 160 多万的中型城市。

5 专业市场的规模扩张与结构演变

改革开放30年来，中国专业市场从无到有、从小到大，正在逐步改变传统的比较注重数量增加而忽视提升自身品质的发展模式。目前，全国各地具有区域特色的各类专业市场，正以不同的方式演绎着各自的发展和变迁之路。就总体而言，中国专业市场的总规模与单个市场的平均规模都在不断扩大，许多大型、超大型的专业市场引领着专业市场的业态变化，电子商务、会展经济、国际贸易、现代物流等新型市场业态不断涌现。由于市场经济体制不断完善、地方产业集群升级、现代都市圈经济以及现代交易方式、信息技术等因素的影响，今后中国专业市场将逐步由农村向大中型城市、新兴产业区集中；以金字塔型为主的等级空间组织结构将趋于弱化、网络型的空间组织结构则不断加强；尽管传统的小商品、日用工业品、纺织品和生产资料仍是交易的主要客体，并占有重要的位置，但机电产品和高新技术产品在专业市场交易中的地位正在明显上升。本章主要研究专业市场的规模扩张与结构演变，分析中国专业市场的发展水平与前景。

5.1 专业市场的规模扩张

改革开放30年来，专业市场在我国区域经济的发展过程中扮演着十分重要的角色，经历了从无到有，从小到大，规模不断扩张的发展过程。尤其是在21世纪的头几年，随着我国对外开放不断加快和国内市场经济环境日益改善，各类专业市场加大资源整合的力度，总体规模持续扩大。

5.1.1 专业市场的规模

不同的专业市场具有不同的规模演变特征，即使是同类专业市场规模也极不相同，由于市场竞争所导致的两极分化，有些专业市场规模不断缩小，甚至走向衰亡；有的专业市场规模不断扩大，甚至成为引领行业发展的龙头。就全国而言，专业市场的规模是不断地持续扩大的。

1. 专业市场的规模持续扩大，商品集散功能增强

如表5.1所示，从时间纵向角度来看，截至2006年底，全国亿元以上专

业市场的市场数量达 2 525 个，比 2005 年增加了 311 个，比 2000 年增长了近两倍。从 2000 年到 2006 年的 7 年间，专业市场的市场数的年均增长率达到了 12.7%。与此同时，截至 2006 年底，全国亿元以上专业市场的摊位数、营业面积以及成交额分别达到 1 473 469 个、12 884 万平方米和 26 280.6 亿元，年均增长速度分别为 14.7%、23.2%和 23.5%。从专业市场与全国其他各类商品交易市场的横向比较来看，专业市场在市场交易组织形态中的地位和作用日益增强。如表 5.2 所示，从亿元专业市场在全部亿元以上商品交易市场中的所占份额看，无论在市场数量、摊位数，还是营业面积、成交额方面，专业市场的比重都在逐年提高。例如，亿元专业市场的摊位数在全国亿元商品交易市场摊位数中所占的比例从 2000 年的 30.7%增长到 2006 年的 58.3%，增长了将近两倍。又如，2006 年亿元专业市场的成交额、营业面积在全国亿元商品交易市场中所占比例都已达 70%以上。

表 5.1　历年亿元以上专业市场基本情况

年　份	2000 年	2001 年	2002 年	2003 年	2004 年	2005 年	2006 年	年均增长率(%)
市场数量(个)	1 235	1 329	1 386	1 433	1 535	2 214	2 525	12.7
摊位数(个)	648 395	680 033	712 601	720 383	795 207	1 302 933	1 473 469	14.7
营业面积(万平方米)	3 684	4 747	5 051	5 664	6 726	8 755	12 884	23.2
成交额(亿元)	7 399	8 493	10 092	11 103	14 525	21 281	26 281	23.5

资料来源：《2007 中国商品交易市场统计年鉴》。

表 5.2　亿元以上专业市场在全部亿元以上商品交易市场构成中的比例(%)

年　份	2000 年	2001 年	2002 年	2003 年	2004 年	2005 年	2006 年
市场数量	40.0	40.6	42.5	43.9	45.6	66.6	65.1
摊位数	30.7	30.9	32.5	33.5	35.7	57.9	58.3
营业面积	44.6	50.5	49.0	51.6	53.9	66.6	71.3
成交额	47.2	47.9	50.9	51.6	55.6	70.9	70.8

资料来源：《2007 中国商品交易市场统计年鉴》。

2. 单个市场和单个摊位的规模显著扩张

如表 5.3 所示，2006 年亿元以上市场的平均营业面积达 51 025 平方米，平均成交额达 10.4 亿元，分别比上年增长了 29.0%和 8.3%，比 2000 年增长了都将近两倍。从历史纵向看，除了 2005 年，单个市场的营业面积与成交额在 21 世纪的头几年都在逐年提高。改革开放以来，我国专业市场的平均规模不断扩大，市场的成交额也日益上升。另外，我国专业市场中的摊位规模也在不断上升。如表 5.3 所示，2006 年，单个摊位的营业面积和成交额都在 2000 年的基础上增长了 150%多。另外，据统计，市场规模越大，平均摊位的成交额越高，专业市场的规模经济效益也越明显。例如，据测算，2006 年，全国成交额在 100 亿元以上市场的单个摊位年均成交额达 506.4 万元，是亿元市场的 3.4 倍，10 亿元市场的 2.5 倍；100 亿元以上市场单位营业面积创造的年成交额达 6.6 万元，是亿元市场的 2.4 倍，10 亿元市场的 1.6 倍。[1]

表 5.3 历年亿元以上专业市场单个市场和单个摊位营业面积与成交额

指　标	2000 年	2001 年	2002 年	2003 年	2004 年	2005 年	2006 年
单个市场的营业面积（平方米）	29 828	35 722	36 441	39 528	43 817	39 545	51 025
单个市场的成交额（万元）	59 911	63 903	72 812	77 483	94 625	96 121	104 082
单个摊位的营业面积（平方米）	56.8	69.8	70.9	78.6	84.6	67.2	87.4
单个摊位的成交额（万元）	114	125	142	154	183	163	178

资料来源：《2007 中国商品交易市场统计年鉴》，经本书作者计算而得。

3. 市场实体趋向大型化，一批大型和超大型专业市场迅速崛起

全国各类专业市场的发展过程是一个优胜劣汰的过程，是一个由市场原则引导的“洗牌”过程。许多经营效益好的专业市场规模不断扩大，逐渐成长为大型、甚至超大型的专业市场。与此同时，由于“马太效应”的作用，一批弱势专业市场逐渐萎缩乃至消亡。例如，2006 年，江苏吴江中国东方丝绸市场的成交额达 428.16 亿元，浙江省义乌中国小商品城的成交额达 315.03 亿元，而曾经红火一时的温州桥头纽扣市场、妙果寺服装大市场、来福门信河街的皮鞋大市场、东方灯具大市场、动力头和西站服装大市场等众

[1] 中华人民共和国国家统计局贸易外经统计司等编：《2007 年中国商品交易市场统计年鉴》，中国统计出版社 2007 年版，第 27 页。

多代表性的市场却衰落了甚至消失了。就全国各类专业市场规模的现状来看，大型专业市场和超大型专业市场的迅速成长是我国专业市场规模化发展的一大特点。据统计，截至2006年，全国成交额100亿元以上的超大型专业市场有53个，其中最大专业市场的成交额达700亿元，比上年增加180亿元；成交额50—100亿元的大型专业市场有87个，比上年增加了27个。

在大型和超大型专业市场不断成长的同时，它们在整个商品市场交易中的地位越来越高，其成交额在全部亿元市场成交额中所占的比重逐年提高。例如，成交额100亿元以上市场占全部亿元市场成交额的近1/3，比2000年提高了3.1倍。

5.1.2 专业市场规模扩张的内在机理

专业市场的发展与特定的社会经济环境密切相关，尤其是专业市场的规模扩张更是一个对我国经济社会环境的变化不断作出反应的过程。改革开放以来，经济发展与制度变迁是引起中国专业市场规模扩张的自变量，经济发展与制度创新推动着专业市场的规模扩展与业态升级。这里涉及的主要问题是：专业市场规模不断扩张，尤其是超大型市场日益增多是不是经济发展与改革的必然要求？抑或是传统的粗放型、中心型、数量型的经济发展方式的惯性使然？

1. 交易的规模经济效应

专业市场主要为那些规模小、技术水平低、资金实力弱的中小企业提供了一种共享式的销售网络，这种具有外部性的销售网络具备信息规模经济、外部规模经济以及有效协调规模经济与范围经济的功能。专业市场通过为采购方提供稳定且较为完整的商品供给信息，为市场商品的供应方提供专业化且针对性强的商品需求信息，而且实现了各种有关商品信息的集聚，扩大了专业市场信息扩散、传播的广度与范围，进而扩大市场交易的范围与规模。这种信息规模经济不但可以在商品供求双方分布，而且可以在专业市场内各种不同的市场服务主体之间分布。例如，市场内的金融机构也可以利用这种信息规模优势降低它服务于市场内各类主体的交易费用。另外，专业市场通过共享式的销售网络，使进入这一网络的企业、客户、服务机构越多，从而带来平均成本降低的幅度越大，实现外部规模经济效益。与此同时，专业市场在获得规模经济的同时，为部分具备一定实力的企业获得范围经济提供了市场平台。实行多元化产品战略且具备一定实力的企业，当其利用专业市场又具备相当的经济性时，它不仅通过专业市场获得一般企业所具有的规模经济效应，而且可以通过专业市场获得市场渠道的范围经济；多种互补产品，甚至是无关商品都可以通过专业市场进入市场。正是由于上述三种建立在规模经济效应上的竞争优势，使专业市场与规模经济效应之间建立了一种正反馈机制：专业市场的发展需要其具备一定的市场规模，以获取规模经济效应，规模经济效应的获得又有力地促进了专业市场的发展，尤其是规模扩张。

2. 共享式销售网络与低成本交易需求的契合

20世纪80年代初期，农村工业已经迅速崛起，乡镇企业、家庭工业、私营企业快速成长，但是，以国有和集体商业为主渠道的传统流通体制主要是为城市工业服务的，城市工业品的生产以及生产要素的供给和产品的流通都由自上而下层层下达的计划所严格控制。因而，乡镇企业和家庭工业等一批规模较小的市场主体难以进入这一流通网络，农村工业的发展因缺乏有效的市场制度安排而受到严重制约。正是在这种发展背景下，一种具有明显体制落差优势的安全、宽松和低交易费用的“市场特区”，即“专业市场”出现在中国大地，并不断得到发展。[1]改革开放30年来，地方型产业集群的成长是我国各地区域经济发展的又一支撑性力量，而且这种产业集群在本质上是一种中小企业集群。因而，在较长一段时间内，以中小企业为主的地方型产业集群内部交易需求，仍然需要借助于专业市场得以释放。而这种地方型产业集群的交易需求是巨大的，如此巨大的交易需求推动着专业市场的规模不断扩张。建立在这种规模扩张机制上的专业市场主要是那些依托当地产业优势的产地型专业市场，产业与市场之间的互动推动着专业市场规模的扩张。例如，浙江绍兴中国轻纺城通过当地纺织产业与轻纺城之间的良性互动，不断地推动绍兴中国轻纺城的规模扩张。绍兴柯桥轻纺市场成立于1988年，历经近20年的发展，由一条“布街”发展成为目前全球规模最大、经营品种最多、成交额最高的纺织品专业市场；2006年，绍兴中国轻纺城的成交额达301.14亿元，名列全国商品交易市场10强。

---

[1] 参阅郑勇军等：《解读“市场大省”——浙江专业市场现象研究》，浙江大学出版社2003年版，第65页。

3. 全国性市场体系的形成

随着市场经济体制的初步确立，市场体系不断得到完善，市场机制配置资源的基础性作用不断得到加强。在这一发展过程中，商品市场的交易需求不断扩张，生产要素市场不断得到培育和发展，企业、中介机构等市场主体不断涌现，民间资本市场、劳动力市场和技术交易市场不断形成和发展，这些都有力地推动了各种商品交易市场、尤其是专业市场的发展。例如，在经济体制改革上具有先发优势的浙江省，其"市场大省"的地位的确立与市场体系的不断完善和市场机制的充分发挥具有明确的正相关性，正是市场体系的日益完善，有效地增强了浙江各类生产要素和商品通过市场进行交易的自觉性与必然性。2006 年，浙江省共有专业市场 4 000多个，年成交额超亿元市场 538 个，其中超 10 亿元市场 125 个，超百亿元市场 13 个，专业市场发展继续走在全国前列。2006 年，以义乌中国小商品城、绍兴中国轻纺城、余姚中国塑料城等为代表的大型消费品和生产资料批发市场成交额的增长势头强劲，名列全国 100 强。但是，随着现代流通体系的逐步发展，专业市场面临着基础设施、交易方式、市场业态等方面的压力。

4. 现代交易技术与专业市场的融合

技术变革与制度创新是相辅相成的两个方面，两者相互促进、相互依存。在新的经济发展环境下，专业市场传统的现金、现货、现场"三现"交易方式，以及市场功能单一的商品交易难以适应新技术条件下商品交易的规模、快速等要求，因而，专业市场面临着全新的挑战与发展压力。但是，新型的交易方式没有对传统专业市场进行简单的替代，而是根据商品交易的特点和需要与专业市场这种相对传统的交易方式实现了融合，如此，既推广了现代交易技术，又不断推动了专业市场的功能创新，促进其规模扩张。例如，电子商务通过网络这个无距离、无边界的虚拟空间，大大拓展了市场的空间范围，专业市场通过与这种现代交易技术的嫁接，可以有效扩大其交易的规模与范围。近年来，各类专业市场加快了市场的信息化建设，大力发展电子商务，建立网上数字化市场、网上支付系统和新型物流系统，建起了网上"信息中心"、"交易中心"和"配送中心"，网上市场与网上交易不断增长，并与专业市场内传统交易方式相结合，创造出多样化的交易方式，以此不断推动专业市场交易规模的扩张。例如，义乌“中华商埠”网已与5 000多个生产厂家建立了良好的战略同盟关系，汇集19大类8万余种价廉物美的小商品信息，并以每月10%以上的速度增长，为全球商人提供全新的小商品自由贸易渠道和商务服务。正是以这种方式，义乌国际商贸城的规模才能在新技术条件下继续不断得到扩张。

5.2　专业市场的结构演变

专业市场的规模及其演变反映的仅仅是专业市场量的规定性。因此，为了全面地把握我国专业市场在改革开放30年的历史过程中的发展轨迹，分析专业市场的结构及其演变是非常必要和重要的。专业市场的结构可从两方面进行分析：一是专业市场的内涵式结构，主要由专业市场的“所有权结构”以及“组织结构”构成；二是专业市场的外延式结构，是指某类或某个专业市场在我国整个专业市场体系中所具有的地位、作用以及它们之间的相互关系，包括行业结构与空间分布结构等。显而易见，专业市场的外延式结构主要从宏观和中观角度分析我国专业市场的结构特征，注重揭示我国各类专业市场地位与作用；而专业市场的内涵式结构主要从微观主体角度对专业市场本身加以解剖，因而更加注重揭示其中的某类特性。

5.2.1　专业市场的内涵式结构

专业市场的内涵式结构主要包括所有权结构和组织结构。考察专业市场的这两大结构特征，有助于我们比较充分地了解专业市场的投资主体、组织特征以及制度效率。通过对专业市场内涵式结构历史演变的考察，也有助于归纳出我国专业市场投资结构及组织结构演变的特征，进而把握专业市场在微观上的变化趋势。

1. 专业市场的所有权结构

专业市场的所有权结构本质上是指专业市场的投资主体结构。专业市场的投资主体主要包括以下几种：(1)地方政府所有。专业市场的地方政府所有主要是指专业市场主要由地方政府投资兴建，由国有资产管理部门、工商行政管理部门或其他职能部门代理行使所有者权利。这种专业市场的投资主体结构体现市场的公益性和外部性特征，有利于利用公共资源对市场进行建设和管理。但是，这种投资主体结构容易导致政府职能部门之间的权责利关系不明确因而效率低下，以至公共资源配置不公等问题。(2)国有企业所有。这种所有权主体主要是计划经济条件下国有企业控制流通渠道的产物，其本质上是国家所有或全民所有。相对于完全意义上的政府所有，国有企业是一个相对独立的经济主体，因其可以高效利用公共资源的倾向，因而对于提高建设与运营专业市场的效率有更大的激励作用。(3)混合所有。这种投资主体结构是指由各种非国有企业、农村集体经济组织、外商等多元化的投资主体联合兴建专业市场的投资结构。这一投资主体结构有利于充分利用各类资本投资兴建专业市场。这种形式可以为专业市场的发展与扩张提供充足的资源，其弊端是由于现代企业制度尚未真正建立，利益分配关系不顺与利益激励乏力。(4)私营企业所有。私营企业办市场可以实现投资主体对专业市场拥有完全的控制权，经营管理较为灵活，决策效率较高，市场交易效益也较高。但是，这种专业市场的私人所有，可能会与专业市场在一定程度上的公益性与外部性相冲突，机会主义行为的出现使得私营企业办市场的私人收益很难与社会收益相一致，从而降低了私人办市场的积极性。

在专业市场发展过程中，其所有权结构的演变主要表现在以下两个方面：(1)逐步由所有权与经营权合一、投资主体单一、运行机制僵化的状况，过渡到引入现代企业制度和管理体制，理顺政府与市场的关系，实现所有权与经营权分离的状态。与此同时，通过股份制改造，使市场向多元化投资主体转变，真正实现公司化运作。例如，在 20 世纪 90 年代中期之前，我国大部分的专业市场都是由工商行政管理部门主办的，工商行政部门常设机构承担大部分的经济管理职能。但是，自从 1996 年国务院出台有关专业市场“管办分离”的政策之后，我国的专业市场开始走向所有权与经营权分离之路。(2)在专业市场所有权结构不断调整的过程中，民间资本以各种方式参与专业市场的建设、开发与运营，在许多领域甚至取得了控制权。例如，河北天公实业有限公司原本是一家以商贸为主的民营企业，随着资本实力的增强，企业于 1998 年建成占地 1 000 亩的农业高科技园区，1999 年又依托该科技园区，兴建了一个现代化程度较高的花卉批发市场，取得了良好的市场效果。[1]又如，浙江省义乌市早在1993年就主动实行“管办分离”，全面退出竞争性领域，同时积极培育新型市场建设主体和市场监管主体。实行“管办分离”后，义乌市政府及时组建中国小商品城集团股份有限公司，以此作为市场主办者进行市场的硬件建设、配套服务、经营开发和物业管理。同时，政府对市场商位和货运场站的产权等事关市场长远发展的战略资源实行控股，牢牢掌握市场建设和发展的主动权，积极实施市场发展总体规划，推进市场结构调整和合理布局，整合各类市场资源，提高市场的整体竞争力。政府积极为市场交易活动提供稳定、规范、公正、透明、可预期的制度环境和体制框架，如创造性地对市场实行“划行归市、分类集聚”等。浙江义乌国际商贸城三期市场的投资主体为义乌市国资委，同时由商城集团参股并委托其开发建设，实现了市场的所有权与经营权的分离，有利于在维护公共利益的同时，提高资源的使用效益。

2. 专业市场的内部组织结构

专业市场的内部组织结构主要由专业市场的交易组织系统、管理组织系统以及服务组织系统三个部分构成，其中每一部分又有各自的系统主体因素和系统客体因素组成，如图5.1所示。其中，交易组织系统是专业

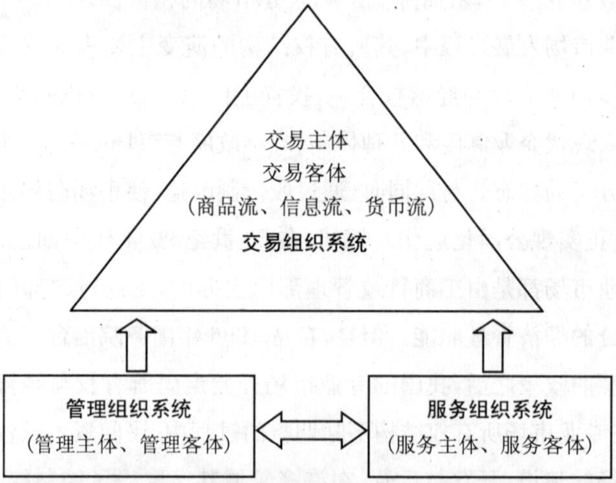

图5.1　专业市场的内部组织结构

[1] 参阅彭建强：《制度创新与市场发育——中国农村专业批发市场的形成与发展》，中国经济出版社2004年版，第145页。

市场内部组织结构的中心，管理组织系统与服务组织系统为专业市场提供辅助性的管理与服务，从根本上来说，两者都是为专业市场的交易过程服务的。

专业市场的交易组织系统是交易主体、交易客体以及两者在不断交易的过程中所产生的商品流、信息流和货币流的关系总和。交易组织系统中的交易主体是专业市场中最基本、最直接的参与者，主要是指商品的卖方与买方。商品的卖方主要指专业市场上的批发商，包括专业经销商、代理商、生产企业的直接销售机构和生产者合作组织等各类市场经营户。商品的买方主要指各类中间商、生产企业、社会机构或居民消费者等。专业市场交易组织系统的交易客体主要指交易的对象，即市场交易的商品、信息、关系等等。专业市场上交易的商品主要是有形商品如农副产品、工业品以及生产资料等。除了有形的商品外，随着电子商务等现代交易技术的发展，信息、商务关系资源等无形商品逐渐成为专业市场中日益重要的交易客体。例如，作为专业市场交易重要组成部分的博览会，其实质就是在市场的主体与客体之间交易信息，甚至是交易一种商务关系。

除了交易主体之外，专业市场的交易组织系统的另外一个重要组成部分就是在交易主体和客体之间形成的商品流、信息流与货币流，这三种关系形态成为专业市场交易组织系统不可缺少的部分。商品流是指交易的主客体之间所实现的商品在时间或空间维度上的所有权转移，它推动着专业市场上商品供给方与需求方的有效对接。信息流是指在专业市场内，有关商品的品质、价格、供求、款式、质量等信息在各个市场交易主体之间的流动，在这一过程中，市场交易主体根据自身需要不断收集、加工、处理、储存相关信息，以降低交易费用。除了商品流与信息流之外，伴随专业市场内商品与信息交易、流动而形成的货币流，则是专业市场交易组织系统得以有效运行的媒介。货币流是现阶段我国专业市场交易主要还以“现金、现货、现场”的“三现”交易方式为主的现状所决定的，随着电子支付手段等现代支付技术的进一步发展，货币流将主要以电子货币流的形态存在。

专业市场的管理组织系统是管理主体、管理客体以及管理主客体之间相互关系的有机统一体。管理主体有狭义与广义之分。狭义的专业市场管理主体主要是指针对某个市场而专门建立的市场管理机构，它直接对专业市场的日常活动进行监督、指导与管理。广义的专业市场管理主体主要包括工商行政主管部门、公安部门、税务部门、环境保护部门、卫生检疫部门、城市建设部门，以及针对某个专业市场的市场管理机构等等。在专业市场的发展中，需要各个管理主体之间通力合作，以促进区域经济发展为目标对专业市场的日常经营活动进行监督与管理，并为其进一步发展创造良好的软硬环境。专业市场的管理客体是指整个专业市场，即专业市场的所有经营主体及其行为。在专业市场的不同的发展时期，专业市场的管理主体与客体之间不同的关系也构成了专业市场管理组织系统的重要组成部分。例如，在专业市场亟须调整转型的时期，管理主体制定适当的激励、限制政策对于促进专业市场的功能创新就具有不可替代的作用，此时，在管理主体与客体之间是一种有效的管理与被管理的关系，更加侧重的是协调与引导。相反，在专业市场处于稳定发展期时，管理部门的主要职责是为专业市场的进一步发展创造更为优越的外部环境，因此，此时，管理主体与客体之间的关系更加侧重于服务，管理主体以服务于专业市场客体为出发点，而非简单的规范与管制。

专业市场的服务组织系统是专业市场组织结构中至关重要的部分，它的发达与否直接影响到专业市场交易效率的高低，影响到专业市场的长远发展。专业市场的服务组织系统由专业市场内的服务主体、服务客体以及它们之间的关系组成。市场的服务主体主要是指为专业市场提供诸如金融服务、信息服务、生活服务、仓储运输服务、法律服务等的各种中介服务机构。服务客体或对象是专业市场内的各个主体，主要是市场的经营户。服务主体与客体是一个相对概念，因为，在不同的时空条件下，专业市场内的服务主体可以转化为服务客体，服务客体也可以转化为服务主体，例如，提供金融服务的有关金融机构，也需要从相关信息咨询机构获取相关的市场信息，以便为市场经营户提供适当的金融产品，从而实现服务主体向服务客体的转变。

3. 专业市场的空间组织结构

专业市场的空间组织结构是指根据入市人数、商人数量、经营户数、成交额和辐射范围等能级指标，以及在此基础上各等级专业市场之间形成的等级排列或网络关系。这里我们将这种空间组织结构分为：金字塔型[1]和网络型两种，如图 5.2 和图 5.3 所示。

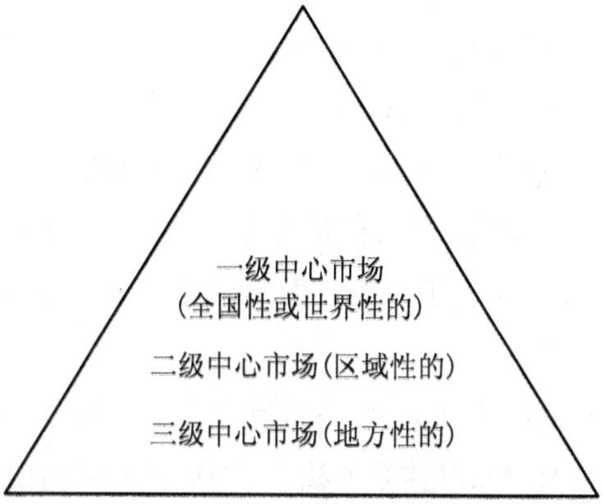

图 5.2　金字塔型的专业市场空间组织结构

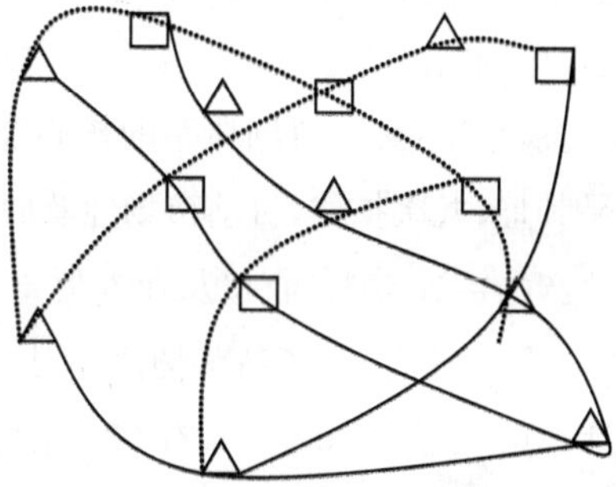

图 5.3　专业市场的网络型空间组织结构简图

金字塔型的专业市场等级空间组织结构，是我国专业市场的主要空间组织结构，它一般由四级专业市场组成：第一层次是全国性甚至是世界性的一级中心市场，第二层次是跨市(县、区)的区域性的二级中心市场，第三层次是主要面向县(市、区)或集镇性的地方性市场以及第四层次的村级商店或商铺。以上各层次的市场，构成了某类专业市场的空间结构系统。各个

[1] 史密斯曾将发展中国家的集市内部贸易分为四种空间组织模型，即中心地型、辐射型、树枝型以及网络型(参阅石忆邵：《中国农村集市的理论与实践》，陕西人民出版社 1995 年版，第 24—28 页)。我们认为，前三种空间组织模型的专业市场都有一个中心或主干，因而，同类专业市场之间实质上存在能级差异，因而也是一个等级系统，据此，这里将前三种空间组织模型归纳为一种，即金字塔型的等级空间组织结构。

等级专业市场之间通过商品、信息等发生联系，但是各级专业市场的辐射力等级是有差异的。

网络型的专业市场组织结构是指同类别的各个专业市场之间，能级只有微小的差异，它们或者是由于商品的区域分布差异，或者是由于商品需求的分散分布而形成差异性的区域分布，但它们都是这一类型专业市场网络中的一个节点，无论哪个市场都没有明显的控制或领导能力，各自满足各地的商品需求。网络型空间组织结构的专业市场体系并不是我国专业市场的主要结构形态，它主要存在于专业市场发展过程中因为未经历市场选择而缺少区域品牌的发展初期。

下面以义乌小商品市场为例，分析专业市场的组织结构。义乌中国小商品城市场是义乌整个市场体系的核心。2006 年，义乌中国小商品城成交额达 315.03 亿元，位居同类专业市场成交额第 1 名。义乌市场体系建设之所以能取得如此骄人的业绩，原因是多方面的，其中，不断建立、完善专业市场的组织结构是其重要原因之一。

义乌市场的交易组织系统：义乌市场体系的核心中国小商品城自 1982 年创办以来，经过五易其址、九次扩建，目前市场经营面积达 260 万平方米，经营商位 5 万余个，地产品接近 40%，直接从业人员 20 余万。汇集了 41 个行业 1 900 多个大类 43 余万种商品，义乌市场商品已经出口到 215 个国家和地区，市场外向度达 60%以上。2006 年，有 938 家境外企业驻义乌商务代表处、8 000 多名外商常驻义乌采购小商品。近年来，义乌电子商务体系已经初具规模，建立了中国小商品数字城等 10 多家网站，拥有门户网站 550 余个。宽带网络、电话直接接进国际商贸城商位，义乌市场经营户已经拥有电脑 10 285 台，占经商户总量的 32.46%，义乌市场的信息流不断发展。

义乌市场的管理组织系统：建立和完善了政府对市场的管理服务体系。政府对市场的管理和服务，除了工商、税务、质检等执法部门对市场的管理外，还体现在善于运用宏观调控手段，做好市场发展规划、确定市场管理政策、科学地安排市场布局。义乌市场的主管部门是义乌市市场贸易发展局，内设市场发展科、行业管理科、会展科、办公室，统一对全市的各商品市场、要素市场、城乡集贸市场进行管理、监督与引导。与此同时，随着市场规模的不断扩大以及政策因素，政府部门及时改变市场主办者的角色，从运动员变为裁判员，改由专门的业主对市场进行建设培育、经营开发及物业管理。

义乌市场的服务组织系统：建立了较为完善的配套服务体系。通过培育专业街以及运输、信息、餐饮、住宿、资金结算、外贸代理等形式，为市场提供服务，促进其正常运行和发展。例如，现有国内货运经营单位 600 多家，全球 20 强海运集团已有 8 家在义乌设立办事处，义乌的仓储运输服务业快速发展。截至 2007 年 6 月，全市银行业金融机构各项存款余额 818.47 亿元，占金华全辖存款余额的 41.2%，比年初增加 97.78 亿元。作为影响最大的日用品博览会"中国义乌国际小商品博览会"是义乌市场最大的交易、信息展示服务平台，服务功能日益重要。2007 年中国义乌国际小商品博览会上，有 2 565 家国内外企业参展，展览面积 10 万平方米；到会专业观众 11 万多人，其中有来自 130 多个国家和地区的 1.7 万多名外商，10 余家跨国零售集团参会采购洽谈，外贸成交额约占 60%。

义乌市场的空间组织结构：义乌已形成以中国小商品城为核心，10 多个专业市场、30 多条专业街相支撑，运输、产权、劳动力等要素市场相配套的市场体系，其已成为全国性乃至世界性的一级市场。与此同时，义乌市场的辐射范围不断扩大。与义乌市场对接的国际小商品集散地已扩大至巴拿马的科隆、阿联酋的迪拜、智利等地，与义乌对接的境外小商品市场有柬埔寨的"中国商城"、莫斯科最大的义乌小商品集散地——太阳市场、巴西的"中华商城"、意大利的"中国城"、中东阿联酋的"中国产品交易中心"、南非的"中华门"等 10 多个。

5.2.2 专业市场的外延式结构

专业市场的外延式结构特指某类专业市场在我国整个专业市场体系中的地位、作用以及各类专业市场之间关系的总和，主要从宏观与中观的角度加以考察。在这里，我们主要从具有不同属性的专业市场在全国专业市场体系中的地位以及专业市场的空间分布两个角度分析专业市场的外延式结构。

1. 专业市场的属性结构

专业市场的属性结构是指，依据不同属性将专业市场划分为不同类别，各个不同类别的专业市场在整个专业市场体系中的地位、作用以及同一类别中各个专业市场之间的关系。专业市场的属性主要包括产品来源属性、行业属性、摊位属性、经营方式属性、经营环境属性、营业状态属性等等。例如,行业属性结构就是指从行业归属角度对专业市场进行分类,然后考察各个不同行业专业市场在整个专业市场体系中的地位、作用。

(1) 专业市场在整个商品交易市场体系中占据主导地位。如表 5.4 所示,在整个商品交易市场体系中,2006 年,无论是在市场数量、摊位数、营业面积还是在成交额上,专业市场都达到了一个历史新高,分别为 2 525 个、147.3 万个、1.3 亿平方米和 2.6 万亿元,在全国亿元市场中所占比重达 65.1%、58.3%、71.3%和 70.8%。由此可见,在绝对额上,我国专业市场无论是在市场数量、摊位数、营业面积、还是在成交额上,都已经远远超过综合市场,专业市场逐渐占据了商品交易市场主导地位。但是,如果从专业市场与综合市场四大指标的增速来看,专业市场的增长速度却落后于综合市场的增长速度。例如,如表 5.4 所示,专业市场的市场数量与 2005 年相比只增长了 14%,然而综合市场的相应比例却达到了 44.2%。

表 5.4 2006 年专业市场与综合市场的基本情况

指标	专业市场				综合市场			
	市场数量(个)	摊位数(万个)	营业面积(亿平方米)	成交额(亿元)	市场数量(个)	摊位数(万个)	营业面积(平方米)	成交额(亿元)
总量	2 525	147.3	1.3	2.6 万	1 106	91.3	3 899 万	7 824.2
占全国亿元市场比重(%)	65.1	58.3	71.3	70.8	28.5	36.1	21.6	21.1
与上年相比的增速(%)	14	13.1	47.2	23.5	44.2	27.4	39.6	28.8

资料来源:《2007 中国商品交易市场统计年鉴》。

(2) 集散型市场、消费地型市场快速增长,产地型专业市场稳中有升。随着流通业的发展,我国逐步形成了产地型专业市场、集散型专业市场、消费地型专业市场齐头并进的局面。据统计,2006 年,我国产地型专业市场、集散型专业市场和消费地型专业市场的市场数量分别为 1 127 个、1 229 个和1 520 个,比上年增加了 44 个、268 个和 241 个,成交额同比分别增长 10.6%、35.5%和 25.3%,可见,我国集散型和消费地型专业市场发展快速，产地型专业市场也发展平稳。除了数量上的增长外，三类市场不断调整和创新。产地型专业市场以当地的产业优势为依托，凭借当地产业集群的弹性专精，可生产出低成本、多品种商品的优势，实行产销一体化，不断推进市场的改造与提升；集散型专业市场充分利用自身发达的服务组织系统，加快商品流通方式的创新和改造；消费地型专业市场由原来单纯的商品交易平台，逐步向商品品牌集聚地转型，积极打造与市场密切相关的商品品牌与二级市场品牌，提高自身的知名度与美誉度，从而不断促进市场的转型与升级。

表 5.5　2006 年按行业划分的亿元商品交易市场构成(%)

行　业	市场数量	摊位	营业面积	成交额
工业品综合市场	7.6	16.1	11.0	9.4
农产品综合市场	20.9	20.0	10.6	11.7
纺织品服装鞋帽市场	12.4	21.8	10.8	17.1
食品饮料烟酒市场	3.3	2.2	1.9	2.3
药材药品及医疗器材市场	0.5	1.0	0.3	0.6
家具市场	2.6	1.9	3.7	1.3
小商品市场	2.2	2.3	1.1	1.7
文化音像书报杂志市场	1.1	0.6	0.5	0.8
旧货市场	0.9	0.5	0.6	0.6
机动车市场	4.4	1.5	4.3	5.3
金属材料市场	5.2	2.1	6.7	18.1
煤炭市场	0.3	0.1	5.1	0.2
木材市场	1.8	0.9	3.7	1.4
建材装饰材料市场	8.6	5.5	17.1	5.1
粮油市场	2.2	1.0	1.6	1.4
干鲜果品市场	3.1	2.3	1.8	2.2
水产品市场	2.8	2.2	1.1	2.8
蔬菜市场	5.9	6.9	4.9	3.5
肉食禽蛋市场	2.1	1.0	0.9	1.3
土畜产品市场	1.2	1.3	1.2	1.9
农业生产资料市场	0.9	0.7	0.7	0.5
计算机市场	1.6	0.8	0.5	1.3
通讯器材市场	0.5	0.2	0.1	0.2

(续表)

行　业	市场数量	摊位	营业面积	成交额
花卉市场	0.4	0.4	1.4	0.3
五金电料市场	1.3	1.2	1.2	1.1
其他市场	6.3	5.6	7.1	8.2

资料来源：整理自《2007 中国商品交易市场统计年鉴》。

(3) 从行业属性来看，农产品综合市场具有相对的数量优势，传统行业、中间品或生产资料的专业市场仍占据主导地位。如表 5.5 所示，在所有的亿元商品交易市场中，农产品综合市场无论在市场数量、摊位数还是在营业面积和成交额上，都具有相对的数量优势，其中，市场数量所占的比重达到 20.9%。由此可见，农产品综合市场具有进一步发展、规模不断扩大的趋势，这与我国经济发展过程中居民需求量的扩张以及国家支农惠农政策的支持是密不可分的。撇开综合市场，单从专业市场的内部行业结构来看，从市场数量、摊位数、营业面积以及成交额四方面构成综合来看，传统行业市场、中间品行业市场或生产资料市场在我国整个专业市场体系中占据主导地位。例如，纺织服装鞋帽传统行业类市场在四项统计指标的构成上相对于其他行业市场都具有绝对优势，四项统计指标的构成分别是 12.4、21.8、10.8 和 17.1，这些比例远远高于其他行业市场的相应比例。除此之外，建材装饰材料、金属材料等中间产品和生产资料市场在整个专业市场体系中也占据着很重要的地位。其中，金属材料市场的成交额占全部商品交易市场成交额的比例达 18.1%，是所有行业市场中比例最高的。另外，建材装饰材料市场的营业面积构成比是所有行业市场中最高的，为 17.1%。与此同时，农产品市场一方面具有综合化发展的趋势，另一方面各种农产品的专业市场在市场数量、摊位数、营业面积和成交额构成上都达到了较高的比例。例如，蔬菜市场的上述四项统计指标的占比分别为 5.9%、6.9%、4.9%和 3.5%，相对于其他行业的专业市场，这些比例处于中上水平。由上可见，从行业来看，我国各行业专业市场呈多元化发展趋势，与此同时，在多元化中又明显地存在占据主导地位的行业市场，主导的行业市场与特定的行业需求与供给共同推进着我国专业市场在量与质上的快速发展。

(4) 从经营方式看，大部分专业市场都以批发为主，但是市场内零售业务也占有一定的比重。如表 5.6 所示，我国各行业专业市场以批发方式的成交总额所占比例要高于以零售方式实现的成交总额的占比，前者达 71.9%，高于后者 5.7%个百分点，因此，总的来看，我国的各个专业市场以批发经营为主。但是，各专业市场内 66.2%的零售业务确实也是我国专业市场的一种重要的经营方式。进一步的分析可以发现，以批发业务为主的专业市场主要是那些销售小件商品的专业市场，如纺织服装鞋帽市场、食品饮料市场、小商品市场、文化音像书报杂志市场、金属材料市场等，这些专业市场以批发方式实现的成交额占比分别是 18.5%、2.6%、1.9%、0.8%、21.0%，分别高于零售方式相应占比 7 个百分点、1.5 个百分点、1.1 个百分点、0.2 个百分点和 14.7 个百分点。而诸如家具市场、木材市场以及建材装饰材料市场等大件商品专业市场，零售相对来说是一种更为主要的经营方式。另外，农副产品专业市场也以批发为主。粮油市场、干鲜果品市场、水产品市场、蔬菜市场、肉食禽蛋市场和土畜品市场等农副产品市场以批发方式实现的成交额占比都高于零售方式。与此同时，高新技术产品市场由于商品个性化特点，消费者更偏好于自己选购，因此，这种专业市场的经营方式主要以零售为主。计算机市场以批发方式实现的成交额占比要高于零售方式 3.9 个百分点。

(5) 从营业状态来看，常年营业是我国专业市场的主要营业状态，其次是季节性营业状态。专业市场的营业状态分为常年营业、季节性营业以及定期营业三种状态。如表 5.6 所示，所有的行业都存在常年营业的专业市场，其中有些行业既有些专业市场是常年营业的，也有些专业市场是季节性营业的，例如纺织品服装鞋帽市场、食品饮料烟酒市场、药材药品及医疗器材市场、金属材料市场、木材市场、粮油市场、干鲜果品市场、蔬菜市场、肉食禽蛋市场、农业生产资料市场、水产品市场以及土畜品市场等等。另外，有些行业的全部专业市场是常年营业的，例如，家具市场、小商品市场、文化音像书报杂志市场、旧货市场、机动车市场、煤炭市场、建筑装饰材料市场、计算机市场、通讯器材市场、花卉市场和五金电料市场。其中，无论是常年营业还是季节性营业，纺织服装鞋帽市场实现的成交额占比都相当高，分别为 16.9%和 36.1%，这说明，该行业专业市场在我国专业市场体系中的地位。适应于农产品的季节性特点，农产品行业的专业市场既有常年营业，也有季节性营业的，而且相对于常年营业状态的农产品专业市场，季节性的农产品专业市场实现的成交额占比较高。例如，季节性的蔬菜市场实现成交额的占比要比常年营业蔬菜市场的占比高 13 个百分点，这与蔬菜从生产到上市的季节性特点有很大关系。

表 5.6 2006 年亿元以上商品交易市场成交额构成(%)

行　业	批发	零售	常年营业	季节性营业	其他营业状态
合　计	71.9	66.2	70.5	96.2	85.9
纺织品服装鞋帽市场	18.5	11.5	16.9	31.6	76.3
食品饮料烟酒市场	2.6	1.1	2.3	4.2	
药材药品及医疗器材市场	0.5	1.0	0.6	0.7	
家具市场	0.8	3.4	1.3		
小商品市场	1.9	0.8	1.7		
文化音像书报杂志市场	0.8	0.6	0.8		
旧货市场	0.5	0.7	0.6		
机动车市场	2.1	17.8	5.3		
金属材料市场	21.0	6.3	18.3	1.4	
煤炭市场	0.3		0.2		
木材市场	1.2	2.2	1.4	2.4	
建材装饰材料市场	4.0	9.5	5.2		
粮油市场	1.6	0.6	1.4	1.1	
干鲜果品市场	2.5	1.2	2.1	8.5	
水产品市场	3.2	1.3	2.8	1.1	3.6
蔬菜市场	4.1	1.1	3.4	16.4	6.0
肉食禽蛋市场	1.3	1.2	1.3	0.8	
土畜产品市场	2.3	0.1	1.6	27.4	
农业生产资料市场	0.5	0.3	0.5	0.5	
计算机市场	0.5	4.4	1.3		
通讯器材市场	0.1	0.3	0.2		
花卉市场	0.4		0.3		
五金电料市场	1.2	0.7	1.1		
其他市场	9.1	4.3	8.2	1.4	10.5

注：此表没有将综合市场的构成情况列入。
资料来源：《2007 中国商品交易市场统计年鉴》。

2. 专业市场的区域分布结构

专业市场的区域分布结构是指根据不同的标准划分国土以考察不同区块专业市场分布的数量、营业面积等，以总结专业市场集中化或分散化发展的区域布局规律。这里主要从我国东、中、西部以及大经济区的角度考察专业市场的分布状况。

从我国东中西部的地区分布来看，我国专业市场在三大地区之间的发展很不平衡。东部地区由于是我国产业集群发达地区，市场经济体制改革走在前列，加之具备较深厚的人文、商业传统，经过改革开放以来 30 年的发展，东部地区的专业市场的发育水平和管理状况已经远远地走在了中西部地区的前面。如表 5.7 所示，无论是在市场数量、摊位数、还是在营业面积和成交额上，东部地区专业市场的发展都已经形成绝对优势。例如，2006 年，东部地区市场成交额约 20 621.46 亿元，分别是中西部地区的近 6 倍和 10 倍。东部地区的浙江、江苏、山东、广东和河北等五省的专业市场尤其发达，2006 年亿元市场数与成交额占全国的一半以上，分别增长 9.5%和 19.3%。而西部地区的新疆、青海、内蒙古、宁夏、甘肃等省（区）由于经济实力较弱，市场的基础设施建设滞后，加之市场观念形成较慢，导致这些地区专业市场的发展相对滞后，据统计，2006 年这些地区亿元市场数和成交额仅占全国的 3.9%和 2.2%，单位营业面积创造的年成交额仅为 0.6 万元，还不到东部地区的 1/5。

从我国六大经济区的专业市场状况来看，同样显示了不平衡的发展特点。如表 5.8 所示，专业市场发展的第一梯队是华东地区，第二梯队是中南、华北、东北地区，第三梯队是西南与西北地区。例如，在市场成交额上，华东地区的占比达 59.8%，高于中南地区 44.7 个百分点，高出占比最低的西北地区 57.9 个百分点。可见，我国六大经济区之间在专业市场的发展方面存在着巨大差距。

如果单从东部地区内部来考察，我们同样也会发现在该地区的不同经济带之间，专业市场的发展也是存在着明显差距。尽管东部地区的三大经济带专业市场比较发达，据统计，这包含这三大地带的东部地区的亿元市场数和成交额分别占到全国的 40.2%和 52.5%，单位营业面积创造的年成交额为 3.31 万元，分别高出全国和东部地区平均水平的 61.2%和 29.3%。但是，这三大经济带之间本身也存在着明显的差距。如表5.9所示,从数量上来看,包括浙江、江苏、上海在内的长三角地区的专业市场明显比环渤海地区与珠三角地区的专业市场较为发达。从三大经济带专业市场2006年的成交额占比来看,长三角地区是珠三角的近5倍,环渤海地区的近3倍。

表5.7　2006年东中西部专业市场构成基本情况

指　标	市场数量(个)/占比(%)	摊位数(个)/占比(%)	营业面积(平方米)/占比(%)	成交额(万元)/占比(%)
东　部	1 699/67.3	981 466/66.6	75 864 865/58.9	206 214 556/78.5
中　部	541/21.4	308 376/20.9	32 358 948/25.1	34 272 408/13.0
西　部	285/11.3	183 627/12.5	20 616 519/16.0	22 319 346/8.5

资料来源:整理自《2007中国商品交易市场统计年鉴》。

表5.8　2006年六大经济区专业市场构成基本情况

指　　标	华北	东北	华东	中南	西南	西北
市场数量占比(%)	13.1	8.0	50.0	19.7	5.5	3.6
摊位数占比(%)	18.3	11.7	42.4	17.2	6.8	3.6
营业面积占比(%)	15.2	18.7	37.3	15.0	5.1	8.6
成交额占比(%)	12.0	6.5	59.8	15.1	4.8	1.9

资料来源:整理自《2007中国商品交易市场统计年鉴》。

表5.9　2006年三大经济带专业市场构成基本情况

指　标	市场数量占比(%)	摊位数占比(%)	营业面积占比(%)	成交额占比(%)
环渤海	9.9	12.8	11.1	10.9
长三角	23.0	19.8	16.0	39.3
珠三角	5.7	4.3	6.1	6.4

资料来源:整理自《2007中国商品交易市场统计年鉴》。

由上可见,专业市场的区域分布体现了一定的区域布局规律,专业市场的区域分布在很大程度上与区域经济的发展水平与发展阶段密切相关。例如,长三角地区作为中国经济、科技最为发达的地区之一,它不但在全国专业市场的发展中处于领先地位,而且在专业市场较为发达的东部地区也具有相对优势。

3. 专业市场的城乡分布

专业市场的城乡分布主要是指专业市场在不同等级的城市之间、城市与集镇之间分布的特点、数量以及它们之间的关系。随着经济的发展,农村专业市场逐渐转移到具有不同需求层次的城市,因此,关于专业市场的城乡空间分布,这里主要研究专业市场在不同等级城镇之间的空间分布。

不同等级的城市具有不同的商品供给能力、市场辐射能力以及商品需求品种、数量,因此,不同等级城市之间在专业市场的发展上势必呈现出等级化发展趋势,而且不同行业的专业市场在不同等级的城市之间也表现出分化的趋势。如表 5.10 所示,大型城市的专业市场无论在成交额、营业面积、摊位数、还是在市场数量上,都具有相对优势。2006 年,大型城市成交额占比是中小型城市的近 2 倍,市场数量与中小型城市相比也有较大差距,这与大城市具有较大的商品供给与需求能力是分不开的。与此同时,我国小型城市专业市场的发展也具备一定的实力,与中型城市的发展水平相当。另外,由于大中小城市具有不同的消费结构,不同行业的专业市场的分布会在大中小城市之间出现分化,对于集散型市场和消费地市场尤其如此。例如,大型城市较容易形成综合市场,那些满足城市居民文化精神需求的专业市场更容易在大城市布局和发展。据统计,2006 年,全国综合市场的 39.2% 布局在大型城市,这一比例远远高于中型城市的 31.7%和小型城市的 29.1%。又如,2006 年,全国 44 个文化音像书报杂志市场,大城市占到 34 个,中型城市占到 10 个,而小城市的市场数量为 0。

表 5.10　2006 年大中小型城市专业市场构成基本情况(%)

指　　标	市场数量占比	摊位数占比	营业面积占比	成交额占比
大型城市	42.8	42.0	46.6	50.0
中型城市	31.8	28.6	24.2	25.7
小型城市	25.3	29.4	29.2	24.4

资料来源:整理自《2007 中国商品交易市场统计年鉴》。

5.3　专业市场规模扩张、结构演变的总趋势

改革开放 30 年来,我国专业市场的规模与结构发生了很大的变化,这是一个随着经济社会环境不断变化的适应性调整过程。近年来,我国出现了影响专业市场规模扩张与结构演变的新的重要因素,这就决定了我国专

业市场的规模与结构势必将继续作出调整。

5.3.1 影响专业市场规模扩张与结构演变的新因素

影响专业市场规模扩张与结构演变的新因素主要包括市场经济体制、地方产业集群、城市等级体系以及现代交易技术、外向度等五个方面，也可以将之概括为市场化、工业化（工业服务业化）、城市化、信息化与国际化等五个影响因素。

（1）在市场扩展与市场深化的基础上，逐步从初级市场经济向现代市场经济过渡。市场扩展与市场深化是指市场作用领域的不断扩张与计划作用领域的不断收缩。在这一过程中，我国将继续推进经济体制改革，而且将不失时机地推进科技体制、科研管理体制与文化体制等领域市场取向的改革，市场秩序将得以在全国范围有序地扩张，市场机制将成为配置资源的基础性方式，并不断培育和提高人的市场意识，推动经济主体更加偏好通过市场方式完成交易等经济活动。因此，在未来较长一段时间内，我国的各类专业市场将继续发挥它应有的作用，仍还是我国一种重要的交易组织形式。

这一发展过程和结果，将主要通过以下三个方面的共同作用得以实现：第一，企业组织方式与生产经营方式开始逐步向现代企业转型。企业组织形式不仅将完成从车间到真正企业的转换，而且将呈现出组织结构上的多样化特征，个体家庭式企业、工厂、公司、股份公司、集团公司等多样化发展，企业内部的管理结构将从传统的直线制组织、职能制组织，逐步向现代的事业部制组织、矩阵制组织转变。与此同时，现代企业制度将与传统企业制度、近代企业制度并存，逐渐成为企业发展的目标。第二，政府职能将继续不断规范。在新的体制环境下，我国的各级政府将继续科学定位其职能，充分发挥其对市场机制的补充作用，增进市场的运行效率与效果。同时，各级政府将适应经济社会发展的要求，逐步从以前发展过程中对于促进社会发展方面的功能缺位转向功能归位，日益注重提供公共产品，发展公共事业。第三，社会法治将得以建立并不断完善。在市场经济条件下，法治是规范政府行为、发展“好的市场经济”的有效工具。[1] 健全的法治，能有效规范政府

[1] 参阅钱颖一：《市场与法治》，《经济社会体制比》2000 年第 3 期。

的行为，实现产权的界定与保护、合同的实施与市场秩序的维护。随着“依法治国”的推进，法治将逐渐成为人们规范市场交易、政府行为的有效工具。

(2) 中国的经济发展阶段将完成双重转换，即由工业化中期向工业化后期及工业服务业化阶段转换，从传统产业逐步向先进制造业与现代服务业阶段转换。经济发展方式的转变是实现这两个阶段转换的前提。目前，我国的产业层次和产品附加值偏低，规模经济效应不明显，自主创新能力不够强，资源受到制约，环境容量有限，因而经济发展方式在总体上正处于由粗放型向集约型加速转变的关键阶段。随着企业经营机制的转变、市场经济体制的进一步完善以及创新型国家的建设，我国将逐步把经济发展方式转变到集约型的轨道上来。在此基础上，以产业集群与工业化两者之间的互动发展为主要特征的我国工业发展阶段的转化也将完成，工业化的进一部推进必将促进地方产业集群发展，产业集群的进一步发展必将提高专业市场的商品供给能力和需求能力，从而促进专业市场、尤其是产地型专业市场的发展。另外，随着消费结构的调整与升级，以传统服务业主导的第三产业格局将向以现代服务业主导转变，从而影响专业市场的市场结构。

(3) 我国由农村工业发展主导的工业化路径将继续向由城市、城市群与城区带联合带动工业化的路径转变。因此，城市将在经济与社会的发展中扮演越来越重要的角色。农村工业化也不可避免地存在一些问题，例如，农村工业的布局分散，难以形成规模经济与范围经济效益；组织化程度低，难以高效配置资源，与现代市场经济条件下的企业组织方式、市场组织交易方式不相适应等等。因此，适应于经济体制与经济发展阶段的转变，我国将继续出现由农村工业推动工业化向由城市、城区集群与城市群联合带动工业化的新型道路转变的发展趋势，并逐步进入主要由城市推动经济与社会发展的阶段。在这一过程中，人口、产业总的趋势是逐步向城市转移，但经济要素的差异性决定了不同等级城市(大中小型)功能的差异性。因此，这种城市化的过程和城市体系的变化，必将引起专业市场规模与结构的空间转移。

(4) 现代交易技术将进一步与专业市场的功能相融合，专业市场的信息化步伐将不断加快。近年来，我国部分地区的专业市场不断加快市场的信息化建设，电子计算机与信息网络技术等现代交易技术将不断应用到专业市场建设、运行的整个过程中。电子商务、网上数字化市场、支付系统和新型物流系统不断发展,并不断建起了网上"信息中心"和"配送中心"等专业市场的网络发展平台。与此同时,部分专业市场利用现代交易技术积极发展会展经济、现代商业物流等新型业态,促进专业市场交易方式的创新。

专业市场对信息技术与网络技术的应用大大促进了我国专业市场业态的创新和市场空间的扩大。依托专业市场这个有形市场,专业市场大力发展电子商务、网上"虚拟专业市场",网上市场与网上交易逐渐成为市场交易的重要方式,从而拓展了专业市场的发展空间。可以预见,由于专业市场与现代交易技术和方式的进一步融合创新,以及专业市场的信息化程度的提高,必将进一步推动我国专业市场的调整。

(5) 专业市场的国际化程度将继续提高,市场经营主体的国际化意识不断增强。21 世纪以来,我国的许多专业市场适应于经济全球化和新技术革命的时代要求,纷纷将触角伸向世界,开始走专业市场的国际化道路,努力提高国际化水平,逐步从地区性、传统型、封闭型的纯国内专业市场发展成为国际性、创新性、开放性的商品流通中心、价格形成中心与信息的展示和发布中心。以义乌中国小商品城为例,据统计,2006 年有 20 328 家市场经营户开展了外贸业务,市场商品外销比例达到 58.7%,超过内销 17 个百分点。义乌已在国外开办了数十个义乌小商品市场分市场,常年在国外经商的义乌人达数万之众。这些都表明,我国的专业市场在国际化的道路上走出了重要的一步。但是总的看来,我国专业市场的国际化还存在着诸多问题,例如,从事国际贸易的经营主体素质较低,不能完全适应国际化的经营模式;由于商品的质量和档次不够高,还不能使专业市场真正进入国际贸易的主流渠道;作为国际化重要内容的国际会展、国际博览会等发展还不够成熟;在涉及一些贸易纠纷时,我国尚不能对涉外贸易合约提供有效的法律支持与制度保障。但是,可以预见,随着时间的推进,随着经济全球化的进一步加深,我国的专业市场的国际化步伐必将加快,外部市场的因素将对我国各类专业市场的发展产生越来越大的影响,在这种背景下,我国的专业市场无论在规模上,还是在结构上,都将发生重大调整。

5.3.2 专业市场规模扩张的总趋势

改革开放 30 年来,我国专业市场无论从市场总体规模,还是从单个市场的平均规模来看，都是持续扩大的。这是经济体制改革与市场体系完善所不断释放的制度力量有力推动的结果。许多大型、甚至是超大型的专业市场，正引领着专业市场的集中与分化趋势，使各类专业市场的规模扩张与业态创新呈现出新的特点。

如上所述，在我国未来的发展中，诸如市场经济体制、地方产业集群、现代交易技术、外向度等对专业市场的规模有直接的影响，它们在总体上将导致专业市场的市场数量、摊位数、营业面积以及成交额这四个最基本的变量，呈现出以下演变趋势，如图 5.4 所示：(1)在专业市场的市场数量方面。随着居民收入水平、尤其是中低收入者收入水平的更快提高，决定了我国广大居民对中低档消费品仍然会有比较大的市场需求，在现代流通体系尚未真正建立之前，我国各类商品专业市场的数量仍将处于增长阶段，而且是一个较快增长阶段。但是，可以预见，随着我国市场竞争机制的进一步建立与完善，以及各行业大企业或有实力的规模企业的不断成长，我国各类商品专业市场内部将不断出现分化，其中势必会出现一部分专业市场由于市场机制的自然选择而不断被淘汰，以至最终退出运行。因而，在经历一段时间的快速增加之后，我国专业市场的市场数量还会出现适应性的下降，商品的多种现代交易方式将取代一部分传统专业市场的功能。(2)在专业市场的摊位数方面。随着现代交易技术不断地融入专业市场，专业市场提高单位面积创造价值能力的要求迫使摊位数不会像 20 世纪 90 年代和 21 世纪初期一样，出现快速增长的局面，而会根据专业市场的不同发展阶段而发生变化。总的来说，专业市场的摊位数，在未来一个较短时间内会继续增加；但由于经济增长方式的变化以及市场竞争的压力，我国专业市场的摊位数将可能出现结构性的下调。(3)在专业市场的营业面积方面。对应于未来一段时间内，我国专业市场数量的继续增加，我国专业市场的营业面积将继续增加。但是，当我国专业市场数量的增加达到"拐点"之时，专业市场营业面积的增加将是疲软的。因为，在这一阶段，每个专业市场都会更加关注单位营业面积价值的增长，而不是简单地扩大营业面积，所以，总的来说，营业面积也终将面临下降的趋势。(4)在专业市场的成交额方面。对应于专业市场数量增长的未来阶段，我国专业市场的成交总额也会相应增长。但是，当专业市场的数量、摊位数以及营业面积都处于下降阶段时，我国专业市场的成交总额未必会下降。因为，那时的专业市场走的是一条集约型发展道路。尽管市场数量、摊位数和营业面积下降了，但是专业市场的发展由于更加注重投入产出之间的关系，因而确保了成交额的继续增长。

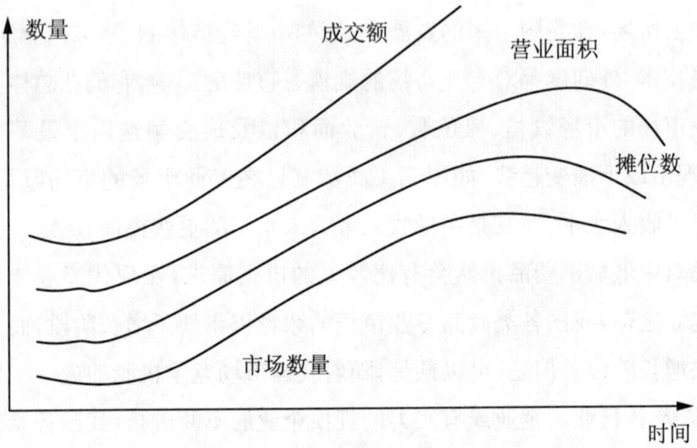

图 5.4　专业市场的数量型规模的演变趋势简图

基于以上分析，如图 5.5 所示，专业市场平均规模演变的总趋势主要是：(1)单个市场的平均成交额。这一质量型规模指标将在总体上处于上升阶段，只不过在不同的历史时期，单个市场平均成交额的增长速度存在差异。当专业市场步入集约化的发展阶段后，单个市场的成交额将以更快的

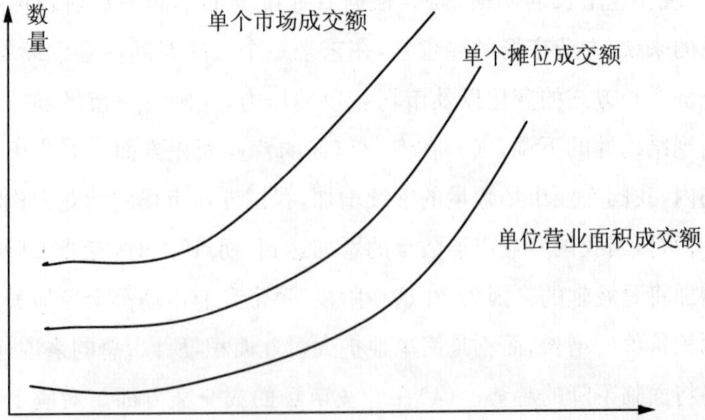

图 5.5　专业市场平均规模演变的总趋势简图

速度增长。(2)单个摊位的成交额。与单个市场的平均成交额相似，这一质量型指标也将是呈不断增长的总趋势。这体现了市场内经营户由于激烈的市场竞争而更加注重单位价值的提高；(3)单位营业面积的成交额。从我国专业市场近几年的发展情况来看，未来几年，甚至是以后较长的一段时间内，尽管营业总面积将趋于下降，但是由于成交额集约型增长，我国专业市场单位营业面积成交额的总趋势也将不断上升。

以上是我国专业市场总体的规模扩张趋势，具体到各行业，从我国近几年大型、超大型专业市场不断涌现的现状来看，我国各行业内专业市场将继续向综合化、大型化、集中化的趋势发展，并不断出现该行业的领导型专业市场。它将使该行业的专业市场不断出现分化，交易总额在各市场之间的分布向大而专的专业市场和综合性的专业市场群集中；专业市场出现两极分化，一部分区位优势不明显、经营管理不善的专业市场终将被淘汰。

5.3.3 专业市场结构演变的总趋势

在专业市场的规模扩张的同时，其结构也将发生变化，事实上，专业市场的规模扩张与结构演变是互为条件的。专业市场的规模扩张孕育着结构调整，专业市场的结构变化又将促进规模的持续扩张。未来我国专业市场的结构演变的总趋势将主要体现在以下几个方面：

(1) 专业市场的投资主体更趋多元化，所有权的实现形式更趋多样化。在目前专业市场所有权、经营权逐步分离以及私营企业逐渐成为主办专业市场的重要力量的基础上，专业市场的投资主体将更趋于多元化，国有企业、私营企业、外资企业、合作经济组织等将进一步地涉足专业市场。大型、超大型市场将在现代企业制度框架下组建市场集团，通过股份制等多种实现形式组织市场集团所有的资本，以提高市场集团内部效率。与此同时，随着社会主义市场经济体制的进一步完善和改革的深入，政府部门的职能将不断得以回归，政府的精力将逐渐转移到为专业市场的发展提供优越的环境，培育市场观念，组织建设各类市场的基础设施，更好地实现专业市场的"管"、"办"分离，从而实现市场组织形式向事业化、企业化实体方向发展，提高专业市场的整体效率。甚至有可能，当发展到一定的阶段后，专业市场本身就是商贸业中的一个产业。从专业市场的培育、研究、组织建设、吸引投资主体到日常运行监测与指导的整个过程，都能通过各类市场主体分工协作完成，当然，整个过程是以尊重专业市场发展的客观规律为前提的。

(2) 专业市场的交易组织系统将日趋完善，管理组织系统将更加突出服务功能，服务组织系统将日益成为专业市场兴衰的关键。专业市场的交易组织系统是当前我国专业市场内部组织结构的核心，其效率的高低在很大程度上决定着专业市场的成败。随着现代交易技术的进一步发展，专业市场的交易系统将日趋信息化、电子化，“现场、现货、现金”三现交易的主导地位将逐渐被现代交易技术、交易方式所取代，交易组织系统将是一个信息化系统。例如，当前，由于场地以及信息、网络技术的限制，大多数专业市场内部几乎都是摊位的组合，但是，随着专业市场本身规模的不断扩张、单位营业面积成交额的提高以及信息网络技术的广泛应用，专业市场内将出现一种批发企业的集合，而且将成为专业市场内主要力量，而不是一般的各种形式摊位的简单组合，从而逐渐改变我国专业市场交易组织系统内交易主体的存在形式，进一步丰富我国专业市场交易组织系统的内涵，提升其档次。与此同时，随着专业市场交易组织系统的升级，管理组织系统的功能将更加侧重于服务。而且，随着交易组织系统内各种行业性市场协会的建立，专业市场内部分管理部门的功能将趋于弱化，甚至退出管理。一部分专业市场中原先具有管理职能的部门也将逐渐剥离其管理职能，而向专业市场的服务部门转型，完成从专业市场管理组织系统组成部分向专业市场服务组织系统组成部分的转变。另外，在专业市场交易组织与管理组织系统发生动态调整的情况下，服务组织系统将不断完善，组成元素将不断增加，信息咨询、会计、物流等生产性服务机构将成为专业市场服务组织系统的主要组成部分，服务组织系统的“生产力”将显著提高。

(3) 以金字塔型为主的等级空间组织结构将趋于弱化，网络型、扁平化的空间组织结构将不断加强。在专业市场发展中，一些实力雄厚、辐射能力甚强的大型专业市场正朝着全国性的一级中心市场发展，并逐渐形成一级中心市场与地方性的二级、三级市场层层相连的金字塔型的空间组织结构。可以预见，在未来一段时间内，这种金字塔型的空间组织结构将长期存在与发展，但是，从中长期趋势来看，随着全国统一市场体系建设的逐步推进，这种金字塔型的等级空间结构特征将趋于弱化，并逐渐成为我国专业市场空间组织结构的非主体形式。相反，网络型互联形式的专业市场空间组织结构将逐渐成为我国专业市场的重要主体形式。也就是说，我国未来某一地区性的专业市场，并不一定要通过更高级的全国性一级中心市场相连，而可以与其他区域的二级次中心市场相连，在它们之间逐渐形成一种网络连接关系，而逐渐取代等级连接关系。这种网络型的空间组织结构，减少了连接的中间环节，使专业市场获取外部元素的交易费用降低，从而避免了成本较高的空间转化，提高了整体的交易效率。当然，这需要我国专业市场的服务组织系统、信息服务体系的不断完善，以及全国市场统一性的不断增强。

(4) 集散型专业市场将不断减少，而与当地产业集群有密切联系的产地型专业市场将有很大的发展空间。产地型专业市场以当地的优势产业为依托，是本地商品的主要销售流通渠道。尽管如前所述，当前我国的集散型和消费地型专业市场增长较快，产地型专业市场保持了一种稳中有升的发展态势。但是，从长远来看，随着我国地方性产业集群的进一步发展，产业集群与专业市场之间互动机制的不断增强，依托于特定产业集群的专业市场将获得长足的发展。与此同时，随着人们生活水平的提高，消费者对个性化商品的需求将日益增强，专卖店等凸现商品个性化特征的销售模式将使那些消费地型或集散型的粗放市场形态的功能不断弱化。另外，随着国际化程度的提高，使那些非本地生产的商品的销售渠道增加，这些商品并不一定要集中到某个具有特定需求的地区，而可以将之销往国外，获取更高的附加值，由此导致某些消费地型或集散型的专业市场逐渐减少。市场竞争机制的完善，市场竞争的加剧，也使得一部分原先以卖全国产品为主的专业市场转变为卖本地产品为主，集散功能趋于弱化，辐射范围出现了不同程度的萎缩趋势，而这就意味着集散型专业市场不断减少。

(5) 农副产品专业市场、传统行业和生产资料市场仍将占有重要的位置，高新技术行业将对市场成交额的上升作出巨大贡献。尽管根据恩格尔规律，人们用于食物的支出比重将不断降低，但是，由于我国庞大的人口基数，所以，农副产品专业市场在我国专业市场体系中的地位是无可替代的。另外，传统行业所营销的主要是一些关乎百姓衣食住行的必需品，这就决定了传统行业的专业市场也将继续得到发展。生产资料市场由于其产品本身的特点，决定了它必须要由专业市场进入产业链的下游，因此，生产资料市场将在未来专业市场的发展中获得一个比较稳定的位置。高新技术行业专业市场将成为我国未来专业市场的一支新兴力量。据统计,2006年,计算机市场的市场数量、营业面积以及成交额比上年度分别增长了16.7%、24.0%和16.5%,增长速度较快。

(6) 先发地区专业市场的发展速度可能将趋缓,市场功能可能将弱化,欠发达地区的专业市场发展潜力巨大。随着发达地区市场经营成本的不断提高,以及先发地区企业率先实行规模扩张并不断推进的品牌经营、独立销售网络的建立,这使得部分专业市场极可能因缺乏必要数量的经营主体而成为无源之水。例如,改革开放以来浙江专业市场的发展一直处于全国领先,是名符其实的“市场大省”,但是,尽管与其他省区相比,浙江的专业市场确实仍然具有数量优势,然而,与自己纵向相比,浙江目前专业市场的发展速度已经趋缓,少数市场功能弱化,甚至出现萎缩现象。以温州永嘉桥头纽扣市场为例,1994年最兴旺时,桥头市场摊位一度发展到4 000多个,拥有各类纽扣品种达28 000多种,纽扣销售占国内销售总量的80%,市场年交易额超过5亿元。但到1997年桥头市场的摊位数下降为1 489个,实际经营的只有857个,到1998年经营摊位更是下降到623个,摊位利用率跌至41.8%,一半以上的市场摊位成为“空壳”。2007年本书作者去桥头纽扣市场调研时,桥头市场已显得比较冷清了,先不说街道两旁那密密相连的店面没有多少人气,即便是在新的纽扣市场也没有多少客商,市场摊位下降到100多家。当然市场形态的转型与升级、营销方式的改变,也是市场衰落的重要原因,许多企业上规模后为了锻造品牌以及和国际接轨的企业,现在都纷纷用自己的营销网络取代原有的专业市场。这一过程符合“专业市场的梯度转移”的规律,也可以理解为市场在全国扩散的过程。这一市场扩散的结果之一,是推动了欠发达地区专业市场的发展。尤其是一部分劳动力密集型行业商品专业市场,在东部地区日渐失去优势,因而随着产业转移出现了专业市场在欠发达地区培育与成长的现象。当然,这些市场的发展与产品技术含量低、工艺简单以及可转移性强等密不可分。另外,欠发达地区未来专业市场的发展潜力与经济发展初期政府的作用不无关系。

(7) 专业市场将进一步集中到城市,大中型城市将逐步成为专业市场发展与转型的主阵地。随着城市化的进一步推进,以及农村人口分布的相对分散,使得消费地型的专业市场在农村的布局不再是有效率的,从而促使其趋向于集中到城市。对于集散型市场，由于流通过程对基础设施和交通、通讯条件的高要求，使得这类市场将从基础设施落后的农村地区转移到城市。在未来一段时间内，随着工业化推动力量由农村向城市、城郊的转移的完成，产地型市场也将逐步转移到城市与城郊。因此，我国专业市场的核心在未来将主要转移到城市，在农村可能只保留专业市场网络中的"末梢"。而且，转移到城市的专业市场在不同等级的城市之间的分布结构也会不断调整。总的来看，大中小型城市将根据其规模、功能等，合理布局不同类型的专业市场，大中型城市将成为未来我国专业市场发展的主阵地，大中型城市内的专业市场将成为推动我国各类专业市场档次提升与功能创新的主要力量，从而形成一种布局合理、功能完备的专业市场分布体系。例如，在大中型城市举行的展销会、博览会等也将推动小城市、城镇专业市场的功能创新与转型。

6　专业市场扩展的内在机理：内生报酬递增

从经济意义上说，作为一种制度形式，专业市场的建立与发展同其他制度形式一样，要么有利于交易费用的节约(Coase, 1937, 1960)，要么可以形成报酬递增机制(Romer, 1987)。关于专业市场有利于产品信息搜寻成本的节约，已在第3章做了充分的讨论。按照一般的经济理论，在制度演进过程中，当制度使用费用上升时，便会发生制度变迁，以新的制度替代旧的制度，这将导致专业市场瓦解。一些学者据此提出了"专业市场消亡"论。本章则依据中国改革开放30年来的事实，指出由于建立了内生报酬递增机制，因此尽管专业市场制度总体上处于整合、转型过程之中，但它作为一种适合中国国情和发展阶段的制度形式不仅还要存在一个很长的历史时期，而且还有可能被强化。

6.1　专业化分工与报酬递增

专业化分工为什么会产生报酬递增？原因在于：(1)分工专业化可以使每个专业操作简化，节省自给自足时改换工作的费用，可以加速技能熟练过程(熟能生巧)，并使新技术、新机器得以发明；(2)分工专业化可以节省原材料，增加工具的利用率；(3)分工专业化使得一些人在不分工时重复的学习费用得以节省，可以增加整个社会获得知识和积累知识的能力。若某人在生产某产品时，生产函数显示边际或平均劳动生产率随他在此活动中的专业化水平上升而增加，则他生产此产品的活动中有专业化经济。

6.1.1　报酬递增理论的渊源

报酬递增理论最早可以追溯到亚当·斯密的《国富论》。斯密从企业的角度说明了报酬递增产生的过程，并提出了"劳动分工受市场范围限制"的定理，即生产力的劳动分工是财富增长的主要原因，而新的劳动分工取决于市场的扩大。两者结合起来，形成了凭借持续的、新的分工演进而自我维持的增长理论。斯密的报酬递增理论体现在两个层次：其一是微观层次的劳动分工。亚当·斯密指出："劳动生产力上最大的增进，以及运用劳动时所表现的更大的熟练、技巧和判断力，似乎都是分工的结果。”[1]其中技术变迁以分工加速知识积累，成为报酬递增的不竭的源泉。其二是宏观层次的分工因果累积。分工既是经济进步的原因又是其结果，这一因果累积的过程所体现出，就是报酬递增机制。分工累积以及以知识积累所体现的技术变迁都属于动态范畴，必然导致垄断的出现，其与静态的竞争均衡是不相容的。这正是斯密定理的“两难困境”之所在。正如斯蒂格勒(1996)所说，如果确是市场容量限制了劳动分工，那么典型的产业结构就必定是垄断；如果典型的产业结构是竞争，那么这一定理就是错误的。

马歇尔对斯密定理两难困境和报酬递增的处理，关键是提出了外部经济的概念。马歇尔(1982)认为，可把因任何一种产品的生产规模之扩大而发生的经济分为两类，第一类取决于产业的一般发展；第二类取决于从事工商业的单个企业的资源，它们的组织以及它们的效率。他把前者称为外部经济，把后者称为内部经济。由于他意识到内部经济的差异将瓦解竞争均衡，所以假想不论任何时候，厂商都享有所属工业生产总规模所具有的内部经济和外部经济的平均份额，其结果是外部经济的自然增长成为报酬递增的唯一源泉，即产业的规模扩大决定于整个工业生产总量的增加，一个厂商的规模扩大取决于产业的发展。马歇尔的不足之处是企业内的分工、创新和技术变化在分析框架中都被抽象掉了，他没有指明外部经济的来源是什么，同时他以静态均衡分析处理动态的报酬递增也是不合适的。但他首次提出的这种以外部性为基础来分析收益递增的思路，在现代经济理论中得到了充分的发挥。

阿林·杨格在斯密劳动分工思想的基础上提出了迂回生产和社会收益递增概念。杨格认为，最重要的分工形式是生产迂回程度的加强，以及新行业的出现。产业间的分工使得迂回生产链加长，也使得市场规模扩大，而扩大的市场会促进分工的进一步扩大。这是市场规模与迂回生产、产业间分工相互作用、自我演进的报酬递增机制。这种报酬递增的来源有两种：其一，对于某一厂商而言进行专业化生产导致生产费用节约从而实现报酬递增；其二，产业间分工呈现出社会分工的网络性，加之供求的交互作用使产

[1] 参阅亚当·斯密：《国民财富的性质和原因的研究》，商务印书馆1972年版，第12页。

业间分工扩大时报酬互补，从而使整个经济呈现出报酬递增，因此产业专业化是报酬递增的基本组成部分。

6.1.2 现代经济理论中的报酬递增思想

现代经济理论对于报酬递增的深入探讨，有两条思路：一条沿袭马歇尔的外部经济思想，试图将不完全竞争和外部性结合起来，将报酬递增纳入一般均衡框架；另一条沿袭杨格（Young，1928）有保证的收益递增依赖于劳动分工的演进的思想，从因果累积和路径依赖的角度研究报酬递增。

1. *以外部性为基础的新古典增长理论*

新古典增长理论将知识看作一种新的投入要素（或者体现为一种专门的技术，或者体现为与人力资本的结合）。技术是研究与开发内生驱动的结果，人力资本是家庭和教育部门的产品，从而将知识这一新要素内生于经济系统之中；同时由于知识的溢出效应，使得投资的社会报酬率高于私人报酬率。知识有递增的报酬率，正是知识要素的报酬递增抵消了其他物质要素的报酬递减，才使整个要素投入产生报酬递增。这一理论集中体现在罗默与卢卡斯的思想之中。

罗默（Romer）通过内生知识积累过程来说明报酬递增的产生。科学知识就其产权而言是部分排他的；知识具有溢出效应。知识又区分为两类：一般知识和专业化的知识。专业化的知识可以产生内部经济，给个别厂商带来垄断利润，垄断利润又形成个别厂商用于开发新产品的“研究与开发”的资金来源。一般知识可以产生外部经济，使全社会都能获得规模经济。内部经济和外部经济交互作用，不仅使单一产品或企业报酬递增，而且使要素投入和整个经济产生了报酬递增。在知识积累模型中，增长率可随时间单调递增，这显然不符合实际，并且将导致不存在竞争均衡的结论。所以假定知识生产收益递减来解决这一问题，给定某一时点上的知识存量，对研究的加倍投入不会使新生产的新知识加倍，从而保证了知识生产存在最优的投资率和最优的知识增长率。通过知识生产的收益递减和知识的外部性，保证了产出生产的收益递增，经济的均衡增长。

人力资本作为知识的载体和知识存量被作为一种生产要素投入经济部门。卢卡斯认为，全社会的收益递增由人力资本的溢出而形成。通过正规和非正规的教育所形成的人力资本，产生了人力资本的“内部效应”；通过在实践中“边干边学”，即通过在岗训练、师徒相传或在工作中积累经验所形成的人力资本，具有“外部效应”。人力资本的内部效应给自己带来收益，而外部效应则有助于提高所有生产要素的生产率，从而使整个经济产生收益递增。

2. *以路径依赖为基点的结构主义理论*

结构主义报酬递增理论完全继承和发扬了杨格的分工因果和积累、自我演进的思想，体现在发展经济学以及卡尔多(Kaldor)、贝恩·阿瑟(Brian Arthur)等的思想中。这一思路完全抛弃了新古典线性分析方法和牛顿式近似法以及可逆时间的观点，认为由于经济系统中时间可逆，多重因果反馈环及非均衡和不确定性的存在，使其有着极为复杂的非线性特征。因此，赞同这一思路的理论家积极主张运用非均衡和非线性方法来说明报酬递增机制和经济演进。

发展经济学的报酬递增思想集中体现在缪尔达尔(2001)所提出的“累积因果关系原理”中。现实经济生活中存在一系列相互依赖的因果关系。这些因果关系的变化呈同一方向，其不断加强、扩大和自我积累，使经济增长过程出现“回波效应”。由于“循环和累积因果关系”的作用，一些贫困国家被长期锁定在恶性循环的正反馈之中，为此罗森斯坦-罗丹和赫尔希曼提出了“退出”锁定状态的不同战略。[1]

卡尔多(Kaldor, 1972, 1975)则进行了报酬递增的结构分析。他认为经济现实是报酬递增而非报酬递减或不变，每个部门、每个产业甚至某种技术在报酬递增程度上的差异，使经济体系不存在实现均衡的内在趋势，但在任一时点上，经济状态除非作为导致它发生的一系列事件的结果，否则是不可预测的，这样就必须把历史时间引入到经济分析之中。

贝恩·阿瑟(Arthur, 1989, 1990; Arthur et al., 1987)运用概率理论对报酬递增的非线性特征和路径依赖特征进行了数学处理。他认为支撑经济系统的规则是报酬递增而非报酬递减。正是报酬递增的存在，使经济系统显示出多重均衡，即报酬递增能够导致多种可能的结果，具体哪一种结果能够被选中，与历史上一系列偶然的随机事件有关。由随机事件影响选中

[1] 参阅叶静怡：《发展经济学》，北京大学出版社2003年版，第36—52页。

的某种结果，并不一定是最优的，也可能是次优或劣等的，但是一旦选中这种结果(均衡)，经济就会步入并被锁定在这一路径之中，而且报酬递增的正反馈效应，将使这种结果被放大，即优则更优、劣则更劣。

6.2 内生报酬递增机制：知识溢出与信息外溢

专业市场的特点是大量同类或相似产品，甚至是具有产业上下游联系、旁侧联系的产品共处于一个巨大的公共平台，不同企业生产的这些相似但却在技术上各具特色的产品，包含有产品的共同信息和各个厂商自己特有的信息，这些产品构成了某类产品的巨大知识集合，某类产品所有的从低到高的知识、信息系列，都可以在这类产品的专业市场中被轻易地搜寻到。这种知识、信息的密集，可以形成报酬递增的三种形式：规模经济、范围经济与联结经济。

6.2.1 知识与信息的报酬递增

若一个生产函数中所有投入水平都等比例增加，而产出增加的比例会更大，则此生产函数显示规模经济。专业化经济不同于规模经济的原因在于：(1)专业化水平和专业化经济都是对特定个人和生气勃勃的活动而言。专业化经济来自熟能生巧和个人在特定专业中的经验累积，而这经验和熟能生巧获得的技能并不能在人际间轻易转移。这被称为局部递增报酬，它是与竞争的市场相容的。(2)专业化水平是随着一个人活动的范围的缩小而增加的，所以不同于规模概念。虽然一个人生产 x 的专业化水平增加时，投入生产 x 的劳动规模会增大，但是，专业化水平的上升同时意味着此人活动范围的缩小。规模经济可以把很多劳动放在一起而取得，即使这些劳动并不专门化，而专业化经济却必须由个人在特定活动中的专门化取得。

1. 知识溢出的规模经济

知识溢出的规模经济是一种在单个企业意义上，利用专业市场所提供的信息发布平台而形成的规模扩大后对成本的节约。规模经济是指在一个给定的技术水平上，随着规模扩大、产出的增加而形成的平均成本(单位产出成本)逐步下降。总的来说，知识溢出的规模经济产生的原因，由于技术、信息、经验等为特征的知识资产具有公共品与非公共品这双重特性。公共品的性质使知识具有“越用越多”的特点，这与传统物质经济形态中自然资源“越用越少”的特点恰恰相反。作为公共产品的知识一旦被生产出来，生产者就无法决定谁来得到它，因为知识一旦提供出来，生产者就无法排斥那些不为此产品付费的人，复制这种知识的成本几近于零，而潜在的利润却极高。

具体而言，知识溢出的规模经济主要源于知识的 MAR(Marshall-Arrow-Romer)外部性和Porter 外部性。MAR 外部性关注的是同一产业中相同或相似企业之间的知识溢出。马歇尔最早应用该种外部性思想分析城市经济，他指出同一城市同一产业的聚集有利于知识溢出，促进了经济发展。阿罗(Arrow, 1962)把这种思想理论化，用外部性解释了溢出效应对经济增长的作用。罗默(Romer, 1986)用这种外部性思想构建了内生增长模型，并得出了具有影响力的论断。这种外部性很容易在围绕专业市场而结成的同类产业集群中形成，一个企业可以通过在专业市场上对其他企业的同类产品进行模仿以及技术人员的频繁流动，得到新的知识和信息，从而使创新知识在产业集群的企业之间迅速传播。波特(Porter, 1990)提出了一种类似 MAR 外部性的理论，即 Porter 外部性。他认为知识在特殊聚集产业内的溢出刺激经济增长，强调区域竞争促进了创新的实施和应用；如果形成垄断或者缺乏竞争的压力，企业管理者就会贪图安逸，不愿进行风险创新投资。专业市场提供了一条区域竞争的路径，区域性专业市场建立后，专业市场周围的企业能够感受到来自专业市场的强大压力。意大利的陶瓷和金属首饰加工业是最好的例证，成千上万的同类型企业聚集在一起，激烈的市场竞争刺激企业去进行创新。知识在相同或相似的企业之间溢出，刺激了企业的创新活动和创新生产，企业增加了创新经济租，同时也降低了单位成本，产生了规模经济。

2. 信息外溢的范围经济

信息外溢的范围经济主要存在于因专业市场而形成旁侧联系的产业中。范围经济(economies of scope)，通俗的解释是指由企业经营范围而非规模带来的经济，只要把两种或更多的产品合并一起生产比分开来生产成本更低，就会存在范围经济。信息外溢的范围经济是指在不同用途的活动或过程中，或在不同的使用者之间，由于知识溢出的存在，导致不同市场主体的生产成本降低。信息外溢的范围经济是由于知识在专业市场内相似产业之间溢出，促进了相关产业的创新活动，进而导致专业市场内的相似产业的生产成本都有所下降或创新垄断利润增加。信息外溢的范围经济的主体是专业市场内的相关产业，不同于通常意义上的单个企业。

产生信息外溢的范围经济的主要根源，在于知识、信息的 Jacobs 外部性(Jacobs，1969，1985)。Jacobs 外部性与 MAR 外部性和 Porter 外部性不同，尽管也强调信息、知识溢出的重要性，但认为更重要的知识、信息溢出来源于核心产业的外部；因专业市场而结成的企业地理集聚的多样性与差异性促进了企业的创新行为，而不是企业地理集聚的专业化促进了创新和经济增长(Jacobs，1985)。某种产业的特殊需求刺激了区域内相关产业的发展，或者某些产业的创新推动了其他产业的创新活动，被威廉姆森称之为"入门效应"(gate effect)，因此不同产业的空间集聚产生了互惠的影响。另外，由于企业之间缺乏直接的竞争，使这种外部性有利于知识的溢出。Jacobs外部性同样非常重视区域竞争的作用，认为是区域竞争加速了新技术的产业化；知识溢出发生在不同产业之间，有利于各自企业的创新活动和创新产出，由此而产生了范围经济。

3. 知识溢出的联结经济

知识溢出的联结经济主要存在于因专业市场而形成的上下游联系的产业之间。知识溢出不仅具有规模经济、范围经济，而且还具有联结经济。联结经济是一种超越工业经济时代规模经济和范围经济的新的经济效应。所谓联结经济(economies of connection)，是指复数主体相互联结，通过共有要素的多重使用而创造的经济性。联结经济同范围经济的区别在于，范围经济着眼于单个主体或组织的复合生产或联合生产，而联结经济则强调复数主体的相互联结。联结经济的重要特征就是不仅包括投入方面的共通生产要素转用的无成本或低成本，而且包括产出方面的多个组织、主体相结合所创造的乘数效应。

知识溢出的联结经济主要源于知识的租金外部性。Griliches(1992)提出了租金外部性(precuniary externality)，一个企业生产一种新的或改进性能的产品，并不能完全按市场价值进行定价而独自占有全部生产者剩余，这是因为，由于市场竞争的存在，创新企业担心替代商品或潜在模仿者进入，因此它们要让渡一部分剩余给购买者。购买者能够低价买进创新产品，这是一种实实在在的获得。如果创新发生在上游产业，这种外来的“横财”将惠及下游产业，改变其生产的可能性边界。这是一种有实体的知识溢出，嵌入了新技术知识的产品最终会通过“逆向工程”(reverse-engineering)或人员流动变成“上帝的礼物”，下游企业利用这种“上帝的礼物”推动了自身知识的连锁创新(Glaeser et al.，1992)。知识的租金外部性产生了一种补足(complementary)关系，补足关系是一种埃奇沃思补足(Edgeworth complementary)。通俗地说，埃奇沃思补足就是做一件或几件事情带来另一件或更多件事情的效益增加(Henderson et al.，1995)。如果用数学语言来描述，埃奇沃思补足的含义就是，在一个多变量的支付函数中，一个变量对另一个变量的边际收益递增。因此，这种知识溢出的联结经济就是在具有补足关系的领域间进行知识扩散，其结果是带来了超过它们原先各自领域利益之和的利益(Milgrom and Roberts，1995)。获得知识溢出的联结经济的关键是主体活动间的协调，而专业市场可以提供上下游产业不同主体间的协调机制。在专业市场上，知识溢出产生的知识冗余有利于活动间的协调，由知识溢出产生的知识冗余(信息的交叠)实质上是一种有益的知识或信息重叠，而这种知识重叠促进了不同活动间的良好协调。知识溢出在上下游产业之间诱发了连锁创新，产生了具有乘数效应的联结经济。

通过上面对知识溢出的规模经济、范围经济和联结经济产生的具体分析，可以得知：在专业市场上，知识溢出的规模经济主要源于知识的 MAR 外部性和 Porter 外部性，产生于专业市场内具有相同或相似类型产业的企业之间；范围经济则主要源于知识的 Jacobs 外部性，产生于专业市场内具有旁侧联系的产业(或企业)之间；而联结经济则主要源于知识的租金外部性，产生于专业市场内具有上下游联系的产业(或企业)之间。

6.2.2 知识溢出的规模经济、范围经济与联结经济的影响因素

Romer(1986)、Lucas(1988)与 Grossman 和 Helpman(1991)等的研究均已证实，知识溢出是内生经济增长的重要机制，但对于知识溢出机制本身却研究较少。Jaffe(1989)指出知识溢出是一个复杂的过程，受到地方制度、社会习惯和法律环境等因素的影响。一般认为，影响知识溢出效应的主要

因素有以下四个方面：

1. 空间距离

知识一般分为显性知识(explicit knowledge)和隐性知识(tacit knowledge)。显性知识的扩散主要通过公共平台，而隐性知识的扩散则必须通过面对面的交流，因此，显性知识的传播成本与距离关系不大，而隐性知识的传播成本是距离的衰减函数。技术知识大部分属于显性知识，主要与专业知识相关，而另外一部分能够带来高附加值的技术知识却与经验积累有密切联系，所以知识溢出在空间范围上是受限的(Jaffe, 1989)。这一研究也揭示了中国普遍存在的产业集群经常围绕专业市场建立、发展的原因。[1]

2. 市场结构

由于新兴产业中通常企业的规模不大，Porter 外部性发挥着极其重要的作用，知识溢出对于这些企业来说非常重要。这些企业相对于成熟企业而言规模较小，另一方面，自身没有能力进行大规模的研发活动，因此渴望吸纳和利用新知识。而对于相对成熟的产业中的大企业而言，MAR 外部性占据了上风，企业有能力进行大规模的研发投入，市场垄断有利于它们获得高额的创新经济租，垄断也妨碍了知识溢出。在中国，借助专业市场公共平台的企业一般规模较小，属中小企业，市场结构接近垄断竞争形态，知识的外溢主要表现为 Porter 外部性。

3. 接受能力

罗默(Romer, 1986)沿着阿罗的思路提出了知识溢出模型，认为知识溢出的效应与接受溢出经济主体认知、吸收和应用新知识的能力有关，这种吸收和应用新知识的能力取决于接受主体必要的预备知识。一个企业对于外界知识的吸收以及应用能力与企业本身拥有的知识禀赋和知识内涵密切相关，企业只有具有相应的先决知识才能消化并应用新知识。接受主体的吸收能力还与溢出主体之间的技术相似性有关。专业市场上提供产品的厂商

[1] 当然，空间距离的接近是主体间享受知识溢出好处的有利条件之一，并非必要条件。因此我们可以看到，国内国外都存在不依赖专业市场而成功培育当地支柱产业的例子。如我国的江苏昆山、苏州、常州等地支柱产业并不是围绕专业市场而发展的；国外如意大利的许多产业集群也没有依托专业市场。本条件以及以下要阐述的三个条件均有利于规模经济、范围经济、联结经济的获得，但非必要条件。

之间具有很高的技术相似性，并且拥有相关产品的必备知识，因此，就接受能力而言，专业市场上的产品提供主体很容易接受来自市场上其他厂商的知识溢出。

4. 社会网络

有些学者强调地理区域内社会网络的重要性，他们认为稳定、可靠、互惠的社会网络的形成有利于科技人员的相互交流，促进了知识的溢出和扩散。Saxenian(1994)对美国硅谷、波士顿等地的经验研究表明，企业之间稳定的社会网络增加了企业的创新能力，降低了交易费用(Saxenian, 2001)。专业市场提供了形成相似产品生产企业间稳定的社会网络的路径，如会展、产品博览、高端产品设计竞赛等活动，都可以促使企业间加强交流。

6.3 区域间报酬递增机制：区际分工协作网络

报酬递增源于专业化和劳动分工。劳动分工有三种类型：一是基于比较利益的劳动分工；二是基于规模经济的劳动分工；三是基于专业化经济的劳动分工。以上三种分工好处的获得，都与市场的存在和扩张具有密切的联系。而区际分工网络的形成则是一个以专业市场为源头和原动力，在降低交易费用的同时，获得市场规模经济、范围经济以及专业化分工所带来的成本优势，并通过专业分工和产业集群的相互促进，形成跨区域分工协作网络，不断演进和发展的过程。

6.3.1 商业人口聚集形成规模化市场

商贸业的发展必须以人气的聚集为前提。例如，义乌早年走南闯北的“鸡毛换糖”和“货郎担”大军，在了解了全国的商品供求信息之后，改“行商”为“坐商”，形成了区际分工网络最初的商业人口——义乌商人。此后，随着专业市场的形成与发展，义乌本地的商业人口通过亲戚朋友的示范带动效应迅速增加，同时，周边地区以及全国各地的许多批发、零售商也渐渐把专业市场作为采购基地，从而使得商业人口在义乌大量聚集。

上述过程，可以通过艾萨德(1991)所建立的描述区域中人口行程的引力模型来加以说明。该模型指出，人口越密集的地方，往往越是繁华的中心城市或城镇，从而也往往是区域中人们行程的终点，吸引人口聚集，因此区域中某亚区的引力大小与其人口在区域总人口中的比重成正比。对此，可用数学模型表示如下：将一个区域 A 分成 a, b, c, …, z 等亚区，其人口分别为 P_a, P_b, P_c, …, P_z。假设所有亚区人口和其他方面的特征都相同，则在从任意一个亚区 i 出发的 100 次行程中，到达亚区 j 的次数 T 由以下公式给出：$T = 100P_iP_j/P$（其中 P 为区域A 的总人口）。[1]

专业市场正是凭借其较高的商业人口比重，成为区域中吸引商业人口能力较强的亚区，集聚了大量商业人口，并为其发展成为全国性的小商品流通中心提供了主体条件。据有关资料估算，在改革开放之初，义乌活跃在全国各地的“货郎担”大军人数约有 5 万人，但 1982 年第一代市场成立之初，仅有正式固定摊位 100 多户，加上 600 多户流动摊位，共计有摊位 700 多个。1984 年第二代专业市场建成后摊位增至 2 800 多个，1986 年第三代专业市场摊位数达到 5 400 多个，1992 年和 1994 年的第四代专业市场一期、二期工程又新增摊位 14 000 多个。从上述历史数据可以看出，商贩的迅速聚集，是专业市场蓬勃发展的一个巨大推动力，同时市场发展产生的巨大的吸引力，使得周边甚至省外商业人口也大量聚集到义乌，并由此推动了整个区际分工网络的形成与发展。

专业市场的发展，为其中摊店（企业）的经营者和国内外客商节省了大量交易费用。在传统新古典经济学只以价格作为产品唯一标识维度的假设前提下，由于众多同类型产品的经营者集中于同一区域，强化了市场竞争，形成了较低的市场价格，使得购买者能够更快找到其所满意的“低价”，从而缩短了价格搜寻时间，加快了市场交易速度，降低了市场交易费用，扩大了市场交易量；而市场交易规模的扩大又进一步吸引更多经营者进入该交易空间，使竞争更为激烈，交易速度继续加快，交易费用日益降低，市场交易效率随之进一步提高，各方的获利空间不断扩大。同时，由于集中交易可以大大降低运输费用，提高市场的信息传递效率，从而使得交易过程中直接或间接发生、非决策者利益冲突所导致的外生交易费用大幅度降低。由于在一个相对集中的地理区域内完善市场交易制度和管理规则更为容易，因此，通

[1] 参阅艾萨德：《区域科学导论》，高等教育出版社 1991 年版，第 72—76 页。

过加强对专业市场的管理和规范，可以大大降低交易各方的道德风险，减少违背市场交易规则的逆向选择和其他一些机会主义行为，从而使交易各方因自利决策冲突而产生的内生交易费用也大幅降低。

6.3.2 市场带动专业化分工

不管斯密(Smith, 1776)所提出的“分工受市场范围限制”的斯密定理，还是杨格(Young, 1928)所提出的“分工与市场互动”的杨格定理，都表明了分工与市场具有天然的、密不可分的关系。就分工与市场的关系而言，在他们看来：(1)劳动分工因市场而演进，能够促进生产效率提高和科学技术进步，从而使资源的开发、利用实现最佳；(2)分工的演进导致市场参与者数量增加，市场随之扩大；(3)分工的演进与市场扩大导致经济体系的财富增长。因此，尽管相对于国民经济而言，区域经济是更小的经济体系，但与之一样的是，市场的存在与分工的演进是经济增长不可或缺的条件；事实上，专业市场的存在与拓展，是浙江中西部地区及全省、全国其他一些地区参与跨区域分工协作，并由此促进区际分工网络形成的必要条件。

就市场的功能而言，历史上存在“斯密命题”与“斯密定理”之争。[1]对新古典经济学来说，市场的核心功能是进行资源的优化配置，它侧重分析的只是个别微观主体自利行为的结果，即个体在既定的约束条件下，如何选择自己的变量以进行最优化的决策。新兴古典经济学则认为，研究市场的功能必须考虑微观主体自利行为之间的冲突与交互作用，市场的作用则在于自身扩大后所导致的有效协调分工(杨小凯，1998)。对于追求利益最大化的微观经济主体尤其是企业而言，作出分工决策的关键是分工能否带来额外收益。里昂惕夫(Leontief, 1937)就企业与市场的关系指出，假定公司有一定数量的稳定需求和高于这个数量的波动需求，那么，这家公司生产稳定需求，并从外部购买波动需求，可能会更有利。里昂惕夫关于稳定需求与波动需求的划分，对于讨论以市场为核心的跨区域分工协作网络即区际分工网络的形成具有重要意义。事实上，对于一个力图本地化的企业来说，它所面临的总是“里昂惕夫需求”，即既包含稳定部

[1]“斯密命题”即“看不见的手”，认为市场的存在可以导致最优的资源配置效率，强调市场的资源配置功能；“斯密定理”即“市场决定分工”，认为市场扩大可以导致分工的演进，强调市场在协调分工中的作用。

分,也包含波动部分,那么它怎样应对向外区域出口的需求就成为其不断成长、追求发展的关键。[1]分工问题的核心是分工带来的好处与分工所增加的交易费用之间的权衡(杨小凯,1998)。当前者大于后者时,分工就会演进;否则,既定的分工水平将保持不变。因此,在给定分工利益时,降低分工所产生的交易费用就可以不断促使分工深化。“里昂惕夫需求”中的波动需求会导致企业参与分工后面临很大的不确定性,从而增加分工所带来的交易费用,义乌以外区域的企业能否进入区际分工网络,也取决于其应对分工后的不确定性的效果。而大规模的市场可以提供一条应对波动需求的低成本途径,进而减少分工中所面临的不确定性,降低分工所带来的交易费用。

正是高效率的专业市场,使得细化分工之后的交易费用并未呈现急剧上升的趋势,使得企业的专业化生产变得有利可图,随着市场规模不断扩大,对产业的带动作用进一步增强;专业分工企业的生产规模随之达到规模经济的临界点,从而进一步降低了生产成本,也使专业市场在同类市场中脱颖而出。由于规模报酬递增效应的存在,专业市场的兴盛促进了跨区域分工协作网络即区际分工网络的发展。当分工所带来的好处大于由此所增加的交易费用时,分工将进一步细化,专业化协作将不断深化;反之,分工协作将被自给自足的生产方式所取代;而当分工所带来的好处等于分工所增加的交易费用时,既定的分工水平将保持不变。因此,在分工所能增加的利益给定时,降低分工所带来的交易费用就可以不断促使分工细化、深化。对于追求利益最大化的微观经济主体尤其是企业来说,是否参与新的区域分工协作网络,其关键在于分工能否带来额外的收益。从理论上说,由于衍生需求的波动而产生的波动需求使企业参与分工后产生的绩效具有很大的不确

[1] 布罗代尔(1996)曾就稳定需求与波动需求做了非常精彩的论述,对葡萄酒的稳定需求和小麦的波动需求进行了激动人心的比较。在布罗代尔看来,葡萄酒的生产需要特定的气候和土壤,具有地域优势的商人从事葡萄酒贸易,需求可靠而又有规律,一般都能获得稳定的收入。但小麦的种植不需要特殊的地域条件,任何国家、地区都不能独占。于是,从事小麦贸易的商人永远不知道需求来自何方,也不清楚自己是否已落在竞争对手的后面。所以,小麦贸易只有那些消息灵通、实力雄厚、手段高超的商人才能经营。由于多数商人因小麦贸易的风险而却步,才使小部分商人得以赚取与风险成比例的利润。在布罗代尔的历史视点中,人类的经济活动可分为三个层次:一是形式多样,自给自足和墨守成规的“物质生活”;二是建立在“物质生活”基础上的经济生活,相当于我们所说的市场竞争;三是最高层次的资本主义活动。小麦从满足自身消费到城乡交换、再到远程贸易,每一种情形都代表商业世界的一个层级,每攀升一个层级,就转换了不同的当事人和经济活动者。在每一个层级的攀升中,如何处理波动需求都成为关键。参阅张星伍:《企业本质及其发展演变》,经济学家网站,http://www.jjxj.com。

定性，从而增加了分工所带来的交易费用。然而，大规模的市场可以提供一条应对波动需求的低成本途径，进而减少分工中所面临的不确定性，降低由于分工而产生的交易费用，从而为扩大跨区域分工协作网络提供可能性。由于专业市场在与区域资源相结合的跨区域分工协作过程中规模不断扩张，规模效应带来了交易效率的提高。随着规模报酬递增效应的扩大，进行生产的区际分工协作变成更为有利的经济行为，驱使与市场相关联的各经济主体和区域进一步围绕专业市场开展专业化分工与协作，从而使得以专业市场为核心的区际分工网络日益稳固、不断拓展。

6.3.3 分工诱发产业集聚

就区域经济而言，区域市场一体化能够促使区域分工协作体系的形成已经成为学术界的共识。在传统新古典理论框架中，李嘉图模型揭示了在完全一体化条件下，各国实现专业化生产与产业集聚的贸易格局对彼此均有好处，即各国专门生产自己相对成本较低的产品，通过国际贸易达到总效用最大，即完全意义上的专业化和产业集聚，而一体化市场的存在是李嘉图区际分工模式产生的关键。即只要是在完全一体化条件下，各地区就有可能根据机会成本高低选择适合自己的产业进行专业化生产。同样，在俄林—赫克歇尔模型中，各地区的分工取决于各自的资源禀赋差异，[1]即生产并出口自己丰富的要素密集型的产品，进口自己稀缺的要素密集型的产品，多区域要素禀赋差异就导致了区际间的分工与合作。在以上两个模型中，市场被认为是一种“光滑”的交易机制，即在没有交易费用的情况下，市场一体化导致地区专业化，进而决定区域之间的分工格局。

新兴古典经济学(杨小凯，1998；杨小凯、黄有光，1999；杨小凯、张永生，2003；等等)认为，市场并非无成本的交易机制，市场使用费(交易费用)的大小决定着分工深化的程度。在市场中，交易的费用越低意味着交易效率越高，而分工程度与市场的交易效率成正相关，交易效率越高，则分工越深化，这也就是说，在市场交易效率很低、交易费用远远超过分工所带来的额外收益时，分工得不偿失，此时自给自足就成为最佳选择。

在给定的区域间相对生产力、相对偏好、相对人口规模等条件不变时，

---

[1] 参阅华民：《国际经济学》，复旦大学出版社2004年版，第37—41页。

随着市场交易效率的提高，必将促使自给自足的生产方式向局部的区域分工转变，然后向完全的区域分工演化。因此，市场周边区域在围绕专业市场进行分工抉择时，决定分工程度的因素不仅与本区域的要素禀赋有关，而且在很大程度上与专业市场的交易效率密切相关。而由于专业市场秩序发育良好，具有明显的交易效率，使得义乌与周边地区的分工成为企业家的理性选择。

新经济地理学引入了空间因素来研究区际分工的形成（Fujita，Krugman and Venables，1999），它可以对区际分工网络发展过程中分工专业化与产业集群的形成作出解释。新经济地理学主要的两个假定是[1]：(1)垄断竞争的市场结构与制造业产品跨地区销售具有运输成本。垄断竞争的市场结构中，只有一家或少数几家垄断厂商，从而使规模报酬递增效应仅限于单个厂商水平层次上，由此决定了某一制造业产品的生产只能由一家垄断厂商或少数厂商来完成，因为随着单个厂商规模的扩大，产品的平均成本和售价必然降低，直至厂商经济利润为零和打败其他竞争对手为止；同时，一个地区内制造业产品的种类数量与既定地区内制造业的劳动力数量成正比，而制造业的种类数恰恰是一个地区市场规模效应的表现，因此，市场规模效应与地区内制造业从业人员的数量具有密切的联系。(2)任何制造业产品的跨地区销售都具有运输成本。这一运输成本既包括由于看得见的运输网络形成的有形运输成本，也包括由于地方保护形成的贸易壁垒等因素导致的无形成本。从直观上看，制造业中具有上下游联系的产业如果聚集在一起，则能减少中间投入品的在途损耗，缩小运输成本，从而降低中间投入品的价格，由此驱使厂商产生集聚在同一区域内开展分工协作的冲动，这种产生集聚效应的力量被称为“价格效应”或“制造业前向联系”。当厂商出于降低中间投入品成本的考虑而集聚在一起生产时，就形成了产业集群，各专业化分工的工人也因此集聚在同一区域内；随着企业数量、产品种类不断增多，集群的规模与范围经济使产业集群相对于单个生产厂商更加具有成本上的优势，因而促使该集群的市场占有率（规模）逐步扩大。同时，由于制造业产品从厂商到达消费者手中的运输成本大大降低，使厂商的利润空间

[1] 参阅范剑勇：《市场一体化、地区专业化与产业集聚趋势》，《中国社会科学》2004 年第 6 期。

扩大，体现为工人的名义工资和实际工资均高于其他非产业集聚区，导致非产业集聚区的劳动力受产业集聚区高工资水平的诱惑，也向产业集聚区内迁移，这一引起产业集聚的力量被称为“市场规模效应”或“制造业后向联系”。“制造业后向联系”总是使新进入的制造业厂商选择在“市场规模效应”较大的地区投资设厂。将规模报酬递增与运输成本结合起来考虑就可以推断出，制造业厂商总是选择最接近于大市场空间的某一点进行产品生产。“制造业的前向联系”和“制造业的后向联系”，分别是推动产业集聚的两种力量。[1]

在专业市场成为许多企业销售产品的主渠道之后，出于降低运输成本等一系列“成本因素”的考虑，厂商同样倾向于选择将生产部门尽量靠近市场，以便在竞争中获得价格优势。在大批厂商向市场周围聚集的过程中，同类厂商相对集中于一处又可以获得专业化分工所带来的好处，从而进一步扩大了产业集群内企业与集群外企业之间的竞争差距，吸引集群外企业向集群靠近乃至融合，使市场周围的产业布局呈现出明显的块状经济特征。由此可见，产业集群的形成也是市场中企业理性选择的结果。在专业市场周围形成产业集群之后，区际分工网络这一跨区域分工协作网络的产业基础也就形成了。

6.3.4 市场网络促进区域协作

从区域层面看来，根据基础—乘数模型(Fujita, Krugman and Venables, 1999)，可以将一个地区的经济活动分成两类：一类是满足来自区域外部需求的经济活动，这是本地经济存在的理由，可称作该区域的“出口基础”(export base)[2]或“经济基础”(economic base)；另外一类是满足当地居民需求的经济活动。对于现代高度一体化的经济来说，一个地区建立自给自足的封闭生产体系是不可能的，因而区域经济的存在主要是为了利用本地资源优势或历史上偶然形成的循环累积优势，为外地更大的市场提供产品或服务，从这个意义上说，第二类经济活动是由第一类经济活动所派生或引

[1] Paul Krugman, 1991, “Increasing Returns and Economic Georaphy”, *Journal of Political Economy*, vol. 99; 483—499.

[2] 显然，这里所说的出口与一般国际贸易中的国家之间的出口概念是不一样的，只要区域向区域外提供产品或服务，都称为区域的出口。

致的，故第二类经济活动对区域经济来说是“非基础”(non base)的。

假定一个地区出口部门的收入为 X，该收入是外生变量，即由区域外部的需求(市场)决定的，本地经济并不能控制这个变量，再假定出口部门的收入以固定比例 a 用于消费本地非基础部门的产品。由此可以得出：第一轮的出口收入 X，在本地支出后会导致第二轮 aX 收入的实现，aX 的支出又导致第三轮 a^2X 收入的实现，这一过程如此反复无穷进行下去，利用一个简单的等比数列求和就可以得出这一地区的收入(Y)为：

$$Y = \frac{1}{1-a}X \tag{6.1}$$

上式表明，一个地区的经济增长取决于区域外部对本区域产品的需求(X)以及获得这部分收入后在本地支出的份额(a)。

上面的分析是将 a 看作是固定不变的常数，如果假定 a 是上期区域收入的函数，即 $a_t = kY_{t-1}$，而且 a 存在一个极大值 A，则可以确定 X 与 Y 之间的均衡关系可以用图 6.1 表示。

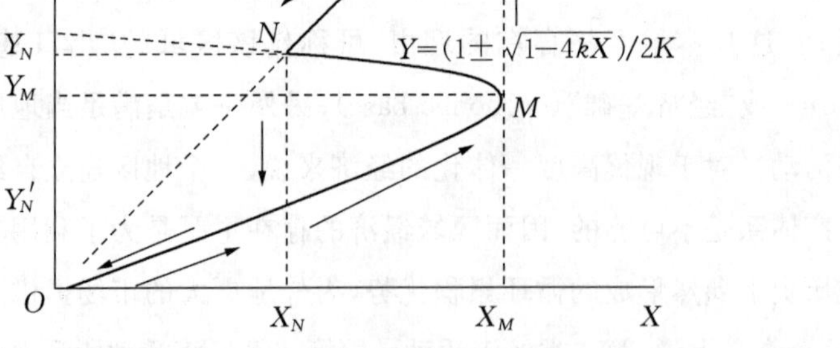

资料来源：Fujita, M., P. Krugman and A. J. Venables, *The Spatial Economy: Cities, Regions and International Trade*, Cambridge MA: MIT Press, 1999.

图 6.1 区域收入与出口收入的均衡

在进行进一步论述之前，有必要首先对图 6.1 作一解释。区域经济随出口部门收入扩大而增长的轨迹为图中曲线 OM 段和射线 ON 的 NP 段。但这就产生了一个问题：在出口部门收入为 X_N 与 X_M 之间时，其所对应的区域收入 Y 有两个，分别为 OM 与 NP 所对应的收入，其中哪一个才是区域真正的收入呢？这主要应看区域经济是增长过程还是萎缩过程。先看区域经济的增长过程，当区域出口部门的收入从 O 逐渐扩大时，区域收入沿 OM 曲线逐步扩大，当区域出口部门收入达到 X_M 时区域经济相应增长到 Y_M，但这时，区域出口部门收入的任何微小增加都会带来区域经济的巨大增长，区域收入瞬时由 Y_M 增加到 Y'_M，完成了区域经济增长的嬗变。同理，当区域经济由高端开始萎缩时，随着出口部门收入的减少，区域收入沿直线 PN 逐步降低，当区域出口部门收入减少到 X_N 时区域经济相应降低到 Y_N；同样，区域出口部门收入的任何微小减少都会带来区域经济的巨大萎缩，区域收入瞬时由 Y_N 降低到 Y'_N。

由上面的分析可知，区域经济的增长轨迹与它的萎缩轨迹并不完全一致，当区域经济增长达到 M 点时可以引起区域经济"向外聚爆"(explode)，M 点是区域经济增长的突变点；当区域经济萎缩时，N 点会引起区域经济"向内聚爆"(implode)，N 点是区域经济萎缩的支撑点。因而，区域经济的增长能否超过突变点是区域经济增长的关键，这主要是由于：达到突变点可以引起区域经济"向外聚爆"，带来区域经济的巨大增长；在区域经济的增长超过突变点之后，即使区域经济处于萎缩过程之中，只要出口部门收入处于 X_N 与 X_M 之间，其区域收入就远大于与出口部门收入相同的经济尚未启动地区。从这一意义上说，只有当区域出口部门的收入超过 X_M 时，区域经济才算是真正启动。

6.3.5 区际分工协作网络：以专业市场为核心的商圈

以上分析显示，区域对外部门的收入超过突变点如此重要，其对区域经济的支撑作用也十分明显。那么，究竟怎样才能促使区域经济达到并跨越突变点呢？如上所述，区域外大规模市场的存在是一个很好的途径。下面我们分析大规模的市场存在怎样通过市场规模的扩大和辐射范围的拓展来支撑外区域经济"向外聚爆"，从而出于对自身利益的考虑而卷入以市场为核心的区际分工协作网络的。第二部分模型显示，在一个大规模专业市场存在时，可以通过三条路径提高分工交易的可靠性，以达到获得专业化经济[1]好处的目标：(1)增加区域分工协作网络参与者的数量(N)；(2)降低现有每次交易的平均成本(q)；(3)当参与者数量众多时，降低发展商务关系的平均费用率(r)。由此可以得出分工交易的可靠性与上面三者的函数：$P = f(N, q, r)$。其中 P 与 N 成正相关，与 q、r 成负相关。

如果引入市场规模[2]参数 S，可以很容易知道，市场规模越大，则参与交易者数目越大，即 S 越大 N 越大；市场规模越大，保持现有交易的平均成本以及拓展交易的平均交易费用越小，即 S 越大，q，r 就越小。因而可以得出：

$$\frac{\mathrm{d}N}{\mathrm{d}S} > 0 \tag{6.2}$$

$$\frac{\mathrm{d}q}{\mathrm{d}S} < 0 \tag{6.3}$$

$$\frac{\mathrm{d}r}{\mathrm{d}S} < 0 \tag{6.4}$$

根据全微分公式有：

$$\mathrm{d}P = \frac{\partial P}{\partial N}\mathrm{d}N + \frac{\partial P}{\partial q}\mathrm{d}q + \frac{\partial P}{\partial r}\mathrm{d}r \tag{6.5}$$

两边除以 dS，有：

$$\frac{\mathrm{d}P}{\mathrm{d}S} = \frac{\partial P}{\partial N}\frac{\mathrm{d}N}{\mathrm{d}S} + \frac{\partial P}{\partial q}\frac{\mathrm{d}q}{\mathrm{d}S} + \frac{\partial P}{\partial r}\frac{\mathrm{d}r}{\mathrm{d}S} \tag{6.6}$$

利用前面的分析结果，很容易得出上式大于 0，即市场规模与分工交易的可靠性成正相关。可以用图 6.2 来表示两者之间的关系：区域对外收入

[1] 其实规模经济与专业化经济这两个概念在一定程度上是相互联系的。杨小凯(1998)与杨小凯、张永生(2003)认为规模经济并非经济增长的核心，而分工所产生的专业化经济才是经济增长的源泉，建立于规模经济基础之上的分析是似是而非的。白小虎(2004)认为，对于专业市场而言，规模经济与专业化经济是统一的，专业化导致规模的扩大，因而两个概念可以通用。本章并不想深入讨论这两个概念的差异，基于本章分析的主旨，我们在研究中摒弃这些争论，认为两者是不同的概念，但在一定条件下是可以统一的。

[2] 这里的市场规模不同于一般所指的市场成交量所决定的市场规模，还包括市场所能够提供的信息容量等。

X 和交易的可靠性 P 正相关，两者关系可以用图 6.3 来表示。

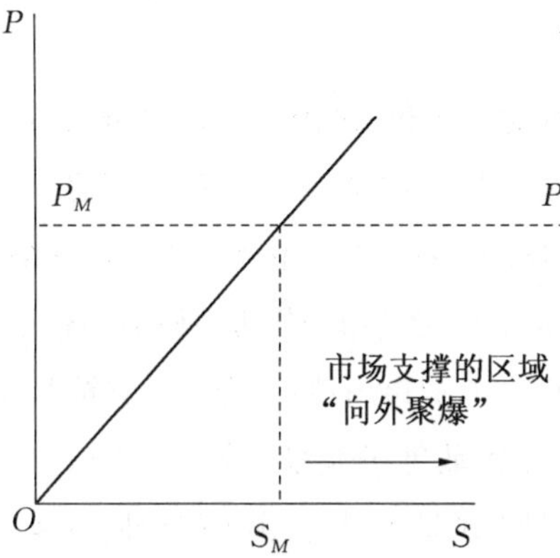

图 6.2　市场规模与交易可靠性

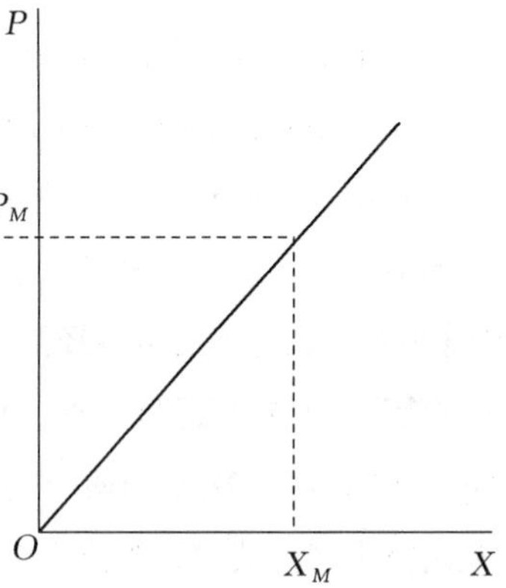

图 6.3　出口基础与交易可靠性

至此，一个市场核心型跨区域分工协作网络形成的故事已逐步清晰，即：在微观主体最大化决策的条件下，随着市场规模的扩大，交易的可靠性越来越高（见图 6.2）；就区域而言，在寻求区域经济增长并试图跨越突变点时，要求区域出口部门的收入超过 X_M（见图 6.1），这就要求交易的可靠性超过 P_M（见图 6.3）；当市场的规模超过 S_M 时，交易的可靠性就会大于 P_M。因此，当市场规模超过 S_M 时，区域经济就可以“向外聚爆”，真正地启动促使区域经济快速增长的进程。当多个区域同时围绕市场进行投资时，所有这些利用市场的区域也就形成了围绕市场的分工协作网络。

6.4　跨越“专业市场消亡”的历史宿命

在欧美国家，大规模品牌生产集团和商贸集团脱离专业市场创建各自企业的品牌和营销网络，专业市场作为一种中小企业的“公共交易平台”，就开始衰退乃至消亡了。陆立军、白小虎、王祖强（2003）与陆立军等（2006）认为，“专业市场消亡”论建立在报酬不变的基础上，没有看到市场规模扩大后所形成的内生报酬递增机制，以及由此所产生的投资协同与跨区域分工协作网络效应。正是市场规模扩大后所建立的内生报酬递增机制与市场的分工网络效应，使得中国的专业市场有可能跨越“专业市场消亡”的历史陷阱。

在内生报酬递增大于内生交易费用增加的前提下，专业市场扩大后相应的净收益可能是增加的，专业市场也会因此而不断地发展、演进。

6.4.1 “专业市场消亡”论及其逻辑

专业市场在西方发达国家前工业化时期和工业化早期的经济发展中发挥了重大的作用(Bromley, 1971)。此后，在欧美国家，由于生产规模的扩大和消费需求层次的提高，厂商脱离专业市场创建各自的企业品牌和营销网络，早在这些国家发展成为成熟的市场经济体之前，专业市场作为一种中小企业的“公共交易平台”，就开始衰退乃至消亡了。“专业市场消亡”论并没有被西方学者明确提出，但对这一现象的研究与描述散见于众多文献中。Pine Ⅱ(1992, p. 7)在研究生产模式向大规模定制转变的原因时，指出不能再期望客户对庞大单一市场感兴趣。事实上，许多历史上曾盛极一时的专业市场随着工业化的深入都逐渐衰落，乃至消亡了，例如，历史上著名的专业市场——曼彻斯特轻纺市场早已消亡。“专业市场消亡”并非指作为一个经济现象的专业市场整体会消亡，而是指随着工业化进程的演进，许多作为个体的专业市场逐渐衰落的历史事实。因此，专业市场并没有成为西方主流经济学的研究重点。

已有的研究表明，专业市场消亡的主要原因，是专业市场的发展所拉动的生产者升级后对市场加以“蚕食”。“专业市场消亡”论的逻辑与支撑证据主要来自以下方面：

(1) 在规模报酬不变的假设前提下，科斯(Coase, 1937)揭示了企业与市场的边界在于市场所能够节省的交易费用的大小。在传统新古典经济学假设产品只以价格作为唯一标识维度时，市场这一组织形式非常有利于节约价格信息搜寻成本。[1]对于“福特”时代[2]来说，产品的标准化在较长时间内符合新制度经济学的假设，因而科斯对市场存在的合理性的解释非常具有说服力。但是，随着需求层次的提高，市场扰动的加剧引发市场细分(Pine Ⅱ, 1992；盛世豪和杨海军，2004)，一类产品在定制化程度升高后，产

---

[1] 这时，“企业市场职能的焦点是向统一的大市场提供低成本的标准化产品”(Pine Ⅱ, 1992)，即企业在保证自身产品标准化的前提下，以低价格来获得市场优势，市场节约价格信息成本的优势被显现。

[2] 根据Pine Ⅱ(1992)的观点，按照时间先后，生产模式的变化应该包括欧洲模式、美国模式、大规模生产模式、大规模定制模式等。美国模式即以福特汽车生产为主要标志的生产模式，又称“福特”模式。其核心特点是产品的标准化、通用化，同类产品之间因标准化而基本消除了差异性，可以认为不同公司生产的同类产品之间的替代性无穷大，因而价格竞争成为公司之间最主要的竞争形式。

品依据除价格之外的其他维度，可以按质量从低到高形成一个完整的系列。在传统的专业市场上，同一类产品同时存在于一个大市场，致使产品价格之外的维度的甄别成本很高，质量差异系列产品导致“柠檬市场”效应（Akerlof, 1970），市场中很自然地形成“劣币驱逐良币”的机制，从而导致高质量的产品为了追逐更大的合理利益而脱离原来的市场，将“市场”内部化，建立自己的营销网络。这一内部化问题其实是在产品空间拓展的情况下，追求信息成本降低的制度变迁，它是由需求变化所引起的市场结构变化所诱致的。欧美一些学者关于专业市场消亡的现实观察（Pine Ⅱ，1992；Britnell and Campbell, 1994；布罗代尔，1996；皮朗，1964；Braudel, 1975；Kowaleski, 1995；Miller and Hatcher, 1978；等等），有力地支持了这一分析的推理及结果；事实上，欧美大批专业市场在工业化中后期的消亡正是由于专业市场难以满足不同层次的需求，特别是消费者对产品的定制化程度提高后，从厂商脱离市场创建各自的营销网络开始，最终导致了市场的瓦解。

(2) 在专业市场上产品的维度扩大后所构成的巨大信息空间中，“市场参与者无法影响自身的指标，但可以改变信号（如教育、品牌等），因此，信号也就潜在地由市场参与者来控制，信息成本就是市场参与者将低水平信号调整为高水平信号的成本”（Spence, 1973）。Spence对信息转换为信号的理解，解释了市场中建立“示信机制”的重要性。面对市场中技术性越来越强、构成越来越复杂的产品，要求市场的普通消费者甄别这些信息显然是不可能的，其最终的市场结果很可能是混同均衡（pooling equilibrium）或根本没有均衡（Rothschild and Stiglitz, 1970）。在信息如此不完全的情况下，即使存在竞争性均衡也可能不是帕累托最优的（Rothschild and Stiglitz, 1970）。这就为降低信息甄别费用的努力留出了足够的利益空间，使复杂信息转换为简单的信号成为市场内生的需要。具体到专业市场，品牌涵盖了产品的许多复杂的技术信息，成为市场中关于某一产品的简单信号，因此在足够大的利益空间内，创牌的努力往往成为可获得稳定经济租的经济行为。企业在创牌后，作为“公共产品”形式的专业市场变成阻碍获得经济租的组织形式，从而使企业自建品牌独立的市场，提高市场使用费用成为必然。从这个意义上说，创牌行为是与专业市场不相容的。

综上所述，对“专业市场消亡”的理论解释是：在报酬不变的前提下，由于市场需求发生根本改变导致定制化程度提高后，市场扰动引起市场细分进而促使产品空间不断扩大，市场内生出对复杂的产品技术性信息甄别费用降低的需求，企业创牌与自建营销网络最终逐步“蚕食”专业市场，正是这一需求诱致性制度变迁导致了专业市场的瓦解。

不难看出，上述对“专业市场消亡”的解释存在两个不足：(1)上述解释建立在报酬不变假定条件下，对于市场规模扩大后所建立的内生报酬递增机制并由此所产生的投资协同效应有所忽视；(2)上述解释侧重于对市场资源配置功能的审视，而没有看到市场更为重要的功能是促进分工并以此获得专业化经济，即市场的分工网络效应。事实上，上面的研究已经展示，专业市场规模扩大后所建立的内生报酬递增机制与市场的分工网络效应(包括区域内与区域间报酬递增机制)，使得中国很多专业市场有可能跨越“专业市场消亡”的历史陷阱。

6.4.2 专业市场的内生报酬递增机制

综合前面的研究，可以看到，由于专业市场的存在，可以在区域内因为知识、信息的外溢而在单个企业内部、企业与企业间、产业与产业间三个不同的层次形成报酬递增；也可以在区域之间，因为专业市场提供了分工路径而导致在区域寻求“聚爆”的努力过程中，形成区域之间的报酬递增机制。

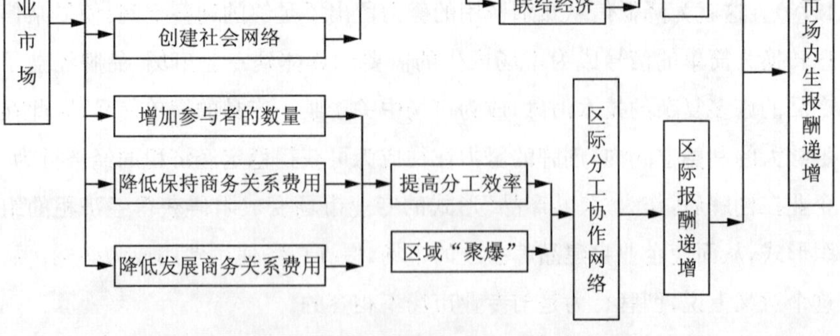

图 6.4　专业市场内生报酬递增机制产生路径分析

由图 6.4 可以看出，专业市场的内生报酬机制包含了区域内报酬递增机制与区域之间的报酬递增机制。其中，区域内报酬递增机制以信息外溢为基础，由单个企业层面的规模经济、旁侧联系的企业间的范围经济、上下游联系的企业间的联结经济所组成；区域间的报酬递增机制主要由区际分工协作网络提供。专业市场通过缩短空间距离、提供垄断竞争的市场结构、培植围绕市场而形成的产业集群的企业对知识的接受能力以及创建社会网络等四条路径，促使信息外溢的规模经济、范围经济以及联结经济的形成；同时，专业市场也可以通过增加市场网络参与者的数量、降低平均发展一个商务关系的费用率、降低现有每次交易的保持费用率等三条路径，提高微观主体间分工的效率，在区域间寻求向外“聚爆”的努力下，形成区际分工网络。

6.4.3 内生报酬递增：跨越“专业市场消亡”的关键

基于历史现实所观察到的“专业市场消亡”的事实，不论是国外还是国内大量专业市场的消亡，除了“专业市场消亡”论者已经给出的解释之外，另外一个重要原因就是，这些市场或者规模很小还不足以建立起报酬递增机制，或者其内生报酬递增机制遭到破坏。[1]“专业市场消亡”论可以解释大量专业市场消亡的事实，但中国很多专业市场却快速发展，主要是由于传统解释建立在报酬不变的基础上，没有看到市场规模扩大后所建立的内生报酬递增机制，以及由此所产生的投资协同效应与跨区域分工协作网络效应。传统“专业市场消亡”论者看到了市场扩大后因产品空间扩大而导致的内生交易费用增加，而他们假设的前提是规模报酬不变，因此市场扩大后相应的净收益是减少的；但若把内生报酬递增考虑进去，在内生交易费用增加的前提下，收益也是规模递增的，则市场扩大后相应的净收益就可能是增加的，市场也会因此而不断地发展、演进。

下面我们以义乌中国小商品城市场的发展与演进轨迹来说明报酬递增对于专业市场成长的关键作用。为了论述的方便，我们将以义乌小商品专业市场为核心而结成的区域分工网络称为“义乌商圈”。[2]

---

[1] 如英国曼彻斯特轻纺市场就是由于曼彻斯特城市定位的改变，破坏了市场的内生报酬递增机制。

[2] 参阅陆立军、杨海军：《市场拓展、报酬递增与区域分工——以义乌商圈为例的分析》，《经济研究》2007年第4期。

在小商品市场兴办之前，义乌县城人口不到2万人，但随着专业市场的发展，现在已经成为一个常住人口160多万的中型城市。[1]经过改革开放以后20多年来的努力，义乌小商品市场发展迅速，目前，占地面积达260万平方米，拥有近6万个商位，年市场成交额近400亿，已连续十多年居全国同类市场之首。在新建的国际商贸城市场内，全部商位均实现宽带接入，电脑普及上网率达40%左右；全市交通通讯条件大为改善，信息化水平日益提高；大型商场、写字楼、高档旅馆、银行等设施不断增多，包括外企（到2007年底已达1 400多家）在内的大公司或总部云集，例如全球20大海运集团中就有12家在离大海较远的义乌设立了办事处或分公司；在义乌小商品市场，大经销商、大采购商和名牌商品三大主体纷至沓来，厂家直销比例达56%，知名品牌总代理、总经销商达6 000多家；据统计，2005年义乌机场共接待了来自100多个国家和地区的10万多名境外商务旅客，占机场客运总吞吐量的45%；约有来自100多个国家和地区的8 000多名商客汇聚在国外公司常驻义乌的700多家商务代表处等机构中，从事商品采购或其他商务活动；自1997年以来，中国小商品城市场的商品出口额每年翻一番，目前，商品已销售到212个国家和地区；义乌中国国际小商品博览会（义博会）作为影响力仅次于广交会、华交会的国内知名商业展会，2006年实现成交额94.5亿元，其中外贸成交额占65.3%；2006年来义乌购物旅游360万人次，其中境外游客20.1万人次。事实上，目前义乌已经成为浙江中西部地区经济密集度最高、商务活动最多、商气人气最旺的地方。

本书作者在义乌商城集团的协助下于2006年10月至11月，对中国小商品城市场的经营者进行了问卷调查。共发放问卷6 000份，回收5 360份，有效问卷4 980份，有效率为92.9%。[2]我们将整个“义乌商圈”所涉及的区域，以义乌中国小商品城市场为中心向外扩展分为：(1)义乌本地；(2)义乌周边地区；(3)浙江其他地区；(4)华东地区；(5)全国其他地区；(6)国外等六类。在问卷中我们分别设置两个问题，即经营者的商品主要来源地和主要销售地。回收问卷的结果如下：

[1] 资料来源：义乌市官方网站——中国义乌网，http://www.yiwu.gov.cn，2007年12月26日。
[2] 本次问卷调查结束于2006年11月，这一时间的截面数据可以大致反映“义乌商圈”的现实情况。

表 6.1 商品来源地的问卷结果

		频率	百分比	有效百分比	累计百分比
有效样本	空白	86	1.7	1.7	1.7
	1	818	16.4	16.4	18.2
	2	813	16.3	16.3	34.5
	3	1 089	21.9	21.9	56.3
	4	275	5.5	5.5	61.9
	5	1 679	33.7	33.7	95.6
	6	220	4.4	4.4	100.0
	总计	4 980	100.0	100.0	

表 6.2 商品销售地的问卷结果

		频率	百分比	有效百分比	累计百分比
有效样本	空白	25	0.5	0.5	0.5
	1	181	3.6	3.6	4.1
	2	497	10.0	10.0	14.1
	3	376	7.6	7.6	21.7
	4	147	3.0	3.0	24.6
	5	2 167	43.5	43.5	68.1
	6	1 587	31.9	31.9	100.0
	总计	4 980	100.0	100.0	

问卷调查结果表明，义乌市场上约有 95.6%的商品来自于包括当地在内的全国各个地区，4.4%的商品来自于国外；有 68.1%的商品销往全国各地，有 31.9%的商品销往国外，可见其对全国各地生产者有明显的支撑作用。问卷结果表明：在我们划分的六类地区中，商品来源地主要是义乌本地、义乌周边地区、浙江省内及全国其他地区，其中全国其他（即除华东以外的）地区的比重最大，达到 33.7%。商品销售地主要集中在全国其他地区与国外，这两者占商品销售总额的比重均超过 30%。这说明义乌小商品市场作为商品集散地的功能十分明显，全国各地的许多企业依托基于本地比较收益的分工组织生产，其产品通过义乌市场销往全国与世界各地。从各区域的产品来源看，“义乌商圈”的跨区域分工协作网络结构非常明显。

事实上，对于“义乌商圈”这一跨区域分工协作网络而言，至关重要的是区际经济交流与合作。义乌经过多年的发展，在资金、技术、市场管理、政府职能、企业家的经营才能与理念等方面相对于其他一些地区形成了明显的优势，这成为义乌与区域外合作的基础。对《义乌商报》记者的大规模实地访谈报道的分析，也可大体印证问卷调查结果：在 2004 年 9 月至 2006 年 3 月这一年半时间中，《义乌商报》（原《小商品世界报》）共刊登关于义乌与外区域经济合作与交流的报道共 225 篇。按照涉及面区分，其中浙江中西部 54 篇；浙江其他地区 26 篇；华东（皖苏浙赣闽沪）17 篇；全国其他地区 90 篇；国外 38 篇。问卷调查和记者采访的结果都表明，义乌充分发挥小商品市场的集聚辐射功能，吸引周边地区利用生产要素等优势，与义乌的市场和产业紧密结合，通过区际贸易，取得了双赢的绩效。

可见，义乌小商品市场在规模扩大后，由于它所提供的高效率交易平台，在周边区域寻求区域经济“向外聚爆”的自利选择下，一个自愿结成的跨区域分工协作网络已经初步形成，并正在不断扩大。在此过程中，义乌与外区域双双获益，正是这一过程的不断累积，使义乌小商品市场跨越了消亡的“历史陷阱”。

7 专业市场与地方产业集群的互动发展

专业市场和地方产业集群是改革开放以来在我国沿海发达地区形成的两大新兴经济现象。专业市场具有很强的产业形成和集聚功能，许多产业集群往往以一个或几个专业市场群作为信息传播、价格形成的核心；而产业集群为专业市场的持续繁荣提供大量廉价的商品，有利于形成最具有竞争力的批发价格，两者之间具有明显的互动关系。研究它们之间互动的具体路径和模式有助于更好地理解专业市场成长和区域经济发展的相互关系，因而也是研究专业市场的一个重要内容。本章从专业市场与地方产业集群互动的视角，揭示市场分工网络与生产分工网络的特征和内在联系；从专业市场的嵌入性特征出发，研究专业市场与地方产业集群互动的内在机理，以及两者的良性互动对区域经济发展的影响。

7.1 专业市场的嵌入性[1]：内生的低成本交易网络

专业市场和地方产业集群的发展互为依托、相辅相成，一方面，企业生产出来的商品源源不断地通过专业市场所提供的低交易费用的共享式销售网络销售出去；另一方面，借助专业市场这一平台，各种生产要素和原辅材料源源不断地流入专业化产业区。这使得地方产业集群可以同时获得销售

[1] "嵌入性"一词来源于经济社会学，以强调社会现象对经济现象的重要影响，经济行为在很大程度上受制于其所处的社会结构。它可以分为关系型嵌入(relational embeddedness)和结构型嵌入(structural embeddedness)，前者是指经济活动者是嵌入于其所在的关系网络中并受其影响；后者是指经济活动者所构筑的关系网络是嵌入于其所处的社会结构之中，并受到来自社会结构中的文化、价值因素的影响。随着经济行为越来越自主，经济活动被视为工业社会中一个独立的、与其他部门日渐分离的领域，经济交换行为不再以交易的社会和亲缘义务来定义，而是以个人利益的理性计算来定义。但经济社会学认为，如果使用嵌入性理论来审视社会经济生活及其与之相关的社会结构的话，那么无论是在工业社会还是在前工业社会，嵌入性现象始终存在，只是在各个社会中嵌入的水平和程度不同而已。有关产业集群的嵌入性研究较多，尤其是有关地方产业集群如何嵌入全球价值链的问题，而对专业市场的嵌入性研究还很少。我们认为嵌入性在本质上强调了经济现象与其所处网络的紧密关系，这一关系建立在特定经济活动与网络内诸要素间的互为依赖和促进。很显然，从这一角度来看，专业市场、地方产业集群与区域经济间的紧密关系赋予了二者很强的嵌入式特征。参阅 Mark S. Granovetter. "Economic Action and Social Structure: The Problem of Embeddednes", *American Journal of Sociology*, 1985, 91(3):481—510。

上和生产上的规模经济效应，从而促进集群整体规模扩张、绩效提高和产业升级。专业市场交易的空间集聚性质使其具有区别于一般市场交易的规模效应，以及由此带来的报酬递增。正是由于上述两个特征，地方产业集群才能最大限度地利用专业市场的辐射、带动效应发展自己。同时，专业市场在特定历史阶段的“制度特区”优势又进一步加速了要素的空间集聚，为地方产业集群的兴起提供了推动力。

7.1.1 专业市场的交易集聚与需求集中

斯密以工人制作扣针的过程为例，研究了分工所带来的效率。[1] 虽然他论述的是生产领域的专业化分工，但是分工对效率的提升在流通领域同样起作用，即交易的专业化同样会带来效率的改进。专业市场作为专业化交易空间集聚的现实载体，怎样提升市场交易的效率，降低经济中的效率损失呢？这在很大程度上是由于它降低了产品生产者和购买者的搜寻成本。就产品生产者而言，让自己的产品在最大程度上为消费者和采购者所知是符合其利益的，古代所谓“酒香不怕巷子深”的观点在现代社会已很难站住脚。专业市场则恰恰为产品生产者提供了这样一个平台，这是因为它作为商品集中交易的场所，具有规模经济优势，产品生产者一旦进入其中，便可充分利用专业市场已有的地区辐射作用来销售自己的产品，从而扩大销售半径，这都是远离市场的企业所难以得到的便利。有学者对此进行了简单的比较：当个体沿一个半径为 R 的圆周分布在平面上，则个体要想获取全部信息至少要行走 $2\pi R$，倘若在圆心处有一信息中心，则个体只需行走 $2R$，节约的行走路程为 $68\%(=(1-2R)/2\pi R)$。由此可见，作为某类或某几类产品的信息中心，专业市场的存在显然降低了采购者的搜寻成本，提高了市场效率。[2]

基于对交易双方的分析可以看出，专业市场在充分利用其自身的特点和优势，通过降低双方的搜寻成本，以刺激产品的生产和扩大产品的销售上具有重要的作用。这一作用对于集群企业而言尤为重要。产业集群内的企业大多为中小企业，这类企业不像大型企业那样可以通过强有力的技术革

---

[1] 参阅亚当・斯密：《国民财富的性质和原因的研究(上卷)》，商务印书馆 2005 年版，第 6 页。
[2] 参阅盛洪：《分工与交易》，上海三联书店、上海人民出版社 1994 年版，第 154 页。

新和大规模的产品推广来创造、引领市场需求，它们的生存受市场需求变动的影响更大，对市场需求变动所带来的负面效应的抵御能力也更弱。而专业市场的存在使其能够始终拥有稳定且规模巨大的市场需求，从而削弱了市场需求变动所带来的负面效应，使集群企业的生存率保持在一定水平。

7.1.2 专业市场促动的市场扩展与分工深化

斯密定理认为分工取决于市场范围，而杨格定理则认为市场范围又取决于分工的程度。[1]这二者看似矛盾，其实完整地揭示了分工和市场范围二者之间的相互依存关系。从动态角度看，分工的深化和市场范围的扩大是一个相互促进的过程。

基于上述分析我们认为，专业市场除了具有集中区域内需求的功能，它作为交易专业化的现实载体，还具有扩大市场需求范围的功能。通过专业化的交易带动专业化的生产，专业化交易越细致，专业化生产就越深入，市场范围就越广泛；而市场范围的扩大使得生产和交易变得更有利可图，从而进一步促进了专业化生产和交易向纵深发展。专业市场将一定区域内的商品提供者集中在一个场所，市场中的企业较之于分散情况下所面对的市场范围更大；而专业市场将更大范围内的市场需求集中在一个特定场所内，区域内需求的增加增强了企业产出的能力，从而吸引更多企业加入某一行业，使产业集群的规模进一步扩大了。

同时，专业市场也从另一个方面促进了专业化分工的深入。众所周知，分工在增进效率的同时也提高了交易费用，因此在增进效率和降低交易费用之间就存在着两难选择。事实上，分工的深化以及专业化经济的实现多少也取决于这两者之间的均衡。[2]然而，专业市场却在很大程度上降低了交易费用，因而大大地促进了专业化分工的深入。这是因为，对于专业市场中的企业而言，市场所起的作用实际上就是一个低成本的销售网络，而这原本是需要企业自己投入资金和人力来建设的；专业市场使企业、尤其是资金原本就不充足的小企业可以从这一职能中抽身出来，可以将大部分资源投入到产品的专业化生产上去，从而为大批中小企业保持和提升自身的竞争

---

[1] 参阅 A. Young, "Increasing Returns and Economic Progress", *Economic Journal*, 1928, 38:527—542。

[2] 参阅 J. Borland and X. Yang, "Specialization and a New Approach to Economic Organization and Growth", *American Economic Review*, 1992, 82(2):386—391。

力提供了条件。

由上可知，专业市场为地方产业集群集中了较大范围内的市场需求，保持了集群产品市场需求的稳定，同时，由专业化交易所带动的专业化生产又进一步扩大了市场范围，创造了更大的需求，从而为地方产业集群的持续、健康发展提供了需求保障。

7.1.3 专业市场交易网络的低成本特性

专业市场的准公共产品性质，使其具有很强的经济外部性。[1]同时，由于它的这一特征，当专业市场进入规模化发展阶段时，必然要求政府应积极介入。专业市场为企业提供了一个只需支付较少费用就可获得的规模巨大的共享式销售网络。这一网络的建立，主要依赖于以下两个方面：其一，专业市场本身是一个巨大的商品集散中心和信息中心，对于采购商来说，只要置身其中，便可获知有关产品价格、品质等方面的信息；对于产品提供者来说，便可获得有关竞争对手产品的质价、消费者偏好、市场走向等方面的信息。更重要的是，这些信息在很大程度上皆为共有知识，某一企业独占信息优势是不可能的。其二，作为专业市场的延伸，产生了大量的专业街、专营店和各种商品交易会，企业可以通过它们将其产品在更大范围内推向市场，被市场检验，为消费者所知。专业市场的上述准公共产品性质，对于缺乏资金的集群式中小企业而言是极为重要的。因为不同于大型企业，这类企业一方面由于缺乏资金，无力自建销售渠道；另一方面，当企业的规模不大时，产品的销售收入尚难以承担自建渠道以及维护渠道的成本。而这时，专业市场则恰好为其提供了一个低成本的销售网络，同时在企业的初创阶段，品牌的重要性相对较弱，企业也不会过分担心专业市场对其品牌的淹没。正是在上述因素的作用之下，由专业市场带动的小企业在该地区纷纷出现，并以之为依托来销售自己的产品，从而促使具有区域特色的地方产业集群逐渐兴起。从这一角度来看，在专业市场先行发展起来，但地方产业不甚发达的地区，专业市场的快速发展有助于催生和带动区域特色产业集群的发展。

---

[1] 当然，在中国，政府发展专业市场的积极态度很大程度上是由现行的分权制下的财税体制决定的。有关中国财政分权改革与地方政府发展经济的激励关系的讨论，可参阅 Jin-Qian 和 Weingast(1997)。

7.1.4 专业市场交易网络的共享式特性

如前所述，作为商品集中交易的场所，专业市场具有准公共产品的性质，专业市场的这一特征对产业集群的发展意义重大。这主要是因为落户于产业集群的大多为中小企业，这类企业没有能力建立自己的专门销售渠道，而专业市场正好为它们提供了这样一个平台：通过一定的程序，企业可以以较低的成本进入该市场。专业市场对于集群企业的这一功能具有两方面的作用：其一，对于一些从事低层次加工的劳动密集型集群企业来说，除非有几家企业在技术上实现了突破，从而以低成本优势抢占了大部分市场，在一般情况下它们的规模很难做大，原因在于较小的规模，是充分利用专业市场和地方产业集群这两个公共平台的企业理性选择，而且这两个平台对企业实现了很大程度上的功能替代，使得企业可以将绝大部分资源投入到产品的生产中去，从而保持了集群企业的竞争力。其二，由于专业市场这样一个共享式销售网络的存在，使建立新企业的成本相对较低，这样就使得区域内企业的"繁殖率"可以维持在一定水平，使地方经济的活力得以保持。在浙江省这样一个专业市场和地方产业集群都较发达的省份，较高的企业"繁殖率"就很能说明这一点。浙江省中小企业局的调查显示，截至2007年底，全省中小企业数量已经达到113万多家，占全部工业企业的99.6%，平均每天都有200多家中小企业诞生。另据义乌市工商局最新统计数据，2007年义乌新增各类企业2 444家，新增个体工商户18 525户，以目前义乌市户籍人口数70万计，全市每6人便拥有一个经济户口。企业数量的快速增长反映出专业市场和产业集群共同营造的特色块状经济，为企业的成长提供了较为有利的环境。

当然，作为公共产品，专业市场的建设和规划也需要政府发挥其"有形之手"的作用，特别是在专业市场进入规模化经营阶段后更应如此。有资料显示，在浙江省主要的68个专业市场中，至少有38个市场是由地方公共部门负责建设和管理，只有5个市场从一开始就是由私人经营和管理的。[1]众所周知，经济学上的"集体行动困境"(collective action dilemma)理论，指

[1] 参阅 Ke Ding, "Domestic Market-based Industrial Cluster Development in Modern China", IDE Discussion Papers, No. 088, February 2007。

的就是当利益集团的人数较少时，符合集体利益的集体行动容易被执行，公共目标容易被实现。而当利益集团的人数达到一定规模时，类似的行动就难以被执行。[1]从专业市场的发展历史可以看出，它的出现是在改革开放初期，长期被压抑的人民群众对特定商品的需求被爆炸式地释放出来所带动的。在专业市场还处在“马路市场”的发展初期时，经营者所需要的是政府的“无为”，而当专业市场进入规模化经营时期后，由谁来提供专业市场有效运行所需的基础和配套设施就是一个“集体行动困境”，很显然，政府凭借其所掌握的资源和所拥有的优势，发挥其在公共产品提供上的作用并从中分得一杯羹是必要而有效的。政府在这个阶段介入专业市场将有力地推动其向规模化经营的方向发展，实现规模经济和范围经济，更好地带动地方产业集群和经济的发展。

7.1.5 专业市场的“市场特区”性质

专业市场是中国经济转型进程中的一大制度创新成果。它的功能主要体现在[2]：在市场内部取消对外地商品及经营户的歧视；在税收上大幅降低税率；为市场活动提供安全保障；政府和中介组织充当仲裁者的角色。这一“市场特区”的营造需要以下两个条件：其一，政府作为主体是构建“特区”的主要动力，即“有意为之”。众所周知，在专业市场产生和发展的过程中，地方政府的作用是巨大的，而地方政府从允许专业市场存在到直接参与专业市场的建设，在这一过程中财政收入的增加是地方政府构建这一特区的直接动因之一。[3]其二，政府被允许构建该“特区”，即“可以为之”。政治家在进行改革时关注的主要是改革的政治风险和收益，而在“摸着石头过河”的改革年代，在分权制度之下，地方政府的制度创新往往是上级支持或默许的。借助于这两个条件，地方政府大力推行兴商政策并直接参与专业市场建设，使浙江等沿海经济发达地区，专业市场得到了空前的发展。

专业市场以及由其带动的专业化生产对一个区域的影响是多元而深远的。它推进着该地区的城市化进程，促使新的专业化城市出现；它使得社会

---

[1] 参阅曼瑟尔·奥尔森：《集体行动的逻辑》，上海三联书店、上海人民出版社1995年版。

[2] 参阅郑勇军：《专业市场的功能及其发展前景》，《浙江社会科学》1996年第5期。

[3] 但是，当专业市场进入自我运行轨道，内部的自我规范机制变得完善起来之后，这时政府的角色定位如何，同样值得关注。

中分化出新的阶层，有助于提高一个区域的开放程度等。由于专业市场是专业化的交易活动在空间集聚的载体，因此它同时具备了集聚和专业化两种性质。专业市场的这两种性质对于产业集群以及集群内企业而言，其作用体现在：第一，集聚了更大空间范围内的需求；第二，扩大了市场需求容量。这为拉动地方产业集群发展和成长提供了稳定的需求保障。与此同时，专业市场的公共性和“市场特区”性质为特定历史阶段我国私有部门的兴起和发展提供了制度支持，降低了集群小企业的生存成本，有利于集群的成长和规模的扩大。

7.2 专业市场推动的产业集群扩张与升级

由于专业市场是一种交易在空间上集聚的形式，因此面对巨大的市场需求，一旦资金困难和进入壁垒被克服之后，个人或企业就纷纷进入专业市场所经营的相关行业，以抢占巨大的市场空间。当该区域内相关行业的企业达到一定数量后，一个由专业市场带动的特色地方产业集群就随之产生了。同时，由于专业市场不仅是一个需求集聚中心，而且也是一个有关产品需求信息的集中和处理中心，这些信息对于市场内企业都是共享，而且是可低成本获取的。市场需求的任何新的动向和转变都会在第一时间集中到专业市场，并且市场会对这些信息进行处理，传递给相应的集群企业，新的市场需求就可以在最短时间内得到满足。正是在上述过程中，专业市场通过对市场需求信息的快速把握和处理，为产业集群提供最实时的市场供求信息，为集群企业抢占市场空间创造了条件，推动了产业集群的发展。

7.2.1 产业群分工网络的起点：以供销员为中心的分工结构

专业市场不是独立于当地产业之外而存在的，它从产生之时起就与当地家庭工业形成了密切合作的分工，有些地区是没有家庭工业和家族企业就没有专业市场，也有些地区是没有专业市场就没有家庭工业和家族企业，两者形成嵌入式的互动结构。

产业集群在孕育形成期，构成要件有三：家庭工业＋专业市场＋供销大军，在这三个构件中，供销大军长期居于核心地位，发挥主导作用，从而形成以供销员为中心的结构模式。中小民营企业一般“两头在外”，即商品的销售和原料供应严重依赖外部市场。在体制转轨初期，公有制商业部门控制了商品销售和原料供应的所有渠道，处于体制外的低压电器生产者必须依靠最为原始的交易方式——直接找到消费者或原料供应者，才能完成商品"惊险的一跃"，实现生产的连续性。走南闯北的供销员，不仅推销产品，而且购进原料，充当了连接千家万户家庭作坊和散布全国各地工矿企业的桥梁和纽带。由此可见，集群中家庭工业生产扩张程度受制于供销员的销售能力。

在三个构件中，从事生产的技术和资本投入要求较低，市场进入退出容易，具有弱资产专用性。与此相比，供销员大军构筑销售网络的投资更具资产专用性，强资产专用性意味着强讨价还价能力，也就决定了供销员在集群中的核心地位。家庭工厂满足于这种依附地位，原因还在于：当时家庭工厂规模普遍较小，产品交易频率低，交易量少，构筑自己的销售网络所需的费用根本无法从交易规模中得以补偿，更何况这笔费用家庭工厂可能无力承担。因此，以供销员为中心的结构模式是家庭工业户理性选择的结果。

产业集群在形成的早期活跃着一群经营的能人，这就是"购销员"(也有称为供销员)群体。温州在20世纪80年代初，这个群体的人数达到了14万人。永嘉桥头纽扣市场购销员达万人之多，自然形成各有分工而又密切配合的三支队伍，一支是外出采购队伍，共2 000多人，联系了全国各地1 100多家纽扣厂和百货站，第二支是摆摊批发队伍，有1 000多人，第三支是贩销队伍，共有8 000多人，从摆摊批发者处购买各类纽扣，搭配起来带到各地去售卖给供销社、百货店和服装厂等。[1]温州人普遍的说法是，有了购销员，才有产业基地，才有专业市场，这样的评价实不为过，而且，也揭示了购销员同专业市场的联系。笼统来讲，购销员的作用就是衔接千家万户的家庭工业和千家万户的企业和消费者的纽带，他们为企业解决产品销路，为家庭工厂带来订单和原料。无论是专业市场还是产业集群，都是一个分工网络中的分工结构，购销员融合其中，同样离不开分工网络。在20世纪90年代初购销员还是一个相当重要的群体，但是此后供销员作为一个群体渐渐消失，其身份和职能逐步完成了从购销员到专业商人的转变。

[1] 参阅林白等主编：《温州的市场》，广西人民出版社1987年版，第67页。

以下两个事实也间接支持了我们的看法。一是据1984年对柳市区1 045名农民供销员的抽样调查，在供销员中，初高中文化的约占70%，年龄在20—40岁之间的约占90%；[1]二是家庭工厂常让家族中最优秀的成员当供销员，以保证生产的连续。前者说明供销员是当时农民中的能人和精英，具有较高的人力资本，是集群中稀缺资源。当供销员和家庭工业结合时，资源的稀缺性决定了其在集群所创造的剩余索取中占有较大的份额。后者则反映了家庭工厂为改善谈判地位所做的分工内部化努力，恰恰从反面论证了供销员的重要性。

以供销员为中心的结构模式的特点是：从集群整体来看，由于销售和生产的社会性分工，可分为生产子集群和销售子集群。生产子集群就是家庭作坊间的分工协作体系，而销售子集群由供销员组成。两大子集群相互独立，功能耦合，缺一不可，任何一个小集群的萎缩必将导致整个集群的衰落，其间存在一种结构张力。然而，这个张力的平衡点始终偏向销售子集群。或者说，销售子集群居于整个集群的中心，决定着集群内资源配置的效率和结构，影响整个集群财富的创造能力及其分配方式。

从集群的微观运行来看，当一供销员在外地接下一单业务，完成业务的选择有二：其一，自行组织生产，到各门市部购买相关零配件，这时供销员和生产者的身份发生重叠；其二，委托门市部组织生产。这些门市部背后均有一家甚至数家家庭作坊。如果家庭作坊规模较大，其下一般都有一些分工协作单位——规模较小的家庭作坊。而且，一个小家庭作坊可能为一家甚至更多的大家庭作坊服务。

7.2.2 专业市场的规模经济效应与区域品牌效应

随着市场上产品交易量的不断提升，专业市场就实现了规模经济。同时，由于利润空间的存在，使更为细致的专业化分工变得有利可图，多样化的产品将不断在市场中出现，而且公共平台式的专业市场使得各类相关产品可以以低成本进入，从而形成专业市场的范围经济。这样，在专业市场规模经济和范围经济的带动，以及专业化生产导致的生产效率提高

---

[1] 参阅潘岩坚：《柳市五金低压电器市场的形成》，载《浙江民营企业发展纪实》，浙江人民出版社2002年版，第464页。

的推动下，更多的企业将进入产业集群或在集群中产生，更多种类和更大数量的产品将被生产出来，从而导致产业集群规模的不断扩大。

产业升级是当今各国制定产业发展政策时都较为关注的问题，专业市场在这方面也具有独特的优势。专业市场具有集聚区域内需求功能和共享式销售网络的性质，由此必将带来这样一个结果，那就是大量的新企业进入地方产业集群，并且依托专业市场销售自己的产品。尽管单个企业可以在产品多样化上下足功夫，但是大量企业的涌入也必将促进市场内的竞争，使得专业市场内的竞争接近完全竞争水平。而激烈的市场竞争的结果之一就是企业为了不被淘汰，不断地加快技术改进和开发，推出更多新产品和新技术，从而推动了产业集群的升级和产业结构的调整。虽然在现阶段，有关集群企业的创新激励政策和措施还不甚完善，但是巨大的市场竞争压力确实推动了企业的自主创新。近些年，在浙江一些依托专业市场发展的产业集群中也掀起了一股“技改热”，如海宁皮革攻克偶氮、铬等超标技术难题，海宁家纺实现了从 K-74、K-84 织机到无梭化箭杆织机的进步，桐乡羊毛衫解决了柔软抗起毛起球技术等，这些实例都说明专业市场中的激烈竞争，是集群企业技术进步和产业集群升级的重要推动力。

对于同时依托于专业市场和产业集群的企业来说，由于二者在本质上都是网络组织，具有公共平台的性质，因此，企业可以最大限度地将资源投入到生产环节之中，而将其他环节交由市场和集群，这样企业就有可能可以做到规模很小，但又很有效率。因此，专业市场与产业集群一样，具有显著的品牌效应。这里的品牌并不是指企业自身的品牌，而是指依托专业市场的发展而塑造起来的一种具有公共产品性质的“区域品牌”。一般认为，虽然专业市场内的企业及其产品可能都有牌子，但由于规模较小、资金缺乏等原因，建立自身品牌的激励不是很强。而此时，随着专业市场在其销售网络所及范围内的知名度和美誉度不断上升，“来自某一专业市场”可能变成企业的一种无形资产。而在现实经济生活中，与专业市场共生的产业集群在区域内的影响力往往要比一般集群来得更大。同时，由于专业市场不仅是信息集聚中心，而且是信息扩散中心，企业新产品的推出和对原有技术的改进，都可以通过专业市场这一平台向全国，甚至全世界进行发布。专业市场的触角延伸到什么地方，企业产品的信息就会被带到什么地方。[1]

7.2.3 以专业市场为核心的分工网络结构

经过多年的发展，沿海发达地区的产业集群形成了特有的专业化分工网络和产业组织模式，这是产业发展的内在规律和市场机制的筛选功能双重作用的结果。许多产业集群往往以一个或几个专业市场群作为信息传播、价格形成的核心，尤以义乌中国小商品城、绍兴轻纺城市场、永康五金专业市场等市场群为代表。这种由摊点、集贸市场发展出的有形市场群，形成周边许多专业村（镇）的共享式网络和交易平台。这种集群主要是利用生产商与贸易商之间的专业化分工，由于生产商内部是产品品类层次的分工而没有进行更深层次分工的技术分解空间，因而总体上保持在村（镇）一级小区域水平的区际专业化分工水平和区际互补经济，但它们共享了营销环节的规模经济。这种分工原本是小企业成长中采取缝隙战略的竞争手段，只是依靠了专业市场/商贸集团的供求集聚效应，产生了消费品互补经济和集群整体专业化经济，从而形成"需求方规模经济"占主导的分工网络效应，取得了同样的分工经济效果，各小集群同样生机勃勃，并由市场网络统合而形成一个大集群。

产业集群往往以外部分工协作的方式来实现现代公司水平的内部专业化分工，成熟的集群内部分工深入到工艺流程水平，许多家庭微型企业只从事一道工序或者一个很细小的零部件加工，还形成了各类专业服务机构和社会中介组织，如原料市场、成品市场、机器设备市场、劳务市场、技术市场、联托运市场和行业协会等，因而具备现代公司企业的多种职能。集群在整体上形成一种网络结构，其主要特征是：整个产业区在专业化分工的基础上形成若干生产环节，每个生产环节都发展成相对独立的产业，每个产业内部存在大量的竞争性企业；前后生产环节以及同一生产环节不同企业之间的经济关系依赖市场来调节；企业之间既相互竞争又相互合作。下面，本书作

---

[1] 参阅 Ke Ding, "Distribution System of China's Industrial Clusters: Case Study of Yiwu China Commodity City", IDE Discussion Papers, No. 075, October 2006。Ding 在该文中通过对义乌中国小商品城的调查，认为专业市场对产业集群发展起到了产品配送作用，并且作为一种传统的商业形式，它有潜力在国内市场中扮演更重要的角色，因为，在大多数发展中国家，中小企业和区域市场的发展在很大程度上受到配送体系的限制，有时这种限制性是最主要的。

者以大唐袜业为例[1]，从生产分工网络、市场交易网络和支持与创新系统等角度，描述专业市场在产业集群特有的专业化分工网络中的重要地位和作用。

1. 产业集群的生产分工网络

一个产业集群内部往往存在大量专门从事一道或少数几道分工工序的家庭微型企业，生产链上的不同工序主要通过企业间的分工和协作来完成。在正式意义上，大唐的袜厂很难被称为“企业”，就个体来说，它们没有严密的组织系统，没有完整的生产线，不能单独提供最终产品，远没有形成最小的规模经济性。但大唐的微型企业间存在着细密的工序分工，拥有一种群体的低成本竞争优势。织袜的只管织袜，缝头的只管缝头，印染的只管印染，而且在每道工序都存在许多竞争性企业。整个袜子生产过程被分成织袜、缝头、卷边、印染、定型、包装、运输等 10 个环节，同时形成十大部门：1 000 多家原料生产厂，400 多家原料经销商，8 000 多家袜子生产厂，300 多家缝头卷边厂，5 家印染厂，100 多家定型厂，300 多家包装厂，200 多家机械配件供应商，600 多家袜子经销商，100 多家联托运服务企业，一个年签订劳动合同 10 万份以上的劳务市场，一个年成交额达 100 亿多元的袜子市场。

2. 产业集群的市场交易网络

集群的发展不仅推动着相关产业的兴起，而且形成了特有的市场交易网络。大唐袜业的市场交易网络由原料市场、袜机市场、袜子市场、劳务市场和联托运市场组成(见图 7.1)。(1)原料市场。在大唐，各种原料应有尽有，并且原料市场也向专业化方向发展。目前，全国 300 多家原料企业在大唐袜业设有经销点，500 多家跨国公司在大唐设有代办处。(2)袜机市场。大唐的袜机供应和维修体系十分完整、高效，零配件供应和维修服务可以 24 小时随叫随到。从国产袜机到进口袜机，各种品牌、各种性能的袜机在大唐都有买卖，大唐已成为国内袜机和袜机配件的主要集散地，年销售各类袜机 1 万台以上，10 多个国际知名袜机品牌，均在市场内设有总代理、总经

[1] 大唐袜业，是为了管理和描述的方便对以浙江省诸暨市大唐镇为中心的袜子生产以及与之相关联的原料、机械、市场、联托运、劳务等外围产业组成的产业群体的总称，是一个集区域和产业为一体的工具性概念。在地域上，大唐袜业以诸暨市大唐镇为中心，涉及周边 12 个集镇，120 个村，1 万多农户家庭，吸纳从业人员 10 多万。

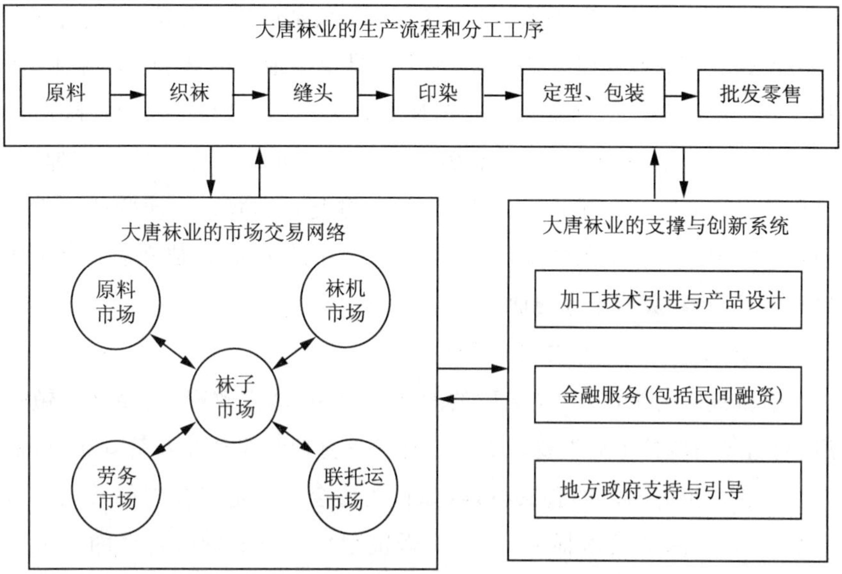

注:1999年大唐设立了袜业研究所,其目前的主要职能是了解国内外袜业市场行情和技术动态,整个产业区的技术研究和新产品开发尚处于初始阶段;(2)大唐的正规金融服务和民间融资都十分活跃;(3)地方政府的规划和引导对产业区企业和市场的布局有重大影响。

资料来源:此图由本书作者制作。

图7.1 大唐袜业的分工网络结构

销窗口。(3)劳务市场。劳动力市场的形成和发展与浙江产业群在产量和价格调整上拥有的巨大灵活性是密切相关的。丰富而廉价的劳动力资源,灵活的雇佣与裁员制度,有助于解决生产很强的间歇性(季节性)与稳定的劳动力供应之间的矛盾。企业可以根据生产需要及时调整工人数量、劳动时间和轮班方式,这不仅有利于降低劳动成本,而且增加了生产和管理方面的柔性。据统计,大唐袜业现有外地劳动力3.3万余人,以青年女性为主,主要来自江西、安徽、贵州等中西部地区。2007年这些外地劳动力的月平均工资为1 000—1 200元,日平均劳动时间为10小时左右;外地劳动力在企业间的流动性很大,可以说其劳动力资源属于整个产业区而不是其中的某个企业。丰富而廉价的劳动力资源,灵活的雇佣与裁员制度,有助于解决袜子生产很强的间歇性与稳定的劳动力供应之间的矛盾。企业可以根据生产需要及时调整工人数量、劳动时间和轮班方式,这不仅有利于降低劳动成本,而且增加了企业生产和管理方面的柔性。

(4)袜子市场。2007年大唐袜子市场有600余家袜子经销商,年成交额达150亿多元。1996年以来,大唐袜业不仅是全国最大的袜子生产基地,而且已逐步成为全国最重要的袜子销售中心和出口基地,产品销往除海南之外的全国各地,并远销中东、北美、欧洲、俄罗斯等30多个国家和地区,出口额已占到袜子总销售额的35%。(5)联托运市场。大唐联托运市场现有100多家联托运服务企业,50多条货物托运线路,联结全国各地主要集贸市场,货物集散十分便捷。

3. 产业集群的支撑与创新系统

值得说明的是,在产业集群的发展过程中,地方政府(主要是乡镇政府)的引导与调控十分重要。地方政府并不直接组织产业和管理企业,而是帮助建立集群内部的公共机构(如行业协会),规定集群内部共同的行动准则(如产品的技术标准、信任承诺机制),为企业创造公平的竞争环境。具体来说,地方政府主要从以下几方面引导并调控产业发展方向和企业集聚行为。

7.2.4 专业市场带动产业集群发展的案例研究

1. 浙江义乌:中国小商品城与小商品制造业集群

20世纪80年代初,义乌小商品市场刚刚兴起,那时基本没有本地的产业支撑。义乌现代工业的大规模发展是从20世纪90年代中期实行“以商促工”、“工商联动”策略后开始形成的,现在的许多知名企业大都在此后的20世纪90年代后期至21世纪形成。随着小商品专业市场的快速发展,周边地区的小商品制造业集群也得以迅速形成并发展壮大,到目前为止,仅义乌县域就有工业企业2.5万余家。义乌小商品市场和小商品制造业集群在经过了多年的积累和互动发展后,目前已经成为可持续发展能力强、辐射作用大的区域经济增长极,在带动浙江中西部地区经济发展上发挥了举足轻重的作用。到目前为止,义乌全市共有16个特色鲜明、创新能力强、引领国内外潮流、具有世界市场影响力的小商品制造产业,如饰品、服装、针织、袜业、拉链、工艺品、玩具、化妆品、文化用品等优势产业。目前,依托小商品制造产业集群以及配套的服务产业,如商贸、物流等,一个以义乌小商品市场为核心的跨区域分工协作网络即“义乌商圈”已经初步形成。

表 7.1 义乌的代表性制造业集群

名 称	发 展 概 况
工艺品	义乌的工艺品行业崛起于20世纪90年代初。最初,义乌商人从广东、福建、江苏等地进货销售。20世纪90年代中期,工艺品行业转为本地自行生产。十多年来,义乌工艺品生产企业快速增长,产品主要为相框、花类等。如今,工艺品行业已成为义乌市场上最具活力和竞争力的行业之一。义乌工艺品产业外贸销售总额约占义乌外贸总量的25%。
饰 品	从1982年开始,经过26年的市场磨砺,义乌饰品行业得到了长足发展,先后培育出了浙江新光饰品有限公司及庆琳、琳琅、太阳花、贝尔和卓雅尼等一大批上规模、上档次的饰品企业。义乌生产的饰品与北边的青岛和南边的广州形成了饰品行业三足鼎立的格局。如今,义乌饰品行业生产经营企业已达到3 800多家,拥有15万多从业人员,年产值约120亿元人民币,产量和产值占到了全国饰品业的70%以上。到目前为止,义乌已成为中国最大的珠宝饰品产销中心。义乌饰品行业已形成从产品开发、材料供应、物流配送到产品销售的一条完整的产业链。
针 织	义乌市现有无缝针织服装行业生产企业150多家,从业人员近2万人,各类生产设备2.5万台,其中具有国际先进水平的电子提花针织机3 000余台、后道辅助设备6 000多台,占全国总产量的80%、全球的15%。义乌市现年产无缝针织服装可达到8 000多万套,年销售产值可达30亿元以上,销售网络已遍布全国各地,远销美洲、欧洲、东南亚等30多个国家和地区。近年来,义乌无缝服装行业还大力引进了大批世界先进水平的无缝针织圆机、电子提花专用机、定型机、染色机、烘干机等,熟练地运用于服装领域的各个方面,形成了较为完善的产业链产业配套功能。
拉 链	起步于20世纪80年代初的义乌拉链业抓住改革开放的机遇,依托小商品市场的优势快速崛起,90年代又开始上规模大发展,2005年,义乌获称"中国拉链产业基地"和"浙江省拉链商标品牌基地"。据义乌拉链行业协会统计,义乌现有拉链生产企业300多家,产值占国内总量的30%,市场销售额超过40%,产品60%以上出口。目前义乌拉链市场外来军团占40.7%,仅温州人就占了25.5%。在拥有"伟海"、"利达"、"鑫鸿"、"顺辉"、"强勇"、"丰力"、"恒安"、"生力"等一批本地品牌和规模企业的基础上,又新引入了温州长城、福建浔兴(SBS)、福建福兴、福建三力等品牌企业,仅"十大拉链品牌企业"就引入了六家,规模和品牌优势进一步加强。

注:主要数据均截至2007年。

资料来源:《2007年义乌统计年鉴》,2007年"义博会"有关资料等。

2. 福建南安:闽南建材第一市场与石材产业集群

该集群现有石材企业1 300多家,年产值142亿元,占全国石材年总产量的40%,年加工能力5 000万平方米,占全国石材需求量的30%[1],整个产业集群以享誉国内外的闽南建材第一市场为核心。该市场位于泉州南安市水头镇,建于1999年5月,占地600亩,经营面积达20万平方米,由"中国石材城"、"闽南石材原料市场"、"石材陶瓷综合城"和"石材加工区"四部

[1] 参阅王秉安:《专业市场与制造业产业集群共生现象研究——福建实证》,《发展研究》2005年第10期。

分组成。该市场囊括了国内的600多个品种及绝大部分国际知名品牌的石材荒料和成品，吸引了500多家国内外石材企业入驻经营，年交易额超过20亿元，已经成为东南亚地区规模最大、规格最高的石材批发市场，也是全国规模最大、种类最齐全的石材生产出口基地。[1]

事实上，南安市水头镇并不盛产石头，但是现在却是全国最大的石材批发专业市场，其原因在于，如果说早期南安石材产业还是依靠廉价出口石头资源发展起来的话，那么现在专业市场吸引大量的国内外石头资源到南安的石材产业集群来，以加工成各类具有高附加值的成品石材，返销国内外。在这一过程中，专业市场对产业集群的带动作用是显而易见的，如果没有一个上规模的专业市场的存在，南安的石材制造业集群就缺失了原料来源和销售渠道。因此，可以说该产业集群是附属于专业市场的，专业市场处于主导地位，它带动了产业集群的发展。

7.3 专业市场扩展的产业支撑：地方产业集群成长

市场与产业集群互动发展的一个显著特点是，专业市场和专业化产业区互为依托、相辅相成，使得一个地区的产业发展同时获得销售上的规模经济和生产上的规模经济这双重效应，从而进一步促进了集群整体的规模扩张、绩效提高和产业升级。一方面，市场上的企业和商户往往能敏锐地觉察到了集群所带来的好处，在产业选择和厂址选择上，有意无意地选择产业集群这样一种分工组织方式。另一方面，专业市场发展到现阶段，已经超越了原来单一的综合性、集散型形态，在商品生产与市场分工不断细化的双重作用下，成为多个商品专业市场簇群与产业簇群的有机体。产业与市场之间的互动发展，是专业市场形成低价格竞争优势的重要原因之一。

7.3.1 产业集群与专业市场的互动发展

专业市场的发展和持续繁荣需要强大的产业支撑。专业市场为地方产业集群的发展集中和稳定了市场需求，扩展了集群的影响范围，推动了集群

[1] 参阅石伟、张文海：《南安石材城：市场开发带动产业升级》，《石材》2007年第8期。

的升级换代。与此同时，产业集群则为专业市场提供了具有竞争力的产品，促进了市场规模经济和范围经济的实现。改革开放以来，浙江省之所以一直保持市场大省、强省的地位，当地的区域特色产业、产业集群功不可没。没有强大的产业，就没有繁荣稳定的市场。在浙江，绝大多数专业市场与当地特色产业、民营企业形成了一种“小商品，小企业，大市场”的结构类型。市场组织网络化和企业组织网络化相互促进，生产企业与商贸企业相伴而生，形成相互依存、功能互补、产需互动的共生网络。

1. 产业集群与专业化分工

从亚当·斯密的分工带来效率到阿尔弗雷德·马歇尔的集聚以及外部性，从杨格的报酬递增到杨小凯的新兴古典经济学，分工理论的研究虽屡遭中断，但仍吸引着众多经济学家们的目光。而当产业集群在推动全球经济增长和帮助落户地区脱离贫困方面发挥着越来越大的作用时（世界银行，2000），分工理论有了新的应用领域，成为深入研究产业集群的一种有效的理论工具。近年来越来越多的学者开始对产业集群与专业化分工给予了关注。[1]

分工和交易费用是一个矛盾体，分工可能带来效率的增进，同时由于专业化程度提高，发生交易的次数增加，交易费用也随之上升。因此，经济主体就需要在增进效率还是降低交易费用之间进行权衡，而这时，产业集聚作为一种可以有效地降低交易费用的制度安排，可以使专业化分工进一步深化。产业集群正好是一种专业化生产活动在空间集聚的表现形式。同时，产业集群的成长本身也是一个不断累积和自我增强的演化过程，其动力来自于专业化分工所产生的报酬递增。因此，专业化分工的深入推动了产业集群的形成与发展，集群规模的扩大也使得更为深入的专业化分工成为可能。

事实上，集群之所以能够降低交易费用与其自身的本质有关。集群是一种介于市场和纯科层组织（hierarchical organization）之间的准市场组织。可以说，产业集群是通过将市场交易内部化来降低交易费用的。从这一点

[1] 参阅汪斌和董赟(2005)、张毅和陈雪梅(2005)、何雄浪(2006)、惠宁(2006)、吴德进(2006)、G. Le Blanc(2000)、Mothe 和 Quélin(2000)、Kumar(2003)、Carayannis 和 Alexander(2004)。

看，产业集群与专业市场之间存在着相互替代的关系。但是，集群并非越大越好，也就是说集群也存在着一个边界问题，通过集聚的方式来降低交易费用并不是无止境的，当产业集群的规模扩张到边际分工收益等于边际交易费用时，这一点就是集群的边界，因此产业集群对市场交易、进而专业市场的替代程度是有限的。

产业集群通过将某类生产活动有效地组织和集中在一定区域，促使专业化生产能够向纵深发展，以提高生产效率，保持产品的技术和成本优势。价格竞争是最原始也是最直接的竞争方式，产业集群为专业市场提供了具有价格竞争优势的产品，以保持专业市场的竞争力。而且，由于专业化生产使得产品的多样化达到一个很高的程度，产品间能保持一定的差异化，这样就避免产品的价格竞争向恶性方向发展。

2. 产业集群与要素集聚

生产过程需要很多相关要素的配合，因此集群不仅把生产活动集聚起来，也带动了相关要素在集群周围的集聚。可以说，产业集群本身就是一个信息、人力资本、资金、技术等的集合。对于集群中的企业而言，这些要素、特别是信息和技术资源都是可以以较低的搜寻成本获得的。到目前为止，有关产业集群的模型大致可以分为三类：第一类是纯集聚模型（model of pure agglomeration），第二类是产业复杂性模型（industrial-complex model），第三类是社会网络模型（social-network model）。[1]

从传统的集聚模型看，如前所述，一方面，集群降低了专业化分工深化所带来的交易费用；另一方面，要素的集聚也增加了物质资本、人力资本、技术（知识外溢）等要素与企业配对的机会，从而减少了企业和要素所有者的搜寻成本，提高了经济运行的效率。首先，以雇用工人为例，集群内企业可以更加灵活、有效地调整其雇工的人数，即使这些工人是有关某一技术的专业人才。其次，集群的存在本身也将吸引相关要素流入本地区，企业无需特地外出寻找。再次，集群为企业提供一系列无法通过直接交易而获得的投入品[2]，如特定集群才有的基础设施等。所有这些，由于集聚所带来的外

[1] 参阅 Ian R. Gordon and P. McCann, "Industrial Clusters: Complexes, Agglomeration and/or Social Networks?", *Urban Studies*, 2000, 37(3):513—532。

[2] 经济学上这一类产品称为非贸易品（non-traded inputs）。

部性经济，可以使集群内的所有企业都享受到。其中第三点，可以在现实当中找到许多例子予以印证，诸如地方政府为扶持其所辖区域内产业集群的发展，纷纷出台各项优惠政策，如税收优惠、降低准入门槛、提供配套服务等。通过将依附于生产活动的要素集聚到特定区域内，集群企业的生产专业化可以进一步深入，成本优势可以进一步发挥，为专业市场所提供的产品也更具竞争力。同时，集群所集聚起来的相关要素同样可以为专业市场所使用，从而达到资源共享的目的。

3. 产业集群与社会网络

新制度学派认为，由于有限理性和机会主义倾向存在，交易费用也必然存在，而科层式组织和制度正是经济主体应对这一问题的理性方法。[1]通过将交易内部化实现对诸如非机会主义等信任因素的制度化。基于社会网络模型[2]，社会学家们认为，由于置身于某一社会网络之中，企业的行为将具有以下三个特点：首先，企业将更加愿意彼此合作，而不会担心对方的机会主义倾向。其次，企业调整其在网络中的社会关系将不会引致报复。再次，出于共同的利益，企业更容易采取集体行动，而不至于陷入奥尔森所描述的集体行动困境。由社会网络下企业行动的上述三个特征可以得知，社会网络的存在使得交易可以不严格地基于价格机制和监督机制来实现，从而降低理论交易费用。

依照新兴古典经济学(new-classical economics)的理论，可将交易费用划分为企业内生交易费用和企业外生交易费用。[3]社会网络中的信任机制有效地降低了企业内生的交易费用。如果将产业集群看成一个社会网络的话，由于集群内部每个企业都是专业化的，它们之间有着紧密的产业关联，因而企业间不是“个人实施”的“一次”信任博弈，而是“社会实施”的“多次”

[1] 参阅奥利弗·威廉姆森：《资本主义经济制度》，商务印书馆2002年版，第12页。

[2] 参阅 Mark S. Granovetter, "Economic Action and Social Structure: The Problem of Embeddedness", *American Journal of Sociology*, 1985, 91(3):481—510；以及 Mark S. Granovetter, "The Strength of Weak Ties", *American Journal of Sociology*, 1973, 78(6):1360—1380。

[3] 所谓内生交易费用是指人们在交易中为争夺更多的好处而不惜牺牲别人的好处，这是由于机会主义行为而引致的效率损失。由于信息不对称而引起的逆向选择和道德风险的机会主义行为，被认为是产生内生交易费用的根本原因。外生交易费用是指在交易过程中直接或间接发生的那些费用，如商品运输过程中所耗费的资源就是一种外生交易费用，而用于生产运输、通讯以及交易过程中的设施如计算机、信用卡、汽车等也是一种外生交易费用。更详细论述参阅杨小凯、黄有光(1999)；杨小凯、张永生(2003)。

信任博弈，存在着快速的信任传播机制和机会主义行为约束、惩罚机制，声誉的建立变得必要，这大大降低了交易费用，特别是内生交易费用。[1]

综上所述，我们可以发现，在产业集群内部，各生产环节上的企业在一个较小的区域范围内集聚，以"老朋友"、"老关系"、"老客户"等为载体的社会资本的积累，使得交易费用大为降低。同时，企业在集群内的相互关联使得它们之间的交易次数保持在较高水平，频繁的交易也有利于最优交易方式的出现。因此，交易费用的降低和内生交易规则的建立都有利于提升专业市场优化资源配置的功能，使得在产业集群专业化生产的推动下，专业市场的规模和档次也不断提高。由产业集群的上述基本特征我们可以发现，它对专业市场的作用主要体现在通过保证集群企业进行专业化生产和降低交易费用两种方式，为专业市场提供具有竞争力的产品。同时，由于产业集群也是一个企业生存的组织环境即关系网络，因此，当市场环境发生变化时，企业可以利用其在该组织内的关系网络来及时调整生产，以满足市场需求。

7.3.2 产业集群促进专业市场的发展

与专业市场对于产业集群发展所起的诸多积极作用相比，产业集群对于专业市场的作用则显得较为简单，这可能是由于目前在中国，产业集群对专业市场的依赖比二者的反向依赖要来得更大些，因为作为一个销售平台，专业市场的货物来源可以是多方面的。[2]相反，产业集群的产品则只有在对应的特定专业市场上出售才能充分利用该市场集聚起来的资源，这也部分地解释了像义乌这样先有市场、后有产业的地区，专业市场在产业尚未成熟、市场的产业支撑尚不牢固时仍然发展得很好的原因。总的来说，产业集群对专业市场的意义主要有：

(1) 产业集群为专业市场提供了低价格、具有竞争力的产品，保证了专业市场的竞争力。如前所述，产业集群是专业化分工的结果，是制造部门在空间上的集聚，而专业化分工的深入和集聚要素的共享所带来的生产成本降低、产品质量提高，则增进了生产效率，从而使得集群产品在价格、质量上

[1] 参阅陈通、田红坡：《集群企业信任机制的探讨》，《经济问题》2002年第10期。

[2] 虽然受到来自物流体系方面的约束，但目前这种约束正在逐渐被弱化，因为专业市场的发展本身就会带动区域内物流配送体系的建立和健全。

具有较强的竞争力。同时，作为企业生存的网络体系，产业集群使得企业的组织安排可以达到最简化，接近于新古典经济学对企业的定义，即可以将其视为一个生产函数，因此，企业也就可以将绝大多数资源投入到生产环节当中去。专业市场作为集群企业产品的主要出售场所，其竞争力也得到了保证。

此外，由于产业集群具有社会网络的性质，信任机制或者说作为一般意义上的社会资本，也发挥着降低交易费用，进而降低产品价格的作用。可以将社会资本定义为处于一个共同体内的个人、组织通过与内、外部对象的长期交往合作互利形成的一系列认同关系，以及在这些关系背后积淀下来的历史传统、价值观念、思想信仰和行为范式。[1]由于产业集群是一个由相关的组织，例如企业、产业、协会、机构等组成的网络结构，正如波特对它所下的定义一样，可以认为在这个网络结构当中，也形成了纵横交错的社会资本，这种社会资本的形成不仅是降低交易费用的有效方式，也是集群内部隐性知识扩散的主要途径，因此，它是衡量和保证产业集群竞争力的重要因素。交易费用的降低将带来产品生产成本和价格的降低，进而提升产品的市场竞争力。同时，由于隐性知识是一种只可意会、不可言传，难以公开化和标准化的知识流，因此可以说集群是这类知识繁衍和传播的温床，它在集群内部的扩散将提高产业集群整体的竞争力，进而也必然提高产品以及对应的专业市场的竞争力。

(2) 产业集群为专业市场提供了多样化、适应市场需求变化的产品。产业集群作为各类要素，如人力资本、专业技术、特定基础设施等集聚的场所，使得企业转换生产变得较为容易，因为转换成本已经部分地被产业集群这一公共平台消化了。此外，产业集群作为一个社会网络，其中的企业可以通过社会关系，以较低的成本获取待进入部门的技术、需求和原材料来源的信息等要素。这样，集群企业就具有迅速将市场需求信息或新技术转化成产品或服务并推向市场的能力，专而精的企业特征使得它们能够不断进行变化和调整，以满足市场中出现的新的、个性化的需求，从而提高了专业市

[1] 参阅杨雪冬:《社会资本:对一种新解释范式的探索》，载李惠斌、杨雪冬主编:《社会资本与社会发展》，社会科学文献出版社 2000 年版，第 77—84 页。

场的竞争力。从本书作者所主持的课题组于2007年10月对义乌中国小商品城内商户所进行的问卷调查结果中可以看到，在所调查46个行业中，[1]所有行业每月都有新产品推出，其中每月新产品推出最为频繁的十大行业是：毛巾、眼镜、花边、小百货、花类配件、头饰、珠宝首饰、体育用品、衬衫、领带（详见表7.2）。这表明，产业集群的网络体系为企业转换生产，进入新的产品部门降低了成本，从而使得新产品不断在集群中被生产出来，并通过专业市场销售出去，满足不断变换的市场需求，保证了专业市场的竞争力。

表7.2　行业与产品更新程度

更新程度（个/月） 行业	无	3个以内	3—6个	6—9个	9个以上
毛　巾	0	25.64%	28.21%	10.26%	38.46%
眼　镜	5.49%	18.68%	21.98%	17.58%	36.26%
花　边	33.33%	19.05%	4.76%	9.52%	33.33%
小百货	24.62%	27.69%	7.69%	16.92%	23.08%
花类配件	5.00%	20.00%	45.00%	10.00%	20.00%
头　饰	8.15%	32.84%	26.42%	10.37%	19.75%
珠宝首饰	9.09%	27.73%	30.97%	11.09%	19.57%
体育用品	16.43%	46.43%	15.71%	2.86%	17.86%
衬　衫	6.90%	31.03%	27.59%	27.59%	17.24%
领　带	15.79%	31.58%	15.79%	21.05%	15.79%

注：上表是根据本课题组于2007年10月对义乌中国小商品城，包括篁园市场、宾王市场、国际商贸城共三个市场群内的商户所进行问卷调查的结果所制作的。其中“更新程度（个/月）”表示商户每月推出的新产品个数，其中的百分数是指不同产品更新程度的商户占调查对象总数的比重。

虽然相对于专业市场对产业集群发展的作用体现在很多方面，二者反向的作用则体现得不太明显，但是这并不能作为忽视产业集群对于专业市场发展的重要性的理由，因为在最为简单的模型中也可以发现：当运输成本还存在时，专业市场的竞争力将随着其与货物来源地的距离变大而减弱。

[1] 所调查的46个行业是：相框、喜庆工艺、饰品配件、花类配件、电动玩具、毛(巾)绒玩具、头饰、装饰工艺、花类、普通玩具、珠宝首饰、笔墨用品和纸制品、办公用品、化妆品、体育用品、镜梳、服装辅料、纽扣拉链、眼镜、辅料配件、线带、日用百货、鞋、针棉、伞具、小百货、箱包、五金工具配件、五金厨卫、钟表、雨具雨披袋、电器电话器材、领带、纺织品、衬衫、花边、服装、毛线、副食、床上用品、皮革、陶瓷水晶、旅游用品、充气玩具、毛巾。

因此，有一个或者若干个具有活力和规模优势的产业集群作为支撑，是专业市场得以保持其竞争力的重要条件。

7.3.3 专业市场与产业集群之间的累积强化效应

从一般意义上讲，专业市场与地方产业集群之间存在着累积强化和相互促进的关系。但是，这并不意味着有专业市场的地方，产业集群就一定能发展起来；产业集群较为发达的地区，专业市场就一定能迅速崛起。这是因为：专业市场和产业集群二者当中某一方的发展并非只要有对方的存在就能实现，还需要其他一系列相关条件的配合，比如内部治理、市场环境、产业结构、基础设施、政策环境、地理区位等，这些要素中的任何一个的缺失或不足都可能限制二者的发展以及互动关系的建立。因此，虽然在每一个专业市场或产业集群存在的地方都存在如前所述的互动关系，但这并不能作为否定前面相关分析的依据，因为专业市场的发展只是地方产业集群发展的一个必要条件，而非充分条件；反之亦然。

我们在调查中也发现，在有些地区，专业市场很是兴盛而产业集群却甚为落后；在有些地区，产业集群发展得很好而专业市场却较为凋敝。现实的例子如温州的桥头纽扣市场。[1]诸如此类的现实向人们提出这样一个问题：专业市场与产业集群的互动关系为什么不是在每个地方都存在？一些专业市场的发展为什么没能带动该地区产业集群的兴起，另一些地方产业集群的发展为什么没能支撑起一个具有竞争力的专业市场？我们认为，这主要是由于专业市场和产业集群的发展不仅以对方的存在和发展为必要条件，还受到其他因素的影响。

1. 专业市场的发展须以强大的相关产业为支撑

专业市场和产业集群之间要想建立良好的相互促进关系，必然要求专业市场为集群企业提供有效的销售网络，同时产业集群为专业市场构筑坚实的产业支撑。如果专业市场销售网络的规模和范围无法达到集群企业的产品销售要求，企业将会建立选择或者建立自己的销售渠道，或者另觅其他

---

[1] 温州桥头纽扣市场兴办于1983年，经过四次改扩建，1999年初建成“中国纽扣城”。在经过近十几年的辉煌历程之后，市场迅速萎缩、衰落。即使是被作为红火年代“尾巴”的1997年就已经“虚不受补”了。当时摊位数有1 489个，实际经营的有857个，到1998年剩下623个，摊位率下跌41.8%；商贸城可供营业用房共872间，实际使用率仅为18.6%。而与此同时，温州的纽扣产业却依旧发展迅速，目前有纽扣企业200家，年产值15亿元，每年生产的纽扣达一万多个品种，纽扣产量占全国总产量的80%。

能够替代专业市场的形式，这样，原有专业市场就会就面临萎缩，甚至被淘汰的危险。

因此，专业市场并非越“专”越好，因为专业市场的“专”是相对于综合性市场而言的，这种专业化应当兼顾到产业链上下游的配套与完整。例如浙江绍兴的中国轻纺城，其交易品种涵盖了原料、纺织、印染、制衣、机械等相互衔接的产业链条，组成了一个完整的体系。如此做法的好处在于，这种类型的专业市场既为集群企业提供了充分的展示空间，又给采购商带来了极大的方便，使之能在短时间内享受到“一站式”的服务。相反的例子则如温州桥头的纽扣市场，该市场由于产品品种单一，市场范围狭窄，导致采购商无法实现“一站式”采购，失去采购成本优势，最终导致市场的衰落。因此，当专业市场无法满足集群发展要求，做大规模经济和范围经济时，就有可能难以逃脱凋敝的命运。

同时，由于专业市场是集中处理市场需求信息变动的场所，由于市场内的经商户中有相当一部分也是本地产业集群内的企业主，需求信息变动将在第一时间被带到集群内，使市场需求迅速得到满足。但是，如果由于某种原因，例如集群过于专业化，本地集群企业在产品生产商上不具有优势，专业市场就会通过扩大货物来源以分散风险，因而该类产品的本地集群也难以发展起来。从这一点我们可以看出，当某一地区产业集群的专业化程度太高时，无法为专业市场提供多样化的产品，市场多样化需求难以得到满足，专业市场的发展就将遭遇困境。例如从目前一些产业集群的发展现状看，多数产业链不完整，产品结构相对单一，在这种产业基础上诞生的专业市场，容易成为类似温州桥头纽扣市场这样的“微型专业市场”，采购商到达该产业基地时也倾向于越过专业市场直接找厂家交易，导致市场功能的弱化并走向衰落。因此，从这个意义上讲，并非每个产业基地都应该并可以建设相应的专业市场，只有当地方产业集群发展出较为完整的产业链条时，专业市场有可能具有持久的竞争力。而且，从更严格的意义上讲，虽然专业市场的货物来源可以多渠道，但由于运输成本的持续存在，本地产业集群的兴起和完整产业链的建立才是专业市场维持和提升竞争力的保证。

2. 专业市场的发展与所经营产品的特征有关

当技术等外生因素给定时，具有某种特征的产品的最优生产规模是一定的，企业可以达到的规模经济也存在一个极限。因此，当企业的规模达到甚至超过这一极限时，继续扩大规模将带来负效应。而对于大多数小商品而言，具有最优生产规模的企业可能就是现在那些小而专的企业，它们虽然规模很小但对于目前所生产的产品来说是最为合适的，除非这类产品对消费者已经不再具有吸引力。另外，从企业边界的角度来看，由于可以充分享受专业市场和产业集群这两种网络组织所带来的便利，它们可以将大部分企业功能“外包”给两个网络组织来经营。因此，专业市场和产业集群的功能越健全，企业扩大规模的激励越弱。这也说明，规模越小的企业越难以脱离专业市场和产业集群，二者就越有存在的基础。

3. 专业市场与地方产业群的升级、转移

随着专业市场的发展，它已经逐渐由单纯的商品交易场所演变成一个集电子商务、物流配送、产品孵化、人才培训、科技研发等在内的商贸产业，行业在位者(incumbents)利用先发优势构筑其规模优势，并借此对新进入者进行打击，使其优势不断得到强化。[1] 在现实中，以义乌小商品市场为例，由于它已经在国内、甚至全球范围内建立起它在小商品生产和销售上的优势，而规模经济又强化了它的龙头地位，这对存在于其周边的中小型专业市场来说是不利的，因而也就出现了市场交易集中化的趋势，即市场交易向规模较大的全国性或区域性批发市场集中，而一些小规模批发市场则日趋萎缩。目前，在浙江，温州纽扣、永康五金、浦江水晶等周边产业纷纷向义乌靠拢，经营户也纷纷向义乌的新辟经营区转移，从而导致产区当地原有的一些规模较小的专业市场的吸引力日益衰减，效益不断下降。因此，当邻近地区要建设类似的专业市场时，必须考虑到来自区域内主导性市场的强大压力，实现差异化经营，突出自身的特色，避免与之直接对抗，并且应有效利用该市场的溢出和带动效应。

综上所述，专业市场和产业集群之间的互动关系是建立在二者协调发展的基础之上的，同时一方的发展将在一定程度上促进或带动另一方的崛起。然而，二者互动关系的建立还受到其他因素的影响，诸如市场环境、基础设施、政策环境、地理区位等，有时这种影响还是决定性的。

---

[1] 一个区域由于已经建立起来的优势产业使得它的优势不断累积，这被称为“锁定效应”(Arthur, 1989)。

7.3.4 产业集群支撑专业市场发展的案例研究

专业市场作为一种贸易在空间上集聚的现象，其竞争力主要来自市场内的产品在价格、质量、种类上的优势，以及物流、信息等辅助功能的完善，而产业集群则为专业市场的这些优势提供了产业支撑和保证。因此，一般地可以发现，在浙江较为兴盛的专业市场周围大都存在着极具活力的特色产业集群，产业集群的存在为专业市场进行更为细致的分工提供了可能，而专业市场交易量的上升也反过来为产业集群进行更为深入的专业化生产带来了激励。在上述过程中，二者形成了不断累积、相互强化的良性循环。

1. 浙江绍兴：中国轻纺城与绍兴纺织业

浙江省绍兴县长期以来一直以纺织业闻名于世，有“中国第一纺织大县”之称，而作为中国第二大专业市场的中国轻纺城便坐落于该县的柯桥镇。绍兴中国轻纺城的前身是1985年依托绍兴当地快速发展的纺织业产业集群建立起来的纺织品交易市场。1992年，经国家工商局批准，市场正式冠名为“中国轻纺城”，经过20多年“以市场带动产业、以产业反哺市场”式的发展，该市场已经成为目前全球规模最大、经营品种最多、成交额最高的纺织品交易中心。据统计，2007年中国轻纺城年成交额达到572亿元，比上年增长14%。其中与该市场配套的轻纺城面料市场为332亿元，比上年增长10%；轻纺城原料市场为240亿元，比上年增长20%。随着中国轻纺城交易额不断上升，其规模也达到了全国乃至亚洲同类市场领先水平，辐射半径不断增大。而2007年10月21日由商务部正式发布的“中国·柯桥纺织指数”则标志着中国轻纺城在功能创新、升级上又迈出了一大步。

中国轻纺城之所以能取得如此巨大的成绩，在很大程度上是由于在它的周围分布着颇具竞争力的特色纺织产业集群。该集群一开始是由轻纺城的前身，当地人称之为“布街”的市场带动起来的，而随着集群的进一步发展，对轻纺城的产业支撑作用逐渐显现出来。据统计，目前绍兴县以纺织业为主业的轻纺企业超过5 000家，从业人员15.8万；而在以中国轻纺城为圆心的50公里半径内，轻纺企业更是超过了1万家。正是绍兴中国轻纺城与周边纺织业集群之间良好的互动关系，使得绍兴地区作为亚洲最大的纺织、纤维制品生产基地和交易中心的地位得以稳固和进一步提升。[1]

理论分析和实证研究都充分表明，绍兴本市以及与中国轻纺城相关的产业对于轻纺城的产业支撑作用集中体现在保证了该市场的竞争力。尤其是，产业集群使其内部企业获得了一种集群优势，充分享受到了集群内的外部规模经济、知识溢出效应、要素集聚效应带来的好处，从而拥有更强的产品价格、质量竞争力，当这种竞争力被传递到了与其共生的专业市场，则专业市场也拥有了很强的产品竞争力。同样，质优价廉的产品会吸引更多的市场需求，更大的市场需求使得进行更进一步的专业化分工生产变得有利可图，而专业化生产带来的效率提升保证了产品拥有持续的竞争力。绍兴的轻纺产业和中国轻纺城之间的互动关系对此进行了很好的诠释，“布街”带动了当地轻纺产业的兴起，轻纺产业推动了轻纺城的发展，为其提供了强有力的产业支撑，保证了轻纺城产品的市场竞争力。

2. 湖北武汉：汉正街市场

汉正街是汉口沿河大道以北，并与之平行的一条街道。此处原是沿河的墟市，经过明、清两代的发展，形成玉带门、杨家河等若干个东西向的“正街”。汉正街是汉口历史上最早的中心街道，是万商云集、商品争流之地。汉口老字号中的叶开泰、谦祥益、汪玉霞等均发迹于此。20世纪初，随着汉口开埠、租界设立与铁路的开通，汉口商业中心逐渐下移至长江岸边。汉正街则演变成小商品市场。

在20世纪80年代，汉正街针对广大的农村市场，以廉价小商品的批发为主，经过十几年的发展，成为武汉市民日常购物场所，也是华中地区小商品批发中心，主要经营日用品、鞋帽、服装、小电器、文具、玩具等。及至1982年，《人民日报》发表题为《汉正街小商品市场的经验值得重视》的社论，使其拥有了“中国改革风向标”、“中国第一街”的美誉。[2] 然而，到了2000年，据中国市场学会调查，汉正街市场在全国小商品市场排名已降至第8位。[3]

汉正街与其他同类型专业市场相比，日渐衰落的原因很多，如特色不鲜

---

[1] 参阅徐俊毅：《绍兴纺织产业集群网络的形成与功能分析》，《北方经济》2007年第4期。

[2] 参阅《汉正街小商品市场的经验值得重视》，《人民日报》1982年8月28日。

[3] 参阅刘林青、王春芬：《汉正街竞争力减弱的系统思考》，《商业时代》2004年第21期。

明、管理不善,但是缺乏有力的产业支撑普遍被认为是主要原因之一。在汉正街市场销售的各类产品中,本地产品所占份额很少,不到5%,只有部分服装、塑料制品、小商品、副食以及一些日化用品是武汉或者省内生产,其余几乎完全是外地产品的天下,尤其以浙江和广东的产品为最。除了直接相关的制造产业发展不足之外,作为专业市场发展所需的物流配送、金融、餐饮等行业也落后于国内同类专业市场。由此可见,缺乏产业支撑的专业市场是"无根市场",一如"水中浮萍"。汉正街之所以缺乏产业支撑,其原因除了当地根深蒂固的商业文化之外,较高的要素成本,特别是劳动力成本也是重要原因之一。

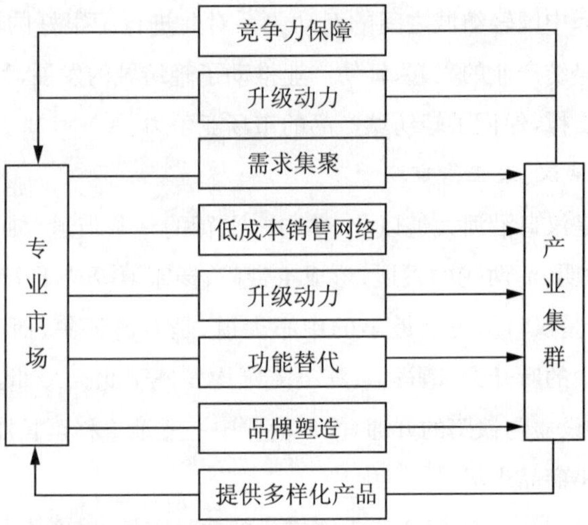

图7.2 专业市场和产业集群互动关系的一般图式

7.4 专业市场扩展、产业集群成长与区域经济发展

回顾改革开放近30年的历史我们不难发现,专业市场作为最大的制度创新之一,它对中国农民以及其他相关经营者的影响是巨大的,这种影响既包括经济方面,也包括了社会结构方面。[1]以浙江省为例,自从20世纪70年代末和80年代初全国第一个农村专业市场——温州桥头纽扣市场的出

[1] 参阅袁亚春:《浙江专业市场的发展与社会结构变迁》,《浙江大学学报(人文社会科学版)》2002年第6期。

现，专业市场在该省迅速发展起来，到九十年代即成为全国著名的“市场大省”。截至 2007 年底，全省共有各类专业市场 4 096 个，年成交额达 9 325 亿元，同比增长 13%。专业市场在建立社会主义市场经济体制、推进城市化进程、提高区域开放程度等方面，都发挥了极其重要的作用。

与此同时，地方产业集群也有力地推动了中国经济的发展。大多数产业集群是在 20 世纪 80 年代诞生的，20 多年来，产业集群成为推动中国经济增长的强劲动力，且至今仍方兴未艾。以浙江为例，其产业集群最早出现在 80 年代初的温州和台州地区，80 年代中期辐射至宁波、绍兴地区，进而扩展至金华等地，并于 90 年代末基本覆盖了全省范围。据调查[1]，截至 2004 年底，全省共有年产值亿元以上的工业区块 601 个，块状经济工业总产值 15 826 亿元，占全省工业总产值的比重约为 64%，块状经济平均规模 26.3 亿元；年产值 10 亿元以上的 285 个，其中，10 亿—50 亿元的区块 202 个，50 亿—100 亿元的区块 46 个，超过 100 亿元的区块 37 个。由此可见，产业集群已经成为推动区域经济增长的特殊的产业组织形式，它和专业市场一道有力地促进了地区经济的发展，因而，研究二者如何作用于经济增长有着极其重要的意义。

7.4.1 专业市场扩展与区域经济增长

专业市场开启了中国市场化改革的先河。专业市场的兴起促进、强化了经济改革的市场取向，其发展与农村工业化、城市化、国际化的进程紧密相联。依托专业市场，形成了一大批新兴城镇和新兴产业区，各地走出了不同的富有地方特色、特点的区域经济发展路子。

1. 专业市场促进、强化了改革的市场取向

中国改革开放的 30 年是社会主义市场经济体制逐渐建立、完善的 30 年，专业市场作为这一时期阶段性的制度创新，对于推进现代市场经济体系的建立起到了不可或缺的作用。首先，它促使农村由自给自足的自然经济向商品—市场经济转变。[2] 由于家庭联产承包责任制的实行，生产关系的转变带来了生产力水平的提高，农业部门出现了大量剩余劳动力，而此时农

[1] 参阅中共浙江省委政策研究室：《2006 浙江块状经济发展报告》，《政策瞭望》2006 年第 7 期。
[2] “商品—市场经济”是本书作者发明的一种包含由社会主义商品经济到市场经济这一历史变化的提法，参阅陆立军、王祖强：《新社会主义政治经济学论纲》，中国经济出版社 2000 年版。

村集贸市场的开放正好为这些劳动力提供了一个进入非农产业部门的机会，使他们摆脱了几千年的“为用而买”、“为买而卖”的生产和消费方式，开始转为“为卖而买”，生产的目的不再是自身的需要而是为满足市场的需求。其次，农业部门的发展构成了对城市部门改革的压力，促使一系列符合商品经济、市场经济规律的制度、手段在城市经济中得以建立和运用，这符合增量改革(incremental reform)的路径。由于专业市场打破了传统的物资供应体系，市场竞争机制首先在流通部门建立起来，这就带动了其他相关制度的建立。因此，从某种意义上可以说，改革初期专业市场的建立和发展，为社会主义市场经济体制构筑了必要的物质基础。

2. 专业市场加快了农村工业化、城镇化的进程

如前所述，专业市场的发展推动了地区产业的发展，并促进区域内形成专业化产业区，加快了地区工业化的步伐。专业市场和专业化产业区的形成与互动发展打破了传统农业和工业的界限，导致农村地区第二、三产业比重上升，更多的农村富余劳动力向工业部门转移，从而推进了地区城市化的进程。以浙江省义乌市为例，在小商品市场的带动下，目前已形成了20多个特色鲜明、创新能力强、引领国内外潮流、具有世界市场影响力的小商品制造产业，拥有饰品、服装、针织、袜业、拉链、工艺品、玩具、化妆品、文化用品等十六大优势行业，其中袜业、针织内衣、玩具、化妆品、工艺品等产业的产销量占全国30%以上，拉链占全国的50%以上，饰品则达到了70%以上。工业化的推进为地区城市化奠定了基础。由于专业市场和产业集群都具有集聚性质，其中也包括了人口的集聚，而人口集聚的前提是其能够自由流动，而建立在户籍制度和行政区划之上的城乡二元结构成为人口流动的主要障碍。因此，当工业化发展到一定阶段时，必须通过调整行政区划来打破城乡二元结构，加快小城镇的建设，使小城镇成为农村工业发展的主要载体。

3. 专业市场提高了区域经济的开放性、国际性

作为专业市场的主体，商人阶层集中体现了商品经济的本质特征，即资本的趋利性。他们的活动范围只受到体制、行业以及交通、通信等条件的约束，哪里存在利润空间他们就会在哪里出现。这也是现代市场经济的魅力所在，即在资源配置上所起到的基础性作用。因此，随着专业市场的发展，

以市场网络所延伸到的地理范围为依托，地区经济的开放程度大大提高，专业市场的国际化，即"买全球货、卖全球货"成为一些有很强实力的专业市场的未来发展趋势。仍以义乌市场为例，2007 年该市场商品已出口到 188 个国家和地区，境外企业常驻代表机构总数已达 1 288 家，已成为全国外商常驻机构最多的县级市。众多外商代表处云集义乌，推动了义乌市场的国际化，2007 年前十个月实现自营进出口总额 14.95 亿美元，其中出口 13.86 亿美元。[1]不仅如此，市场主体还通过直接在外省，甚至国外建立分市场来延伸专业市场的触角。

7.4.2 地方产业集群成长与区域经济增长

从马歇尔(1987)、韦伯(1997)到佩鲁(2002)，从廖什(1995)到克鲁格曼(Krugman，1991，1993)再到波特(2002)，有关产业集群推动地区经济增长的讨论未曾间断过。近几年，伴随着产业集群在中国的快速发展，王缉慈(2001)与蔡宁(2002)等学者也开始对其进行深入研究，然而已有的研究主要集中于产业集群的技术创新和相关政策上，且多数为个案探讨。对产业集群如何促进区域经济发展的内在机理则较少涉及。产业集群对区域经济的作用可以概况为以下几点：

1. 集群网络有利于保持地区经济的活力

产业集群是一种介于完全市场和纯科层组织之间的中间组织形态，建立在由企业关系组成的复杂网络的基础之上。这种网络组织为其内部企业构筑起了一个公共平台，在该平台之上诸如信息、人力资本等要素能够很好地实现共享。同时，为了促进产业集群发展，各地政府纷纷出台各类优惠政策，这些都降低了集群企业的生产成本和行业进入壁垒。在其他条件不变的情况下，地区经济将更加具有活力。在产业集群都比较发达的浙江省，私营企业开业数持续攀升。截至 2007 年 6 月底，全省新增私营企业 42 642 户，同比上升 9 个百分点，平均每天有 233 家私营企业诞生；个体工商户达 178 万户，居全国第三；新增外商投资企业 1 380 户，也呈上升趋势。同时，如前所述，由于专业市场具有与产业集群类似的特征，二者的良性互动发展进一步活跃了地方经济。

[1] 参阅《中国小商品城 2007 年运行态势分析》，http://www.yiwu.gov.cn。

2. 集群创新推进地区产业升级

集群是企业间相互学习和隐性知识(tacit knowledge)传播的极佳场所。由于长期处于同一区域内,集群企业相互之间对对方的生产技术、生产流程都十分了解,因此企业必须在产品设计、产品开发、技术革新等方面不断改进以适应市场需求变化,求得生存。而地理位置的接近使得这类新技术、新方法更容易传播,由此产生通常所说的"技术溢出(technology spillover)"。与此同时,企业间针对某类产品进行合理分工,各自在不同环节上进行专业化生产,相关环节的工艺改进或技术进步被传递至其他企业之后将提高整个产品的生产技术水平,从而推动地方产业升级。当然,由于集群创新较强的外部性对企业创新会产生不利影响,单就依靠集群内企业的创新尚不足以维持集群以及区域经济的创新性,还应当发挥诸如研发中心、大学院校等公共机构的作用。这样,新知识的创造、集聚和扩散将有力地推动技术进步和区域经济发展。

3. 产业集群的发展有利于区域品牌的建立

产业区位是品牌的象征,"产地认证"已经成为标识产品品质的商标,如法国香水、意大利服装、瑞士手表等。区域品牌既具有产业集群的属性,又具有一般品牌的属性,其中区域品牌的产业集群属性使其具有极其丰富的内涵,区域文化、人文环境、政策环境等都被包括在内。而区域品牌的品牌属性使其具有品牌的一般特征,因而必须对其进行合理、有效的经营。事实上,区域品牌的这两个属性之间是有其内在矛盾的:第一个属性使其具有很强的公共性,而后一个则要求其有很明确的所有权归属。当这对矛盾未能有效解决,比如集群内部的各方出于自身利益的考虑,在区域品牌定位、未来发展等方面难以达成一致时,区域品牌就可能遭到损害。同时,来自区域以外的冲击,比如其他地区企业对本地产品的模仿,同样会对品牌产生不利影响。

7.4.3 专业市场、产业集群与区域经济的互动发展

专业市场和产业集群推动区域经济发展的方式还不仅限于前面所论述的几类形式,二者还通过有效互动构建起经济发展的地区架构,以此探寻最适合本地区的经济发展模式。专业市场和产业集群是当前中国经济发展中的两个突出特征,特别是在改革开放的前沿——广东、浙江、福建、江苏等

地，因而也出现了诸如珠三角模式、浙江模式、苏南模式等特色区域经济发展模式，在这些模式中专业市场和产业集群所发挥的作用与所处的地位不甚相同，其中以浙江模式为最，它由专业市场、产业集群、民间金融、民营经济等经济现象构成，同时也由温州模式、义乌模式等子模式组成。浙江模式最可贵之处在于对民间力量释放，私人部门成为地区经济增长的主要推动力量，因此有学者将浙江模式的基本特征概括为"充分尊重和发挥民众敢为天下先的创新精神和坚韧不拔的创业精神，将经济体制改革和区域经济发展有机地融为一体，利用制度创新所形成的改革先发优势，推动区域经济发展和社会进步"。[1]正是由于浙江模式的原动力来源于地区社会结构，而非经济结构，即一种以创业、创新为内核的文化、观念力量，因而在某种程度上，该模式是具有自生能力的。专业市场作为浙江民间力量的制度创新成果，与产业集群一起成为浙江模式主要的组成部分。伴随着浙江模式的自我演化和创新，二者也将在推动本地经济增长中发挥其应有的作用。

专业市场和产业集群作为区域内生经济现象既受到地区内诸要素的制约，也反过来对所在地区产生深远且多方面的影响，这种影响既包括经济上的，还包括社会结构上的、观念意识上的等。比如专业市场的兴起和发展促使商人阶层的出现和成长。

一般认为，长期的经济发展主要取决于以下四个要素：基于专业化的报酬递增、生产方式进步、知识和人力资本的积累以及产业化。专业市场和产业集群很好地满足了这四个要求，二者分别是交易活动和生产活动的专业化，都具有报酬递增的特点；二者规模的扩大促使传统作坊式生产向机器生产转变；基于专业化的生产和交易活动加速了特定人力资本的积累，二者的网络组织性质加速了知识的扩散；二者间的良性互动促进了产业集群的发展，推进了地区产业化和城市化。因此，我们有理由相信，专业市场和产业集群的互动在推动中国区域经济发展上将继续发挥其应有的作用。

[1] 参阅史晋川：《制度变迁与经济发展："浙江模式"研究》，《浙江社会科学》2005 年第 5 期。

8　专业市场的治理：市场与政府的合作博弈

改革开放之初，由农民和城镇下岗、无业人员等演化而来的商人（商贩）的集体行动，以及由此促成的地方政府的开明决策，共同推动了各地专业市场的形成。尔后，在专业市场的发展过程中，由于信息不对称和机会主义行为所带来的“柠檬市场”、“公地悲剧”、“囚徒困境”等问题，使得市场治理成为关乎专业市场命运的新课题。市场治理需要解决的问题是：专业市场在享受专业化交易和集中交易好处的同时，如何成功地消除市场中存在的机会主义行为的侵害？在共享市场的整体品牌、无形资产和声誉资源的同时，如何避免“公地悲剧”和市场竞争的“囚徒困境”？如何在专业商人之间发展长期的信任协作关系？所有这些，都需要完善的治理机制和相应的公共政策作保证。本章从分析信息不对称条件下专业市场的“柠檬问题”入手，分析影响专业市场治理的各种因素，描述在多重的重复博弈和政府参与的情况下约束商人诚实交易的治理机制的形成，以及地域性声誉机制和商业规则在新的市场交易秩序中的作用。

8.1　信息不对称下专业市场的交易困境

信息不对称是市场的固有特征，专业市场也不例外。作为一种大规模集中交易的坐商式的制度安排[1]，专业市场中存在着诸如假冒伪劣产品、以次充好等市场“逆向选择”，进而会带来“柠檬市场”问题。若不存在一种适当的限制机会主义行为的机制，那么，互惠的交易就不可能大规模地重复发生。什么样的机制能够限制商人的机会主义行为、扩大交易的范围呢？这就涉及市场的治理机制问题。市场机制本身可以在一定程度上解决信息不对称带来的道德危害和机会主义行为问题，但是这种作用并不是根本的。因此，专业市场的治理需要寻求市场以外的政府力量，以及社会中介组织的力量。

---

[1] 参阅郑勇军等：《解读“市场大省”——浙江专业市场现象研究》，浙江大学出版社2003年版，第47页。

8.1.1 专业市场的“柠檬市场”问题

专业市场是一种市场制度安排，但是它又是一种特殊的市场制度安排。一方面，专业市场由于信息不对称而出现“柠檬市场”问题；另一方面，专业市场内部“坐商”的交易特征，使得交易主体（主要是买者与卖者）之间有着无限次重复博弈的可能，这又从另外一个方面降低了专业市场“柠檬问题”发生的概率。因此，转业市场这种特殊的市场制度安排具备“柠檬市场”正反作用机制。基于此，我们将由于信息不对称带来“逆向选择”的“柠檬市场”称为正“柠檬市场”效应，它可以解释专业市场“柠檬问题”的形成；同时，我们将由于交易主体间的无限次重复博弈的合作机制称为负“柠檬市场”效应，它阐明了专业市场中存在的阻碍专业市场“柠檬问题”形成的力量。因此，在缺乏其他规制专业市场交易秩序力量的前提下，判断专业市场“柠檬问题”的影响程度，就要看这两种效益的对比关系和相对力量。

1. 专业市场的正“柠檬市场”效应

“柠檬”（lemon）是来源于美国对次货或二手货的称呼，由美国经济学家乔治·阿克洛夫（George. Akerlof）于 1970 年引入信息经济学对次品市场进行分析，并提出了著名的“柠檬市场”（lemons market）理论。“柠檬市场”是指当产品的卖方对产品质量比买方具有更多的信息时，由于买卖双方对产品质量信息的不对称所导致的逆向选择行为，低质量的产品将会把高质量的产品驱逐出市场，从而使市场上的产品质量持续下降的现象。

阿克洛夫通过对美国旧车市场的分析，于 1970 年发表了文章《“柠檬”市场：品质不确定性与市场机制》，对非对称信息条件下市场运行效率进行了分析，得出了“柠檬”原理，并且开创了“逆选择”理论。阿克洛夫以旧汽车市场为例，对“柠檬问题”进行了经典的分析。在旧车市场上，既定的卖者和关心旧车质量的买者之间存在着信息的非对称性，卖者知道车的真实质量，买者不知道。在卖者不能确知所购车辆质量的前提下，他愿意接受的价格也只能是所有旧车价值按概率加权计算的一个平均值，因而他只愿意根据平均值来支付价格。但这样一来，质量高于平均水平的卖者就会退出交易，只有质量低的卖者进入市场，结果将导致低质量旧汽车将高质量旧汽车挤出交易市场。鉴此，阿克洛夫解释了为什么即使是只使用过一次的“新”汽车，在“柠檬市场”上也难以卖出好价钱。这一过程持续发生，最后市场上只剩下质量最低劣的旧车，所有质量较高的车都会从市场上消失。由于只剩下了劣质商品——“柠檬”，就使市场变成了充斥着劣质商品的“柠檬市场”。

显而易见，阿克洛夫的“柠檬市场”理论以市场的信息不对称为前提，解释了由于有关商品质量的信息在交易双方之间的非对称分布，最终导致次品驱逐优品的现象。新古典经济学假定，完全竞争市场以完全信息为基本特征之一。然而，在现实世界中，信息是缺乏的，是不完全、非对称的，因而也是有价值的。事实上，如果市场参加者都可以不付出成本而获得所需的市场信息或者信息在各个主体之间是均匀分布的，那么就不会有人去搜寻和传递信息，而这必然致使市场难以培育交易机会，同样会降低市场效率。由此可见，完全的信息并不能有效地提高市场效率，相反，有可能会阻碍市场效率的发挥；极高的和极低的信息的获取和传递效率都会妨碍市场效率的提高。虽然，信息的效率究竟应保持在什么程度对于市场运行是最优，我们不能作出十分肯定的回答，但是可以肯定的是，市场信息不完全性或非对称性不仅是现实存在的，而且是必需的。

由上可知，信息不对称是市场的一个不可或缺的固有特征。完全的信息对市场来说是不可能的，也是没有必要的。但是，极端的缺乏信息也不利于市场效率提高，它必然会导致市场失灵。专业市场作为一种市场制度安排，毫无疑问，也有因信息不对称带来的“柠檬问题”。下面，我们以一个模型来分析专业市场因信息不对称而带来的市场“逆选择”及“柠檬市场”的产生过程与结果。

我们首先假定某个专业市场上的商品由高质量和低质量这两部分商品组成，即高质量商品 A 和低质量商品 B。另外，再假定所有的买者与卖者都知道哪种商品是高质量的，哪种商品是低质量的，即商品的质量信息在交易双方之间的分布是确定的。如此，我们就可以得到如图 8.1 和图 8.2 所示的两种商品的供求关系图。

在图 8.1 中，某专业市场上 D_H 是高质量商品 A 的需求曲线，S_H 是高质量商品 A 的供给曲线；与此同时，如图 8.2 所示，D_L 是低质量商品 B 的需求曲线，相对应地，S_L 是低质量商品 B 的供给曲线。图 8.1 和图 8.2 相比较，S_H 曲线比 S_L 曲线的位置要高，这是因为专业市场上高质量商品的卖者愿意在一个较高的市场价格上出售高质量商品 A；而 D_H 曲线比 D_L 曲线的位置要高，则是因为买者愿意支付更高的代价购买质量较高的商品 A。在市场信息完全或对称分布的条件下，如图 8.1 和图 8.2 所示，高质量商品 A 的市场价格为 100 元，而低质量商品的市场价格为 50 元，两种商品的出售数量都为 200 吨。此时，两种商品都实现了"市场出清"，因而整个专业市场是有效率的。但是，在现实的专业市场中，商品的质量信息在买卖双方之间是非对称分布的，卖者掌握了比买者更多的商品质量信息，买者并不能够完全知道哪些商品是高质量的，哪些商品又是低质量的，因此，如上所说的市场效率在专业市场上是无法实现的。

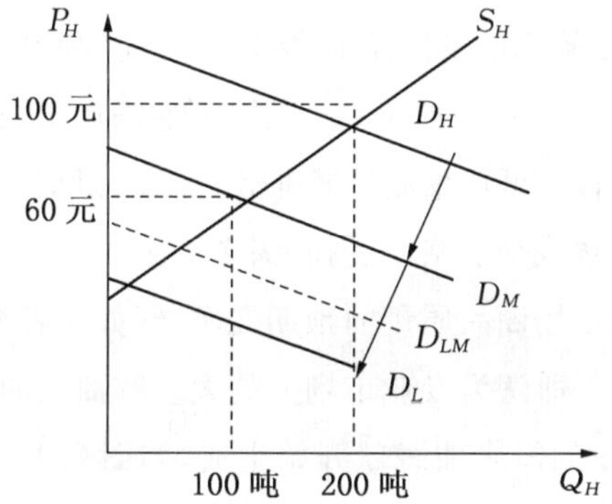

图 8.1　专业市场高质量商品 A 的供求关系

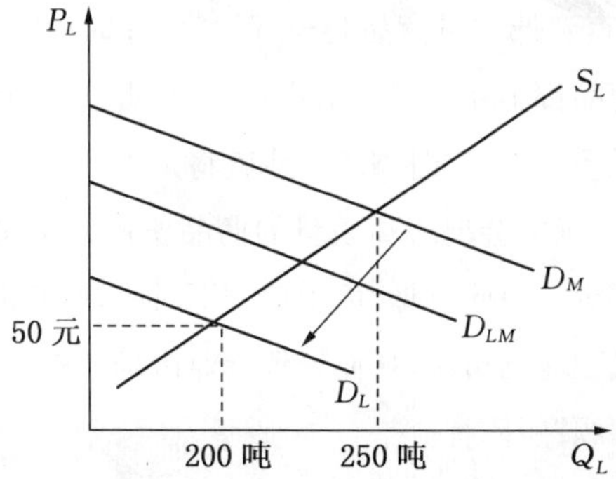

图 8.2　专业市场低质量商品 B 的供求关系

那么在信息不对称的条件下，上述市场如何实现交易呢，交易会带来怎么样的结果呢？在信息不对称条件下，买者对专业市场内的商品会有一个商品质量分布的概率预期，并据此支付商品的购买价格。此时，如果买者估计市场上高质量商品的概率为 a，那么低质量商品的概率则为 $1-a$，然后在买者心目中会形成一个加权的市场价格 $P=P_A \cdot a+P_B \cdot (1-a)$（其中，$P_A$ 是信息完全下的高质量商品 A 的市场价格，P_B 是低质量商品 B 的市场价格）。买者就是根据这个预期的加权价格进入市场交易的。很显然，这一预期加权价格低于高质量商品 A 的市场价格 P_A 而高于低质量商品 B 的市场价格 P_B。具体到上述市场交易过程，假设交易之前，买者对市场上高质量与低质量商品的概率预期为 50%，因此，买者在购买时会将专业市场内的所有商品都视为"中等"质量，"中等"质量的需求曲线反映在图 8.1 和图 8.2 中就是曲线 D_M，它在图中的位置高于 D_L 曲线而低于 D_H 曲线。在这种情况下，将有更多的低质量商品 B 售出（250 吨）和更少的高质量商品 A 售出（100 吨），而且市场价格低于完全信息下的高质量商品的价格 100 元，却高于完全信息条件下低质量商品的价格 50 元。此时，高质量商品的卖者就会由于较低的市场成交价格而受损，买者会由于买到低质量商品而进一步降低他原先对于市场商品质量的预期概率，假如买者将上述市场上的预期概率调整为 75%，即认为专业市场上的大多数商品的质量是低劣的，此时，在专业市场上新的需求曲线就开始生成，如图 8.1 和 8.2 所示的曲线 D_{LM}。这种市场预期持续下去，就会导致买者对市场商品质量的预期倾向于认为仅仅存在低质量商品，从而使得需求曲线进一步向左移动；而且这一移动将持续下去，直到低质量商品会全部卖完；此时，由于市场价格太低而使任何高质量的商品都不在市场上出售，因为买者自信地假定，他们所购买的任何商品都是低质量的，这时需求曲线就将是 D_L。尽管这是一种极端的市场行为，但市场中确实会出现高质量的商品所占比例比买者在购买前就知道质量的情形要少。由此可见，由于信息不对称，专业市场上高质量的商品被低质量的商品驱逐出市场，从而导致专业市场上次品、假冒伪劣产品盛行，市场被"柠檬问题"所困扰。

信息不对称条件下的专业市场与一般市场一样，可能产生"柠檬市场"问题，我们称之为专业市场的正"柠檬市场"效应，它产生于信息不对称条件下产品与产品之间、商品卖者与卖者之间的负外部性。专业市场的正"柠檬市场”效应将带来较大的危害：(1)“柠檬市场”使次品、假冒伪劣商品充斥市场，严重扰乱市场秩序，阻碍专业市场的发展。(2)“柠檬市场”使生产高质量商品的厂家和市场经营户无利可图，阻碍市场产品质量提高，降低企业进行产品创新的冲动，从而使得专业市场的创新能力受到极大的限制。(3)“柠檬市场”使得高质量商品的生产经营者所应得的经济剩余受损，或者被低质量商品的生产经营者所攫取，另外，假冒伪劣商品严重危害消费者的身心健康，使消费者的福利受到极大的损害；与此同时，专业市场的采购商或买者为了保护自己的利益，就不得不将许多时间、精力以及更多社会资源花费在对于市场商品质量安全的鉴别上，从而增大了机会成本，浪费了社会资源。同时，政府也必须为规范专业市场竞争秩序而投入更多的社会资源，从而最终导致整个社会福利的巨大损失。

2. 专业市场的负“柠檬市场”效应

专业市场是一种特殊的市场制度安排，其特殊性在于，除了在信息不对称条件下会陷入“柠檬市场”的泥淖，即具备正“柠檬市场”效应外，由于在专业市场内各个主体之间的存在着坐商交易特点，而使其能在一定程度上抑制市场主体、包括商品卖者的机会主义行为，我们称之为负“柠檬市场”效应。例如，由于在卖者与买者之间存在着无限次重复博弈(长期合作)的可能性，因而使得卖者出售假冒伪劣商品将遭到买者的报复即抵制购买其商品，这将使长期合作的关系丧失。因此，任何一个理性的卖者都会在一定程度上抑制其机会主义行为，而这种正外部性有利于使整个专业市场的质量信誉得到维护，从而显示出负“柠檬市场”效应。

如上所述，在信息不对称条件下，专业市场面临“柠檬市场”风险，并可能由于市场上充斥着次品，导致买者最终抵制购买该市场上的任何商品而转向其他市场。这一过程本质上是一个在卖者(或市场)与买者之间存在的“囚徒困境”[1]博弈。对于卖者来说，无论是高质量商品的卖者，还是低质

[1] “囚徒困境”是博弈论里最经典的例子之一。讲的是两个嫌疑犯(A和B)作案后被警察抓住，隔离审讯；警方的政策是“坦白从宽，抗拒从严”，如果两人都坦白则各判8年；如果一人坦白另一人不坦白，坦白的放出去，不坦白的判10年；如果都不坦白则因证据不足各判1年。囚徒困境反映了个人理性和集体理性的矛盾。如果A和B都选择抵赖，各判刑1年，显然比都选择坦白各判刑8年好得多。当然，A和B可以在被警察抓到之前订立一个“攻守同盟”，但是这可能不会有用，因为它不构成纳什均衡，没有人有积极性遵守这个协定。

量商品的卖者，产品实现不了市场价值都将是他们的最次选择；对于市场来说，市场信誉的损害是“公地悲剧”[1]的博弈结局；对于买者来说，本来可以花较低的成本从该市场购买到所需商品，而现在需要转移到其他市场购买，这势必要付出更高的成本(如更高的搜寻成本、运输成本)，从而使买者的利益也受损。因此，各方陷入了“囚徒困境”。

上述博弈的过程与结果是建立在参与者之间只进行一次交易(一次性的静态博弈)的假定之上的，但是，如上所述，在专业市场内由于坐商交易制度的存在，各个主体之间一般会进行长期合作，他们之间有可能进行无限次重复博弈，这就使得市场的纳什均衡[2]合作解成为可能。这里我们以专业市场内商品的卖者与买者之间的无限次重复博弈为例，来分析这一过程和效应。

表 8.1 所示为专业市场内某商品卖者与买者的得益矩阵表。假定专业市场上某一商品的卖者与买者，都有可供选择的策略。对于卖者来说，他可以选择的策略是要么出售正品，要么出售次品；对于买者来说，他可以采取购买，也可选择不购买商品。表 8.1 所示的得益矩阵有四个策略组合。在信息不对称的市场条件下，如果卖者与买者之间只进行一次性的静态博弈的话，那么我们可以发现，(出售次品，不购买)将是博弈的占优策略均衡，买者与卖者都深陷“囚徒困境”。如此，买者买不到所需商品，卖者无法出售其

表 8.1　卖者与买者博弈得益矩阵

		卖者	
		出售次品	出售正品
买者	不购买	0，0	100，－50
	购　买	－50，100	50，50

---

[1] 1968 年英国哈丁教授(Garrett Hardin)在《The Tragedy of the Commons》一文中首先提出“公地悲剧”理论模型。哈丁教授认为，作为理性人，每个牧羊者都希望自己的收益最大化。在公共草地上，许多牧羊者会不顾草地的承受能力而增加羊群数量；由于羊群的进入不受限制，所以牧场被过度使用，草地状况迅速恶化，悲剧就这样发生了。“公地悲剧”说明，公地作为一项资源或财产有许多拥有者，他们中的每一个都有使用权，但没有权力阻止其他人使用，从而造成资源过度使用和枯竭。

[2] 纳什均衡(Nash equilibrium)，又称为非合作博弈均衡，假设有 n 个局中人参与博弈，给定其他人策略的条件下，每个局中人选择自己的最优策略(个人最优策略可能依赖于也可能不依赖于他人的战略)，从而使自己效用最大化。所有局中人策略构成一个策略组合(strategy profile)。纳什均衡指的是这样一种战略组合，这种策略组合由所有参与人最优策略组成。即在给定别人策略的情况下，没有人有足够理由打破这种均衡。

商品，如果将这种两人博弈的结果放大到整个专业市场，将使专业市场面临市场信誉受损的“公地悲剧”。

在专业市场上，特殊的坐商交易制度安排使得卖者与买者之间的囚徒困境合作解成为可能。在坐商交易制度条件下，专业市场内某商品的卖者与买者之间将进行无限次重复博弈，卖者相对固定的买卖地点使其较难逃避买者因其出售次品而进行的报复与索赔，从而能有效抑制卖者的机会主义行为，最终使他们选择（出售正品，购买）的纳什均衡合作解，从而有利于缓解一般市场条件下所固有的“柠檬市场”问题。

然而，需要明确的是，这种合作均衡解是在两人博弈的条件下实现的，并不能保证专业市场内所有的卖者与买者之间都能如此。原因是，无数的卖者与买者使得单个卖者的机会主义行为在专业市场的大环境下往往难以监测到，即使买者可以进行报复，这种报复与其出售次品所得相比也许是微不足道的。可见，专业市场的负“柠檬市场”效应也只能在一定程度上缓解信息不对称所带来的“柠檬问题”。所以，衡量信息不对称对专业市场的影响程度，必须考察专业市场正负“柠檬市场”两种效应的对比关系与强弱程度，而这又与博弈中参与者的特点密切相关。

8.1.2 专业市场“柠檬问题”的表现

如前所述，信息不对称条件下专业市场的“柠檬问题”由其正“柠檬市场”效应和负“柠檬市场”效应共同决定，而这又与专业市场内各博弈主体的特点有关。在专业市场中，影响商品质量的主体主要有生产企业（供应商）、市场经营主体、采购商（个人消费者）、公共机构（政府）等。因此，考察各类专业市场“柠檬问题”的严重程度，其实就是考察在信息不对称条件下，以上各个主体之间是否具备信息再传递功能，或者它们之间是否具备无限次重复博弈（长期合作）的可能与现实基础。在现实的市场经营中，“柠檬问题”大体存在以下几种情况：(1)如果市场经营主体主要是生产企业的经销商或代理商，而商品的需求方如果主要是商贸企业等组织化的采购商，那么在这种市场组织结构下，专业市场的“柠檬问题”将得以缓解。因为，在市场产品的前向缓解阶段，生产企业、经销商（代理商）之间，一方面，由于直接的商品采购销售关系有利于对商品信息质量的掌握，也有利于经销商将产品的创新信息直接反馈到生产企业，促进产品的升级与质量提升；另外一方面，实力较强的生产企业同经销商与代理商之间建立的是一种长期合作关系，它们具备了无限次重复博弈的现实基础，这有助于克服双方各自的机会主义行为，实现正和博弈均衡解。与此同时，在产品的后向环节，组织化的采购商具备较强的讨价还价能力和对商品的质量、安全等进行鉴别的能力，因此，可以缓解信息不对称的影响。另外，组织化的采购商为了减少搜寻成本，倾向于与固定的市场经营主体建立长期合作关系，市场经营户有维护其商品质量的利益激励。在这种市场组织结构中，专业市场的“柠檬问题”较小。(2)生产企业直接与经销商或代理商交易，但专业市场上的商品主要销售给个人消费者。在这种情况下，商品的前向环节与前一点类似，但是在后向环节，由于个人消费者掌握商品信息的能力较弱，而且与固定市场经营户的合作关系的确定性较差，因此，在这种专业市场内，容易出现市场产品的质量问题。(3)生产企业与一般的摊位式市场主体交易，并且市场摊位也主要面向个人消费者的专业市场。在这种专业市场上，商品流的前后向环节都不利于信息在各个主体之间的对称分配，而且在他们之间主要进行的是短期的合作，甚至是一次性交易，因此，市场主体的机会主义行为严重。而且，由于从产品的需求方到生产企业缺乏高效的信息流通渠道，因此，生产企业难以及时地根据市场需要改进产品，从而出现一种“产出改良惰性”[1]，使市场产品质量下降。在许多城乡结合部主要面向农村消费者的服装市场上，产品质量难以保证就是一个很好的例子。若市场监管部门与市场主体之间能够形成一种监管有效、信息公开透明、相互信任的关系，那么专业市场的“柠檬问题”将在市场机制与政府的科学规制下得到有效解决。

综上所述，市场的组织结构以及专业市场内部各个博弈主体的特点是影响专业市场正反“柠檬市场”效应力量对比的重要因素。而毫无疑问，这又与专业市场的发展阶段、发展水平，以及以批发为主还是以零售为主等特点密切相关。因此，从这个意义上说，要解决专业市场的“柠檬问题”，从根本上来说还在于专业市场本身的发展与提升，在于能否形成一种科学合理的市场机制与政府规制有效互动的局面。

---

[1] 参阅陈梦根：《中国巨市场下的“产出改良惰性”——小宗商品的一个供给特征》，《财贸研究》2003 年第 4 期。

8.1.3 专业市场“柠檬问题”的市场解决机制[1]

除了上述的负“柠檬市场”效应外，专业市场本身也可以通过激励或约束相关主体来改变信息的分布状况与水平，以解决“柠檬市场”问题。市场本身解决信息不对称问题的直接目的无非是交易者使交易对方信任自己，使其相信自己提供的信息是真实的，通过向交易对方传播“正”的信息，以改善商品质量等信息在交易双方之间的分布，进而实现和扩大交易。运用市场机制解决专业市场内“柠檬问题”的方法主要有以下几种：

(1) 市场经营户(卖者)向买者提高担保。对于卖者来说，可以通过传播“正的”信号以提高产品和配套服务的质量，对低质量产品承诺可以退货，并向买者提供产品担保(包括质量、维修担保等)，帮助买者区分高质量产品与低质量产品。但这种方法也只是从一定程度上缓解信息不对称，并不能从根本上解决“柠檬问题”。这是因为，这种方法本身也存在一定的缺陷。例如，高质量商品的经营者可以向买者提供质量担保，但市场本身并无法阻止低质量商品经营户也向买者提供质量担保。事实上，越是低质量商品的市场经营户，它越是愿意和敢于向买者提供“担保”，因为，卖者本身也存在道德风险的问题，低质量商品的经营者可以在提供担保后以种种理由拒绝履行担保承诺，使得“担保”形同虚设。

(2) 交易双方订立经济合同。在信息不对称条件下，买者或卖者为实现或扩大交易可以采取与交易双方订立经济合同的办法，以明确双方的权力、责任与利益。经济合同的主要作用在于，信息弱势方可依据合同的约定要求对方在约定责任范围内对违约损失给予经济赔偿或补偿，从而约束信息优势方的欺诈行为。但是，这种方法一般只能在市场经营户与组织化的采购商之间采用。合同的签订、监督、实施的成本等决定了个人消费者一般没有能力与卖者签订此类合同。另外，合同通常是不完备的，卖者极易将对

---

[1] 有的学者认为，网络交易等先进交易方式可以克服交易双方的信息不对称，抑制卖方的机会主义行为，但是，也有研究者认为，包括电子商务在内的网络交易同样存在着严重的“柠檬市场”问题。例如，黄勇(2003)通过构建一个电子商务市场的“柠檬”模型，论证了电子商务市场“柠檬”问题的客观存在性，并分析了电子商务市场中由“柠檬”所产生的对市场效率的影响。因此，在这里，我们不再争论技术对信息不对称的作用，而重点研究基于市场机制本身与政府规制两者的互动而产生的解决专业市场内“柠檬问题”的制度设计。参阅黄勇：《论电子商务市场中的“柠檬”问题——理论模型与实践意义》，《科研管理》2003 年第 5 期。

自己有利的条款列入合同从而使买者仍然处于弱势地位。这些都在一定程度上限制了经济合同在修正信息不对称方面作用的发挥。

(3) 价格显示机制。价格机制是市场机制的核心,价格信号引导消费决策。高质量商品的经营者可以通过制定较高的商品价格以向买者显示商品是高质量的,进而与那些低质量商品相区别。在专业市场上,许多“老字号”的、知名品牌商品的生产企业和经营者,就是通过质量较高的商品价格来显示自己商品的档次与质量的。但是,如果商品高价被视为高质量商品的标识,那么低质量商品、甚至假冒伪劣商品的经营者也完全可以通过制定高价来争夺市场,因为市场本身并没有能力阻止他们这样做。所以,买者很难通过商品价格来识别商品的质量,高质量商品的经营者也无法通过商定产品价格来占领市场。

(4) 投保商业保险。市场经营户可以就产品质量投保质量责任保险,买方可就债务偿付投保信用保证保险。投保商业保险可以减轻信息弱势方可能遭受的损失,应有利于市场的扩展。但是这种投保方式也给买方带来了“道德风险”。因为,买方觉得,他的购买行为是有质量保险的,因而,就会降低买者搜寻、监督高质量商品的努力,从而导致市场内部消费者监督商品质量这一重要力量的缺失,反而不利于专业市场商品质量的改善。

8.2 专业市场的治理模型与治理机制

由于市场机制自身在解决因信息不对称而带来的“柠檬市场”问题上力不从心,许多学者们认为,转轨经济中政府、社会中介等公共治理机构在专业市场治理中发挥着十分重要的作用。市场机制与政府等公共治理机构的适当结合是解决“市场失灵”的有效途径,其中也包括对“柠檬市场”的治理。但是,许多研究把注意力更多地放在了发挥政府等公共治理机构治理市场失灵的理论依据、重要性及其必要性上,而对公共治理机构参与市场治理的利益动力问题有所忽视。然而,对于这个问题,无论在理论上还是在实践中,都是十分重要的。事实上,公共治理机构与被治理者[1]在市场走向“公

[1] 公共治理的主体是多元化的,政府只是一个主体,公民社会组织、私人部门、国际组织乃至公民个人都可以成为公共治理的主体。在这里,我们将它们统称为治理者,相应地,治理对象称之为被治理者。本章主要研究政府、社会组织等对专业市场“柠檬”问题的治理博弈过程与措施。

地悲剧”还是继续向前发展这个问题上，所进行的是一个利益的重复博弈过程。

8.2.1　专业市场治理者与被治理者的博弈

“治理”最早源于古典拉丁文和古希腊语中的“掌舵”一词，其原意是控制、引导和操纵的行动或方式，主要用于与国家公共事务相关的宪法或法律的执行问题，或指管理不同利害关系的多种特定机构或行业。20世纪90年代以后，随着经济全球化的深入发展及地区一体化的新浪潮到来，民族国家、国际社会以及两者之间在政治经济和社会生活方面的结构模式日益变化，在不同程度上重塑着国家、各种组织和公民社会之间互动关系。在这种社会背景下，“公共治理”理论应运而生。公共治理与传统的政府管理、公共管理都有严格区别：公共治理的主体是多元化的；在治理主体中，政府作为一种主体力量，与治理对象的公共性是分不开的；同时，公民社会组织、私人部门、国际组织乃至公民个人都可以成为公共治理的主体。

针对专业市场信息不对称条件下的“柠檬市场”问题，包括政府在内、以实现社会福利最大化为目标的公共治理机构也面临着如何协调好与被治理者的关系，在专业市场的统一框架下有效地建立其与被治理者之间良性互动合作，共同维护市场的良好声誉，从而解决“柠檬问题”，实现社会福利最大化的历史课题。

在这里，我们将政府等公共治理机构视为治理者，将市场经营主体(经销商、代理商、一般的摊主等)、生产企业、采购商、个人消费者等统称为被治理者。专业市场的治理，实质上就是治理者与被治理者之间的博弈过程及其结果。

在建立两者的博弈模型之前，首先需要考察一下治理者与被治理者治理和接受治理的利益与动力问题，分析政府等公共治理机构在什么样的条件下会实施治理，而被治理者在什么样的条件下又会与治理者进行合作，他们的均衡条件分别是怎样实现的。

实际上，治理者与被治理者之间的博弈首先是一个委托—代理关系。委托方是政府等治理者，代理方是被治理者。委托方通过向代理方提供公共秩序、规则、市场服务等，委托市场主体向市场提供高质量、安全、环保的商品，以消除专业市场的“柠檬问题”，实现社会福利最大化。代理方则通过享受政府等公共部门的公共服务，负责向社会、市场提供商品。在这组委托—代理关系中，也存在着信息不对称问题。在专业市场上，市场经营主体等代理方比政府等公共机构掌握着更多有关市场商品质量、安全性等的信息，而政府较少知道市场经营主体从机会主义行为中所能获取的实际利益是多少，所有这些有关被治理者的信息，政府等委托方是不完全掌握的。因此，委托方就需要设计一种激励约束机制来取得被治理者的积极合作，从而实现他们之间合作博弈的合作均衡解。为此，依据莫里斯和霍姆斯特姆提出的分布函数的参数化方法[1]，我们可得到下列委托—代理模型：

$$\underset{a,\ C(R)}{\mathrm{Max}} \int_{-\infty}^{\infty} V(\Pi - C(R)) f(R, \Pi, a) \mathrm{d}x$$

约束条件为：

Ⅰ. $\int_{-\infty}^{\infty} U(C(R)) f(R, \Pi, a) \mathrm{d}x - C(a) \geqslant U'$

Ⅱ. $\int_{-\infty}^{\infty} U(C(R)) f(R, \Pi, a) \mathrm{d}x - C(a) \geqslant \int_{-\infty}^{\infty} U(C(R))\ f(R, \Pi, a') \mathrm{d}x - C(a'),\ a' \in A$

在上述模型中，A 为专业市场上被治理者所有行动的集合，其中 a 代表任一被治理者的任一特定行动，$a \in A$。另外，假定治理者对专业市场上被治理者的行为结果加以监督、激励与约束。被治理者的行为结果用 $R(a, e)$ 表示，其中 e 为一个外生随机变量，它与治理者和被治理者的行为都无关，其分布函数为 $f(e)$，而 $f(e)$ 的密度函数为 $f(R, \Pi, a)$。被治理者在专业市场内的得益函数为 $\Pi(a, e)$。在这些假设基础上，治理者需要设计一个激励约束合同 $C(R)$ 对专业市场上的被治理者进行激励约束，以求得社会福利最大化。再假定治理者（委托人）与被治理者（代理人）的期望效用函数分别为 $V(\Pi - C(R))$ 和 $U(C(\Pi - C(a)))$。

在上述模型假定及满足两个约束条件的前提下，政府需要设计出既能激励专业市场内的被治理者提高商品质量，又能对他们的机会主义行为加以约束的制度性合同，从而有效解决专业市场的“柠檬问题”，进而实现政府最大化社会福利的目标。与此同时，专业市场内的市场经营主体等被治理

---

[1]“分布函数的参数化方法”(parameterized distribution formulation)是一种委托代理理论的模型方法。这种方法由莫里斯(Mirrlees, 1974, 1976)最初使用，通过霍姆斯特姆(Holmstrom, 1979)的发展，可以说已成为标准化方法。参阅张维迎：《博弈论与信息经济学》，上海三联书店、上海人民出版社 1996 年版。

者在配合政府等治理机构的基础上，也能最优化自己的行为，取得最大化利润。但是，在现时的专业市场发展过程中，要满足上述两个约束条件是比较困难的，即既要满足被治理者接受治理要比不接受治理有更高的效用（约束条件Ⅰ），又要满足被治理者接受治理条件下行动的期望效用不小于其他行动的期望效用（约束条件Ⅱ）。以上治理者与被治理者之间的委托—代理模型主要分析了专业市场治理的利益动力问题。由于约束条件的难以满足，现实的专业市场治理过程中，又存在着治理者与被治理者之间的博弈问题。

在现实的专业市场内，治理者与被治理者之间进行的通常是一种重复合作博弈。例如，在市场经营户与政府之间，通常都有工商管理部门的登记注册，而且市场经营户一旦违反市场规则都将面临公共部门的行政处罚等处罚措施；反过来，市场主体的行为实际上对于政府部门也具有激励、促进作用，例如市场经营户出售假冒伪劣商品会严重损害市场声誉，进而对政府的税收收入带来长期的负面影响。因此，治理者与被治理者之间的关系是一种合作博弈。而且，专业市场坐商的交易特点，使得市场经营户与治理者所进行的是一种重复博弈，而且是无限次重复博弈。

表 8.2 所示为治理者与被治理者之间的博弈矩阵。治理者面临着治理与不治理这两种策略选择，被治理者对于治理者的治理，面临着合作与不合作两种策略选择。在两者是一次性的静态博弈情况下，治理者与被治理都将陷入“囚徒困境”，即博弈有占优策略均衡（不治理，不合作），两者都没有得益，甚至受损，专业市场从而深陷“柠檬市场”问题难以自拔。但是，如前所述，专业市场的治理者与被治理者之间是一种重复合作博弈，因此，两者的占优合作博弈均衡将是（治理，合作）。由此，专业市场的“柠檬问题”得以有效缓解，甚至最终被消除，从而既保证专业市场持续发展，政府也能从中获益，社会福利最大化的目标得以实现。

表 8.2　治理者与被治理者博弈得益矩阵

		治理者	
		治理	不治理
被治理者	合　作	100，100	60，120
	不合作	120，60	−20，−10

综上所述,由于利益机制的作用,治理者与被治理者存在重复合作博弈的基础,包括地方政府在内的公共治理者必须通过设计满足上述模型的两个约束条件的激励约束机制,并协同市场解决机制[1],让专业市场具备化解"柠檬问题"的制度基础和现实条件。这是以治理者与被治理者之间的重复博弈以及政府能设计出满足市场约束条件的制度安排为前提的。而这两个前提在各个专业市场及不同的政府间是存在差异的。有些专业市场所在地的政府非常被动地治理市场,缺乏与专业市场之间的信息沟通,不了解专业市场发展过程中的问题,与市场主体之间的重复博弈无法实现,因而也就不可能设计出市场所需要的制度安排。相反,有的专业市场所在地的政府,能够积极主动地为专业市场的发展创造良好的政策环境,通过各种途径(如组织市场发展研讨会、开展市场调研等)与市场进行沟通,顺畅市场信息流动,不断地从与市场主体的重复博弈过程中寻找问题,积累经验,然后制定出专业市场发展所需要的开明政策,推进专业市场的发展。这也许是在我国为什么有些专业市场欣欣向荣,而有些专业市场逐渐走向衰弱的重要原因。

8.2.2 地域性声誉机制与机会主义行为的消解

专业市场要发展出一种地域性的局部声誉机制,用以在未来的交易中评判参与者的资格和约束其机会主义倾向。在现实生活中,各种交易(尤其是市场内部那样的交易)中,交易是在广泛的社会关系网络和久远的历史沉淀之中进行的。社会网络既可能是构成"和合文化"的社会资本,但也可能成为"杀熟"等机会主义的温床。专业市场由于交易在地理上的集中,频繁的面对面交流和共同社区的亲和感,使之得以形成一定的社会网络,如"准家族式联系",商人之间的私人关系等。而有许多专业市场在孕育时期,本身就是由于先前形成的社会网络关系而使交易趋向于集中的。由于风险厌恶者往往倾向联合行动,组成某种合作联盟,因此可以认为专业市场内的商人能够进行风险更大的贸易,并且在出现不可预见的纠纷事件时,友好地、

[1] 前文已经论及,包括卖者向买者提供担保在内的市场机制能在一定程度上解决"柠檬问题",但也存在着一些局限性。然而,如果政府能在市场机制的基础上,通过规则、制度设计,就极有可能弥补市场机制的局限性,实现市场与政府的有机结合。例如,政府能对违反经济合同的行为采取及时、有效的处罚,增强合同约束的第三边规制力量,那么专业市场上违约的机会主义行为将大为减少。

公平地转移未完成的商品或服务。专业市场对风险及不确定性的控制就是利用了社会网络中的信任与承诺等社会资本。

专业市场内商人之间的联系是直接的、点到点的，商业知识可通过多种松散的联合或不太紧密的连接获得，不像层级组织那样要通过垂直渠道，逐级实现一点到多点或多点到一点的连接，也不像一般市场那样松散的、靠价格信号联系。专业市场中处于各点的当事人都可能与其他当事人和组织建立联系，以取得对自身的控制，或者阻止竞争者对其加以控制。由于存在着社会信用网络，所以专业就可能求助于利用共同协商和谈判而不是损害赔偿的详尽合约方式。在同样的情况下，层级组织趋向于使用行政命令，而一般市场则求助于法庭裁决。通过反复交易，专业市场内部可以形成共生的和值得信任的关系。潜在的合作者正好认为人人都会自我克制，不剥削彼此的利益，不相互伤害。为了吸引未来的、潜在的参与者，专业市场甚至可能希望奉献自己最宝贵的资源。

由于存在着机会主义的可能性，专业市场同样需要商人之间的高度信用或承诺。简要地说，信任与承诺是专业市场藉以维系的社会资本。信用可以通过分享价值和忠诚的社会规范或者通过频繁的交易从而建立声誉市场而获得。首先，信任本质上是非机会主义的，机会主义行为产生于信息不对称，但是，信息不对称的根源在于利益不对称，而不是沟通技术问题，事前或事后的机会主义都是利用自己在某领域的私人信息优势而从分工伙伴那里获得更多的分工好处。这就产生了分工内生的内生交易费用。而地缘文化作用形成的集体监督和压力使相互信任成为选择。其次，承诺在集群内是一种面对面的、重复博弈的理性策略行为，由于其置于社会网络的制衡之中，这种承诺比外部市场交易更为可信。事实上，一旦商人将自身纳入当地市场的专业化分工网络，这就意味着自己愿意联合进一个商人集团成为其分部，信任与承诺作为“制度化的关系契约”，因而是专业市场的一种战略性资源。

对专业市场来讲，处在一个相对狭小区域内的商人可以进行反复而密切的交易，相互之间非常了解，考虑到未来的利益，他们在交易时就会放弃机会主义行为而进行充分的合作以获取最高的收益，并且相信这一收益会在他们中间按照一个相对平等的大家均可以接受的比例进行分配。即使出现争端，市场也拥有高效的争端解决机制，这种机制要么是由政府提供的法律服务，更多的则是一种准家族式的行业自律。专业市场内的信任机制作为一种制度安排，其制度成本相对于一般市场和企业都较低。这种制度不是人为设计的结果，而是自发演进而形成的。专业市场内部具有良好的声誉市场，商人之间并不是通常意义上的委托代理关系，不存在监督、强制执行等交易费用，是一种合作博弈。

8.2.3　政府规制市场与市场综合治理

专业市场与政府等公共治理机构博弈合作均衡解的最终实现，需要满足一些条件，因此，不具备这些条件的专业市场的治理效果必然欠佳。相反，那些能较成功实施专业市场治理的地方政府，则会积极主动地去发现专业市场发展过程中存在的问题，并能对症下药，想尽办法满足合作均衡所需要的约束条件。在这里，我们以浙江省义乌市委、市政府及其工商局、市场与贸易发展局等职能部门规制市场与综合治理的措施为例，从中归纳出有些专业市场的治理之所以成功，并使其长盛不衰的原因与做法。

截至2007年底，浙江省义乌市的市场经营面积达260万平方米，设商位5万余个，本地产品接近40%，直接从业人员20余万。汇集了41个行业1 901个大类40余万种商品。商品已经出口到206个国家和地区，市场外向度达55%以上。从1990年开始，义乌市场成交额连续17年位居全国各大专业市场之首，2003年被国家工商局、国家质监总局授予全国惟一“重质量、守信用市场”的荣誉称号。义乌小商品市场之所以能取得如此巨大的成就，与义乌市政府及其相关职能部门等公共治理机构对市场有效的综合治理是分不开的。

市场管理是一种综合性的管理，包括对交易主体、交易客体、交易行为、交易信息和交易场地设施等诸多方面的管理和服务。培育和规范义乌市场不可避免地要遇到三对矛盾，即：繁荣与规范的矛盾，搞活与管住的矛盾，打假与疏导的矛盾，矛盾的实质是政府监管市场与市场自由发展的关系。这三对矛盾，都体现了管理者、投资者（管办分离前是工商局，此后是商城集团）与经商户之间，以及个别经商户与小商品市场的整体成长之间既相统一又相对立的关系。义乌小商品市场之所以兴旺发达，一个很重要的原因，是有一大批有经营能力的经商户。如果对经商户的约束过多甚至妄加行政干预，就势必影响到经商户的积极性和创造力；但是，如果听任市场自发运行，而不加以规范管理，市场机制本身的缺陷也必然会带来一系列问题，如市场经营设施落后、经营环境恶化、市场秩序混乱等，这些问题最终必然导致市场跳不出个别经商户目光短浅、只顾眼前牟利的框框，而在全国小商品批发市场体系中丧失有利的竞争优势。上述矛盾归结到一点，就是如何处理好繁荣市场与规范市场的关系。

在义乌，按照先搞活、后规范的思路，通过市场摊位的有序合法流转和交易区的“划行归市”，将小商品市场的管理纳入了规范化的轨道。

(1) 积极培育新型市场建设主体和市场监管主体，政府牢牢掌握市场发展的主动权。1993 年，在义乌市场已经具备自我发展、自我管理的能力后，市政府遵照国家有关精神，果断实行市场的“管办分离”，全面退出竞争性领域，使市场机制的基础性作用得到了充分发挥。在实行“管办分离”、解决市场主办方的主体问题时，坚持政府控制土地使用权和市场摊位的所有权，从而控制了事关市场发展的战略性经济资源。其具体做法是，成立产权多元化的中国小商品城(集团)股份有限公司(商城集团)，并由政府控股。商城作为市场主办者进行市场的硬件建设、配套服务、经营开发和物业管理，兴建各类专业市场和专业街区。同时，政府通过对商城集团的控股，掌握市场建设的主动权，制定和实施市场发展总体规划，推进市场结构调整和合理布局，整合市场资源，提高市场的整体竞争力，从而为市场交易活动提供了稳定的、公正透明的、可预期的制度环境和体制框架。与此同时，从 1995 年以来由政府承办每年一届的中国义乌小商品博览会(义博会)，大力发展会展业，引导市场业态升级，促进市场组织形态从传统的集贸市场发展成为初步具有现代化、商场化、国际化特征的新型专业市场。

(2) 规范市场摊位的租赁或转让。义乌小商品市场的每一次搬迁和扩建都不是盲目的，都是在小商品贸易高速发展、原有市场已不能完全满足需要的情况下，超前谋划、见机进行的。在实践中，当新市场刚投入使用的时候，市场摊位往往供大于求，为了烘托市场的人气，市场管理当局合理设定招商门槛，使有意愿的经商户都可以去经营。这一举措有效地激发了个体商贩入场经营的积极性，使新建、扩建的小商品市场的商位得到了充分利用。这也是市场设施的投资方所希望看到的结果。市场经营的关键在于集聚人气,小商品是小本经营,等客上门,市场的经营环境、客商流量的大小决定了小商品经营的效益。只有经商摊位入场多,经营商品品种多,吸引来的客流才会多。“放水养鱼”的政策稳定了经商户的心,也缓解了市场投资者、管理者的压力。这也有利于在必要的时候根据需要调整经商摊位,进行“划行归市”。市场管理当局定期组织人员对每一摊位、每一经商户进行检查、摸底,对于想经营而没有摊位的,动员他们与“空摊”的摊主协商,或租赁或转让,以获得摊位使用权,但不论是自用还是转租,都必须做到“三证齐全”(营业证、摊位证、税务登记证),只有这样才能正式成为小商品市场的经商户。在市场的高速成长阶段,摊位供不应求,在这时,摊位是经商户的一种重要权利,是非常紧俏的资源。拥有摊位的经营户,一方面可以通过经营小商品获取利润,另一方面可以通过设在市场内的产权交易所,依法转让、转租摊位以获取租金。如果通过私下转让、转租摊位完成实际经商户的变更,经营主体与法律的责任主体不对称,就会扰乱正常的市场经营秩序,这对“三证(营业证、摊位证、税务登记证)齐全”的依法管理也是一种挑战。市场管理处最初禁止市场摊位的出租和转让,但是出租和转让摊位的方法十分隐蔽,想阻止也难,查处更难。而且,在摊位供不应求的情况下,摊位出租和转让是摊位经营权这一稀缺资源得到有效配置的市场交易方式。通过出租、转让,把摊位转移到经营能手手中,市场经商户的整体素质才能不断提高,因此,摊位流转的积极作用是主要的。因此,小商品市场管理处最终改变了一贯禁止的做法,通过明文规定,并充分发挥义乌产权交易所设在市场内的业务窗口的职能,使摊位流转成为一种合法的、受法律保护的行为。尤其是1994年义乌产权交易所成立后,摊位使用权的交易,成为一项更加规范、便捷的经营活动。

(3)“划行归市”,合理安排市场行业布局。摊位是一种经营许可权,一经获得或受让后,经营者在必要时会根据市场经营的态势和自己的意愿调整经营方向,只有这样才能使摊位的经营效应最大程度地发挥出来。然而,即使是规范的摊位流转,也不可避免地对市场的行业布局产生影响;因为,摊位流转有可能会使同行业的经营区块中出现其他行业的摊位(例如在鞋子交易区出现工艺品摊位),这显然会破坏市场中由众多相同行业摊位长期形成的外部经济。小商品市场在第一至第三代,行业分布有大致的划分,但基本上还是行业混杂的尤其是在加快摊位转让后,摊位的行业格局不断遭到破坏。由此造成的问题很多,最主要的是行业布局混乱,减少了摊位之间的信息发布和流通,从而不利于开展摊位间的正常竞争。由于在不同地段,同一种商品的价格差距很大,给客商了解商品价格信息、讨价还价增加了很大的难度。20 世纪 90 年代中期,市场管理处在市政府支持下,开始进行"划行归市",将同类商品安排在同一地段经营,使得这些摊位可以展开充分的竞争,以此来提高商品价格的透明度,防止假冒伪劣产品以次充好,便于小商品生产厂家及时了解市场行情。这种做法自第四代以后的小商品市场开始,显示出了很好的效果。例如,在"划行归市"后,原先在第三代市场中散乱分布的人造花与鞋类摊位,经过划行归市,在同一区域开展质量和价格竞争,大大方便了采购商、经营者,使市场人气大增,摊位数量迅速增长,鞋类市场成为仅次于服装的大类商品。

(4) 实行综合管理,提升市场信誉。对经商户来说,小商品市场是一种"准公共产品",他们一般只对能给自己带来利益的事情感兴趣,对公共利益或客商利益并不是很关心。但对整个义乌来说,小商品市场不仅是经商户和各路客商赚取利润的场所,而且还关系到全市社会经济的健康发展。为了弥补市场机制在协调公众利益上的不足之处,兼顾社会公众和客商双方的利益,小商品市场的管理部门。采取了一系列综合管理的举措,这表现为:①摊位管理。这是市场管理的基础工作,是将分散的经商户纳入规范管理轨道的第一步。市场管理处明确规定每个经商户必须挂证经营(即公开悬挂明示所属市场区块及摊位编号的经营许可证,是党员的还要悬挂"党员经营户"的标记)以便于政府管理和客商监督。②明码标价和质量监督。这是提高市场信誉的重要环节。由于交易双方的信息不对称,交易中往往会有"质量、价格欺诈"、"强买强卖"、"假冒伪劣"、"合同违约"等不利于客商和经商户整体利益的行为发生。这些问题往往在市场发展初期比较普遍,而市场本身又无法解决,因此需要政府强制力介入,用法制、法规建立和维护市场交易规则。为此,市场管理处要求每个摊主对所售出的商品开出"质量保证书",并向管理处交纳一定质量保证金,一旦发生客户的合理投诉,市场管理当局有权先行代为支付赔偿金,再与摊主结算。③建立和完善市场管理制度。[1]小商品市场管理当局围绕市场摊位管理、质量监督管理等重点环节，建立实施了一系列规章制度，从而保证了市场的良好经营秩序，使义乌市场在全国批发市场的激烈竞争中树立了良好的声誉。

(5) 编制、发布价格和信用指数，打造数字平台，提供市场信息。信息是专业市场有效运行的重要资源与保障。专业市场“柠檬问题”的有效解决在很大程度上依赖于市场信息流动顺畅与否。通过向市场提供价格信息指数等信息指数可以缓解全国、全球性的信息不对称问题。2006 年 10 月 22 日，国家工商局开始向全球发布“义乌・中国小商品指数”，该指数从义乌国际商贸城、篁园市场、宾王市场和针织专业市场中的 17 个大类、68 个中类、100 个小类、1 006 个细类中的小商品抽样采集信息编制而成。为此，义乌市政府专门成立了以市长为组长、由市场发展局、商城集团等 18 个部门组成的“义乌・中国小商品指数”编制工作领导小组。商城集团专门成立了负责指数采集和发布的“义乌・中国小商品指数”编制办公室。2008 年1 月23 日，义乌正式对外发布首个“市场信用指数”。义乌市场信用指数(yiwu market credit index，英文缩写为 YMCI)由浙江省工商行政管理局、义乌市政府和北京大学中国信用研究中心联合编制建立，是一套综合量化反映义乌市场信用发展变化趋势和变化程度的指数体系。该指数体系包括信用管理、经营素质、业绩成长、金融信贷、公平竞争、商品质量、知识产权与消费维权等 8 个信用分类指数。通过“市场信用指数”的编织与发布不仅能及时了解到整个义乌市场的信用状况变化，还可以为政府决策提供支持，以准确把握信用市场建设发展的脉搏，提高社会大众的信用意识，营造和谐的消费环境。例如，其中的商品质量分类指数就可以改善市场内商品信息的分布状况，有利于市场主体较全面地掌握和利用市场信息。同时，义乌信用指数也可供国内外与义乌小商品市场有直接、间接联系的商户或其他人参考。

(6) 采取有效措施，切实加强知识产权保护。切实保护知识产权是义乌市场得以发展的重要原因。知识产权若得不到有效保护，知识产品的创新就会受到极大地阻碍。因此，为了提高专业市场上知识产品的创新效率和质量，保护知识产权至关重要。在义乌，知识产权的保护始终坚持“综合

[1] 参阅何培松:《兴市之路——批发市场实务操作手册》，经济管理出版社 2005 年版。

治理、标本兼治、着力治本”的原则，整合执法资源，实行部门与镇街联动，形成统一、协调、高效的知识产权保护协作机制。与此同时，积极拓展监管网络，充分利用义乌市保护名牌联合会等社会团体的作用，发挥行业协会、企业的优势，提高打击侵权行为的准确性。通过上述主要措施，义乌政府职能部门不断完善治本措施，实施长效管理，鼓励形成全社会共同支持、关注、参与知识产权保护的格局。

(7) 积极鼓励发展行业协会、业主协会等民间自治性组织。由民间自治性组织规制市场内部的竞争行为，可减少内耗，防止无序竞争。义乌地方政府和行业协会在维持市场竞争秩序，建立企业之间良好的竞争合作关系，特别是制止压价竞争和因之诱发的假冒伪劣现象中，发挥了一定的积极作用。如前所述，社会组织也是公共治理结构的重要组成部分，因此，充分发挥行业协会等社会组织的社会性规制作用，对于专业市场的治理意义重大。在专业市场内部，市场经商户之间的“信任”和“承诺”是保证市场顺畅的基础之一。但是这种基于“人情圈”扩散而形成的“信任与承诺”是比较脆弱的，个别成员的败德行为很容易破坏市场竞争秩序，一旦发生信任危机，就会引发“多米诺骨牌”式的“信用崩溃”。因此，发展组织化的社会团体组织对于优化市场秩序、改善信息分布与促进信息流动作用很大。这类民间自治性组织可以是业主协会、行业协会等自下而上建构的委员会制的公共管理机构，以及其他常设性社区自治机构，只要其合法性来自民间力量，就会有真正的自治机制和能力。义乌市场在这方面做了很多工作，取得了明显的成绩。例如，义乌市养蜂协会、义乌市联托运行业协会、义乌市服装行业协会、义乌市纺织行业协会、义乌市市场协会及义乌市商标协会等行业协会在它们各自行业市场的发展中都起到了自己应有的独特作用。

8.3 市场治理与新的市场秩序

专业市场是“专门性商品的批发市场”。它有着鲜明的特点：首先是市场商品的专门性，其次是市场交易以批发为主，进行集中交易；再次是交易双方的开放性。我国改革开放近30年来，专业市场逐渐形成的这种特有的交易秩序不断向全国扩展，最终使其成为改革开放以来推动我国经济社会发展和人民水平不断提高的重要力量。

哈耶克指出："在各种人际关系中，一系列具有明确的秩序的生成，是极其复杂但却又条理井然的。然而，这既不是什么设计的结果，也不是发明的结果，而是产生于诸多未明确意识到其所作所为会有此结果的人的各自行动。"[1]在哈耶克看来，社会经济秩序是一种"自发社会秩序"（spontaneous social orders）。从这个意义上来看，专业市场特有的交易秩序也是一种"自发秩序"，是所有参与专业市场内部活动的人共同行动的结果。这些人，包括市场上各种商人、企业的管理人员和营销人员、商贸企业内的决策者、中介服务组织内的工作人员、银行工作人员、个人消费者以及政府官员等所有参与市场活动的人员。所有这些人的所有的活动和相互作用，共同推动市场秩序的演进。这种自发秩序的演进不能是被设计的，也不会是由政府等公共治理机构主动设计决定的，而是一种自发的运动。政府等公共治理机构的规制也是这些参与专业市场所有主体中的"一种活动"，它或促进或阻碍专业市场秩序的演进。

实际上，信息不对称条件下专业市场的"柠檬问题"也是"所有人"行动的结果，只不过是一种社会所不希望出现的结果，但它也是"自发的"。"所有人"行动的结果所带来的问题，也只能靠所有人的共同作用加以解决。如前所述，在充分发挥市场机制解决"柠檬问题"作用的基础上，有效地实施政府等公共治理机构对市场的规制，就是通过积极地动员、激励或约束专业市场内"所有人及其行动"，为解决专业市场的"柠檬"问题，促进专业市场的发展提供最为有效的动力。与此同时，这些所有的行动在慢慢地推动着专业市场秩序的演进，一种基于解决市场"柠檬"问题的新的专业市场交易秩序在自发形成。

8.3.1 多边交易与多边规制抑制机会主义行为

在专业市场发展初期，市场交易更多地发生在简单的买卖双方之间，是一种双边交易。双边交易只有在无限次重复博弈的情况下，才有可能实现博弈的合作均衡解。因此，如果整个市场上大多数主体进行的都是双边交易，这时虽然交易的环节比较少，因而交易费用比较低，但是对于整个专业

[1] 哈耶克：《个人主义与经济秩序》，北京经济学院出版社1991年版，第58、59页。

市场来说，却隐藏了更大的产生“公共地悲剧”风险，因为这种交易方式缺少第三方的制约与监督，缺少多个主体之间的相互制衡。随着“柠檬市场”等市场失灵问题对专业市场进一步发展的负面影响日益显现，市场内部开始出现三边、四边交易。近年来，我们从专业市场内物流业的发展趋势中可以发现这种新的市场秩序形成过程。物流与市场经营主体的交易从原先的商贸企业设立物流子公司的单边交易，再到第三方物流企业与物流需求主体之间建立长期战略伙伴关系或者共同物流这些双边或三边交易，到最终向公共物流的多边交易发展。

在三边交易中，可交易次数为 6 次，四边交易中，可交易次数为 12 次，在网络扩大后，可交易的产品的种类增多了，外生交易费用明显增加；随着交易复杂程度的提高，需要获得的信息量增加了，同时交易的整体风险也可能提高，因而整个市场的容量和交易费用也趋于上升。但是，由于交易次数增加了，只要平均单次交易的交易费用降低，交易效率就可能提高。这种多边交易促使交易效率提高的机制，可由下列模型加以阐释[1]：

交易费用降低意味着交易效率提高，在市场网络中，交易的效率(P)与市场网络中参与者的数量(N)、每个参与者获得交易的概率(r)成正比；而与平均发展一个商务关系的劳动费用(c)、每次交易的费用率(q)成反比，可以表示为下面的数量模型：

$$P = F(1/q,\ 1/c,\ N,\ r)$$

同时，通过推导，可以得到以下三个结论：(1)当 N 为大数时，降低平均发展一个商务关系的费用率，可以提高分工的可靠性；(2)通过增加网络参与者的数量，使网络产生投资协同效应，从而提高分工后交易的可靠性；(3)现有每次交易的保持费用率降低，可以提高分工的可靠性。随着多边交易的形成与拓展，模型中的 N、劳动费用 c 和每次交易的费用率 q 都将趋于增大，因而根据模型，市场的交易效率将趋于提高。

除了对交易效率提高的作用明显外，这种多边交易有利于交易各方基于共同的交易利益而相互监督，并提供一个重复博弈的利益共同体框架，从

[1] 参阅陆立军等：《义乌商圈》，浙江人民出版社 2006 年版，第 67 页。

而抑制各方的机会主义行为。

8.3.2 市场经营企业化或建立专业性市场经营公司

专业市场经营的企业化或建立专业性市场经营公司，可以实现信息不对称问题的内部化，有利于市场运作效率的提高。从一个角度来看，专业市场的公共产品性质决定了应该由政府专门机构对其进行监督管理，以维护交易的秩序和公正性。但是，作为公共产品的专业市场又可在一定程度上吸收社会资本参与市场运作，提高运作效率。因此，专业市场也可由企业或个人投资兴办，实行企业化经营并获得相应回报。与此同时，不论投资兴办者的性质如何，在体制上应实行“管办分离”，使政府和投资者各司其职、各得其所。由于种种原因，目前我国大多数专业市场的投资主体比较复杂，由县乡政府、国资公司、村组集体、乡镇企业、个人合伙等独资兴建或合资开办的都有。大部分专业市场一般都由工商行政管理部门负责市场监管并收缴有关市场管理费，经营上则实行谁投资谁受益的原则。在这一过程中，市场管理者通常将市场划分为若干场地或摊位，由投资业主收取租金并提供协调服务。然而，随着市场经济发展不断深化，让各种性质的资本参与专业市场的投资与经营不仅符合“官办分离”的理念，而且也有利于市场运作效率的提高。在这种背景下，由专业化的市场经营公司经营和管理专业市场，将成为我国专业市场交易秩序演进的新趋势。同时，专业市场投资者委托专门的市场管理公司经营市场，可发挥其在建立有关交易组织、招商引资、场地改扩、公关宣传、配套服务等方面的经验和技术，并为市场培养经营人才。各种产权清晰的专业性的市场经营公司进入专业市场，之所以能提升专业市场的运作效率，主要是由于它可将原先在一个统一的专业市场内存在的主体信息不对称问题，内化到不同专业性的市场经营公司之中，如此就可以增强每个市场经营公司治理信息不对称问题的利益激励，从而使得信息不对称问题在市场经营公司内部得到缓解，甚至解决。例如，浙江义乌小商品市场的管理公司“商城集团”就是通过统一加强对集团内市场经营户的商品质量管理、定期面向市场经营户采集商品价格、质量等方面的信心，以编制成市场价格指数与信用指数，并通过市场公共平台发布这些指数，以此缓解了采购商(个人消费者等)与市场经营户之间的信息不对称问题，维护义乌市场商品信誉不受损等。

8.3.3 孕育出少量拍卖市场促进市场显示信息

拍卖市场是一种更为高级的市场形态,它可以起到为需求者提供相关信息,市场经营户主动向市场显示信息的功能。在拍卖市场里,商品交易实行公开叫价,价高者购得拍卖商品。通过这种方式,买者可以凭借拍卖价格的高低来了解这种商品的质量状况及真实的供求状况,这有利于消除市场交易中可能存在的欺诈现象。对于市场经营户来说,由于他们并不直接进入市场而是将产品委托给拍卖商,由其统一组织拍卖。因此,市场经营户就由具有个别利益的竞争者转化为具有共同利益的同盟者。这种由少量市场经营户组成的拍卖同盟,由于彼此间相互监督的简便性和难度较低,从而使得它们不大会陷入"集体行动"逻辑困境。因此,这种同盟关系有利于加强市场经营户向市场传递"正的"市场信息。而对采购者来说,由于所购商品已经过市场相应的分类、分级、质检和标准化包装,商品质量有所保证,因此,也就使它们掌握了更多有关商品的信息,作出合理的购买决策。但是,这种专业市场内拍卖市场的运行必须具备相应的条件:例如,防止拍卖现场串通一气,利用虚假报价等手段向市场传递不实信息,这样反而会使专业市场信息不对称问题更趋严重。因此,针对这一问题,应采取相应对策:首先,加强政府等公告规制机构的监督就十分必要;其次,专业市场内的相关市场经营户的平均经营规模较大或组织化程度较高,易于协调行动,而且商品品种、质量、包装等实现标准化,便于交易和管理;最后,就某类商品进行拍卖,其市场经营户的组成数量不能太大,以防止陷入"集体行动"的逻辑困境。

8.3.4 建立品牌产品生产集团或名牌产品经营区

通过品牌产品、品牌专区、品牌市场,高质量商品自动显示机制有助于使专业市场避免"公地悲剧"和市场竞争的"囚徒困境";同时,有助于发挥民间自治性组织和品牌生产集团对市场整体品牌和声誉资源的维护与管理。

专业市场充分利用已经形成的市场整体品牌,整合全国乃至全世界的各种资源,可用市场分工网络的整体功能弥补分散的中小企业的功能缺陷。各类产业和企业都可在整体品牌下,共享市场这一公共资源。但是,这需要防止市场主体"搭便车"的机会主义行为。引入市场品牌生产集团将是增强市场维护其共有品牌的利益激励,将市场主体的品牌共享行为内部化到一个品牌生产集团内,从而使得市场主体的机会主义行为更容易被加以检测与惩罚。例如，浙江省义乌小商品市场的商贸集团或品牌生产集团主导原料采购、批发、仓储、技术检测、展示、物流配送，开展经销、代理、连锁经营、品牌建设与维护等，提高了市场共有品牌等各种资源的利用效率和生命力。与此同时，专业市场将出现名牌产品的经营区，通过引进名牌企业入场交易和引导经营大户做名牌企业的经销商与代理商的途径来提高名牌产品的交易比重，同时以严格的规范化管理与售后服务来提升名牌经营区的知名度、美誉度与可信度。通过这些，将专业市场上的高质量商品与低质量商品区分开，引导不同的市场需求流向不同的经营区，以每一个经营区"柠檬问题"的解决实现整个市场"柠檬问题"的解决。当然，在发展品牌生产集团与建立特定的名牌产品经营区的过程中，可以充分利用中介服务组织整合信息、沟通有无的纽带作用，从而充分发挥社会组织规制专业市场的积极作用。

8.3.5 发布市场"指数"争夺市场话语权

近年来，我国建立在大型专业市场基础上的各种市场指数相继产生和发布，专业市场将逐渐进入"指数"交易时代，这是我国专业市场发展、转型的重要标志，也是我国改革开放和经济发展以及经济全球化、国际产业转移和资源全球化配置的必然结果。市场指数在对外显示市场话语权的同时，对内传播市场信息，高效参与"柠檬市场"治理。

指数是一种表明社会经济现象动态的相对数，运用指数可以研究总平均指标变动中各组标志水平和总体结构变动的作用。市场价格指数等就是通过对专业市场上各类具体商品信息的抽象，反映专业市场的总动态与变化趋势。在我国，已经有四个专业市场指数[1]，它们一边向世界显示着自身的全球影响力，一边在市场内部收集、加工、处理、发布信息，使专业市场逐渐步入"指数"交易时代和信息内聚与自由扩散时代。例如，由浙江塑料城网上交易市场主导中国余姚塑料城的"中塑指数"已于2006年11月5日对外发布。中国塑料价格指数及时、准确、连续地反映我国塑料市场的总体状况，为我国塑料行业提供了一个反映塑料价格走势，分析价格演变趋势的

[1] 这四个市场指数分别是2006年10月商务部与义乌市政府联合发布的"义乌·中国小商品指数"，2006年10月商务部与余姚市政府联合发布的"余姚·中国塑料价格指数"，2007年10月商务部与绍兴县政府联合发布的"中国·柯桥纺织指数"，2007年10月由信息产业部授权深圳市福田区政府发布的"华强北·中国电子市场价格指数"。

工具。与此同时，进一步提高了余姚塑料城的电子商务发展水平，促进了商品信息的及时、快速流动，加速了市场的信息化、国际化步伐。

总之，信息不对称下专业市场的“柠檬问题”，是专业市场治理的一个重要方面。由此引发的专业市场与政府等公共机构之间的博弈，是对这一市场治理问题的积极回应，这是一个参与专业市场活动的“所有人及其行动”的结果。专业市场的治理效果如何，专业市场有没有在一定的治理下继续发展，关键在于市场与政府等公共治理机构之间有没有进行合作博弈，在于这一博弈过程有没有满足专业市场继续发展所需的约束条件，并最终实现博弈合作均衡解。这是我国各类专业市场出现分化，有的走向繁荣，而有的走向衰弱的重要原因之一。专业市场的交易秩序在这种“所有人及其行动”的相互作用（博弈）中不断演进，并且已经显示出许多新的特征，这些新的市场交易秩序必将在这种相互作用（博弈）中不断得到加强或调整。

9 专业市场的扩展：规模化、专业化和国际化

自1978年全国第一个专业市场——永嘉桥头纽扣市场诞生以来，中国专业市场在改革开放以来的30年间迅猛发展，总体规模不断扩大，超大型专业市场数量快速增长；大型专业市场在全部类型的商品交易市场中所处的地位日益提高。经过以数量扩张、场地增扩为特征的粗放型发展阶段后，自21世纪初开始，专业市场进入了以提升品质、创建品牌为特征的集约型发展阶段，向规模化、专业化、国际化方向扩展。

9.1 专业市场的规模化

改革开放30年来，中国专业市场从无到有、从小到大、从少到多，市场内的经营户和相关联的生产企业也经历了从小到大、从少到多的成长过程。经过30年的积累和发展，许多市场主体的生产和经营规模都得到了巨大提升，一些专业市场出现了由小商小贩小本经营向批发企业规模经营转变的趋势。一批经营大户凭借掌握若干企业货源和一大批稳定客户的优势，积极扩大经营规模，专业市场整体经营规模也因此实现了快速扩张。当然，这里所说专业市场的规模化，不仅是市场空间的扩张，还包括产品种类、销售网络、产业上下游关系链和新业务、新功能的扩展。由于发展起点、战略思路、政策环境等存在较大差异，专业市场作为一个整体在规模化过程中出现了明显分化：部分发展思路清晰、定位合理、管理规范、创新积极的专业市场规模不断扩大、档次日益提升，综合竞争力显著增强，并通过发展连锁式分市场等形式，进行跨地区、跨行业的市场兼并、整合活动，或通过走强强联合之路，获得了市场联合效应；部分观念陈旧、管理混乱、升级缓慢的专业市场则出现了萎缩、甚至消亡迹象，规模化更是无从谈起。从专业市场发展的客观规律和我国区域经济发展水平及专业市场发展现状来看，东南沿海地区由于专业市场数量众多，且空间分布高度集中，许多市场在功能定位上也存在趋同现象，竞争非常激烈，因此将出现分化、整合、重组，一批大型跨区域专业市场和具有产业依托的特色专业市场将继续发展，满足当地需求的销

地型批发市场仍能适度生存，一般小型无特色的中间集散型批零市场则将面临萎缩或被淘汰的危机；我国中西部地区由于专业市场数量相对较少，空间分布较为稀疏，竞争不是非常激烈，因此发展潜力相对较大。目前，我国许多地方已经出现大型专业市场整合周边小市场的情况，与企业兼并重组相类似，专业市场也出现了整合、并购的趋势。

9.1.1 专业市场规模化的动因

归纳起来，专业市场规模化的内在动因主要有如下两方面：

1. 获取市场的规模经济效应

在中国，作为与广大无力自建营销网络的中小企业相伴而生、提供共享式销售平台的专业市场，其得以发展壮大的一个重要原因就是大规模集群交易所带来的交易费用的降低。伴随工业化进程而诞生的众多乡镇企业规模普遍较小，采用直接的人员销售和建立独立的购销网络必然会导致单位商品的销售成本过高，而专业市场的兴起则顺应了生产和销售实现专业化分工的历史趋势，以外部销售渠道的规模经济，弥补众多生产企业规模小、技术低、资金少的劣势。由于专业市场具有信息集聚功能，导致共享销售平台的企业和客户越多，即参与市场交易的商品供应商和采购商越多，竞争就越激烈、越充分，商品信息越丰富，平均交易费用下降的幅度也就越大，从而吸引更多企业和客户参与市场交易，进一步分摊并降低平均交易费用，由此形成一个良性循环，使专业市场的规模不断扩大。除了平均交易费用随着规模扩张而降低外，当市场内经营户和相关生产企业的规模达到一定程度后，相应的采购、运输、生产、人力资源、设备、资金流等运营成本也会随之降低，能够为最终端的消费者提供更加物美价廉的商品，市场主体的竞争力由此大大提升。尤其是在目前价格仍为中小中国企业主要竞争手段的情况下，综合经营成本的降低无疑成为相关市场主体夺取市场份额、扩大再生产规模的关键，从而增强专业市场生命力和活力的重要突破口。

2. 获取市场竞争优势

近年来，专业市场发展面临越来越大的竞争压力：一是同类型市场的同质化竞争；二是来自于新兴零售业态和企业直销、电子商务等新型营销方式的竞争。同类型专业市场除了已有的老市场之间的竞争外，还包括新兴市场之间及新兴市场与老市场之间的竞争。而且，这种竞争已日益突破一定地域，成为地区性、全国性甚至全球性的竞争。尤其是随着电子商务和现代物流的迅猛发展，专业市场开始打破原有的时空束缚，辐射范围不断扩张，由此带来竞争范围的迅速扩大。一个地区某一专业市场的规模越大，商品种类越丰富，采购商越容易搜寻到自己所需的商品，就会吸引越多的客商前来采购商品，市场需求方的扩张必然使得供给方相应快速增加，市场规模因此越来越大。而市场规模的扩张会对完善相应的配套设施提出越来越强烈的要求，尤其是物流网络将越来越发达，与周边及国内外其他地区的商贸往来越频繁，其辐射范围快速扩大，知名度随之提高。当市场达到一定规模之后，便会产生强大的虹吸效应，使得国内外的客商、商贸服务、资金、人才、技术等商业资源向本地集聚，带动和促进本地经济社会的全面繁荣发展，并对区域内其他同类型专业市场的生存发展形成挤压，导致其衰落、甚至消亡。因此，市场主办者、管理者及地方政府也都存在推动专业市场规模扩张的强烈冲动。与此同时，随着城市零售商业的迅速发展，以及消费者趋优消费习性的出现，零售顾客群被大卖场、购物中心、连锁超市、折扣店、便利店等大量分流。国内的淘宝网、易趣网、拍拍网等直接面对消费者的电子商务网站的出现和发展，进一步分流了专业市场的零售客群。专业市场在零售领域趋于弱化的情况下，就必须做强做大具有比较优势的批发业务，将自身定位为重要的区域性或全国性商品集散枢纽、进出口基地和批发辐射中心，并通过各种手段增强地域辐射范围，逐渐将一些小市场囊括进来，成为流通领域的重型航母，而将销售的末端留给零售商业和小型的专业市场。可见，散、乱、脏、差的中小专业市场将逐渐减少，专业市场的规模化也就成为必然趋势。

当然，专业市场的规模化不限于数量型扩张，还包括质量型的提升。专业市场规模扩大后，对市场的规范化运行和功能扩展、业态创新、品牌培育等将提出更高的要求。为保证其长久、持续、健康运行，相应的管理水平必须提高。同时，市场规模的扩张使得其内在价值上升，主办者、管理者、中介机构等利益关联方的服务积极性得以提升，并通过鼓励工艺技术创新、加强信用分类监管、开展人才培养工作、提升商品品质档次、完善营销和物流网络、丰富品牌文化内涵等，促进市场升级。如，为了促进专业市场及当地关联产业的产品、工艺、技术、管理等的创新，近年来，国内许多专业市场纷纷举办各种类型的设计大赛、创新大赛、高峰论坛，其中影响比较大的有：全国最大的汽车装饰用品批发专业市场——上海凯斯汽车用品批发市场举办的“上海国际汽车音响大赛”；以广东省东莞市虎门富民商业大厦、黄河时装城、龙泉商业广场、连卡佛时装批发商场、金百利时装批发商场等专业市场为依托的“虎门杯”国际青年设计(女装)大赛；以浙江省永康市中国科技五金城市场为依托的“中国五金产品工业设计大赛”；以浙江省海宁市中国家纺城市场为依托的“中国国际家用纺织品设计大赛”；浙江省海宁市中国牛仔城市场举办的“中国牛仔城杯”牛仔服装设计大奖赛；以江苏省无锡市新世界国际纺织服装城为依托的“‘新世界国际杯’女装设计大赛”；以长江三角洲地区众多的纺织服装批发专业市场为依托的“中国纺织服装专业市场高峰论坛”；由广东省广州国际轻纺城市场承办的“中纺圆桌·专业市场国际论坛”等等。

近些年来，随着经营品种、规模、条件的变化，专业市场开始从摊位式集合向批发企业集合方向发展，一批大型专业市场积极进行市场功能创新，从单一的商品交换功能向产品展示、信息交换、价格形成、商品配送、资金结算、品牌培育、文化宣传等多功能方向发展。例如，于2000年开业的广东省佛山市顺德区乐从国际家具博览中心经过短短8年时间的发展，目前已成为集购物、展览、旅游、观光于一体的世界性家具流通枢纽，被中国轻工业联合会和中国家具协会联合授予“中国家具商贸之都”的称号，被国际人士美誉为：世界家具的“晴雨表”和“永不落幕的国际家具博览会”。该中心总建筑面积18.3万平方米，展场面积10万平方米，堪称世界单体建筑面积最大的家具展览馆。中心前有3万平方米的广场，后有2万平方米的停车场，设有大型货梯、观光梯和60台手扶梯，附近配备1万平方米的美食街和八层的商务公寓。中心首层为家具超级商场，二至六楼采用园林布局，产品几乎涵盖了所有的家具类型，能够满足不同文化背景、不同审美情趣、不同层次客户的需求。中心集采购、展览、观光、旅游、餐饮、货运于一体，一流的设备和先进管理系统使入场客商仿佛置身于五星级酒店，金碧辉煌，亭廊楼台，天台流水，可以充分享受购物的乐趣。在发挥市场产品展示、销售、配送及信息交换、价格形成、品牌培育等功能的同时，家博中心还将市场功能向工艺技术创新、专业人才培养、家具文化宣传等方向拓展，如于2007年1月3日举办了“2007顺德罗浮宫世界经典名曲音乐会”，邀请世界著名萨克斯风演奏家安德鲁·杨演出，大打文化牌，现场奏响与贝多芬同时代、价值140

万元的珍贵古董钢琴，向观众展示了总价超过200万元、"全球仅有三套、国内只此一张"的西班牙皇家睡床系列和价值100多万元的办公桌椅，以及数以万计的珍贵家具及装饰品等，从而将家具销售与艺术鉴赏、价值收藏、文化提升完美结合，并折射出国内高端欧美家具市场的非凡潜力。该市场还于2007年10月26日承办了国内家居行业首次将室内设计艺术与家具设计艺术相结合的"家博新视觉·2007家居空间创意大赛"，不仅促进了家具工艺的创新，也培育了大批高级家具设计、制作的专业人才。

9.1.2 专业市场规模化的实证分析

通过对专业市场相关数据的分析可以发现，改革开放30年间，尤其是近年来，中国专业市场规模化发展的趋势已日益明显。以年成交额超过1亿元的专业市场为例，从2000年至2006年的6年间，年成交额1亿元以上的专业市场个数由1 235家增加到2 525家，市场摊位总数由648 395个增长到1 473 469个，市场营业总面积由3 683.7万平方米扩大到12 884万平方米，市场成交总额由7 399亿元增长到26 281亿元，如表9.1所示。

表9.1 2000—2006年全国亿元以上专业市场基本情况

年　份	2000年	2001年	2002年	2003年	2004年	2005年	2006年
市场数(个)	1 235	1 329	1 386	1 433	1 535	2 214	2 525
摊位数(个)	648 395	680 033	712 601	720 383	795 207	1 302 933	1 473 469
营业面积(平方米)	36 837 442	47 474 086	50 507 052	56 643 692	67 259 158	87 554 104	128 840 331
成交额(万元)	73 989 891	84 927 272	100 918 021	111 032 543	145 250 904	212 811 594	262 806 310

资料来源：《2007中国商品交易市场统计年鉴》。

表9.2 2000—2006年全国亿元以上专业市场基本指标年环比增长情况(%)

年　份	2000年	2001年	2002年	2003年	2004年	2005年	2006年
市场数	—	7.6	4.3	3.4	7.1	44.2	14.0
摊位数	—	4.9	4.8	1.1	10.4	63.8	13.1
营业面积	—	28.9	6.4	12.2	18.7	30.2	47.2
成交额	—	14.8	18.8	10.0	30.8	46.5	23.5

资料来源：根据《2007中国商品交易市场统计年鉴》相关数据计算得出。

从上述统计数据可以看出，进入新世纪以来，专业市场的发展呈现以下态势：

(1) 市场单体规模不断扩大，呈现规模化、集约化的发展态势。2000 年至 2006 年间，单个亿元以上专业市场平均摊位数、营业面积、年成交额分别从 525 个、29 828 平方米、5.99 亿元增长到 583 个、51 026 平方米、10.41 亿元，6 年间增长幅度分别为 11.0%、71.1%和 73.8%。可见，亿元以上专业市场单体规模呈现不断扩大的趋势，尤其是营业面积和成交额的上升幅度更大，专业市场规模化、集约化发展态势明显。在改革开放之初的 1978 年，作为专业市场的雏形出现的城乡集贸市场，全国全年成交总额仅为 125.2 亿元，而 2006 年全国最大的小商品市场——义乌中国小商品城市场的成交额便已达到 315 亿元；全国最大的纺织品专业市场——江苏吴江中国东方丝绸市场的成交额则达到 428 亿元；全国最大的金属材料市场——上海物贸中心有色金属交易市场的年成交额更是达到了 768.4 亿元。

(2) 专业市场的经济效益逐步提高。2000 年至 2006 年间，全国亿元以上专业市场营业总面积、年成交总额的平均增长速度分别为 23.2%、23.5%，明显快于市场个数增长速度(12.7%)和市场摊位总数的增长速度(14.7%)；同时，年成交总额的增长速度略大于营业总面积的增长速度。这一方面说明单个市场、单个摊位的平均营业面积和年成交额在不断上升，另一方面也说明专业市场单位营业面积的经济效益在逐步提高。

(3) 专业市场年成交总额在全国商品交易额中的比重有较大提高。在 2000 年至 2006 年间，全国社会消费品零售总额和国内生产总值分别由 34 153 亿元、89 404 亿元增长到 76 410 亿元、209 407 亿元，年均增长率分别为 14.4%、15.2%；而同期全国亿元以上专业市场年成交总额的平均增长速度(23.5%)明显高于全国社会消费品零售总额和国内生产总值的平均增长速度。

(4) 专业市场的交易方式向非接触式、电子化方向转变。2002 年，全国亿元以上专业市场除了年成交总额增长速度高于上年外，市场个数、摊位总数和营业总面积增长速度均低于上年；2003 年则除了营业总面积增长速度快于上一年外，市场个数、摊位总数和年成交总额均低于上年，这与 2002 年末至 2003 年上半年在我国发生的非典型性肺炎疫情不无关系。说明专业市场的交易方式和手段还以面对面的交谈、看货、下单为主，容易受到大型突发性公共卫生事件的影响，因此，专业市场应努力创新市场的交易方式和手段，向非接触式、电子化方向转变。当然，这也与2001年全国亿元以上专业市场各项指标增长较快，后期出现阶段性回落有关。

(5) 生产资料在专业市场交易商品中的比重提高。2005年，全国亿元以上专业市场个数、摊位总数、营业总面积和年成交总额均出现了大幅度的增长，增长速度明显快于上年，这主要与2005年全国工业生产、固定资产投资以及对外贸易的快速增长有关。工业和固定资产投资的快速增长使得对生产资料的需求量大幅提升，促进了生产资料流通，并由此带动了钢材、水泥、有色金属、建材装饰材料、木材等专业市场的快速发展，这些专业市场的年成交额增速均在19%以上，而木材市场更是达到了120%。另外，由于受纺织品出口配额取消预期的影响，国内纺织服装行业在2003年、2004年出现了投资热潮，使得生产规模增长过快，产品供给远大于需求，促使外贸服装转向内销，从而带动了纺织服装专业市场的迅猛发展，纺织服装类市场数和年成交额同比分别猛增62.3%和49.7%，仅长三角地区就涌现出数十座纺织服装城，如上海鹏欣国际家纺中心、上海枫泾镇的“上海服装城”、江苏宿迁泗阳县的“上海纺织城”、江苏吴江市盛泽镇的“国际纺织城”、江苏扬州高邮的“国际服装商贸城”、江苏无锡的“新世界国际纺织服装城”、江苏常熟的“国际服装城”、江苏苏州相城区的“中国国际服装城”等等。但2006年全国专业市场除了营业总面积外，其他三项指标的增速均出现了回落。这是由于2005年专业市场的市场个数、摊位总数、年成交总额三项指标增速过快，基数明显放大；而营业总面积这一项指标2005年的增长速度相比其他三项要慢许多。

利用Eviews软件对2000年至2006年间全国亿元以上专业市场年成交总额与市场个数、摊位总数、营业总面积进行相关性计算后可以得出，年成交总额与市场个数、摊位总数、营业总面积之间存在极显著的相关性($r_1=0.989^{**}$, $r_2=0.980^{**}$, $r_3=0.981^{**}$, $N=7$)，[1]说明全国亿元

[1] 计算方法为：将2000年至2006年间全国亿元以上专业市场年成交总额数作为因变量一方，将市场个数、摊位总数、营业总面积三项指标的数列分别作为变量一方，先利用Eviews软件的相关系数函数求得相关系数值，然后用线性拟合函数求得拟合模型各参数，并进行显著性检验。

以上专业市场年成交总额的增长与专业市场营业总面积的扩张紧密关联，营业规模的扩大是最重要的因素。

9.1.3 政府在专业市场规模化发展中的作用

在专业市场向规模化方向发展的过程中，中央和地方政府的积极扶持、引导、培育发挥了极为重要的作用。近几年来，国家商务部、农业部、粮食局、统计局等先后建立了重点商品交易市场联系制度，如商务部于2004年10月25日发布《关于建立重点商品交易市场联系制度的通知》(商建发[2004]581号文件)，并于2006年3月推出了第一批48家重点商品交易市场，建立联系会议制度，通过构建重点联系市场信息互通渠道、探索和推广新型交易方式、引导和促进基础设施及配套设施建设与改造、实行准入制度和健全交易监督机制等措施，扶持和帮助重点联系市场做大做强。国家农业部、粮食局、统计局也建立了分别包含420家、24家、3 300余家重点市场的联系制度，从而有效地促进了我国地方专业市场的规模扩张、交易升级和管理创新。

各地政府也充分表现出推进专业市场规模化发展的积极性，如重庆市于2005年11月出台了《关于促进重庆市商品交易市场二十强培育发展的意见》(渝工商发[2005]18号)，提出培育发展“二十强”市场的六条措施，并自当年开始开展以“做好规划、做大规模、做强规范”为主题的商品交易市场二十强评选表彰和培育发展工作，以促进市场做大做强做优。广东省于2007年3月发布了《重点培育流通龙头企业名单的通知》，提出要做强做大37家重点流通龙头企业，其中包括广东塑料交易所、广东金属物资市场、深圳布吉农产品中心批发市场、广东西樵轻纺城、广州白马服装市场、中国陶瓷城等13家龙头专业市场。2007年11月，江苏省常州市政府专门出台了《常州市扶持重点市场发展实施意见》，进一步推进重点市场经营结构、经营业态和经营方式的转变，培育、鼓励重点市场做优、做强、做大，并对市重点市场年成交额达到100亿元及以上的一次性奖励市场举办者100万元，对市重点市场获省著名商标称号的一次性奖励市场举办者20万元，对获中国驰名商标称号的一次性奖励市场举办者50万元。又如，专业市场年成交总额、超亿元市场个数和单个市场成交额3项指标连续17年位居全国首位的市场大省——浙江省在2007年5月22日召开的省重点市场提升发展工作会议上，对2003年公布的省重点市场进行了重新调整认定，确定杭州四季青服装市场等28家市场为新一批省重点市场，并决定在下一阶段对这些市场进行重点指导、培育和扶持。近年来，浙江省专业市场的发展呈现出越来越明显的规模化趋势，全省专业市场总数在2000年达到峰值之后开始逐年递减，已由2000年末的4 348家减少至2007年末的4 096家。但与此同时，全省专业市场总成交额却由4 023亿元提高到9 325亿元，增长132%；全省年成交额超亿元的市场数由451家增加到574家，增长幅度为27.3%；年成交额超10亿元的市场数由68个增加到133个，增长幅度达95.6%；年成交额超100亿元的市场数由4个增加到15个[1]，增长幅度达到了275%。在2007年10月28日举办的第三届中国商品市场峰会上，浙江有16家市场进入中国商品市场50强，居全国首位。义乌中国小商品城、绍兴中国轻纺城更是连续17年在全国同类市场中位居第一，形成了浙江市场明显的团队优势。2007年，浙江全省118家重点市场成交总额5 194亿元，其中28家省级重点市场成交额3 067亿元，分别占全省商品市场成交总额的55.7%、32.9%，然而其市场个数分别不到全省市场总数的2.9%、0.5%；自2003年重点市场调整以来，其成交额占全省市场成交总额的比例始终在30%以上。

当然，与企业规模扩张具有规律性一样，专业市场规模的扩大也有其内在规律，当市场规模达到一定程度之后，内部管理成本、摩擦成本会逐步上升，从而渐渐抵消规模扩张所带来的交易费用下降，一旦两者完全相抵或者专业市场内部管理成本、摩擦成本超过了规模扩张所带来的交易费用的降低幅度，市场的扩张便会停止。目前，国内已有数个大型专业市场出现了发展缓慢现象，值得引起重视。如表9.3所示：

[1] 它们分别是义乌中国小商品城(348.4亿元)、绍兴中国轻纺城(332.2亿元)、永康中国科技五金城(300亿元)、余姚中国塑料城(280亿元)、钱清中国轻纺城原料市场(242.8亿元)、杭州萧山商业城(206.8亿元)、杭州物资城(196.0亿元)、嘉兴中国茧丝绸交易市场(190.0亿元)、杭州城北金属材料交易市场(160.0亿元)、路桥中国日用品商城(150亿元)、湖州织里童装市场(140亿元)、浙江颐高数码连锁市场(134亿元)、大唐轻纺袜业城(130亿元)、杭州四季青服装市场(120亿元)、宁波市镇海液体化工产品交易市场(110亿元)。资料来源:《2007年浙江市场统计年鉴》以及2007年浙江省工商行政管理局等提供的相关资料。

表 9.3 部分发展缓慢的大型专业市场

项目名称	项目规模	项目定位	目前状况
广州国际玩具礼品城	共40万平方米，首期建筑面积约10万平方米，商铺近800个，二期除商铺外，还设有研发中心，约10万平方米的大型展览中心为举办国内外各种订货会、采购会、综合展览活动等提供便捷的服务，三期包括一个占地约4万平方米的商务主题公园，集娱乐、游玩、体验为一体。	项目定位于信息化、国际性、物流型，以"商流、信息流、资金流、物流"合一为目标，建成后将成为全球最大的玩具礼品商流中心。	开业已有两年，800多家商铺只有300多家开门营业，偌大的整个市场门可罗雀，显得冷清；由于配套设施好，规划先进，政府方面提供了很大的支持，市场前景依然乐观，并将该市场列入未来五年重点培育的市场。
武汉龙王庙国际广场	占地117亩，总建筑面积约28万平方米，总投资30亿元，是武汉市重点建设项目；武汉市最大的内资商业地产项目，是汉正街改造的龙头项目。	全力打造集批发、购物、时尚、休闲、娱乐、旅游于一体的国际化商贸旅游航母，由龙王庙国际服装城、龙王庙国际鞋城、龙王庙国际皮具箱包城、龙王庙国际礼品饰品城、电子商务中心等组成。	一期工程龙王庙国际礼品饰品城已于2005年12月28日正式交付业主；二期、三期工程预计分别于2006年底和2007年年中投入使用。目前招商状况不太理想。
重庆盛世金源国际商贸城	西部最大的单体批发市场，总投资额26亿、总建筑面积68万平米、超过5 000余商户同场经营，4 000个停车位，5万平方物流配送中心。	以品牌服饰、现代家饰、工艺礼品、日用商品交易为核心的复合产业形态，以展示和推介为主题的、经营多种品牌商品的、链接电子商务系统的、具有完善配套服务功能的、大型和规范的、现代化和国际化的市场交易和会展中心。	2007年10月29日开业，共七层，目前仅开业三个楼层，招商进展缓慢，基于重庆市政府对老市场的重新规划与拆迁，本市场前景尚为乐观。
北京鹏润国际时尚购物中心	耗资38亿元，总建筑面积约60万平米，32.8万平方米的商业面积、5万平方米的酒店、3万平方米的写字楼和1.2万平方米的会展中心。	以服装为主，小商品为辅，批发与零售结合，定位为"采购中心＋购物中心"。	几经改变定位，招商反映不太理想，项目于2007年年底竣工，2008年上半年开业。

资料来源：袁耿胜：《中国专业批发市场案例研究报告——探秘中国新专业市场发展之道》(2007年11月)。

9.2 专业市场的专业化

专业市场从农村兴起，是传统集贸市场向专业化方向发展的结果，因此其“专业”性是相对于集贸市场而言的。与集贸市场相比，专业市场的“专业”性主要表现在：首先是市场商品的专门性，其次是市场交易以批发为主，再次是交易双方的开放性。将这些特点综合起来，专业市场的含义简而言之就是“专门性商品的批发市场”。

9.2.1 市场专业化的具体表现

市场的专业化发展趋势包括市场内商品结构的专业化、经销人员的专业化、规划布局的专业化、市场投资运作的专业化等。随着竞争的日益加剧，中国地方专业市场被迫向生产领域延伸，以利于依托产业基础，畅通供应渠道，掌握优质货源，减少流通成本，确立竞争优势。但是，对于中国大多数中小专业市场而言，一定时期内为了获得这一竞争优势所能动用的经济社会资源又是相对有限的，因此，唯有“好钢用在刀刃上”，集中经营某一类别或某一区域甚至是某些品牌的商品，尤其是具有鲜明地方产业特色的商品，才能获得最大的辐射广度和强度，占据最好的区位优势；大型或超大型专业市场则基于强大的竞争实力，采取各种手段增强其地域辐射范围，并逐渐将一些小市场囊括进来，建立大规模、跨地区的连锁配送中心，不断拓展和提升市场功能，成为专业设计、专业生产、专业物流中心。

市场的专业化发展趋势在长三角、珠三角等地区已十分明显，许多发展势头良好的知名专业市场所批发经营的都是某一小类商品。如江苏吴江东方丝绸市场、浙江嘉兴中国茧丝绸交易市场经营的主要是丝绸；江苏常熟招商城、浙江杭州四季青市场、广东广州白马市场、广东虎门富民时装城经营的主要是服装，浙江湖州织里童装市场经营范围更小，基本上限于童装；浙江绍兴中国轻纺城、广东西樵轻纺城、广东东莞虎门国际布料交易中心以经营布料为主；浙江余姚中国塑料城、浙江宁波镇海液体化学品交易市场、江苏国际塑化城、江苏江阴市橡胶化工市场、江苏长江塑料化工交易市场、上海危险化学品交易市场所经营的都是化工产品，但专业性非常强，基本上都是化工产品中的某一小类；上海物贸中心有色金属交易市场、上海逸仙钢材现货交易市场、浙江杭州物资城金属材料市场、江苏江阴金属材料市场、广东佛山澜石金属交易中心经营的则主要是有色金融材料；浙江海宁中国皮革城、广东广州白云世界皮具贸易中心、广东广州天富鞋材广场、广东广州天惠鞋材城所经营的主要是皮质服装、箱包或鞋类；浙江桐乡濮院羊毛衫市场经营范围基本上限于羊毛衫；浙江嵊州中国领带城则更是将经营范围缩小到了领带这一小产品。专业化发展趋向的另一个表现，是各地都涌现出一批与当地知名专业市场或特色产业相配套的更加专业化的原料市场、辅料市场或尾货市场，如浙江绍兴中国轻纺城钱清轻纺原料市场和柯北服装服饰辅料新市场、广东东莞富民泰兴辅料城、江苏常熟国际服饰尾货专业市场等等。

近年来，国内市场专业化发展趋势最为突出的代表是建材市场的分化。目前，国内已出现了为数众多的专业涂料城、地板城、陶瓷城、厨卫城、窗帘城、灯饰城等等。例如，2006 年 10 月 20 日正式开业，位于山东省淄博市新区的中国陶瓷科技城是目前国内规模最大、档次最高的专业陶瓷商贸市场，其配套的甲级写字楼不仅为陶瓷厂商提供了国际一流的办公平台，而且专门聘请了西班牙、意大利等国的专家，设立技术辅导中心、研发设计中心、电子商务中心、品牌包装及形象策划中心等等，为进入市场的厂商解决各种难题，凸显了市场专业化服务的层次。2002 年 10 月 18 日正式开业的广东省佛山市禅城区中国陶瓷城，是一座定位高档的以建筑卫生陶瓷产品为主的专业市场，商城内 98%的产品由厂家直接经营，从 2002 年起主办的每年两届“陶交会”，已发展成为中国最著名、影响力最大的以出口为导向的陶瓷品专业展览会；所主办的“现代陶瓷国际策略研讨会”，亦已成为中国建筑卫生陶瓷行业最高端的促进与下游行业资讯交流的盛会。1998 年 9 月开业的杭州老牌专业市场中豪建材市场是一家综合性建材市场，面对近年来大批崛起的新兴大型建材批发市场日益激烈的竞争压力，并没有一味地求大求全、进行规模扩张，而是从自身实际出发，走专业化道路，以专业经营门窗作为突破口来积极适应建材市场的发展态势。在对市场的规划布局进行调整之后，一楼建成了 2 000 多平方米的油漆总汇，二楼则开辟 3 000 平方米的全国首家门窗专营市场，其良好的硬件设施，专业化的配套服务，品牌专卖店的经营格局，使消费者能更加放心、安心、舒心地购物，从而极大地促进了市场的繁荣。这一变革引起了杭州乃至周边地区其他建材市场的极大关注，纷纷仿效。

事实上，专业市场的细分，是以购买者为中心、突出个性化服务的营销理念的充分体现，它所带来的最大好处是由于同类产品的各种品牌高度集中，高中低档一应俱全，可选择余地更大，能让不同层次的购买者有目的地选择适合自己的市场，以更低的交通成本和时间成本，一次性买到自己所需的产品，而不需要逛遍所有的市场后才能寻找到。并且所购产品由于众多品牌集聚在一起，经过充分的市场竞争而处于较低价位，有利于购买者买到更物美价廉的产品。

在市场经营范围和产品种类趋于专业化的同时，市场的投资、运作和管理也呈现出专业化趋向。改革开放之初，由于观念、体制等方面的原因，中国地方专业市场大都由地方政府创办。在当时的历史背景下，这是一项合理的选择，极大地促进了专业市场的迅速壮大。然而，随着社会主义市场经济体制的改革和发展，对专业市场提出了越来越强烈的“管办分离”要求。20 世纪 90 年代以来，一批新出现的地方专业市场，一开始就由股份制企业创办，市场投资主体呈现股份化、企业化、专业化趋势。一批早期由工商等部门创办的市场，也纷纷实行股份制改造，市场组织向企业化、实体化、专业化方向发展。例如义乌市于 1993 年在全国率先实行管办分离，设立了公司化、专业化运作的中国小商品城股份有限公司，负责市场的建设、发展和经营，市场原先的创办者工商部门则主要承担外围管理和服务工作，从而实现了中国小商品城市场政企分开、管办分离，全面走向企业化、专业化运作。1999 年 7 月 29 日，为了提高义乌小商品市场的辐射能力，树立义乌市场和义乌商人的良好形象，义乌市政府决定由义乌市市场开发服务中心等 4 家单位共同组建义乌市市场对外拓展有限公司，专业化开展国内外市场的投资开发、赴外经商人员培训以及提供信息咨询和货物配送服务，并授权该公司负责对“中国小商品城”、“义乌小商品市场”国内外分市场冠名权的日常管理，包括受理申请、调查论证、初审、签订协议，以及分市场开业后管理、联络等工作。2000 年 11 月，义乌市又成立了市场贸易发展局，专门负责全市专业市场的规划、市场之间的协调分工等。又如，创建于 1992 年的虎门富民服务公司目前已成为一家专注于批发市场开发与管理的专业化大型企业集团，其前身是成立于 20 世纪 80 年代初的虎门个体工商劳动者管理委员会，是虎门镇政府为管理市场而设置的一个职能部门，后来逐渐企业化并按照国家的有关转换经营机制的规定成立了富民服务公司，参照国际模式，建立了规范的法人治理结构，实行集中决策、分级管理和专业化管理的经营体制。经过十几年的发展,公司现已拥有十家下属企业,包括富民时装城、富民童装城、富民农副产品批发市场、富民鞋业市场、富民布料批发市场、富民皮料皮具批发市场、富民第二市场等。

9.2.2 市场专业化的内在动因

市场的专业化发展能够获得专业化经济效应,这可以从交易效率、竞争效率和规模经济三个维度作出解释:一是专业化交易的效率。专业市场提供的是一条专业化的销售渠道,是商品从生产商到销售商的一条最便捷的通道,适应某一类产品特性的市场配套设施能够更好地发挥其效用,并使交易方式、规则等程序化、规范化,有利于买卖双方形成较为稳固的经贸关系,这是一般的集贸市场所无法具有的。二是充分竞争的效率。由于专业市场集中了大量相同或相近产品的销售者与采购者,市场价格和商品供求不易被少数人垄断,从而呈现为一种接近完全竞争的市场结构,而充分竞争的结果就是形成了最有竞争力的批发价格。三是专业市场产生的规模经济效应。某一类产品在市场内的大批量聚集,可以为采购商提供更专业化、档次更多、规格款式更丰富的产品,更好地满足不同层次采购商的需求,从而大幅降低采购商的价格搜寻成本;而专业市场中大量相同或相近产品的采购商的存在,使得生产商搜寻产品购买商的成本也大幅降低,并能够低成本地获得市场所反馈的大量信息,促进产品功能、档次与结构的优化升级。

1. 市场专业化能够获取信息规模经济

专业市场具有卓越的信息集散渠道和处理机制,这是其交易效率的重要来源。在不同的市场制度及其运行机制下,获取交易信息的难易程度是不一样的,而难易程度就是市场制度的交易费用。从这个意义上讲,与其说专业市场是商品集散地,还不如说是商品信息的聚集地。这具体表现在:(1)专业市场为采购方提供了较为完整、真切的商品供给信息。专业市场的专业化经营方式,决定了商品信息是连续的;有固定的经营摊位和经营范围,信息是稳定的;相同、相近产品的经营者形成了小范围的集聚,有助于弥补生产企业供给信息的分散性。(2)专业市场为供应方提供了专业化、有针对性的客户需求信息。对于大量中小企业来说,了解客户需求信息是一大难题。这是因为,数量众多、规模较小的中小企业,不具备现代化的营销手段和方式,也不可能投入大量的资金和人力进行市场营销、建立销售渠道,企业直接分散销售必然造成高额的销售成本。而专业市场作为一个集聚大量客商的市场，起到了集聚需求信息的功能，因此，广大中小企业愿意舍弃简单的直接购销方式，转而从专业市场的购销交易活动中直接获取各种技术和需求信息。(3)专业市场有助于供求双方的信息集聚，从而扩大了交易规模和市场范围。专业市场作为一种市场交易网络，是沟通和连结生产者与消费者的桥梁和纽带。它不仅仅是各种商品供求信息的中介，而且具有强大的信息集聚功能。市场上交易的商品越多，种类越复杂，信息集聚的功能越明显，市场向交易双方提供的信息就更多、也更便捷，从而更有助于交易双方扩大交易规模和市场范围。

2. 市场专业化能够获取外部规模经济

在中国，专业市场作为众多农村工商企业的共享式销售渠道，是专业化分工在工业化过程中的具体表现。专业化的交换实现了流通领域的社会化分工，从而导致出现专业化的批发商来沟通供给与需求，一个批发商可以沟通若干个生产企业和下一级批发商。显然，这样的销售渠道是可以为众多农村工商企业所共享的。经过若干个企业和客户分摊后，平均交易费用明显下降。在专业市场信息集聚功能的作用下，共享销售渠道的企业和客户越多，平均成本下降的幅度就越大。农村企业普遍规模较小，采用直接的人员销售和建立独立的购销网络必然会导致单位商品的销售成本过高。而专业市场的兴起则顺应了生产和销售实现专业化分工的历史趋势，以外部销售渠道的规模经济，弥补众多生产企业规模小、技术低、资金少的劣势，为它们开拓市场作出了重要贡献。可见，专业市场是在特殊历史条件下出现的一种专业化交换的组织形式。专业市场不但为市场经商户提供了良好的交易设施等外部环境，而且为他们的交易活动提供了一种有别于场外交易的特殊制度环境和体制框架。例如，浙江义乌拥有与中国小商品城市场相配套的由遍及全国 200 多个大中城市的运输线路构成的联托运市场网络，专业化的运输代理降低了小商品的运输成本，使小商品的批发价格极具竞争力。

3. 市场专业化是实施差异化竞争策略的结果

改革开放近 30 年来，中国各种类型的专业市场都得到了极大的发展，在经过数量扩张阶段后，传统专业市场面临着强大的同质化竞争压力，对于中小型专业市场而言，处于极为不利的地位。而通过市场细分，做精做专，实施差异化竞争策略，可以较为有效地缓解其他市场的竞争压力。如2006年底开业的北京天兰天GoGo服装尾货专业批发市场就是出于“避开与其他市场的竞争点，将服装批发专业市场的特点向专业化过渡，从而形成新的概念商圈”。又如，创立于2002年底的河北新源发商贸城，从当时国内针织类市场和内衣市场都已经比较多的实际情况出发，按照实施差异化竞争策略的思路，创建了国内唯一的一家针织内衣专业市场。目前，它已成为全国最大的针织内衣专业市场，聚集了1 000多个内衣品牌，经营品种上万种。其中，国际A类品牌有TOMMY运动休闲、Roberta内衣系列，国内外知名品牌有皮尔卡丹、梦特娇、花花公子、花雨伞、金利来、卡帝乐·鳄鱼、猫人等。国内90%以上的知名内衣品牌已签约该商贸城，商户入驻率达到了100%，河北乃至华北地区90%以上的品牌内衣代理商均汇聚于此。

如果将专业市场的运行视为一个大型企业的话，那么在一定时期内其能够动用的人力、物力、财力等资源有限的情况下，专业化可以将有限的资源集中到具有比较优势的领域，从而扬长避短，有助于将自己的优势做精做强。同时，市场管理人员、经营户、配套服务等的专业化，更容易带来交易方式、交易手段、管理模式、服务内容等的创新，从而加快市场升级步伐，提高市场发展水平。

9.2.3 市场专业化发展趋势的实证分析

通过对相关统计数据进行分析可以发现，近年来，我国成交额达亿元以上的专业市场无论是数量、摊位总数、营业总面积，还是成交总额，在全部亿元以上商品交易市场中的比重均不断提高。

表9.4 亿元以上专业市场在全部亿元以上商品交易市场构成中的比例(%)

年　份	2000年	2001年	2002年	2003年	2004年	2005年	2006年
市场数量	40.0	40.6	42.5	43.9	45.6	66.6	65.1
摊位数	30.7	30.9	32.5	33.5	35.7	57.9	58.3
营业面积	44.6	50.5	49.0	51.6	53.9	66.6	71.3
成交额	47.2	47.9	50.9	51.6	55.6	70.9	70.8

资料来源：《2007中国商品交易市场统计年鉴》。

表 9.5　亿元以上综合市场在全部亿元以上商品交易市场构成中的比例(%)

年　份	2000 年	2001 年	2002 年	2003 年	2004 年	2005 年	2006 年
市场数量	40.7	40.0	39.2	37.8	36.5	23.1	28.5
摊位数	47.4	48.1	47.3	46.0	44.5	31.9	36.1
营业面积	36.0	30.9	30.6	29.6	26.4	21.3	21.6
成交额	36.7	35.9	33.8	32.0	28.3	20.2	21.1

资料来源:《2007 中国商品交易市场统计年鉴》。

表 9.6　亿元以上其他市场在全部亿元以上商品交易市场构成中的比例(%)

年　份	2000 年	2001 年	2002 年	2003 年	2004 年	2005 年	2006 年
市场数量	19.3	19.4	18.2	18.3	17.9	10.3	6.3
摊位数	22.0	21.0	20.2	20.5	19.9	10.2	5.6
营业面积	19.4	18.5	20.5	18.8	19.7	12.1	7.1
成交额	16.1	16.2	15.3	16.4	16.0	8.9	8.2

资料来源:《2007 中国商品交易市场统计年鉴》。

表 9.7　2000—2006 年亿元以上商品交易市场数量(个)

年　份	2000 年	2001 年	2002 年	2003 年	2004 年	2005 年	2006 年
全　国	3 087	3 273	3 258	3 265	3 365	3 323	3 876
专业市场	1 235	1 329	1 386	1 433	1 535	2 214	2 525
综合市场	1 256	1 308	1 278	1 235	1 228	767	1 106
其他市场	596	636	594	597	602	342	245

资料来源:《2007 中国商品交易市场统计年鉴》。

从上述统计数据中可以看出：

(1) 亿元以上专业市场的地位不断上升。2000—2006 年间,亿元以上专业市场个数、摊位数、营业面积和成交额四项指标在全部亿元以上商品交易市场中所占的份额由大约三分之一上升至约三分之二。具体而言,市场个数的比例由 40%提高到了 65.1%,年均提高约 4.2 个百分点;市场摊位数的比重由 30.7%上升至 58.3%,年均上升 4.6 个百分点;市场营业面积所占比重由 44.6%提高至 71.3%,年均提高 4.45 个百分点;市场成交额的比例由 47.2%上升到 70.8%,年均上升约 3.9 个百分点。可见,亿元以上专业市场各项基本指标在全部商品交易市场中所占份额均在不断上升,商品交易市场的专业化发展趋势比较明显。

2006年与2000年相比，亿元以上专业市场数占全部亿元以上商品交易市场数的比重提高了25.1个百分点，上升幅度为62.75%；市场摊位数的比重提高了27.6个百分点，上升幅度为89.9%；市场营业面积所占比重提高了26.7个百分点，上升幅度约为59.9%；市场成交额的比重提高了23.6个百分点，上升幅度为50%。可见，亿元以上专业市场各项基本指标在全部商品交易市场中所占比例提高幅度最大的是市场摊位数，最小的是市场成交额，市场个数所占比重提高的百分点数(25.1)虽然比营业面积所占比重提高的百分点数(26.7)少1.6个百分点，但上升幅度却更大(62.75%>59.9%)，说明对提升亿元以上专业市场在全部亿元以上商品交易市场中的地位发挥最大作用的是市场摊位数的增长，市场成交额的增长所发挥的作用要弱于其他三项指标。

(2) 综合市场在全部亿元以上商品交易市场中的地位下降。2000—2006年间，亿元以上综合市场个数占全部亿元以上商品交易市场的比例由40.7%下降至28.5%，降低了12.2个百分点，下降幅度约为30%，年均下降约2个百分点；市场摊位数的比重由47.4%下降至36.1%，降低了11.3个百分点，下降幅度约为23.8%，年均下降约1.9个百分点；市场营业面积所占比重由36.0%下降至21.6%，降低了14.4个百分点，下降幅度为40%，年均下降2.4个百分点；市场成交额的比例由36.7%下降至21.1%，降低了15.6个百分点，下降幅度约为42.5%，年均下降2.6个百分点。可见，亿元以上综合市场在全部亿元以上商品交易市场中的地位，已从2000年与专业市场旗鼓相当降至2006年不及专业市场一半的水平。

(3) 亿元以上其他市场的比重下降。2000—2006年间，亿元以上其他市场个数占全部亿元以上商品交易市场的比例由19.3%下降至6.3%，降低了13个百分点，下降幅度约为67.4%，年均下降约2.2个百分点；市场摊位数的比重由22.0%下降至5.6%，降低了16.4个百分点，下降幅度约为74.5%，年均下降约2.7个百分点；市场营业面积所占比重由19.4%下降至7.1%，降低了12.3个百分点，下降幅度约为63.4%，年均下降2.05个百分点；市场成交额的比例由16.1%下降至8.2%，降低了7.9个百分点，下降幅度约为49%，年均下降约1.3个百分点。可见，亿元以上其他市场在全部亿元以上商品交易市场中所占的份额，已由2000年的二成左右降至2006年的一成不到，尤其是市场个数、市场摊位数、市场营业面积三项指标的下降幅度均在60%以上。

2000—2006年间，全部亿元以上商品交易市场数从3 087个增加到3 876个，增加了789个，增长幅度约为25.6%；而亿元以上综合市场、其他市场数则分别从1 256个、596个减少至1 106个、245个，各减少了150个、351个，下降幅度约分别为11.9%、58.9%；与此同时，亿元以上专业市场个数从1 235个增加至2 525个，增加了1 290个，增长幅度约为104.5%。可见，商品交易市场呈现出明显的专业化趋向。在专业市场快速发展的同时，综合市场和其他市场出现了萎缩迹象，部分综合市场和其他市场经过分化，转化为专业市场。

9.3 专业市场的国际化

专业市场国际化是指专业市场的经营活动超越国界，成为国际经济活动的一部分，从地区型、传统型、封闭型的纯国内专业市场发展成为国际性、创新性、开放性的商品流通中心的过程。[1]专业市场国际化包括市场内商品销售网络的国际化、商品来源的国际化、经销商和采购商的国际化，以及市场投资、运行、管理主体和规则的国际化等等。概括而言，可分为市场经营的国际化、市场管理的国际化和市场服务的国际化三项，核心是经营的国际化，它往往最先开始，领先于其他两项国际化进程。同时，市场经营的国际化又包含了市场经营商品和市场经营主体两方面的国际化，且市场经营商品国际化的进程一般快于市场经营主体的国际化。

9.3.1 专业市场国际化的动因

纵观我国专业市场发展的历史，其市场空间定位起初一般是立足本地，满足本地及周边地区商品供求者的需要，市场辐射半径十分有限，这与一定的区位条件和交通基础有很大关系；在交通条件逐步改善、市场知名度逐渐

[1] 参阅徐锋：《我国专业市场国际化的基本模式和发展路径》，《商业经济与管理》2006年第11期。

提高、参与市场交易的客商来源更加广泛的情况下，许多专业市场演变为面向全国的商品流通中心，“买全国货，卖全国货”。而随着业务范围的不断扩展，境外客商开始参与其中，主要是采购物美价廉的商品，国内企业在鼓励出口政策的激励下，产生强烈的出口动力，因而专业市场逐步演化为推动国内企业实现出口的共享平台和国际客商在中国采购商品的重要基地。目前，我国国际化程度较高的部分专业市场基本上处于国内产品出口平台和国际客商采购基地阶段，但在未来的一段时间里，其功能将进一步拓展，除了发挥国内产品出口平台和国际客商采购基地的重要作用外，还将逐步发挥国内资本进行对外投资和国际商品进入国内市场的平台作用，“买全球货，卖全球货”，并渐渐演变为国内外商品、人才、资金、技术、服务等双向流动的重要载体。

专业市场国际化的内在诱因是市场需求的逐步国际化。结合专业市场自身的特性和发展规律，以及当今世界经济社会发展态势，可以将中国地方专业市场走向国际化的原因概况为如下几个方面：

(1) 专业市场应对新兴商业形态竞争压力的需要。伴随着国际分工的深化和世界统一市场的逐步形成，国际贸易迅猛发展，一国唯有积极参与国际分工和竞争，才能在经济全球化中占据有利地位。近年来，国内专业市场相互之间的竞争日趋激烈，扩大专业市场国内辐射范围的边际成本日益上升；而沃尔玛、家乐福、欧尚、乐购等跨国连锁零售巨鳄的不断涌入以及电子商务的迅猛发展，则进一步加剧了竞争的激烈程度，并使专业市场的发展面临低成本的跨国连锁经营、仓储式超市、电子化批发市场等新兴商业形态的竞争压力，一些缺乏国际竞争力的专业市场面临着市场被分割和客源被分流的严峻挑战，发展空间将受到挤压，甚至有可能丧失国内生存空间。面对这一挑战，专业市场唯有通过实施国际化战略，积极参与国际竞争，开拓境外市场，寻求新的发展空间，培育新的利润增长点，才能实现可持续发展。

(2) 国际采购商购买价廉的中国商品的需要。随着经济贸易全球化的推进，中国正逐步成为世界制造基地和全球采购的核心市场，中国廉价的生产要素尤其是劳动力资源，成为许多跨国公司转移全球生产基地的重要促动因素，而物美价廉的中国产品则吸引越来越多的国际采购商在中国建立采购基地。我国数量众多的地方专业市场由于集聚了大量不同规格、款式、品牌、档次、产地等的同类型或近似的商品，成为渠道最直接、产品最集中的采购平台，这正好符合来自不同国家和地区、偏好差异显著的国际采购商对不同层次商品大批量采购的要求，从而吸引大量国际采购商前来，市场经营的国际化随之展开。

(3) 跨国企业集团顺利进入和拓展中国市场的需要。改革开放30年来，中国经济发展水平和人民生活消费水平都有了极大提高，加之中国有着13亿人口，这一巨大而有实力的消费市场成为国际商家的必争之地。许多欧美等发达国家的品牌产品正欲进入中国市场，力图扩大在中国市场的销售份额。然而，在一个文化背景、消费习惯、经营理念等存在较大差异的国度自建销售网络的成本是很高的，尤其是对于初次登陆中国市场的跨国企业而言。在这方面，专业市场作为共享式的交易平台，为国外品牌产品进入中国市场提供了优势销售渠道，有利于其降低营销成本，迅速获得客户群、拓展市场空间。江苏常熟国际服装城的韩国馆、江苏无锡新世界国际纺织服装城的韩国馆和欧美馆、浙江义乌国际商贸城的美国馆和韩国馆等都是在此背景下，顺利实现招商的。

(4) 专业市场主办者、管理者、经营户等思想理念、意识水平提升的结果。经过改革开放30年的发展，中国地方专业市场已经历了几代变革，目前的专业市场主办者、管理者表现出了广阔的视野和卓越的经营管理才能，他们站得更高、看得更远，服从于专业市场的发展需要，服务于供应商、采购商的发展需求[1]，能够不断更新发展理念，树立国际化目标，与国际先进管理理念相嫁接，积极主动地采取各项措施来推进国际化战略的实施。经受了长期历练的市场经营户也洞察到了实现经营国际化的重要性和由此带来的广阔利润空间，参与市场国际化进程的积极性与日俱增。

(5) 大量中小企业参与国际分工的内在要求。对于我国大量存在的处于传统产业领域、竞争力较弱的中小企业而言，参与国际化竞争与合作的门槛偏高、途径有限，而专业市场则正好提供了一个对接国际市场、参与国际竞争与合作的廉价的共享式交易平台。因此，专业市场的国际化成为我国

[1] 参阅胡志华:《欲望与现实——浅谈专业市场"国际化"》,《中国纺织》2007年第12期。

众多中小企业走向国际的重要依托和载体，这也是我国大量专业市场得以存在并不断发展壮大的生命源之一。

9.3.2 专业市场国际化的具体实践

早在20世纪80年代中期，沿海发达地区就开展了依托专业市场开展国际贸易的探索。1988年，由于东欧国家经济社会转型，带来了相应地区民用消费品的短缺，大量采购需求涌向中国，促使地处北京市中央商务区和使馆区的雅宝路市场群开始形成，并逐步发展成为北京最大的民间涉外纺织服装批发交易场；1992年开业的上海世贸商城，其建立之初的宗旨便是"为跨国采购服务"，为此，其商品结构、规划布局、配套设施等都是面向跨国采购商设计的，通过28万平方米的展贸空间，不断向全球展示、推广并销售中国的纺织、服装等产品，以及相应的服务；1995年，义乌市政府按照"办一流市场，买全球货，卖全球货"的战略思维创办了中国专业市场领域的首个博览会——中国小商品城名优新博览会，以此扩大义乌小商品市场在国内外的影响力，为2002年开始升格为国际性的博览会——中国义乌国际小商品博览会创造了条件。

以国际化为目标的中国地方专业市场，均非常注重硬件水平提升和商务配套设施建设，更加注重物价信息、诚信体系、信用担保、结算系统、电子商务等相关服务的提供。为了满足订单交易、看样订货、展贸功能的需要，这些市场在规划设计上一般采取宽过道、大开间的建筑格局，这与以国内贸易为主的专业市场的建筑特点有着很大区别。[1]与此同时，还配套建设有国际化导向的金融结算、仓储物流、酒店办公等配套服务设施。在实地调研访谈过程中我们发现，纺织、服装、家具、厨卫等日用消费品类专业市场的国际化一般走在前列，生产资料类专业市场的国际化进程比较滞后，且鲜有以国际化为发展导向的。这一方面与市场所经营产品的特性相关。纺织、服装、家具、厨卫等日用消费品种类多、差异大，消费者出于不同的偏好会进行不同的选择，因此，这类市场的经营范围呈放射状延伸，市场辐射范围往往是跨区域、跨国界的，国际化动力比较足；生产资料比较容易标准化，相互之间的差异尤其是同类型产品的价格差别较小，产别化选择不是非常强烈，而

[1] 参阅胡志华：《专业市场国际化来势正劲》，《纺织服装周刊》2007年第43期。

运输距离的延伸会促使产品价格快速上升，竞争力随之下降，因此市场辐射范围有限，一般都是区域性的，难以国际化。另一方面，随着国内人民生活水平的上升，购买力显著增强，对日用消费品的需求由数量型向质量型转变，而国际上有众多知名日用消费品品牌，因此，这类产品大量涌入国内，专业市场则为此提供了一个良好的展销平台。

近年来，东部沿海地区尤其是北京、江苏、上海、浙江、广东等省（市）的部分专业市场，进一步加大了推进国际化的力度，相继设立了以境外客商为服务对象的国际贸易区或国际交易馆。如2005年下半年开始，浙江省绍兴县政府以打造"国际纺织之都、现代商贸之城"为目标，按照"国际性纺织制造基地、国际性纺织产品贸易城市、国际性纺织科技开发平台"的发展方向，规划建成了由联合市场和国际贸易区构成的中国轻纺城主体市场；2006年8月，投资3亿多元的江苏常熟招商城时装中心开始运营，这是常熟招商城首次单独组建国外品牌女装区，标志着招商城由原来的以国内市场为主，逐步走向国际市场；2007年10月27日，集会展、办公、外贸、电子商务等于一体的濮院羊毛衫市场中央商城正式营业，商城由濮院毛衫品牌中心、世贸大厦、濮院羊毛衫市场国际商贸城、国际贸易中心和金贸大厦组成，国际化发展导向彰显。

以国际化为发展导向的专业市场中，义乌中国小商品城市场是非常典型的代表。自1998年起，便陆续有外国企业和外商经营户入驻义乌建立外商采购点。至2007年底，义乌的市场外向度达到60%以上，产品出口到世界215个国家和地区；常住义乌的境外客商超过1万人，经批准成立的境外公司企业代表处有1 340家，占浙江省总数的三分之一以上；全球20强海运集团已有12家在义乌设立办事处，联合国难民署、家乐福等在义乌市场建立了采购中心，沃尔玛、麦德隆、欧尚、乐购等20多家跨国零售集团常年在义乌采购商品；义乌还成为全国首批拥有出国审批、邀请外国人员来华审批、外国人在华就业许可、出国组展等权限的县级市，开通了全国县级市首个航空口岸。在中国小商品城市场外贸快速发展的带动下，市内其他各专业市场也由主要辐射周边省市向外贸出口转型，如义乌家具市场在2006年搬迁后，外贸业务从几乎为零猛增至6 000余万元，外贸成交额占了总成交额的60%。2007年10月22—26日，为期5天的"2007中国义乌国际小商品博览会"外贸成交额9.8亿美元，占到总成交额的67.5%；有来自172个国家和地区的1.7万多名外商参加了此届博览会，人数比上届增长5.9%，其中来自发达国家的外商占60%以上；参加此届博览会的境外贸易团队85个，比上届增长7.6%。在"义博会"上，义乌国际商贸城在已经相继成功推出韩国馆、中国香港馆、中国台湾馆之后，又进一步推出了以销售美国商品为主的美国馆，相同理念下，即将开放的还将有意大利馆、墨西哥馆、日本馆等。

江苏无锡新世界国际纺织服装城市场是专业市场中以国际化为发展导向的新秀。该项目总投资40亿元，占地约65万平方米，建筑面积达130万平方米，其中服装服饰交易区约58万平方米，纺织品交易区约39万平方米，中央商务配套区约38万平方米，由国际顶尖商业建筑大师美国L. L. A公司精心规划，于2007年3月28日正式开业。市场建立之初，便以"全球第一大纺织服装集散地和全球最大的品牌服饰连锁加盟中心"为发展导向，定位为华东乃至全球规模最大、功能最全、效率最高、辐射最广、成本最低、业态最新的5A级国际纺织交易市场。着力打造服务于中外采购商、经营户及配套行业的"五大中心，十大平台"，力图在满足现有行业交易模式的基础上，构建一个集现货批发、订单批发、区域代理、连锁加盟、网上交易等多种交易模式于一体的国际纺织服装交易平台和集物流、电子商务、技术交流、才人交流、潮流发布、旅游等于一身的综合性产业服务基地。市场非常注重国际招商，于2006年6月随中国纺织工业协会访问团，赴美国、法国、意大利、西班牙、德国、韩国、日本等10多个国家招商路演。在开业两个月后，推出了欧美馆，此后又推出了韩国馆，由国外商家直接入驻市场开展贸易。市场还与米兰、巴黎同业达成协议，全球同步发布最新的时装设计，其所设立的5个时尚发布中心，每天平均举办20场时装秀。进入市场后，可以在第一时间感受到全球最新流行服饰潮流和设计理念。

9.3.3 专业市场国际化的发展阶段与模式

目前，中国地方专业市场国际化还处于较为初级的阶段，且只是少数大型、知名的专业市场进入了国际化阶段或以国际化为发展导向，主要分布在东部沿海地区。众多中小型、尤其是缺乏区位条件的中西部内陆小型专业市场离国际化还有太大距离，许多都还是以服务当地或周边区域为主，国际化诉求并不强烈。这一阶段的特点是:专业市场努力将本地或国内其他地区的产品销往境外,扩大出口规模成为其重要的追求目标。一些境外客商直接到中国地方专业市场内采购商品,一些专业市场内开始配设专供外商入内采购或销售国外商品的区域,与商品出口相配套的服务设施较为完善,基本能满足外商采购商品的需要。市场创办者、管理者、经营户等都比较重视开展国际贸易,增加出口数量的意愿比较强烈,并开始将国际化作为推进专业市场发展的一个重要方向。

随着经济全球化的推进,上述进入国际化阶段或以国际化为发展导向的专业市场将向中级国际化阶段迈进,其标志是境外企业、客商直接进场设摊销售产品,进口和出口共生发展。这表明,专业市场在经过初级国际化发展阶段后,不仅成为国内商品进入国际市场的重要平台,也将成为国际商品进入国内市场的重要桥梁,从而实现由对外贸易平台向全球贸易平台的转换,此时的专业市场才能称之为国际性的商品流通中心。近年来,我国人民收入水平大幅提高,但消费比率仍比较低,这一方面与偏好储蓄的传统有关,另一方面是因为供给难以满足需求升级的要求。借助专业市场这一平台,国外商品、尤其是国际知名品牌商品将比较顺利地进入百姓生活,从而通过供给来刺激国内需求的增长,同时激发国内同类型企业创新设计理念、改进生产工艺和技术、提高管理服务水平,提供更高档次的产品和服务,以促进整体内需的扩大。当然,此阶段的专业市场也面临诸多挑战。随着进出口业务日益扩大并成为主要业务,要求其将经营管理的重心从国内业务转移到国际业务上来,从战略规划管理的高度来统一协调和组织专业市场的国内外经营活动。[1]这就要求市场管理者必须具备国际化的眼光和组织管理、统筹协调能力。

未来,在经过中级国际化阶段后,极少数专业市场将步入高级国际化阶段,其标志是原先限于在国内经营的市场主体将跨出国门进行直接投资,举办、经营专业市场,或通过兼并重组等方式在境外构建营销网络体系。这一阶段,专业市场经营主体开始凭借自身的关系网络和品牌优势,不仅进行商品输出,还开展专业市场经营资本、经营人才、管理理念等的输出,并从全球

[1] 参阅徐锋:《我国专业市场国际化的基本模式和发展路径》,《商业经济与管理》2006 年第 11 期。

的角度积极构建一体化、网络化的市场体系，逐步成为专门投资、经营、管理各种类型专业市场的跨国公司。这方面，已有地方专业市场进行了积极的尝试。例如，位列2006年度中国十大市场强市(县)[1]首位的义乌市从20世纪90年代初开始，便尝试着进行市场理念、市场模式、市场人才的对外输出。目前，义乌中国小商品城的市场辐射范围越来越大，已相继在泰国、乌克兰、阿联酋、南非、尼日利亚、俄罗斯、越南等近10个国家设立了境外分市场或配送中心。义乌小商品市场的上述扩张过程，既有在政府主导下的战略布局，也有一些是义乌企业家借义乌市场的品牌和资金优势而进行的自主扩张。这些市场的经营骨干大多为义乌商人，市场所经营的商品也大多来自义乌，而市场的经营管理模式在很大程度上也复制于义乌小商品市场。但从整体而言，义乌小商品市场的国际化层次并不是很高，市场内所经营的商品还未直接进入国外高端市场，来市场采购或进驻市场设摊的境外客商大多是二级经销商和批发商，市场内的经营户仍是以一种坐等上门的姿态来开展对外贸易，能够从市场内买到的国际商品、尤其是知名国际品牌商品还非常有限。这也说明我国地方专业市场的国际化道路还十分漫长。

从上述分析可以看出，我国地方专业市场推进国际化进程的实践和尝试，大致可概括为外贸型和投资型两种模式：(1)外贸型的国际化模式，即市场经商户、外贸企业立足本地，利用专业市场作为交易平台，不出国门开展对外贸易。这种模式一般对应于专业市场国际化的初级和中级阶段，是目前中国为数不多的正推进国际化进程或以国际化为发展导向的专业市场主要采取的模式。这些专业市场所经营的商品已具备较强的国际竞争力，但受市场经营主体自身国际经营能力不强的制约，难以直接到国外开展经营活动。外贸型的国际化模式对于广大经营户而言，具有交易方式简便，费用低、风险小的特征，大大降低了开展国际贸易的门槛。浙江绍兴中国轻纺城、浙江嵊州中国领带城、广东西樵轻纺城等专业市场是其中的典型代表，其市场商品的外销比例超过了内销，整个专业市场经营已经开始从国内贸易为主转向国际贸易为主。中国地方专业市场在进入国际化阶段之前，其

[1] 由中国社会科学院主办，于2007年10月27日在桐乡濮院召开的第三届中国商品市场峰会上发布的《中国商品市场发展报告》评出了“2006年度中国十大市场强市(县)”，它们分别是：义乌市、永康市、绍兴县、海宁市、桐乡市、佛山市、寿光市、临沂市、常州市、吴江市。

贸易模式是“买全国、卖全国”；在进入国际化阶段后，呈现出“买全球、卖全球”的新态势。(2)投资型的国际化模式，即专业市场直接“走出去”，到国外投资创办海外分市场。这种模式一般对应于专业市场国际化的高级阶段。专业化的市场经营管理公司直接“走出去”到世界各地投资，创办专业市场，与世界各地的商品生产、购销网络对接，最终实现“卖全球、买全球”。它实质上是市场商品、市场经营主体和市场公司“三位一体”的国际化。这种模式要求整个专业市场具有系统化特性，拥有较强的综合性国际竞争力。如早在20世纪90年代初，浙江的个体工商户就以“跑单帮”的形式到独联体、东欧以及周边国家从事经营活动，这可视为浙江境外商品市场的雏形。进入新世纪以来，在“走出去”战略的推动下，浙江开办海外专业市场的步伐不断加快，境外市场有效带动浙江出口贸易迅速增长。目前，浙江企业在境外设立的专业市场已经形成规模，南非、阿联酋、俄罗斯、匈牙利、喀麦隆、尼日利亚、荷兰等10多个国家和地区都已设有浙江商人创办的专业市场，其中较为知名的有南非的中华门商业中心，阿联酋迪拜的中国“龙城”市场，俄罗斯的中国皮革城，泰国的中国商品城，越南的中国商贸城，等等。在境外投资办专业市场提高了中国商品在国际市场上所占的份额，扩大了中国商品和经营人员在国际上的影响力。

9.3.4 促进专业市场国际化的思路与建议

虽然中国地方专业市场国际化呈不断扩张趋势，尤其是出口商品贸易发展迅速，但从总体上看，专业市场的国际化仍处于初级阶段，主要表现为：真正开展国际化经营的专业市场还不多，大部分开展国际化经营的专业市场中，商务主体素质较低，国际化经营的模式不够成熟，商品的质量和档次不够高，具有竞争力的国际贸易渠道尚未形成等等。尤其是迄今为止，中国地方专业市场的国际化过程并没有引发商业模式、尤其是批发业领域产业组织的变革与创新，本质上只是市场销地空间、交易网络或渠道的简单转换和扩大。当然，并不是所有的专业市场都要以国际化为发展导向，这必须从所经营产品的特性、市场的区位条件和发展基础、市场的产业配套支撑状况等因素出发，进行综合考虑。对于我国大多数地方专业市场而言，并不具备国际化的条件，或者说推进国际化困难重重；对于少数正在尝试国际化或已经步入国际化发展阶段的专业市场而言，今后应从如下几方面入手，真正提高国际化水平。

(1) 强化市场经营主体的国际化意识，提高国际化商务主体的经营素质。在专业市场的国际化进程中，强化市场经营主体的国际化意识至关重要。具体而言，可有以下三个途径：一是建立经营主体的教育培训制度，加强国际贸易、现代商业技术、法律以及外语等知识的培训，帮助本土经营主体掌握国际化经营所需的各种专业知识；二是市场组织者以一定的优惠政策引进知名国际商家进入，设立商务代表处或从事外贸采购业务，提高境外客商的比重，优化市场经营主体的结构；三是积极鼓励市场经营主体向国际市场拓展，引导他们去境外投资、开拓全球市场，把握国际流行趋势，逐步实现"买全球，卖全球"的战略目标。

(2) 发挥政府的引导推动作用，优化市场国际化的外部环境。在专业市场国际化的推进过程中，政府所创造的外部环境起着非常重要的促进和保障作用。没有外部环境的国际化，专业市场国际化将捉襟见肘。为此，政府须着力完善涉外政策体系，为国内外市场经营人员、资本、技术的往来创造良好的政策环境。在城市相关基础设施的建设中，要尽量按国际一般标准实施，充分考虑境外人员的需求，大力完善国际结算、翻译、会计、咨询等中介服务，加快涉外住宅、医院、学校、公共活动场所等的建设。要加快金融、法律、安全体系等的建设，为市场提供高水平的监管和服务，尤其要确保金融、物流、管理体制等资源要素的齐全通畅。同时，鼓励市场创办者、管理者和经营户等从以"引进来"为主向"走出去、引进来"并举转变，鼓励开展境外投资，建立境外产业基地和销售网络。

(3) 大力发展电子商务和现代物流，促进交易方式的国际化。电子商务作为一种现代化的信息交换系统，其信息传递不受时间空间限制且成本低廉，对传统有形市场的国际化非常重要。中国地方专业市场应依托现有有形市场，大力发展电子商务以进一步提高信息沟通效率，促进市场交易方式的国际化。现代物流业是中国地方专业市场国际化进程中不可缺少的配套产业，专业市场可通过两条途径发展现代物流业：一是整合现有物流、仓储资源，建立以仓储为主的物流配送中心，以货物分销、配送服务为主营项目，积极培育专业从事货物仓储活动的物流公司；二是加强与国际知名物流公司的战略合作，利用国际物流企业的成熟物流网络，积极拓展国际物流业务。

(4) 依托市场的商业网络优势,大力培育国际展会和商业品牌商。引导、鼓励市场经营大户和商贸企业发展商业性品牌;利用市场信息优势,自主研发或设计,实现研发从生产(众多中小企业)到市场(流通)的转移;充分发挥专业市场的商业网络优势,积极培育商业品牌商尤其是大型品牌商,控制高端价值链环节,并利用分包体系与众多生产型中小企业实现价值链分工。这是中国地方专业市场发展模式选择的题中应有之义,也是沿着高端路线主动加入全球价值链体系的重要途径。国内大型专业市场的国际化发展进程,离不开一系列具有国际水平的专业会展。国际会展必须按照国际博览会联盟(UFI)的标准,运用多种营销手段吸引更多国内外专业客商和企业参展,以建立知名会展品牌。组织者可通过设立专业机构,加强人才培训和引进,对专业市场和会展进行国际品牌经营、形象设计和商业包装,例如经营理念的提炼、视觉系统的设计和形象推广系统的策划等,使其具有个性鲜明的品牌形象。此外,大型专业市场还可考虑与国际知名展览公司合作办展,利用其遍布全球的网络和良好声誉进行招展招商,以快速提升市场的国际知名度。

10 专业市场的转型与提升：新型业态

经过改革开放以来30年的发展，专业市场在中国许多地区已成为建立在专业化交易网络基础上的一大商贸流通产业，与当地的经济发展和人民生活形成了十分密切的关系。与此同时，伴随着电子商务、现代物流、会展经济等新兴商业形态的出现和发展，专业市场面临的竞争也越来越激烈，尤其是那些层次较低、缺乏特色、升级缓慢的传统专业市场更须面对严峻的生存压力。目前，在中国沿海发达地区，专业市场已呈现出分化、整合、转型与提升的趋势，一批低层次的传统专业市场正在逐渐萎缩或消亡，一批能够与时俱进地开展体制、机制、功能、结构等创新的专业市场则保持良好发展态势，其中少数强势市场正成为特色鲜明、颇具优势的区域性、全国性甚至国际性的商贸流通中心。可见，新兴商业形态的出现和发展对于专业市场既是挑战，也是机遇，关键在于能否将其引入专业市场的转型、提升过程之中，吸纳和利用其中的现代化元素，对专业市场的内部结构、交易流程、交易方式、商品品质、功能体系等实施再造工程，从而推动专业市场向现代商贸服务产业[1]转型、提升。

10.1 专业市场与电子商务

近年来，在一些大型专业市场，许多经营户采用电子商务方式购销商品；一些专业市场的物流配送网络日益完善，辐射范围不断扩展；部分市场依托区域性、全国性甚或国际性的展会迅猛发展；地方政府、市场管理者和经营户的品牌意识也日益增强，越来越多的国内外知名品牌企业和商品进入专业市场进行交易。简言之，专业市场正借助于电子商务这一新型交易方式和展览会这一新兴交易平台，依靠较为完善的物流配送网络，通过实施

[1] 目前，国内外关于现代商贸服务产业还没有统一的定义，我们认为，它是指融合了信息技术和现代管理理念的商品流通及为其服务的相关行业的集合体，具有高人力资本、高技术含量、高附加值“三高”特点和新技术、新业态、新方式“三新”特征，属于资源节约型、环境友好型的新兴产业。

品牌战略以逐步实现市场功能、交易主体、交易规模、交易范围、交易方式、交易手段等的创新与提升。

10.1.1 电子商务的主要特点与优势

关于电子商务的内涵，各国政府、学者、企业界人士有着不同的理解，比较权威的定义是1996年12月16日由联合国国际贸易法委员会第85次全体大会通过的《电子商业示范法》所给出的，它将电子商务分为广义和狭义两种：广义的电子商务是指利用数据信息进行的商业活动；狭义的电子商务是指基于互联网这一平台实现商业交易电子化的行为。[1]我们这里所讨论的电子商务主要是狭义上的，即基于互联网平台所实现的商务活动。电子商务将商务活动的空间从现实生活延伸到了互联网络，在流通领域掀起了一场信息化的大革命，使原先的交易体制、交易规则、交易习惯等发生巨大变化，冲破了时间和空间的限制，从而极大地促进国内区域间和国际间贸易的繁荣发展，大大加快了全球经济一体化的进程。与传统的交易方式相比，电子商务的主要优势表现在：

(1) 突破了交易时间和空间的限制。传统交易一般需要一个实体的空间，而电子商务从磋商谈判、签订合同到支付货款、开具发票、托运货物等，各项商务活动都可以借助互联网络迅速完成，买卖双方无须直接面对面进行，从而免除了搜寻某一特定谈判、订约、交易场所的环节；通过互联网络这一无距离、无边界的虚拟空间，企业能够在极短的时间内将业务推向全球任何一个国家和地区，以及每一个家庭和个人，从而使跨区域、跨国界的商务活动变得更加简单易行。与此同时，电子商务活动还不易受作息时间的影响，可以24小时不间断的连续交易，这是传统交易方式所无法想象的。

(2) 降低了买卖双方的交易费用。有研究表明，传统交易流程一般需要19个环节，而在电子商务模式下只需要7个环节[2]，从而节省了大量中间环节的支出。借助互联网进行信息传递的成本远远低于信件、电话、传真等其他方式，通过订单的自动搜集、服务的自动提供、催款单的自动发送等，能够减少交易环节和人工成本，可以节省90%的文件处理费用。对于买方

---

[1] 参阅联合国国际贸易法委员会网站，http://www.uncitral.org/uncitral/zh/uncitral_texts/electronic_commerce/1996Model.html。

[2] 参阅程华：《E-business 背景下专业市场的演进》，《商业研究》2000年第1期。

而言，能够在较短的时间内寻找到性价比较高的产品，从而大幅降低搜寻所需产品的各类支出（如交通费、住宿费、通信费、人员工资等）；对于卖方而言，可以减少大量的人力（如销售人员、管理人员等）和物力（如销售场所、购物设施等）的投入；利用互联网做广告宣传还可以大幅减少传统宣传方式的巨额广告费支出，并能获得更多（不仅有本地的，还包括全国各地甚至世界各地的）客户，从而减少商品库存积压量，降低库存成本和商业风险。

（3）提高了市场的交易效率。借助于互联网络，交易过程中涉及的许多商业文书能够在世界各地实现瞬间传递，原料采购、商品销售、银行汇兑、保险办理、海关申报等过程都可以在无人干预的情况下快速完成，并能最大限度地减少人为因素导致的延误，从而极大地提高整个交易过程的效率。互联网为买卖双方提供的可便利获取的市场信息则发挥着引导生产、反馈供求、调节消费等功能，使卖方能够及时地根据市场需求信息调整产品结构，生产适销产品，尽快实现自己的既定经营目标；买方能够在纷繁复杂，品种、规格各异，价质差异显著的不同商品中较快地搜寻到自己较为满意的商品，并能足不出户地快速完成交易。借助于电子商务网站，买卖双方只需将供求信息上传，作为交易第三方的网站便会自动搭配、撮合各项供给与需求，并能将众多的小额供求集合为大规模供求，从而有助于实现规模化、集约化生产与销售，提高整个社会的生产、流通效率。

（4）增进了市场的竞争性与开放性。与传统交易方式相比，互联网是一个更为开放、进入门槛更低的交易平台，它为小公司和个体经营者参与市场竞争提供了更为平等的机会，使一些在传统领域无法与大公司竞争的中小企业，凭借某一好的理念、先进的运作模式或组织形式等，便能在网上市场实现跨越式发展，在短时间内成长为能够与传统大企业相抗衡的新兴公司。互联网能够使信息的发布、传递、搜集等更为方便、快捷，单一供求信息能被众多的买者和卖者所捕获。由于交易双方数量增加，市场竞争更趋激烈，促使供给方不断改进生产技术、提高产品品质和服务水平，需求方则能买到更加物美价廉的商品。由于互联网信息传递的全球性，原有的贸易地理空间概念被打破，区域性市场竞争演变为全国性甚至全球性竞争，各类企业在拥有更多国际市场机会的同时，也面临越来越激烈的国外企业进入国内抢占市场份额的竞争。同时，借助于互联网，还使得一些企业的潜在资源优势得以发挥，将经营范围向其他领域拓展、延伸，加剧这些行业的竞争激烈程度。这对各规模层次、各经营行业的企业都产生了较大的压力，迫使各方采取多种措施以避免在激烈的市场竞争中被淘汰。

10.1.2 电子商务对传统专业市场的挑战

无论是专业市场还是电子商务，起初都是为了满足生产发展对低成本、高效率的交易平台和交易方式的需要而产生的。在专业市场发展的初期，其主要功能是集散信息和达成交易两个方面。电子商务作为一种新兴的交易方式，目前在中国还处于初级发展阶段，主要功能是为买卖双方提供一个供求信息发布和搜寻的平台。而真正意义上的电子商务则要实现商务活动全过程的电子化、网络化，包括洽谈、签约、结算、托运、报关、纳税、货物签收等各个环节。随着社会信用环境的提升、相关法律法规的健全、网络信息技术的成熟、现代物流配送体系的完善，电子商务必将在中国获得"井喷式"发展，但其主要功能在可预见的近中期内，仍将以集散信息和促成交易为主。可见，传统专业市场的交易功能与电子商务功能存在一定的重叠。因为传统专业市场的交易功能占据主导地位，而电子商务属于一种成本更低、效率更高的交易方式，许多交易流程在网上就可以完成，因此电子商务对这类市场的替代威胁很大。现代市场组织理论表明：以专业市场为主导的商品流通体系一般适用于工业化初、中期具备古典式市场经济特征的经济结构和量大面广的商品结构，而随着中国工业化进程的推进和人均收入水平的提高，经济结构和居民消费结构升级的步伐不断加快，越来越多的人将通过互联网购买商品，厂家将充分利用这一发展趋势，大力推进直销经营方式和个性化定制服务，从而避开中间批发商环节将商品直接销售给消费者。这对于目前场地规模越来越大、商(摊)位数量越来越多、硬件设施档次越来越高、资金投入迅速高涨的专业市场而言，形成了极大的盈利压力；尤其是目前一些不顾自身实际和现代商贸服务产业发展趋势，继续盲目投资、大建专业市场的地方政府有可能背上沉重的债务负担，陷入进退两难的尴尬境地，甚至入不敷出而影响整个地区经济社会的长远发展。

对于专业市场而言，电子商务的出现和发展既是机遇又是挑战。电子商务对传统专业市场的挑战主要表现在：(1)改变了传统专业市场的时空观。传统的专业市场由市场的主办者提供一个实体的空间，通过这个空间来吸引和聚集大量卖者和买者，双方进行面对面的交流和交易。电子商务则通过网络这一无距离、无边界的虚拟空间，大大拓展了市场的空间范围，而且交易双方不易受时间制约，可以24小时开展贸易。(2)改变了传统专业市场的信息传递方式。传统专业市场的重要功能之一就是作为市场信息的集散中心，大量同类或相关产品进行集中交易，可以通过人流、物流的聚集与扩散，从而收集和传播大量的市场信息。与传统的专业市场不同，电子商务的信息传递则通过网络这一无形载体，尤其是通过各专业门户网站，突破时空限制，把生产者和消费者、上游部门和下游部门、供应商和用户、发货方和收货方相互联系在一起，减少了信息传递的环节和出错的概率，使信息的聚集和扩散更加便捷、有效。在这里，分散提供信息的媒介让位于一两个居于统治地位的信息中介。(3)改变了传统专业市场的交易方式。在传统的专业市场交易中，市场处于厂家与批发商、零售商与用户的中间位置，主要起中间商的作用；在交易形式上是近距离的现货交易，买卖双方面对面交流和谈判，且一般采用传统的现金结算方式。电子商务则大量使用电子交易系统、电子合同、电子结算、电子目录、电子广告等先进手段；在商品交易形式上，通过网上互通信息和交易谈判，买卖双方就可以直接达成交易。(4)降低了传统专业市场的交易费用。电子商务突破了时空限制，改进了交易技术、交易方式和信息传递方式，使买卖双方搜索、谈判、实施交易的速度更快，成本更低。随着计算机网络技术的发展，银行网上结算系统和现代物流系统以及相关信用体系、法律等配套设施的改进，电子商务的交易费用将越来越低，对传统专业市场的替代作用也越来越明显。

综上所述，电子商务对于专业市场的挑战主要是信息集散和交易功能的替代。然而，除了集散信息和提供交易服务平台外，专业市场的发展还能为市场所在地带来大量的人流、物流、信息流、资金流等等，有利于集聚人气、商气、财气，提高普通百姓收入水平，增加地方财政收入，促进基础设施建设，推动对外合作交流、更新思想理念、创新发展思路，并能极大地带动交通、金融、餐饮、住宿、广告、通讯、商务办公、技术服务等行业的发展。可见，专业市场对于地方经济社会发展的影响是全方位的，电子商务模式难以替代其全部作用。而且，机制体制灵活、管理服务专业、产品特色突出、配套服务完善的专业市场，其影响力更大，带动作用更明显，电子商务所带来的威胁也越弱。

10.1.3 电子商务为专业市场发展带来新的机遇

在看到电子商务对专业市场尤其是传统专业市场形成挑战的同时，我们也要看到，电子商务的出现和发展也为专业市场创造了良好的机遇。在电子商务向专业市场渗透的同时，专业市场也在向电子商务领域渗透。我们的关注重点不应停留在担忧和防范电子商务所带来的挑战上，而更应着力研究如何将这一现代交易模式吸纳到专业市场的功能体系之中，从而实现对传统交易方式的再造。应当看到，尽管目前我国大多数专业市场的交易功能仍占主导地位，但已呈逐渐弱化趋势。许多层次较高的专业市场，其产品展示、洽谈订单、价格形成、物流配送、旅游休闲、文化传播、产品创新、品牌培育等功能日益强化。由于这类市场信息化基础条件、市场信用环境、配套服务设施等都比较好，市场内经营户的素质水平相对较高，有许多公司化经营的商户，已具备了较好的开展电子商务交易方式的条件。因此，这类市场的交易功能借助电子商务模式将得到极大的创新、提升，甚至将发生革命性的变化。

抓住电子商务发展的机遇，对传统专业市场进行流程再造，主要包括以下内容：(1)扩展市场辐射范围。网下有形市场与网上无形市场的结合，将大大突破专业市场传统辐射范围的地理空间和交易时间限制，使市场的触角由区域向全国、甚至全球延伸，从而为一些不具备良好区位条件的专业市场实施国际化战略创造良好条件；对于已具备一定国际化基础的专业市场而言，将进一步扩大其国际影响力，加快国际化进程。(2)降低交易费用。借助电子商务交易方式，专业市场能够进一步降低交易费用，使其本身所具有的交易费用优势更加凸显。(3)提高交易效率。买方可以在纷繁复杂、规模庞大的商品信息集里快速搜寻到所需商品，卖方可以变现实的"坐商"为虚拟的"行商"，主动"出击"寻找商品买家，从而更快地达成交易。(4)推动物流业发展。电子商务的快速发展必须解决商品交割问题，即快速、低成本、高质量、安全地将货物从某一地运送到另一地，这就要求有高度发达的现代物流网络与之相配套。在我国，目前尽管有邮政速递等一些快件公司承担第三方物流公司的角色，但他们提供的主要是物流系统中的单项配送服务，且费用较高，难以满足企业高效率、低成本运作的需要。而专业市场发展过程中逐步培育、完善的联托运市场已具备现代物流的雏形，为构建发达的现代物流配送网络奠定了坚实的基础，这是专业市场开展电子商务的一个极大优势，也是专业市场发展与电子商务相融合的一个重要楔点。因此，在中国，电子商务的发展将极大地推动与专业市场相配套的联托运市场向发达的现代物流配送网络转变，从而促进专业市场物流配送功能的创新提升。

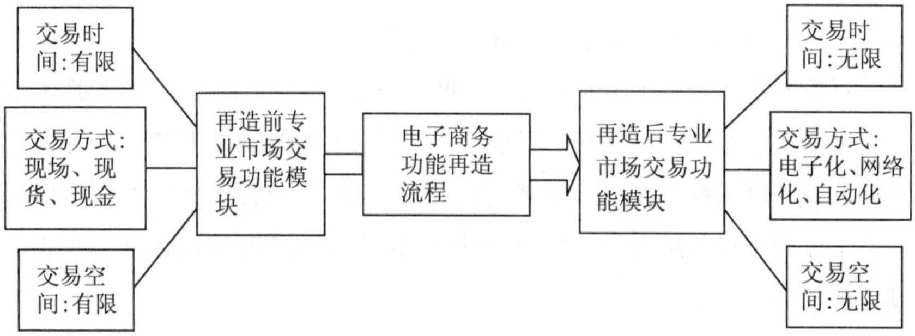

图 10.1　电子商务对专业市场交易功能模块的再造提升示意图

改革开放 30 年来，中国专业市场的经营形态处于不断变化和升级的过程之中，目前有形市场仍占据绝对主导地位，但已有一些高层次的市场也在积极开展电子商务交易。未来，将有越来越多的专业市场开展电子商务，专业市场的经营形态将逐步向网下有形市场与网上无形市场相结合过渡。在专业市场发展的高级阶段，其信息集散和交易功能将有可能主要或完全借助电子商务方式实现，但由于专业市场还具有电子商务难以替代的其他许多功能和作用，因此，将电子商务交易方式纳入专业市场功能体系内部、有形与无形相结合，或许将成为专业市场发展的终极形态。与此同时，也要看到，由于专业市场所交易的商品种类庞杂、功能特性上有很大差别，一些容易标准化的产品适于电子商务交易方式，而难以标准化、质量信息难以预期的产品则不易采用电子商务交易模式，加之中国的国情是地域广、区域差异明显，生产组织方式的多样性和消费层次结构、消费习惯的多元化，都决定了经营不同种类商品的专业市场和不同地区的专业市场，将以不同的形态存在，而且市场形态的变迁也将是一个相当漫长的过程。

可见，对于层次较低、相互雷同、升级缓慢的专业市场而言，电子商务的出现和发展将是一个极大的挑战；对于层次较高、能够主动吸纳电子商务交易方式优势的专业市场而言，更须把握好机遇，借助电子商务创新、提升自身的交易功能，从而推动整个市场功能体系的完善与升级，增强可持续发展的生命力和活力。总之，专业市场唯有加快市场硬件和软件的改造提升，完善配套服务设施，推进信息化、数字化建设，创新交易方式、交易手段，积极采用电子商务交易方式，促进网下有形市场与网上无形市场相结合，才能适应专业市场未来的发展趋势，避免被淘汰。

10.1.4 专业市场开展电子商务的具体实践

尽管专业市场开展电子商务的时间还不长，但发展势头迅猛，尤其是近些年来的发展步伐不断加快。目前，许多专业市场的创办者和管理者都已充分认识到电子商务发展所带来的机遇和挑战，纷纷尝试将网下有形市场与网上无形市场相结合，发挥专业市场和电子商务各自的优势，开拓专业市场发展的新天地。

1. 专业市场自建电子商务网站

这种模式一般由专业市场主办者自行建立与现有市场相配套的电子商务网站，并主要为市场内的客户和相关企业提供信息化的网上交易平台。由于起步时间、基础条件、产品特性等方面的差异，采取这一模式的专业市场，其电子商务在不同的发展阶段有不同的特点：(1)在初级阶段，重点是发布信息。这类专业市场主要利用所建网站进行信息发布和广告宣传，洽谈、签约、支付、配送等交易流程仍在网下进行，电子商务只在局部环节上得到应用，目前我国大多数专业市场开展电子商务仍处于这一“信息发布型”阶段。当然，这也与市场所经营的产品特性有关，如对于不易标准化，产品规格、款式、花色等纷繁复杂且更新快，质量信息难以预期，购买频率高的小商品而言，完全实现电子商务交易几乎是不可能的，因此在一个相当长的时期内，电子商务仍只能被用于交易的某些环节，主要起信息发布作用。(2)在中级阶段，重点是建立网上市场。这类专业市场一般依托发达的现货交易市场，通过计算机和网络技术，将有形市场搬到网上，建立网上“虚拟市场”，为市场经营者提供网上商铺，实现网下网上相互对应和联动发展；经营者可以通过网上商铺发布信息、展示商品、洽谈业务，然后进行网上交易或网下交易。这一阶段的特点是以有形市场为主，无形市场为辅，目前我国少数专业市场已处于这一“电子商务与专业市场互补型”发展层次。(3)在高级阶段，重点是实现电子商务的一体化。这类专业市场的交易主要通过电子商务方式完成，基本上实现了信息发布、信息查询、网上洽谈、网上签约、网上支付、第三方物流配送相结合的一体化电子商务过程。这一阶段的特点是无形市场为主，有形市场为辅，目前我国只有极少数专业市场处于这一“电子商务主导型”发展层次，且所经营的产品都是属于有严格的国家和行业标准，易采用大宗、批量生产和交易方式的，其中的典型代表是浙江省嘉兴市的“中国茧丝绸交易市场”和余姚市的“中国塑料城”市场。

“中国茧丝绸交易市场”早在20世纪90年代中期便开始利用网络进行交易，当时国家茧丝绸风险发展基金资助市场建设形成了计算机国内交易网络体系——“金蚕工程”。市场设现货即期交易和现货网上交易(合同订购)两种模式。在“金蚕网”建立的初期，网络交易还不够发达，不能实现在线支付，只能采用“网上交易、网下结算”方式。鉴此，该市场根据经营者的需要，不断推出各项创新服务，在原有的信息服务基础上建立了资金、仓储和物流配送服务系统，在全国率先实现了从信息发布、交易、支付到配送全过程的电子商务交易方式。10余年间，“中国茧丝绸交易市场”已累计完成网上交易额2 000多亿元。2007年1—7月实现网上交易额130亿元，占市场总成交额的比重达92.8%。目前，“中国茧丝绸交易市场”的会员单位中有95%都是全国丝绸行业百强企业，这一平台还联结着市场内400余户经营者、1 000余家代理客户，联系着全国2 000多家生产企业，覆盖全国18个省(市、自治区)，其交易价格信息(业内称“嘉兴指数”)已成为全球茧丝绸行情的风向标。[1]

又如，浙江省余姚市“中国塑料城”市场创办的浙江中塑在线有限公司(余姚市中国塑料城信息中心)，于1997年4月开始利用Internet平台发布信息，其创建的“中塑在线”网站使交易商可通过互联网进行网上报价，以仓单交易、现货竞价交易和现货协商交易的方式开展贸易。目前，“中塑在线”

[1] 参阅龚青、何颖：《中国茧丝绸交易市场：全球茧丝交易要看嘉兴“脸色”》，《浙江市场导报》2007年8月21日。

已有注册用户近3万家，长期上网发布信息的企业7 000多家，首页日均访问量万余人次[1]，是“中国塑料城”市场唯一的信息权威发布机构，也是目前国内起步最早、网站规模最大、客户群最广、影响力最大的塑料专业网络公司。2006年，其成交额达到484.8亿元，超过英国伦敦著名的LME交易所的塑料交易量，是同期余姚“中国塑料城”实体市场交易额(206.5亿元)的2.35倍。[2]不仅如此，网上无形市场还促使网下有形市场的辐射范围得到极大扩展，国际化程度快速提高，目前，来自美国、日本、法国、英国、德国、沙特阿拉伯、韩国、俄罗斯以及中国台湾、中国香港等国家和地区的产品已占据“中国塑料城”40%的贸易份额。[3]

2. 专业市场与电子商务网站分开经营

这种模式的主要特点是专业市场自身不建网站，而是依托与本专业市场经营商品紧密相关的社会化行业(专业)网站，借他人之力实现信息交易平台的扩张，社会化的行业(专业)网站也往往以特定的专业市场为依托开展电子商务。这一方面是由于部分专业市场不具备自建网站的实力，或者自建网站的预期效益过低；另一方面是由于我国目前还未形成完善的电子商务经营环境和条件，电子商务流程中许多环节还须借助有形市场才能完成或更好地完成，因此一批行业(专业)电子商务网站努力寻求实体市场作为支撑，双方的合作也就成为必然。以创立于2006年、总部设在江苏省南京市的四海通批发导购网为例，这是一家专门提供中国各地专业市场批发导购服务的门户网站，其创建的“中国·四海通批发市场大黄页”涵盖了全国30个省(市、自治区)、23个行业类别、近5 000家批发市场，是迄今为止中国最全面的批发市场大黄页。该网站成功整合了营销策划、市场调研、高科技与传统批发商、批发市场等内容，面向国内外3 000多万经销商、零售商、采购商，提供批发市场导购、商铺导购、品牌推广、促销宣传、行业前沿资讯、商友社区等服务。又如，创办于1998年的“今日五金网”是国内五金行业最早开立、最具规模、最有活力和影响力的商业网站。它以浙江省永康市

[1] 参阅万晓玲:《跑向市场的网店　跑向网店的市场》,《浙江市场导报》2007年8月14日。

[2] 参阅陈浩:《初探网上市场的监管》,宁波市工商行政管理局网站,http://www.nbaic.gov.cn/nbaic/pubpage/detail.jsp? id=2190。

[3] 参阅《电子商务　宁波的璀璨明珠》,宁波市信息产业局网站,http://www.nbit.gov.cn/homepage/show_view.aspx? id=2746&catid=19。

“中国科技五金城”市场和五金产业集聚的产业背景为依托，其最新研发的五金行业垂直搜索引擎和行业信息匹配软件等高端计算机技术能够有针对性地为某一特定领域、特定人群或特定需求提供垂直信息搜索服务，从而构建起了一个面向五金行业的电子商务综合服务平台，为五金行业的众多商户提供包括供求信息、物流信息、人才信息、资讯信息、社区信息等综合性的信息服务，实现人、财、物、产、供、销等诸多问题的“一站式”解决。[1]目前，该网站加盟企业达10多万家、注册会员15万余名，日均访问量超过40万人次，每天新增中文供求信息2 000多条，英文供求信息3 000余条，关键词搜索超过10万人次，每年会员企业的回签率达到95%以上。[2]借助于“今日五金网”等电子商务网站平台，“中国科技五金城”市场内的众多经营户打破了“守株待兔”的经营模式，主动出击，积极开展网上交易，使销售渠道不断拓宽，形成了与网下有形市场共同发展的“网上中国科技五金城”。

当然，上述两种模式并没有非常严格的界线，目前一些专业市场既建有自己的电子商务网站，同时也借助外部的行业（专业）网站拓展市场空间，延伸辐射范围。极少数电子商务网站在为专业市场提供信息集散和交易平台等外围服务的同时，也开始直接参与交易过程，如2007年11月20日正式上线，以义乌小商品市场为内核，融合Web2.0最新理念和先进的供应链技术，线下和线上高度互动的义乌全球网。它力图将自身打造成全球第一小商品B2B贸易平台，让全球百姓享受低价，并帮助海内外商人直达义乌，助力义乌更快走向全球，创造独一无二的全球“商品硅谷”。该网站在提供信息发布、信息搜寻、网络洽谈、服务咨询等功能的同时，将众多小规模需求整合为大规模订单，然后寻求大规模批量生产商，最后再将商品分销给众多采购商，从中赚取合理的微量差价。由于网站将众多小批量需求集合为大规模订单，因此能从生产商那里享受到尽可能低的价格。对于采购商而言，这不仅意味着能以更低的价格采购商品，还能省却洽谈、签约等环节，进一步降低综合经营成本；对于供应商而言，可以进行更专业化、更大规模的集中

[1] 参阅程惠贞：《“今日五金网”实现全面改版　首个兼具匹配功能的五金行业垂直搜索引擎正式运行》，永康科普网，http://www.ykkp.org.cn/company_big.php?id=8&cid=&bid=27。

[2] 参阅《公司简介——最具商业价值中国网站100强　浙江省信息产业厅推荐网站》，今日五金网，http://www.hardwaretoday.com/company/aboutus.htm。

生产，获得规模经济效应，且无需跟众多的小采购商一一谈判、签约，也大幅降低了经营成本。

10.2 专业市场与现代物流

现代经济社会的一大特点是分工越来越精细，原本完整的业务流程被若干个职能部门分割。在这种分工体系下，每一个组织或职能部门只是完整流程的一部分。从表面上看，这种专业化的分工提高了流程运行的效率，但也使得各组织部门被限制在从事专门业务活动的特定单元之中。由于各单元之间的联系与沟通受到诸多条件的限制，分工越细，部门越多，整个业务流程的物流量就越大，运行成本也就越高，尤其是在各部门之间缺乏相互沟通与协调的情况下，额外的物流量将造成运行成本的上升。这就迫使人们在社会化大生产的总体框架下，考虑新的物流模式的构建问题，现代物流正是在这样的大背景下诞生的。

10.2.1 现代物流在商业营运中的意义

现代物流是指按照系统理论的要求，利用先进的信息技术和物流装备，采用现代组织和管理方式，将传统的原材料、半成品、成品等的运输、仓储、装卸、搬运、包装、流通加工、配送、信息处理等物流环节进行整合，实现系统化、一体化、信息化、高效化运作的组织方式。现代物流的核心目标是在物流全过程中以最小的综合成本来满足顾客的需求，它具有物流专业化、管理系统化、运输合理化、仓储自动化、包装服务标准化、装卸机械化、配送一体化、信息网络化等特点。与传统物流相比，现代物流拥有很大的优势：有利于缩短流通时间；有利于开展现代贸易；有利于缩短经济联系空间；有利于减少社会库存量；有利于减少流通费用等等。现代物流业的快速发展催生了第三方物流、第四方物流、第五方物流等新概念[1]，其中第三方物流自 20

---

[1] 按照一般的理解，第一方物流是指供方为提供商品而进行的物流；第二方物流是需求方为采购商品而进行的物流；第三方物流是指由供需以外的物流企业提供专业化的物流服务的业务模式；第四方物流属于一个供应链的集成商，它对公司内部和具有互补性的服务供货商所拥有的不同资源、能力和技术能进行整合和管理，并提供一整套供应链解决方案；最新的第五方物流概念还未形成完整而系统的认识，有人认为它是从事业务培训的一方，也有人认为它是专门为第一方、第二方、第三方和第四方提供物流信息平台、供应链物流系统优化、供应链集成、供应链资本运作等增值性服务的活动。

世纪80年代在欧美等发达国家诞生以来，已日渐成为物流配送体系的核心。

现代物流在商业营运流程中占有十分重要的地位，其原因主要包括以下三方面：一是产品销售通路缩短，生产商为掌握销售通路与利润，逐渐向下游整合，成立体系内销售部门的现象日益普遍，以致中游批发商或中间商的生存空间日渐压缩，甚至被生产商或零售商所取代，而要想有效缩短产品销售通路，就必须依靠现代物流配送体系。二是连锁经营业态兴起，连锁经营不仅可扩大营业规模，亦可以加强对市场的渗透及销售渠道的掌握，是降低销售成本、增强市场竞争能力的有效手段，因此被广泛采用，尤其是连锁零售业迅猛发展，对大规模、高效率的物流配送产生了强烈需求。三是薄利多销策略被日趋广泛地采用，在买方市场、供过于求的情况下，价格竞争往往导致平均利润率降低，故加强各项成本控制已成为企业谋求生存发展之道，然而，当今世界正面临全球性的生产资料、要素价格不断攀升的局面，在生产领域降低成本已日见困难，但在物流方面减少支出，仍有相当空间，因此大力发展现代物流成为降低工商企业运营成本的有效途径。现代信息通讯技术的发展使交易变得更快、更便捷，借助电子商务模式，能够实现网络洽谈、签约、结算、纳税、报关等环节，但要真正完成交易过程，将货物迅速地送至消费者，还必须借助发达的物流配送网络。电子商务作为一种成本更低、效率更高的交易方式，尽管近年来发展势头强劲，但在我国也受到了现代物流发展相对滞后的束缚，较之世界发达国家发展相对缓慢。因此，现代物流已成为不同商业模式争取发展空间的焦点。

改革开放之前，我国一直实行计划经济体制，生产、运输、仓储、销售等都由层层下达的指令进行控制，企业在物流过程中缺乏自主空间，物资不能按市场规律有效流动，所以长期以来在我国经济领域中尚没有物流的概念。1978年以后，随着经济体制改革的推进和市场的开放，我国开始发展物流业。20世纪90年代后期，我国经济体制改革的深化使企业产权关系日益明晰，生产、流通等企业开始认识到物流的重要性，国内开始出现不同形式的物流企业，它们大都是由原先的运输企业、仓储企业、商业企业或工业企业等经过改造重组而来的，但此时已有少数物流企业开始重视物流理论，依据物流运作规律进行组织与管理。同时对物流的研究也从流通领域向生产领域渗透。进入21世纪后，网络信息技术、电子商务等的发展为物流业的创新升级创造了良好条件，国内第三方物流获得迅猛发展，与世界物流业的合作与交流也日益增强，并开始走向国际化、全球化。近几年，各种形式的物流中心纷纷涌现。全国现有各种类型的物流配送中心1 000多家，仅2005年，规划和投建的物流中心就有300多家。新建物流中心投资额、占地规模呈扩大趋势，其中北京、上海、深圳在物流体系建设上的投资都超过1 000亿元，且物流中心的科技含量不断提高。除此之外，铁路部门准备建设50个物流中心，交通部准备建设45个物流中心。[1]

10.2.2 现代物流对专业市场发展的促进作用

现代物流对专业市场的发展具有极其重要的促进作用，这是因为现代物流主要完成的正是原材料到制造商、产品至零售商之间的流动，或者是促成这一过程高效率地完成。专业市场包含着商流、信息流、资金流、物流，前三者都可以借助现代通讯技术、互联网络来完成，唯独物流无法仅仅通过这些来实现，它必须有实实在在的货物空间位移。我国传统专业市场一般都建有自己的物流机构，拥有众多为经营户服务的托运单位，在这一物流体系下，经营户往往需要将货物运送到托运市场，根据目的地的不同将货物交付给不同的托运单位；托运部门则根据需要将货物运送到不同的目的地，同时负责将发送来的货物分发给经营户。其运作模式如图10.2所示。

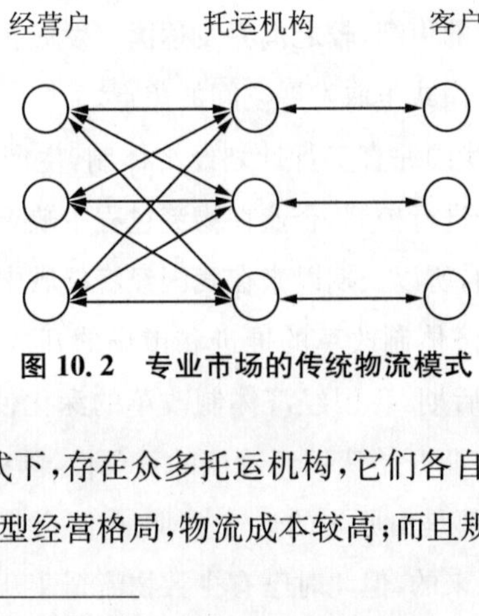

图10.2 专业市场的传统物流模式

在上述物流模式下，存在众多托运机构，它们各自为战，物流过程缺乏统一调配，属于粗放型经营格局，物流成本较高；而且规模普遍较小，竞争无

---

[1] 资料来源：《2008年中国物流中心投资咨询报告》，中国投资咨询网，http://www.ocn.com.cn。

序、物流服务水平较低，难以满足经营户对高质量、便利的物流服务的要求。对于专业市场而言，提高交易效率、降低交易费用是其生存和发展的根基，这不仅是指市场内的交易环节，还包括买卖双方达成交易后的货物移交过程。现代物流的发展，为专业市场提供了新的机会。现代物流强调系统化、一体化运作，利用它对专业市场的传统物流模式进行再造后，将形成如图10.3所示的物流运作模式。

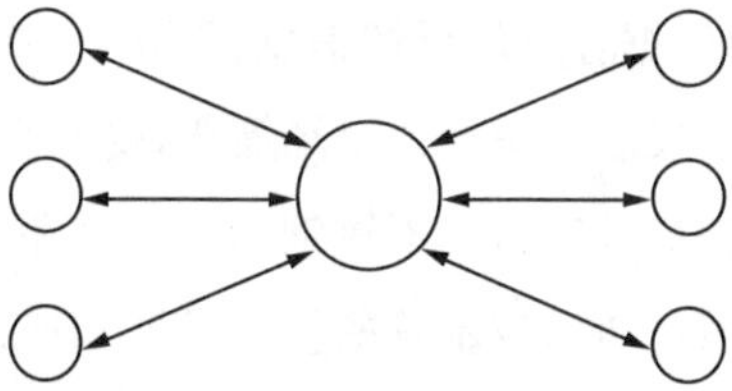

图 10.3　专业市场的现代物流模式

这一模式将专业市场众多的传统托运机构整合到现代物流配送中心之内，经营户只需将货物送至物流中心，在统一协调管理下，经过按路线分拣、流通加工后聚集到相应路线的托运点送出，从而实现物流资源的集约化利用，降低了物流成本，提高了整个物流过程的效率。此外，现代物流对于专业市场业态的进一步提升具有十分重要的推进和引导作用，这主要是：(1)促进市场规范健康发展。现代物流具有系统化、一体化、信息化、综合化的特点，从原材料到生产、到流通、到消费者整个过程，相应的产品供货商、物流商以及货流渠道都十分明确、清晰，对外相对封闭，因此假冒伪劣产品难以进入市场；而且现代物流的许多环节都是通过互联网完成的，利用假发票、少开发票、虚报销售额等手段偷税漏税的可能性也将大大降低。这些都非常有利于促进专业市场规范、健康、长远、可持续发展。(2)有利于专业市场整合资源、突出批发的优势。仓储超市、连锁超市、购物中心、专卖店、便利店等零售业态的发展，以及直销经营方式的兴起，使产品销售通路日渐缩短。专业市场在整个商业流程中处于上述零售业态的上游，拥有强大的批发功能，通过为这些零售市场提供物流配送服务，能够发挥现代物流一体化运作的优势，实现与以连锁经营为代表的各类零售业态相容共生、互促共荣。(3)有利于专业市场经营和品牌创新。传统专业市场是特定历史条件下的产物,然而当今世界瞬息万变,经济社会发展条件和环境都发生了巨大变化,专业市场唯有不断进行创新,才能适应经济社会发展对其所提出的新要求。进行经营和品牌创新是专业市场适应社会需求升级和激烈的竞争压力的有效途径,现代物流的发展为此拓展了新的空间。由于现代物流包含了运输、仓储、装卸、搬运、包装、流通加工、配送、信息处理等众多环节,从而为专业市场延伸经营链条、提供增值服务、创新功能体系创造了良好条件。例如流通加工是现代物流的重要内容,江苏省无锡市南方不锈钢市场在不锈钢商品批发过程中根据客户的反馈信息,创办了不锈钢剪切线和加工线,并进行技术改造,最大限度地满足了市场需要,受到客户的欢迎,目前,已发展成为华东地区最大、最具实力的不锈钢加工基地和物流基地。

现代交通运输、信息通讯技术等的快速发展和连锁零售业、大型第三方物流企业的涌现,使得产品销售通路越来越短,许多实力雄厚的企业将产品销售网络内化,构筑自己的销售体系,并纷纷尝试直销经营方式,从而越过了批发商或中间商环节,以批发业务为主、处于销售通路中端的传统专业市场因此面临严峻挑战。但从另一个角度看,由于专业市场在发展过程中逐步培育和构筑起了较为完善的物流网络,因此在发展现代物流上具有先天优势,这将成为专业市场实现创新提升的有效途径。传统专业市场缺乏电子商务等现代交易手段,而单纯的网络交易市场又缺乏现实平台,因此,电子商务和现代物流相结合是专业市场发展的明智选择。买卖双方借助专业市场这一平台达成交易后,其物流服务一般也由专业市场提供,在此过程中专业市场实际上发挥着第三方物流服务的功能。因此,第三方物流服务是今后专业市场发展的必然趋势。当然,除了为市场内的买卖双方提供物流配送服务外,专业市场还可将物流服务范围扩展至市场之外的工商企业、政府机构、社会组织及个人,从而构筑起真正的社会化的第三方物流配送体系。按照现代物流的管理理念和运作模式,专业市场将建立集企业集群采购、商品展示、电子商务、仓储配送于一体的现代商业新模式,实现实体市场和虚拟市场的有机结合。实体市场是产品摆设、客户谈判、看样、商品交易、仓储的场所,虚拟市场是商品信息搜索、信息发布、信息交流、在线签约、电子支付等程式的集合。

改革开放以来，许多中国专业市场都非常重视物流网络的建设，尤其是近年来，纷纷加大投入力度，按照信息化、自动化、网络化、国际化、社会化的要求，打造区域性、全国性甚至国际性的现代物流中心。例如，伴随全球最大的小商品批发市场而快速发展起来的义乌联托运市场，现有国内外货运经营单位600多家，联托运线点190多条，托运处230多家，外来货源卸货点140多家，铁路联托运点24家，铁路行包专列6趟，货运线路辐射我国除台湾省外的所有省(市、自治区)的250多个大中城市，年发送货物逾200万吨。为了满足小商品市场快速发展所带动的区域进出口贸易增长对国际物流设施的需要，总投资2.5亿元的义乌国际物流中心于2002年开始运营。中心占地450亩，拥有集装箱堆场17 700平方米，平面箱位876TEU，标准仓库54 000余平方米。按“陆路口岸”功能设计，分办公区、集装箱堆场区(包括海关查验、检验检疫区)、仓储区、商务服务区，是一个功能齐全、现代化管理、“一站式内陆直通关”模式的国际物流公共服务平台，具备“异地报关、口岸放行”一站式大通关条件。中心内设海关报关、检验检疫报验大厅，配套监管仓库、查验场地、检验检疫场、熏蒸消毒场，拥有计算机网络系统、GPS全球卫星跟踪定位系统、电视监控报警系统。物流中心采用当今具有国际先进技术水平的集装箱正面吊、堆高机、叉车等机械设备，配备先进的月台高度调节板、监控监视系统、计算机货物管理系统，目前已有中国海运集团、中国台湾长荣海运、美国总统轮船有限公司、法国达飞、日本邮船株式会社、以色列以星轮船有限公司等15家国际知名船务公司在中心开展国际海运业务。截至2007年12月底，国际物流中心集装箱作业量达到421 818只标准箱，同比增长20.61%，创下了历史最高纪录。[1]

又如，近几年来，广东省佛山市全力构建面向国内外市场的现代物流体系，建立了一大批重点物流基地，如禅城区的澜石不锈钢国际物流中心、南庄陶瓷物流中心，南海区的三山国际物流园、大沥广佛物流园、九江物流配送中心，顺德区的以面向国际产业为主的东南部物流片区、以面向传统优势产业为主的中部物流片区、以面向特色产业为主的西部物流片区和国兴农

[1] 参阅《国际物流中心完成作业箱量创新高》,《义乌商报》2008年1月7日。

产品物流基地，高明区的沧江工业园物流基地，三水区的大塘物流工业园、三水港物流中心和三水中心物流基地等等。[1] 2007 年 6 月 28—29 日在佛山宾馆举办的"第四届佛山(国际)物流合作洽谈会"共达成签约项目 98 项，签约总金额达 235.2 亿元，分别比上届增长 16.67%和 12.87%。其中超亿元项目 75 项，签约金额 223.27 亿元，分别占项目总数和签约总金额的 76.53% 和 94.93%；超 5 亿元项目 13 项，签约金额 77.2 亿元，分别占项目总数和签约总金额的 13.27%和 32.82%。[2]

2007 年 4 月，经过 2 年多时间筹备的江苏吴江盛泽物流中心奠基动工，它被视为江苏吴江中国东方丝绸市场成为"现代商贸第一城"的重要工程。经过 20 多年的发展，中国东方丝绸市场已走过了"地摊市场"、"沿街为市"、"退路入室"的初级阶段，面对日益增大的商贸吞吐量，中国东方丝绸市场逐步转型为集"商贸、物流、信息、电子商务、纺织科技"等功能为一体的综合性商贸区。昔日的中国东方丝绸市场不再仅是一个"买布"的集散地，随着国际纺织城、金百盛家纺广场、中国绸都、国贸中心等一批新型市场的悄然兴起，市场的产业链已从坯布延伸到服装，市场的专业化分工越来越精细。按照《中国东方丝绸市场详细规划》，中国东方丝绸市场建设发展的目标是"与现代中等城市协调发展的，在国内有显著地位的、国际化的，集商品交易与展示、信息汇聚与发布、仓储物流、纺织科技与文化于一体，各项现代服务业完备的、符合现代建设条件的丝绸纺织交易中心"。为此，自 2005 年起，中国东方丝绸市场开始了"改造提升传统交易区，建设现代交易区"的新一轮市场升级改造工程，计划用五年时间，通过实施 14 项市场改造项目，以全面提升市场的现代化和国际化水平。在建的盛泽物流中心占地面积近 22 万平方米，总建筑面积 12.5 万平方米，总投资 2.8 亿元，包括托运中心、综合楼、海关、商检监管点、流通加工仓库、租赁仓库、保税仓库等公共项目。物流中心成立后，将构建集货运、报关报检、商务信息服务于一体的现代化高科技物流体系。

位于杭州北大门的杭州农副产品物流中心从规划、设计之初，便已将现

[1] 参阅王晓琦：《广佛共筑华南物流枢纽》，《珠江商报》2007 年 7 月 3 日。
[2] 资料来源：佛山市信息产业局。

代物流的理念融入市场建设、发展之中，力图将其建成为集农副产品和粮食交易、仓储、加工、信息、检测、物流配送等功能于一体的交易中心。项目规划总用地面积402.9公顷、建设用地271公顷(4 069亩)，总投资约60亿，建成后年进出量可达480万吨，年交易额将突破200亿元。中心以农副产品现代化流通管理作为主要手段，进行粮、油、鱼、肉、果、蔬、副分区交易管理，形成批发中转、分拨配送、集中采购、跨区域贸易四大块主导业务。建立食品安全循环仓储，实现平时和发生突发事件时“鲜货与滚动储备合二为一”的经营模式，全面带动区域农副产品产业结构调整和产业升级，形成辐射杭州各区及周边城市的农副产品供应网络体系。

10.2.3 利用现代物流推进专业市场改造升级

鼓励部分专业市场尝试发展成为现代物流配送中心。前面已论述了利用现代物流改造提升专业市场传统物流后的新运行模式，揭示了其高效率、低成本的特点，下面做一更加详细的阐述。配送中心作为现代物流的一种主要形式，是物流过程系统化、规模化和功能优化的必然产物。具体而言，配送是指按照客户的订货要求，在物流据点进行分货、配货作业，并将配好的商品送交收货人。配送中心则是从供应商手中接受多种、大量货物，进行收货验货、储存保管、流通加工、信息处理等作业，并按照不同客户的需求配齐货物，以客户满意的服务迅速、及时、准确、安全、低成本地进行配送的物流设施。配送中心实际上起到了融批发零售、商流、物流、信息流于一体的新型商业核心作用。它缩短了物流时间，提高了物流速度，减少了多次搬运、装卸、储存环节，提高了准时服务水平，减少了物流损失，降低了物流费用，甚至不出仓库就已实现货物的转移(仅需货主更名和货物移位)。其优势还表现为：(1)量的集约，将过去许多个货站场集约在一处，分类堆放、专业化管理；(2)货物处理的集约，将原先多处进行分散的货物处理集约在一处进行；(3)技术的集约，主要表现为采用类似生产流程式的作业程序，以及大规模处理设备；(4)管理的集约，可以利用现代化手段进行有效的组织和管理；(5)庞大的网络，可以在全国甚至全球布点，实现24小时同步快捷地送达。可见，利用现代物流对传统专业市场进行改造升级，可以尝试将现有部分专业市场改造成适应信息时代要求的物流配送中心，以配送中心为基本枢纽，利用专业市场丰富的信息资源及营销人才，通过与供应链伙伴的合作建立面向市场、快速反应的新型专业化市场。

利用现代物流对传统专业市场进行改造升级，还包括大力发展国际物流、虚拟物流、大规模定制物流、协同物流、应急物流等：(1)国际物流。它是指世界各国或地区之间，由于进行国际贸易而发生的商品实体从一个国家或地区流转到另一个国家或地区的物流活动。随着国际贸易的发展，物流国际化越来越突出，物流无国界已被人们所公认。国际物流比国内物流更加复杂，这就要求物流企业具有相应的国际物流设施和管理经验，并需要国际间的良好协作。专业市场尤其是国际化的专业市场在发展国际物流方面具有先天优势，它连接国内外的商脉网络，成为国际物流的发展基石。(2)虚拟物流。是指利用计算机网络技术进行物流运作与管理，实现企业间物流资源共享和优化配置的物流方式。虚拟物流的概念可以应用于许多方面，如制造企业与物流企业之间的虚拟物流联盟，以及中小型物流企业构筑虚拟物流的合作模式，共同完成物流业务。虚拟物流企业是由功能合理分配、信息和运作一体化、利益共享，对于社会物流需求而言又是整合众多原先物流各环节承担者所组成的物流共同体。虚拟物流企业的实质是供应链信息集成平台，它是以获取物流领域的规模化效益为纽带，以先进的信息技术为基础，以共享供应链的信息为目的而构建的物流企业动态联盟。将电子商务和现代物流相结合作为专业市场未来的发展模式，就是要充分利用现代信息通讯技术和互联网络，对物流进行全过程、全方位的统筹谋划，尽可能减少物流环节和不必要的物流活动，将部分现实物流虚拟化、省略化。(3)大规模定制物流。指的是根据客户的不同物流需求进行市场细分，运用现代物流技术和信息技术以及先进的物流管理经验，通过物流功能的重新整合，实现以大规模物流的成本和效率，为每个客户提供定制物流服务。一方面，物流服务提供者总是希望以最小成本获得最大收益，希望充分利用规模经济效应，这就要求尽量简化物流操作，对所有客户提供相同水平的物流服务，即所谓的大规模物流；另一方面，物流服务必须紧紧依托并服务于物流需求，由于物流需求具有多样性和差异性，这就要求物流服务提供者以客户为中心，视每位客户为单独的细分市场，并设计专门的物流服务模式以满足客户的特定要求，即定制物流。专业市场发展大规模定制物流有利于扩大产品的市场占有率、提高客户忠诚度、增加利润等等，是应对以连锁经营为代表的现代零售业态挑战的重要途径。(4)协同物流。协同物流是指不同物流企业之间相互协作共同组建物流体系，并实现物流信息及资源共享，最大限度地降低物流成本，达到物流经营集约化、高效化，提高物流效益。[1]物流系统整体效率的提高，无法仅依靠单家企业的实力实现，需要上下游企业之间的协同合作。协同物流是在协同学指导下的供应链创新，是指高度集成化的信息物流模式，它本身不是一家物流企业，而是超越物流商和客户之外的代理机构，它的功能就是从系统的角度利用信息技术优势，尽最大可能降低物流成本，如协同配送、供应商管理库存、联合采购等都是实施协同物流的有效方式。专业市场集聚和连接着大量经营同类型产品的企业，对产业链上下游之间的物流存在着类似的需求，因此具备培育和发展协同物流的良好条件。(5)应急物流。应急物流是指为应对严重自然灾害、突发性公共卫生事件、公共安全事件及军事冲突等突发事件而对物资、人员、资金的需求进行紧急保障的一种特殊物流活动。它具有突发性、不确定性、非常规性以及弱经济性等特点。应急物流是一般物流活动的一个特例，它具有区别于一般物流活动的特点：第一，时间紧迫性和不可预知性。这是应急物流区别于一般物流的一个最明显的特征。第二，需求的随机性。应急物流是针对突发事件的物流需求，应急物流需求的随机性主要是由于突发事件的不确定性。第三，弱经济性。普通物流既强调物流的效率，又强调物流的效益，而应急物流在许多情况下是政府与企业共同参与的。因为是突发性灾害，企业需要全力配合政府主导的物流管理，而不能以企业经济利益为首要考虑因素，生产与物流能力应全力满足紧急状况的物质需求，以承担应尽的社会责任。

10.3 专业市场与会展经济

在中国，许多地方举办的展会是与当地的专业市场紧密联系在一起的。对于专业市场而言，正在快速兴起的会展经济为其发展带来了新的契机，对促进其创新、转型、提升具有极大的推动作用。

---

[1] 参阅李东光：《现代物流新理念》，《时代经贸》2007 年第 12 期。

10.3.1 会展经济的内涵与功能

会展经济，是指通过举办各种会议、展览以获得直接或间接的经济效益和社会效益的经济活动。[1]直接的经济效益主要指会议、展览中所成交的金额，如参展商的订单收益；间接的经济效益主要指会展所带来的其他领域的收入，如门票、广告、餐饮、交通、旅店、通讯等收入。社会效益主要指参加会展的买卖双方以及会展举办地所获得的社会影响力和示范效应等。由于大型会议、展览活动的举办往往涉及交通、旅游、餐饮、住宿、通讯、广告、装饰、边检、海关等诸多部门，能够带来源源不断的商流、物流、人流、资金流、信息流等，因此不仅直接或间接带动了一系列现有相关产业的发展，还十分有利于吸引外来投资、培育新兴产业，形成一个以会展活动为核心的经济群体。

会展经济属于高收入、高赢利的行业，其利润率一般在20%—25%以上。德国慕尼黑展览公司总裁门图特先生曾说过："如果在一个城市开一次国际会议，就好比有一架飞机在城市上空撒钱。"据专家测算，国际上会展业的产业带动系数大约为1∶9，即会展场馆的收入如果是1，则相关的社会收入为9。[2]会展业能够创造大量的社会就业机会，据测算，每增加1 000平方米的展览面积，就可创造近百个就业机会。例如，1999年在我国昆明市举办的世界园艺博览会推动了整个云南省旅游业的火爆发展，进而带动相关行业的40—50万人就业；另据统计，我国香港每年会展业大约可为本地提供9万个就业机会。会展能够降低交易费用，英联邦展览业联合会的调查结果显示，通过推销员推销、广告、公关等一般渠道找到一个客户，需要成本219英镑，而通过展览会，成本仅为35英镑。[3]会展能够极大地推动城市基础设施和其他相关硬件设施的建设与完善，例如1996年德国汉诺威举办世界博览会期间，德国政府拨款70亿马克进行基础设施建设，极大地改善了该市的基础设施环境；1999年昆明世界园艺博览会期间，218公顷的场馆群及相关投资总计超过216亿元，使昆明的城市建设至少加快了10年；我国的大连，原本是一个以重工业为主的城市，通过举办"大连国际服装节"、"大

---

[1] 参阅刘怡：《中国需要会展业　会展业需要中国》，《中国食品工业》2002年第7期。

[2][3] 参阅刘宗太：《我国会展经济发展存在的问题及对策》，《经济纵横》2001年第2期。

连国际啤酒节”等国际性会展,促使其新建了一大批具备国际标准的基础设施,并逐渐成为有影响力的国际会展城市。会展有利于传播信息、科技、知识、观念、文化,如在新技术的推广方面,由于会展具有便捷性、集中性、直观性和快速性的特点,因此,电话机、留声机、蒸汽火车、电视机等许多具有划时代意义的发明创造都是在展览会上首先进行展示和推广的。会展还能够大大促进国内外政府与企业、企业与企业、企业与消费者以及社会其他各主体之间的沟通与交流,不断提高会展举办国或城市的国际知名度和美誉度,如法国巴黎因每年举办300多个国际性会展而享有“国际会展之都”的美誉;我国海南省琼海市原本只是一个有着红色历史文化的小县城,自2001年起承办一年一届的博鳌亚洲论坛后,正逐步嬗变为一座“国际会议名城”。由于博鳌亚洲论坛的带动,近年来有超过400多个国内国际会议在琼海市召开,为琼海市、海南省乃至全国创造了一个巨大的开放舞台。

表10.1 会展业的功能性一览表

博览会实现企业参展目标程度	实现目标功能所占比例	与其他营销工具相比博览会的排名	博览会实现企业参展目标程度	实现目标功能所占比例	与其他营销工具相比博览会的排名
提高企业知名度	85%	1	提高产品知名度	58%	1
加强企业联系	70%	2	信息交流、收集	50%	1
寻求新客户	70%	2	了解顾客愿望	50%	2
企业自我展示	63%	2	影响顾客决策	33%	3
新产品展示	60%	2	签订销售协定	29%	2

资料来源:杜荣:《德国展览业成功因素分析及启示》,《德国研究》2002年第1期。

10.3.2 会展经济对专业市场的促进和提升

从世界范围来看,会展经济已有150多年的发展历史。目前,世界著名的“展览城”有瑞士日内瓦、法国巴黎、德国汉诺威和慕尼黑、英国伦敦、意大利米兰、美国芝加哥和纽约,以及新加坡和中国香港等。我国的会展业起步较晚,大致从改革开放后的20世纪90年代初开始,但发展势头强劲,从展览的种类、规模、水平和影响来看,我国目前已成为亚洲的会展大国,并正在逐步成为亚洲地区的区域性“会展中心”。据不完全统计,目前中国内地及香港、澳门地区的展览场馆共有160多家,居世界第三,排在美国和英国之后;可供展览面积280多万平方米;年举办各类展会3 000多个,仅次于美国;出国办展近800个,参展企业500多万家,参会专业观众近两千万人次。[1]中国社会科学院2007年4月25日发布的会展经济蓝皮书《2006—2007年:中国会展经济发展报告》显示,从1990年至2005年期间,中国会展经济规模以年平均20%的速度增长,2006年全国展览业直接收入达到140亿元左右,由此带动相关行业的收入达1 260亿元。[2]据专家预测,由于我国经济发展势头良好,加上2008年北京举办奥运会、2010年上海主办世博会等原因,未来几年我国会展业年均增幅将在30%左右。预计2010年上海召开世博会时仅旅游一项就可带来800亿元的收入。

近年来,我国上海、广东、北京、浙江、江苏、福建、山东、辽宁等省市会展业发展迅猛,尤其是一些大中城市,各种类型的国际国内技术交流会、商品交易会、信息发布会、专业研讨会等快速增加,多种集商品展示、交易和经济技术合作等功能于一体,并具备信息咨询、投资融资和商务服务等配套功能的综合性展览展销会和经济博览会也纷纷出现,初步构建起了以上海、北京、广州三大会展城市为中心的长三角地区、环渤海地区和珠三角地区会展产业带,并初步形成了以中国进出口商品交易会(又称"广交会")、中国国际高新技术成果交易会(简称"高交会")、中国华东进出口商品交易会(简称"华交会")等知名国际性展会为代表的初具规模的会展经济。

经过改革开放30年的发展,目前专业市场这种传统的有形市场正面临着电子商务、现代物流、连锁经营等现代营销方式的严峻挑战,原有的规模优势、低成本优势逐步弱化,竞争力有所下降。而正在快速兴起的会展经济则为专业市场的发展带来了新的契机,会展作为中国21世纪区域特色产业和贸易空间集聚的一种新形式,是把专业市场推进到以"功能创新、转型和重组"为主旋律的新阶段的一支重要力量。对于专业市场而言,会展经济的促进作用主要表现在如下几个方面:(1)有利于突破专业市场国际化的制度与非制度障碍。专业市场国际化的基础首先是市场与国际接轨。专业市场离国际规范的市场体系的要求尚有较大差距;通过举办国际性的展览会,消

---

[1] 参阅《会展经济——到底怎么做得更大》,中国会展经济研究会网站 http://www.cces.org.cn/viewnews.asp?id=1162。

[2] 过聚荣:《2006—2007年:中国会展经济发展报告》,社会科学文献出版社2007年版。

除建立规范化市场体系中的制度与非制度性障碍，可为专业市场的国际化提供条件。(2)有利于统一、规范的市场规则、惯例和经济秩序的形成。国际性会展活动必须得到参与各方的支持与协助，否则难以举行或规模难以扩大，也不利于会展活动的定期举行，实现不了预期目标。因此，通过会展活动能形成一系列惯例和规则，规范不同国家、地区客商的经济活动。如义乌通过举办一年一度的国际小商品博览会(以下简称义博会)，在促使市场规则与国际惯例接轨、规范市场经济秩序方面都取得了良好的效果。(3)有利于与市场紧密相连的产业结构的调整，对发展外向型产业起到引导和推动作用。国际会展通过吸引不同地区、国家的客商，进行相互交流与合作，传递供求信息，增加进出口贸易和资本跨国界流动的规模与速度，从而促进与专业市场相伴的产业结构的调整。(4)有利于加深与其他国家、地区之间的分工与合作，密切彼此的经济关系。展会的举办能够吸引国际范围内的生产商和采购商，从而有利于加快专业市场接轨国际和融入世界市场的步伐，增强与其他国家、地区、产业间相互合作的机会，深化国际分工与合作。

展览会作为一种集中展示推介、洽谈下单、签约销售的展销平台，与专业市场固定场地、固定商位、常年洽谈销售的模式相比，可以节省大量支出，尤其是经常性的照明、供水、供热支出和市场卫生、安全等维护支出，以及管理人员的薪资支出等等。与传统专业市场相比，展览会的交易费用更为低廉，并能在短时间内集聚大量的人气、商气、财气，尤其是能够吸引、聚集众多国内甚至国际品牌厂家，大批的知名品牌、资源汇聚在一起，有利于扩大与之紧密联系的当地专业市场以及整个城市在国内外的知名度和影响力。而一个城市要想成功举办展会，往往要具备一定的影响力和知名度，并与其他地区有着广泛的商业往来，这样才能吸引众多生产商、采购商等参与展会。专业市场形成和发展过程中所培育和构筑的商脉网络为展会的举办提供了重要的商业资源基础条件，大量往来于专业市场的客商是展会的重要参与者，并能带来大批其他参展商和采购商。展会一般都需要大面积的举办场地，独立的展览馆建设投入大，而展会又往往是短期的，在没有足够多的各类展会支撑的情况下，展览馆的利用率将比较低，甚至会出现长期闲置的状况。而如果依托专业市场现有的商业基础设施举办展会，就能大大降低成本，从而吸引更多的国内外供应商和采购商参展，并有利于交易的达成。由于市场细分、专业化趋势日益突出，展会也随之专业化，专业市场在专业化上所具有的优势符合展会的发展趋势和要求，因此“市而优则展”成为一种发展趋向。常态市场与动态展会相结合，一方面展会可以借力市场内商家的固定客户；另一方面，展会又为市场带来了众多新客户，从而实现资源整合，利益互动，优势互补。随着经营规模、形态、功能和国际化程度的提升，专业市场已不仅仅是单纯的传统商品集散和交易场所，市场信息的集聚和传递、展示、洽谈功能日益增强，并已向生产领域和终端销售领域扩张延伸，专业市场与会展业之间已初现融合端倪，开始上升为新兴的“展贸”业态。

10.3.3 专业市场与会展经济融合发展的具体实践

实地调研访谈表明，北京、上海、广州等城市举办的知名展览会一般由专业的会展公司运作，且具有较强的社会化、国际化特点，依托于某一专业市场或由某一专业市场主办的展览会比较少；而浙江、江苏、广东（主要是佛山、中山、东莞）、山东、福建等省份有许多知名展览会是与当地的某一专业市场紧密相连的，义博会就是其中的一个典型。作为一个内陆县级市，义乌不具备发展会展业的先天优势，但其后发优势却较为明显，这就是全球最大的小商品批发市场和遍布世界的商贸经销网络，以及由此所带来的巨大的商流、物流、资金流和信息流。而相关产业的快速发展也是义乌会展业迅速崛起所不可或缺的优势。义乌目前已形成了包括饰品、服装、针织、袜业、拉链、工艺品、玩具、化妆品、文化用品等在内的十六大优势行业，其中袜业、针织内衣、玩具、化妆品、工艺品等行业的产销量占全国的30%以上，拉链占全国的50%以上，饰品则达到了70%以上。至2007年底，义乌已建立拉链、制笔、化妆品、无缝内衣、袜业、工艺品、饰品、线带、商品包装印刷九大国家级产业基地，还成为世界第二大无缝内衣产业基地。专业市场以及相关的小商品制造产业成为义乌会展业发展取之不尽、用之不竭的资源。义乌的政府、市场和企业对于专业市场与会展经济发展关系的认识，也经历了一个不断深化的过程。1995年，为了进一步拓展国内市场，优化市场结构，义乌市政府在当时的市场内举办了“名优”产品展示会，即第一届“义博会”，此次展示的空前成功，使义乌首开了国内依托专业市场办展会的先河，并以此为开端，不断发展壮大。2002 年第八届“义博会”开始升格为由国家商务部参与主办的国际性展会，正式将“国际化”目标写进主题，成为“义博会”走向国际化、市场化的重要标志。义乌在发展会业的进程中，对自身的优势与劣势始终有着清醒的认识，既不好高骛远，也不哗众取宠，盲目追求“高、精、尖”，而是扎实地定位在“小、专、实”，即小商品、专业化、实用性上，走出了一条“小商品、大展会”，市场与展会互促共荣的新路子。目前，“义博会”是国内由商务部举办的列“广交会”、“华交会”之后的第三大展会，是唯一经国务院批准的日用消费品类国际性展览会。自 1995 年以来，已成功举办了 13 届。2007 年 10 月 22—26 日举办的第十三届“义博会”展览面积 10 万平方米(第一届为 5 000 平方米)，设国际标准展位 4 500 个(第一届为 348 个)，到会的专业客商达 11 万人，有来自 172 个国家和地区的 1.7 万名外商参会，其中来自欧美等发达国家的客商占 60%以上；参会采购的境外贸易团队达 85 个；展会总成交额 108.9 亿元(第一届为 1.01 亿元)，其中外贸成交额 9.8 亿美元，占总成交额的 67.5%。

表 10.2　历届义博会概况

届　次	主办方	承办方	规　模	总成交额(亿元)
中国小商品城名优新博览会	浙江省工商行政管理局、义乌市人民政府	中国小商品城股份有限公司、义乌市工商管理局	展区面积近 5 000 平方米，展位 348 个，其中参展境外企业 16 家，广东、上海、福建三省参展企业 123 家，义乌知名企业 40 家。展区日均客流量在 20 万人次以上。	1.01
第二届中国小商品博览会	义乌市人民政府	义乌市工商行政管理局、中国小商品城集团公司	参展商 448 家，展区规模 16 000 平方米，日均客流量 50 万人次。	2.83
第三届中国小商品博览会	浙江省人民政府	中国小商品城集团公司、义乌市工商行政管理局	展区面积 2 万平方米，设港台馆、百货馆、服装馆、副食馆、服装机械展示厅、家具展示厅、皮革服装馆。实际参展企业达 547 家，来自国内 23 个省及 8 个国家和地区，其中广东、福建、上海企业 132 家。客流总量达 80 万人次。	8.3

（续表）

届　次	主办方	承办方	规　模	总成交额（亿元）
第四届中国小商品博览会	浙江省人民政府、国家轻工业局、国家国内贸易局	义乌市人民政府	主展馆2万平方米，整个展区面积达到50万平方米。有来自国内20个省市和港澳台地区及日本、新加坡、韩国、德国、澳大利亚等国家的673家企业参加。	28.6
第五届中国小商品博览会	浙江省人民政府、国家轻工业局、国家国内贸易局	义乌市人民政府	主展馆面积3.3万平方米，参展企业1 300多家，展位1 100个，分设轻工馆、百货馆、服装、副食馆、海外馆，在中国小商品城一二期市场、针织市场、宾王市场、家电市场设立了4个主展区并在23条专业街设立了分展区。	35.2
第六届中国小商品博览会	浙江省人民政府、国家国内贸易局、国家轻工业局、中国国际贸易促进委员会	义乌市人民政府	主展馆面积3.3万平方米，展位1 300个，共设工艺、玩具、文体、电子电器、日用品、政府组团及外商7个馆和1个室外机械展馆，并在各专业街和专业市场设立了若干分会场和展销区。有美国等20多个国家的外宾、外商和企业界人士近500人参加，136个团组参展。	38.56
第七届中国小商品博览会	浙江省人民政府、中国国际贸易促进委员会、中国轻工业联合会、中国商业联合会	义乌市人民政府	展馆面积46 500平方米，设国际标准展位1 500个。来自全国内地30个省(市、区)和香港、台湾，以及美国、韩国、日本、澳大利亚等27个国家和地区的1 026家企业参展，其中境外企业150多家。	43.68
2002中国义乌国际小商品博览会	中华人民共和国外经贸部、浙江省人民政府、中国国际贸易促进委员会、中国轻工业联合、中国商业联合会	浙江省对外贸易经济合作厅、义乌市人民政府	展位2 291个。来自全国内地30个省(市、区)和香港、台湾，以及美国、韩国、日本、澳大利亚等27个国家和地区的1 026家企业参展，其中境外企业150多家。	51.02

（续表）

届　次	主办方	承办方	规　模	总成交额（亿元）
2003 中国义乌国际小商品博览会	中华人民共和国商务部、浙江省人民政府、中国国际贸易促进委员会、中国轻工业联合会、中国商业联合会	浙江省对外贸易经济合作厅、义乌市人民政府	展览净面积 6 万平方米，参展企业 1 510 家，专业客商 70 642 人，境外贸易商 10 212人，共有 61 个境外贸易采购团组前来采购，13 家跨国零售集团参会。	62.2
2004 中国义乌国际小商品博览会	中华人民共和国商务部、浙江省人民政府、中国国际贸易促进委员会、中国轻工业联合会、中国商业联合会	浙江省对外贸易经济合作厅、义乌市人民政府	展位 3 000 个。来自全国内地 26 个省（市、区）和香港、台湾，以及美国、韩国、日本、澳大利亚等 20 多个国家和地区的 1 790 多家企业参展，其中境外企业占 20%左右，知名企业和名牌产品的参展比例在 30%以上。	74.3
2005 中国义乌国际小商品博览会	中华人民共和国商务部、浙江省人民政府、中国国际贸易促进委员会、中国轻工业联合会、中国商业联合会	浙江省对外贸易经济合作厅、义乌市人民政府	展览面积 8 万平方米，设国际标准展位 3 000 个。主展馆 7 个：国际商贸城、篁园市场、宾王市场、针织市场、家电市场、进出口展示中心、眼镜市场、通信市场、化妆品市场，12 条专业街分别设展区。来自全国内地 26 个省（市、区）和香港、台湾，以及美国、韩国、日本、澳大利亚等 20 多个国家和地区的 1 790多家企业参展。	80.98
2006 中国义乌国际小商品博览会	中华人民共和国商务部、浙江省人民政府、中国国际贸易促进委员会、中国轻工业联合会、中国商业联合会	浙江省对外贸易经济合作厅、义乌市人民政府	展览面积 9 万平方米，设国际标准展位 4 000 个。来自全国内地 25 个省（市、区）和香港、台湾，以及美国、韩国、日本、澳大利亚等 20 多个国家和地区的 2 200 多家企业参展，85%以上为生产企业。展馆专业客商报到共103 205 人，其中境外客商 16 056 人，分别来自 161 个国家和地区（其中发达国家客商占 50%以上），接待境外贸易团队 79 个。	94.5

（续表）

届　次	主办方	承办方	规　模	总成交额（亿元）
2007 中国义乌国际小商品博览会	中华人民共和国商务部、浙江省人民政府、中国国际贸易促进委员会、中国轻工业联合会、中国商业联合会	浙江省对外贸易经济合作厅、义乌市人民政府	设国际标准展位 4 500 个，分别来自 15 个国家和地区以及境内 27 个省(市、自治区)的 2 560 家企业参展，参会专业观众 110 156 人，其中境外客商 17 011 人(60%以上来自发达国家，国别多达 172 个)。	108.9

资料来源：本书作者根据历届“义博会”的相关资料搜集整理而成。

将专业市场发展与会展业有机结合的成功代表还有中国(绍兴)国际纺织品博览会、中国(永康)五金博览会、海宁·中国皮革博览会、中国日用商品交易会、中国(虎门)国际服装交易会、中国(乐从)国际家具博览会、中国(晋江)国际鞋业博览会、中国(淄博)国际陶瓷博览会、中国电子展等等。如起步于 20 世纪 80 年代初期的北京市丰台区大红门地区是北京目前重要的服装贸易区，现有大型服装服饰、布艺面料大型专业市场 39 家，货物日均吞吐量 1 600 吨，高峰期日吞吐量超过 2 000 吨，年交易额占北京全市同类商品交易额的 54.5%，成为享誉全国的“时尚之门”。[1] 为了更好地促进这一地区的发展，将其建成集研发、设计、生产、贸易、物流、会展、服务和品牌企业总部于一体的“北京国际时装之都”核心区，2007 年 10 月 25—29 日，由北京市发展和改革委员会、北京市商务局、北京市工业促进局、北京服装纺织行业协会和丰台区人民政府共同主办，中国纺织工业协会、中国服装协会、中国服装设计师协会和中国流行色协会协办的“2007 北京大红门国际服装节”在丰台区举行。围绕“品牌、活力、时尚”这一主题，开展了中国时尚创意论坛、大红门发展规划展览、金剪刀服装工艺大赛等八项主题活动和专场服装表演、大红门文化广场、大红门品牌工程三项分场活动，从 15 000 余个商品品牌中经过层层筛选，确定了“十大活力品牌”。通过举办这一展会，在提升“大红门”的品牌知名度和影响力的同时，使当地众多服装服饰专业市场增强了创新意识、品牌意识，加快了市场的升级步伐。

[1] 参阅《大红门发展规划展》，新华网，http://www.bj.xinhuanet.com/bjpd-zhuanti/2007fzj.htm。

又如，2007 年 10 月 21—24 日举办的第 8 届中国(绍兴)国际纺织品博览会展区面积 3.2 万平方米，466 家国内外知名企业参展，其中位列世界 500 强企业的日本伊藤忠集团、中国台湾台塑集团旗下公司，及美国、英国、德国、意大利等 5 家纺织专业设计公司首次参展，实现了世界 500 强企业与国外专业设计公司参展“零”的突破。到会的组团专业采购商 18 713 人，分别来自欧美、亚太、中东等 23 个国家和地区，专业买家达 13.16 万人次，分别较上年增长了 167%和 73%。展会实现成交总额 38.58 亿元，较上届增长 38%；达成贸易意向额 14.23 亿元，比上届增长 50%。展会期间，国家商务部、浙江省经济贸易委员会、绍兴县人民政府还联合发布了国内首个纺织品指数——“中国·柯桥纺织指数”，从而为绍兴纺织产业乃至全国的纺织产业了解最新信息，掌控发展先机，创造了良好的条件。2007 年 9 月 26—28 日，在永康市举办的第 12 届中国五金博览会设展位约 2 700 个，吸引了国内外 1 500 余家企业、万余种商品参展，包括来自美国、德国、加拿大、意大利、阿根廷、韩国等 30 多个国家和地区的客商到会参展洽谈下单。参展参会洽谈贸易的外贸人员达 4.18 万人次，同比增长 15.2%；外商 0.89 万人次，同比增长 14.1%。产品成交总额 68.7 亿元，同比增长 13.6%；出口额 4.95 亿美元，比上届增长 18.1%。网上五金博览会访问量 48.2 万人次，同比增长 8.3%；网上技术市场五金专业市场日均访问量 4 000 人次，提供查询服务 130 人次，上网企业 74 家，发布技术成果项目 86 项，发布技术难题 16 项，初步达成项目合作意向 12 项，涉及项目(技术)成交额 3 000 余万元。参加人才交流会 1.2 万人次，比上届增长 3.0%。

表 10.3　国内与专业市场发展有机结合的部分展会一览表

展会名称	举办地区	关联专业市场
中国义乌国际小商品博览会	义乌市	义乌中国小商品城
中国(绍兴)国际纺织品博览会	绍兴县柯桥	绍兴中国轻纺城
中国五金博览会	永康市	永康中国科技五金城
海宁·中国皮革博览会	海宁市	海宁中国皮革城
中国日用商品交易会	台州市路桥区	路桥中国日用品商城
中国·濮院国际毛针织服装博览会	桐乡市濮院镇	濮院羊毛衫市场

（续表）

展 会 名 称	举办地区	关联专业市场
大红门国际服装节	北京市丰台区	大红门服装商贸城、新世纪服装市场、京温市场、方仕轻纺城等
中国(乐从)国际家具博览会	佛山市顺德区乐从镇	乐从家具城
中国(佛山)国际金属工业博览会	佛山市石湾区澜石镇	佛山澜石(国际)金属交易中心
中国(佛山)国际陶瓷博览交易会	佛山市	中国陶瓷城
中国电子展	深圳市	深圳华强北电子市场
跨国电子产品(深圳)博览会	深圳市	深圳华南城电子交易中心
中国(长安)机械五金模具交易会	东莞市长安镇	长荣国际机械五金广场
中国(虎门)国际服装交易会	东莞市虎门镇	虎门黄河时装城
中国·古镇国际灯饰博览会	中山市古镇镇	古镇灯饰广场
中国(晋江)国际鞋业博览会	晋江市	中国(晋江)鞋业城
中国(淄博)国际陶瓷博览会	淄博市	中国陶瓷科技城
中国(国际)袜业博览会	诸暨市大唐镇	浙江大唐袜业城
中国领带越剧节丝品博览会	嵊州市	嵊州中国领带城

资料来源:本书作者根据实地调研访谈和相关资料搜集整理而成。

中国专业市场的迅猛发展不仅推动了会展业的繁荣兴旺,也引发了会展对专业市场发展的关注,出现了专门为专业市场服务的博览会。由广东省市场协会主办、定于2008年5月29—31日在广州锦汉展览中心召开的“2008大型品牌专业市场(广州)博览会”(简称市博会)是国内目前为止唯一服务于专业市场的博览会,填补了国内专业市场展览展示空白,建立了一个属于专业市场领域的专业推广展示平台。该博览会围绕“提升商铺绝对价值,展示市场升值潜力”这一核心,将展区划为品牌馆区与专业馆区,各个行业馆区单独展示,采用图片、音频、视频、活动等相结合的方式,着力展示各参展专业市场的整体规划、总体形象、辐射能力、场内品牌等信息。力图通过博览会的举办促进各参展市场管理理念、发展方向、品牌战略、国际视野等的提升,提倡市场交易方式、集聚模式、体制机制、经营管理等的创新,推进市场向园区化、股份化、信息化、品牌化发展。市博会的举办也为众多的商铺投资者提供了一站式的选购平台,为更多的商铺经营者带来了专业的合作伙伴,为更多的市场单位提升品牌美誉度、提高经营管理理念创造了良好条件，成为各类专业市场进行上下游产业链一站式整合的重要商务平台。

10.4 专业市场与品牌战略

专业市场的兴起是在企业规模太小，无法建立自己专有的销售渠道，因而只能通过这一公共平台来降低单位产品销售成本的情况下产生的一种经济现象。大企业建立并不断拓展自身独有的销售网络和专业化的物流配送部门，将不断"蚕食"专业市场的传统功能。这样，在理论上，专业市场成长与品牌生产、品牌贸易之间就形成了一个"悖论"。那么，中国的专业市场是怎样应对品牌生产、品牌商贸的新形势，实现自身的转型与提升呢？

10.4.1 品牌对促进专业市场发展的意义

"品牌"的传统功能是指用来证明所有权或作为质量的标志，即用以区别和证明品质的。由于商业竞争格局以及零售业态处于不断变化过程之中，"品牌"所承载的含义也越来越丰富了。无论怎样理解品牌的内涵和外延，有一点已成为人们的共识：品牌所表示的不仅仅是品名或知名度，它还是企业与消费者建立良好关系的工具，也是企业与竞争者争夺消费者的手段。品牌具有专有性和排他性，其拥有者经过法律程序的认定，有权要求其他企业或个人不得仿冒、伪造。由于品牌拥有者可以凭借品牌优势不断获取利益，可以利用品牌的市场开拓力形成扩张力，因此品牌还具有价值性。这种价值并不能像物质资产那样用实物的形式表述，但它能使企业的无形资产迅速增大，并且可以作为商品在市场上进行交易。因此，品牌已成为当今许多企业最重要的无形资产。

对于专业市场尤其是传统专业市场的发展而言，充分认识到品牌的作用、努力提高市场内品牌产品和企业的比重、加大专业市场本身的品牌培育和宣传力度，具有十分重要的意义。专业市场的知名度越高，对品牌企业和商品的吸引力就越强；专业市场内的品牌企业和商品越多，市场本身的知名度就越高，这是一个良性循环过程。市场品牌包含了两方面的内容：一是市场自身经营品牌，包括硬件设施、经营环境、管理和服务的理念与能力，在同类型商品市场竞争中保持与创造优势的能力，经营者与消费者认可的深度与广度等等；二是市场商品经营品牌，指市场中有大量质量过硬、市场占有率高、服务意识强、品牌美誉度高的商品，并与知名品牌企业相联系。市场经济本质上是一种竞争经济，当今市场竞争已进入品牌竞争时代，要想继续做强做大专业市场，单纯靠数量发展的模式已不适应形势，而应追求发展的质量，通过实施品牌战略抢占竞争的制高点，实现市场的升级。

专业市场进行的是大规模集群式交易，产品种类繁多、规格层次各异，而交易主体又数以百计、千计甚至万计，商业信用状况存在较大差异。同时，专业市场内单次交易金额一般也比较大，且有些是跨区域或国界的远距离交易，商业风险不言而喻。由于交易双方信息不对称和专业技能、经商经验等的限制，买家往往难以判断产品的真实品质和真正价格，卖家则往往借此采取弹性价格，对不同的买家提供差异化的价格信息，以图牟取超额利润。有鉴于此，买方一般都需要花费额外的时间和精力学习辨别产品的真伪、好坏，提高估测真实价格的能力，并在交易过程中多次、反复比较不同厂家、不同产品的质量好坏、价格差异，因而导致交易费用的大幅上升。即便如此，买家仍会常常遭遇产品、价格欺诈，导致大笔财物损失。面对流动性极强、数量众多的买家，卖家也往往无法或无精力了解对方的真实信息，而专业市场激烈的竞争压力则使得一些卖家有时会铤而走险，以赊账方式赢取客户，因此难免不时出现货、款两空的情况。

与此相反，如果进入专业市场内交易的大都是品牌企业、品牌产品和品牌采购商，则情况会有极大差异。品牌的培育一般都需要花费大量的时间、人力、物力、财力，有些甚至是数代人、数十代人的心血。一些知名老店的历史短则几十年，长则成百上千年，其品牌培育的付出难以计数。因此，品牌对于这些企业而言是一笔巨额的无形资产，往往能够为其带来持续的高额收益，甚至直接关系到企业的生死存亡。这就意味着，品牌企业违反商业规则、销售伪劣商品、进行价格欺诈的机会成本很高，会得不偿失，并极有可能导致企业破产、消亡。所以，品牌企业的产品品质较之其他同类产品更加稳定、有保障，且价格也更为透明，事实上，不少知名品牌产品实行的是全国统一价。在这里，品牌起到了价值标示和保障的作用，使买方能更放心地采购商品。倘若产品采购方是知名企业、品牌商家，则其违约的机会成本同样会很高，因而违约的概率极低。对于这类买家，卖方一般都比较信任，会采取更加灵活的销售方式，如实行货款远期支付等。可见，基于品牌认知达成的交易，能够大幅降低专业市场内交易双方的甄别成本，减少为保证交易成功而采取各种措施所产生的额外费用开支，并促成交易尽快完成，提高交易效率。

虽然我国一些中华老字号品牌有成百上千年的历史，但品牌事业真正起步则始于20世纪70年代末期，即改革开放之初。1978年的改革开放成为我国经济发展的拐点，许多企业由此开始积极参与市场竞争。而随着市场竞争的日渐激烈，企业的品牌意识逐渐觉醒，并大致经历了以下三个大的阶段：(1)商标意识阶段(1978—1991年)。改革开放前，中国大部分企业基本无品牌意识。1979年，中国开始恢复商标统一注册工作，1983年《中华人民共和国商标法》正式实施，促使中国企业开始了以注册商标为标志的品牌建设行为。但这一阶段中国企业对于品牌的认识还普遍停留在商标层面，认为品牌只是一种“识别商品的标记”，致使企业在与外商合资的过程中廉价出售大批民族品牌商标权，使许多民族品牌被封杀雪藏。(2)名牌意识阶段(1992—1995年)。1992年后，随着中国经济市场化全面启动，进入中国的跨国品牌开始空前繁盛，它们利用贴牌生产(OEM)方式向中国进行品牌输出，并以此获取高额利润。这种反差促使中国企业认识到品牌的真正价值。与此同时，跨国品牌凭借在媒体上投放大量广告，树立起良好的品牌形象，进而取胜市场；而大批民族品牌则在竞争中纷纷败阵。惨痛的教训让中国企业深切体会到：品牌绝非只是商标，品牌知名度决定了市场占有率，只有创“名牌”才是出路。除了企业自发实施名牌战略外，中国政府也给予了极大的支持。自20世纪90年代初，由政府或中介组织主导的名牌工程，推动了这一时期创名牌的高潮。(3)品牌经营意识阶段(1995年至今)。20世纪90年代中期以后，中国企业市场化进程加速，消费市场结构不断升级，这些都促使了各行业在品牌数量、品牌集中度、中外品牌份额等方面的格局转变，同时也表明中国开始全面进入品牌竞争时代。加入WTO之后，随着更多国外品牌的进入和扩张，中外品牌开始了新一轮的激烈竞争。

表 10.4 中国国内主要的品牌评选活动

名　　称	评 选 机 构
中国驰名商标	国家工商行政管理总局
中国名牌产品、中国世界名牌产品	中国名牌战略推进委员会
重点培育和发展的出口名牌	国家商务部
我最喜爱的中国品牌	中央电视台、国家统计局
中国 500 最具价值品牌	世界品牌实验室
中国最有价值品牌	北京名牌资产评估有限公司
中国最有价值的品牌	《财富》杂志(中文版)
中国十大影响力品牌	中国企业文化促进会等
中国企业 500 强	中国企业联合会、中国企业家协会
中国最大的 500 家外商投资企业	国家商务部
中国最大的 100 家上市公司	标准普尔

表 10.5 国际上主要的品牌评选活动

名　　称	评 选 机 构
世界最具影响力的 100 个品牌	世界品牌实验室
世界品牌 500 强	世界品牌实验室
全球 100 个最有价值品牌	Interbrand、商业周刊
亚洲最佳品牌 1 000 强	Synovate
世界著名品牌 500 强	世界品牌组织等
全球增值最快品牌	《福布斯》杂志
世界 500 强企业	《财富》杂志
全球 500 强企业	《福布斯》杂志
全球上市企业 2 000 强	《福布斯》杂志

资料来源:《商务部"品牌万里行"活动》,中华人民共和国商务部网站 http://brandpromotion.mofcom.gov.cn。

10.4.2 专业市场实施品牌战略的具体实践

改革开放近 30 年来,随着计划经济体制向社会主义市场经济体制、卖方市场向买方市场的逐步转变以及消费者需求的快速升级,中国各地方专业市场也越来越意识到品牌的重要性,纷纷加大相关投入,出台各项激励措施,主动培育和提升交易市场内企业与产品的品牌知名度,千方百计引进国内外知名品牌企业和产品。尤其是近年来,许多国内外名牌企业和产品已进入专业市场开展经营活动。例如，广东省佛山市顺德区乐从国际家具博览中心非常重视进入市场的产品品牌层次，目前，市场内已云集了 1 000 多家世界著名家具品牌，包括意大利古典皇室家具斯历（SILIK）、华莎驰（VERSACE）、法国蒙娜丽莎（MONALISA）法式贵族家具、都市新贵欧罗（ORO）、欧美东方艺术家具亨利·戴（HENRY·DAI）、欧洲新古典主义乔顿（JADON）、米兰大师（MELANDAS）、金豪斯（LINGHOUSE）、现代主义传承代表包豪斯（THE BHS）、易简极家（BOFFI）、德国 IHR、美国爵士亨利（DREXEL HERITAGE）等等。在为国际知名家具品牌提供一流推广平台的同时，家博中心还不断进取，积极进行自有的品牌培育和创新，投入重金打造"顺德罗浮宫"品牌。中心旗下的顺德罗浮宫欧美家居广场占地 8 000 多平方米，在比五星级酒店更为富丽堂皇的市场内，提供"6S 皇家服务"：由经过专业化训练的导购员以微笑（smiling）和诚恳（sincere）的服务态度，以专业（specialty）和快速（speed）的服务标准，通过客商的信息反馈（survey）达到满意（satisfaction）的服务效果。目前，"顺德罗浮宫"已成为欧洲顶级家具在亚洲的首席代理商，在"2006 年新浪华夏地产盛典"上荣膺"2006 年最被认可欧美家居品牌"。

再以中国最大的皮革专业市场——浙江省海宁中国皮革城为例，市场内品牌商品的比重达到 80%以上。目前，已入驻的国内外知名皮革服装品牌有雪豹、蒙努、庄子、应大、兽王、瑞彪、和泰等；裘皮服装知名品牌有第一夫人、金罗兰、雪奥当奴、皇家贵族、法诗涵特、巴图里、沃姆斯、真仕漫、玛龙宝等；皮具箱包知名品牌有巴黎世家、COBO、万里马、袋鼠、朗力、逸格、金利来、GOLF 等。

海宁中国皮革城原名"浙江皮革服装城"，于 1994 年 9 月建成开业，2005 年 10 月 18 日实施整体搬迁。在海宁中国皮革城开业后不久的 1998 年，国内皮革消费进入持续低靡状态，市场成交额出现萎缩。这一方面是由于 1998 年以前国内皮衣产品粗制滥造和假冒伪劣现象严重，极大地打击了消费者的消费信心；另一方面是由于皮衣的设计水平、生产工艺与人民群众快速提升的消费需求相比严重滞后，难以刺激消费，而一些有实力的企业即使采用了新工艺、设计了新款式，也不敢大规模生产、上市，产品难以被消费者所知。此外，1998 年之前供不应求的市场形势使许多企业忙于提高产量，将经营的重心放在如何提高生产能力上，从而忽略了培育和提升企业品牌、产品品牌的重要性，导致大量高层次消费者的流失，然而这一消费群才是皮衣产品的主要买家。

面对上述形势，中国皮革城市场的投资方、管理层都清醒地意识到，只有树立品牌意识，实施品牌发展战略，才能重塑皮革产业形象，提高广大消费者的信心，使专业市场走出困境，实现新的发展。为此，自2000年起，海宁中国皮革城大力实施品牌化发展战略，并将其作为市场培育和管理的重点。首先是进行市场改造，提升硬件设施。通过设立品牌区、精品区，引导企业走品牌化之路。2001年，市场投入200多万元将中国皮革城二期二楼的门面全部收回改造，数量从109间减至27间，但每间面积从10平方米扩大到40—100平方米不等，在硬件设施、内外装修上提升档次，同时对经营企业的产品质量、制作工艺、品牌知名度等设立一定的准入门槛，将品牌企业汇集在一起，形成品牌皮装交易区。其后的实际运行情况表明，品牌皮装的销售额和利润明显高于无品牌皮装，从而引导更多企业加入到品牌经营中来。2002年和2003年，市场又相继投入500多万元改造、设立了品牌箱包交易区和精品裘皮交易区，进一步增加了品牌皮装营业用房。与此同时，为了给品牌经营创造更加良好的市场整体环境，还先后投入700多万元对皮革城广场、外立面、人行道，皮革城内部各区的通道、吊顶、门面外侧乃至厕所、灯光等硬件设施进行了一系列改造，并在皮革城内设立休闲茶吧、点缀绿色植物、播放轻音乐等等，使购物环境能够与上海、杭州等地的一些大商场相媲美。[1]目前，市场经营面积达45万平方米，相关经营企业2 000多家，市场成交额稳居全国同类专业市场首位(2006年达71.8亿元)。

品牌交易区的壮大和交易市场整体形象、品位的大幅度提升，为市场内皮革企业实施品牌化经营提供了良好的平台和载体。在此基础上，市场管理者重视品牌培育管理，大力推进经营品牌化。一是建立"品牌实物公示区"，在皮革城主通道两侧开辟展示橱窗，筛选部分品牌企业的产品样件，以实物形式进行展示，并注明经销商(生产商)、工商核准和备案等情况。这一

[1] 参阅《实施品牌战略　谱写市场发展新篇章》，《中国服饰报》2004年4月13日第16版。

做法倡导了品牌经营、维护了品牌经营户权益，提升了企业和产品的信誉度与可信度，使经营户卖得安心、消费者买得放心。二是因“企”制宜。对于一些有一定基础的皮衣品牌，就将市场内地段最好的经营位置安排给他们，如雪豹、蒙努、三星等，为他们创造最好的经营环境；自身实力难以独立创品牌的就鼓励其借梯登高，买断品牌商标的皮衣经营权，如老爷车、花花公子、啄木鸟等；箱包经营则以倡导区域总经销、总代理为主，通过多次组团访问箱包主要产地广东，为经营户与当地品牌企业牵线搭桥，使箱包经营的品牌比率达到了90%以上等。三是以每年一度的中国皮革博览会为载体，举办皮衣设计大奖赛、皮衣时尚发布和特许经营知识讲座、品牌论坛等活动，引导企业改进生产工艺、提高设计水平、把握消费趋势，提升品牌皮装的含金量。与此同时，通过加强广告宣传，推动休闲购物，抓住品牌消费群体，借助其示范和带动效应，以实现品牌战略的目标。为此，市场将吸引和培育品牌皮革消费群体作为实施品牌战略的一项重要内容，充分利用海宁皮革产业优势，通过专业杂志、时尚电视栏目、广播等媒体开展宣传报道，努力营造“海宁皮革”的品牌理念和“皮革时尚，潮起海宁”的大众理念，吸引消费者前来参观、购物。针对上海、杭州、宁波等周边城市的中高收入群体，则加大强势媒体广告的投入力度，如针对“有车族”和“乘车族”推出路牌广告、交通之声广告，收到了良好的效果。还以“长三角特色购物中心”为宣传标语，加强与旅游公司的合作力度，开展旅游促销，与50多个旅行社建立了合作关系。2003年，海宁中国皮革城的零售额首次超过了批发额，显现出市场品牌宣传和品牌消费推广的良好效果。

面对品牌化发展趋势，国家和许多地方政府及其有关部门也日益深刻地认识到了专业市场发展过程中通过实施品牌战略以实现创新提升的重要性，纷纷出台相关的激励政策和措施。如国家工商行政管理总局于2001年10月发布了《关于进一步加强市场监督管理　加大打击假冒伪劣违法行为的若干措施》，2006年1月印发了《关于深入开展“守合同重信用”活动的若干意见》，2007年9月下发了《关于开展打击“傍名牌”不正当竞争行为专项执法行动的通知》，同月出台了《关于建立商品交易市场信用分类监管制度的指导意见》；国家质检总局于2002年4月发布了《集贸市场计量监督管理办法》；2006年11月，中国商业联合会发布了协会标准——《品牌市场等级评定》，该标准规定了品牌市场等级评定的内容、适用范围、术语和定义(包括市场、市场规模、市场辐射面、市场环境、市场安全、市场管理、品牌市场、守信、失信、品牌)、品牌市场的评定(包括评定范围、品牌市场基本资质、品牌市场信用状况、品牌市场依据及等级划分、品牌市场安全规定)、评定实施办法(包括基本原则、评定专家组、等级、管理、回避、资格证明、申请)、服务及引导、监督管理、重新申请评定等。又如，在专业市场高度发达的浙江省，浙江省工商行政管理局于2005年8月30日发布了《浙江省星级文明规范市场认定办法》和《浙江省星级文明规范市场标准》(试行)；2007年6月13日，浙江省工商行政管理局在对《浙江省星级文明规范市场标准(试行)》进行了修订、完善的基础上，正式发布《浙江省星级文明规范市场标准》，以推进全省星级文明规范市场创建活动。浙江省政府还转发了省工商局《关于加快推进商品交易市场提升发展的若干意见》，提出了品牌扶持十条意见和八大举措，指出：要进一步重视和加强商品交易市场的品牌建设，大力引进国内、国际品牌企业到市场开设专营专卖店，发展总经销、总代理、企业直销等现代流通业态，逐步扩大品牌商品入市经营比重，形成品牌商品集中销售区域、品牌产品销售专业市场，提高市场的发展层次。要逐步建立专业市场商标数据库，完善商标比对和品牌商品进场查验、监控制度，提高市场的品牌信誉度。引导市场主办者提高商标战略意识，以市场名称进行服务商标注册，组织经营户使用市场商标，实现知识产权保护，打造市场品牌。重点扶持义乌中国小商品城、绍兴中国轻纺城和海宁皮革城等一批规模大、影响力强、辐射面广的全国性专业批发市场的品牌培育和建设，形成一批国内、国际知名的品牌市场。要以商标品牌为载体，推进商业中心街区的区域性专业市场建设，培育一批品牌商业街或品牌产品特色街。培育发展品牌会展业、博览会、交易会、网上产品销售等新型流通业态，形成多类型的品牌市场体系，不断提升全省市场品牌建设的整体水平，发挥品牌市场的整体效应，促进全省市场从先发优势向品牌优势转变。2006年，浙江全省市场经营户注册商标达到18 851个，市场注册服务商标达239个。截至目前，浙江全省已有星级市场774个，其中五星级市场2个，四星级市场30个，三星级市场135个，二星级市场311个，一星级市场296个。

附：

2006年中国行业电子商务网站100强榜单

行　业	网站名称	网　址
综　合	阿里巴巴	www. alibaba. com
	慧聪网	www. hc360. com
	中国制造网	www. made-in-china. com
	千禧网100	www. qx100. com. cn
	金银岛网交所	www. 315. com. cn
	金泉网	www. jqw. com
	中国电信黄页	www. yellowpage. com. cn
	商品资源网	www. china. goodsres. com
	中国网库	www. 99114. com
	万国商业网	www. busytrade. com
	伊西威威电子商务网	www. ecvv. com
	中华采购网	www. yp160. com
	寻它批发网	www. a09z. com
	雅蜂网	www. yaphon. com
	一大把	www. yidaba. com
	亿禧网	www. 72ec. com
	发发网	www. fafanet. com
	中国进货网	www. jinhuo. cn
	OEM时代	www. oemtimes. com
	浙江民营企业网	www. zj123. com
	国际价格信息网	www. jagol. com
	中国万购网	www. cnwgo. com
	中国产品身份网	www. oid. cc
化　工	中国化工网	china. chemnet. com
	隆众石化商务网	www. oilchem. net
冶金(煤炭、钢铁、五矿、石油等)	我的钢铁	www. mysteel. com
	全球金属网	www. ometal. com
服装服饰	环球鞋网	www. shoes. net. cn
	中国服装网	www. efu. com. cn
	中国饰品网	www. jewelchina. com
	中国·国际鞋贸网	www. jujoe. com
	中华内衣网	www. ne365. com

（续表）

行　业	网站名称	网　址
纺　织	中华纺织网	www. texindex. com. cn
	全球纺织网	www. globaltexnet. com
化　纤	中国化纤信息网	www. ccf. com. cn
五　金	全球五金网	www. wjw. cn
	华人螺丝网	www. luosi. com
	东方五金网	cn. easthardware. com
电工/电器/电气	电源网	www. dianyuan. com
	中国开关网	www. chinaswitch. com
	中国电气网	www. electric. cn
电　子	华强电子世界网	www. hqew. com
	中发网	www. zfa. cn
	中电网	www. chinaecnet. com
家装建材	中国建材网	www. bmlink. com
	中国建材第一网	www. jc001. cn
	中国建材交易总网	www. 8c8c. com. cn
机　械	中国机械网	www. jx. cn
	国际机械信息网	www. machineryinfo. net
	中国塑料模具网	www. cn. plasticmould. net
家　电	中国家电网	www. cheaa. com
通　讯	友人网	www. younet. com
	北斗手机网	www. 139shop. com
农　业	农博网	www. aweb. com. cn
	中华粮网	www. cngrain. com
	中华名优土特产网	www. myttc. cn
	中国园林网	www. yuanlin. com
	中国蔬菜市场网	www. china-vm. com
塑　料	中塑在线	www. 21cp. net
	浙江塑料城网上交易市场	www. ex-cp. com
医药/医疗/健康	中国药网	www. chinapharm. com. cn
	环球医药信息网	www. qgyyzs. net
	海虹医药电子商务网	www. emedchina. net
	医药网	www. pharmnet. com. cn

（续表）

行　业	网站名称	网　址
包装印刷	中国包装网	www. pack. net. cn
	中华印刷包装网	www. cpp114. com
	纸业联讯	www. umpaper. com
食品/餐饮	中国食品商务网	www. 21food. cn
	中国食品产业网	www. foodqs. com
	糖酒快讯	www. tjkx. com
	全球食品配料网	www. fi365. cn
工控/自动化	中国工控网	www. gongkong. com
	中华工控网	www. gkong. com
文　具	世纪文具网	www. 21wenju. com
	中国文具网	www. wenjuwang. com
仪器仪表	仪器信息网	www. instrument. com. cn
	我要仪器网	www. 5117. com
旅游消费	携程旅行网	www. ctrip. com
	e 龙旅行网	www. elong. com
	中国·大众消费网	www. dzxiaofei. com
机　电	机电在线	www. jdol. com. cn
	中国机电企业网	www. eecce. com
汽　摩	中国汽车网	www. chinacars. com
眼　镜	温州眼镜网	www. wenzhouglasses. com
物　流	锦程物流网	www. jctrans. com
玩　具	中国玩具网	www. sinotoys. net
再生资源	中废网	www. recycle366. com
数字产品	天下·网吧加油站	www. gotogame. com. cn
收　藏	中国收藏网	www. socang. com
日　化	中国化妆品网	www. c2cc. cn
人才/教育	外贸英才网	www. tradehr. com
皮　革	中国皮具网	www. piju. com. cn
空调/制冷	空调制冷大市场	www. 178b2b. com
家居/团购	72 家数码化家居团购网	www. 72home. com
锅　炉	锅炉信息网	www. boilerinfo. net

（续表）

行　业	网站名称	网　址
电　力	电力产品网	www. powerproduct. com
电　池	中国电池网	www. battery. com. cn
安　防	中国安防产品网	www. secu. com. cn
IT	IT 世界网	www. it. com. cn
其他（论坛/社区）	福步外贸论坛	www. fobshanghai. com

注：由《电子商务世界》杂志于 2007 年 3 月 22 日主办的“第二届中小企业电子商务应用发展大会”评出。

资料来源：《第二届中小企业电子商务应用发展大会》，电子商务世界网站，http://www.ebworld. com. cn/top100/b2b/jiang_1. html。

2006 年度中国十大最具影响力的政府主导型展会

展会全称	展会简称（别称）	举办地
中国进出口商品交易会	广交会	广州市
中国国际高新技术成果交易会	高交会	深圳市
中国—东盟博览会	南博会	南宁市
中国国际投资贸易洽谈会	厦洽会	厦门市
中国吉林·东北亚投资贸易博览会	东北亚博览会	长春市
中国国际工业博览会	工博会	上海市
中国哈尔滨国际经济贸易洽谈会	哈洽会	哈尔滨市
浙江投资贸易洽谈会	浙洽会	宁波市
中国昆明进出口商品交易会	昆交会	昆明
南京世界历史文化名城博览会	宁博会	南京市

注：由全国城市会展办（行业协会）联席会议、中国展览联盟等单位联合主办的第三届中国会展业高峰论坛大会暨 2006 年度“中国会展之星”颁奖盛典评出。

资料来源：《全国“十大最具影响力政府主导型展会”评选揭晓》，中国网，http://www.china. com. cn/city/txt/2007-02/13/content_7822757. htm。

2007 第三届中国商品市场峰会中国商品市场 2006 年度大奖风云榜

大奖名称	获奖市场/城市
中国十强文明市场	义乌中国小商品城；广东西樵轻纺城；海宁中国皮革城；桐乡濮院羊毛衫市场；广东虎门富民时装城；石家庄新华集贸中心市场；成都荷花池商品批发市场；沈阳五爱市场；临沂批发城；重庆朝天门批发市场。
中国十强品牌市场	永康中国科技五金城；山东寿光蔬菜批发市场；路桥中国日用品商城；盛泽中国东方丝绸市场；杭州四季青服装城；石家庄南三条市场；绍兴中国轻纺城；深圳华强北电子市场；萧山商业城；新疆华凌市场。

（续表）

大奖名称	获奖市场/城市
中国十强创新市场	绍兴中国轻纺城钱清原料市场；北京新发地农副产品批发市场；宁波华东物资城；江苏凌家塘市场；武汉汉正街；南昌市洪城大市场；浙江松门水产交易市场；浙江塑料城网上交易市场；福建石狮服装城；嘉兴中国茧丝绸交易市场。
中国十强新星市场	上海宝山钢材交易市场；义乌装饰城；河南中国元通纺织城；北京中科贸电子城；河北太和电子城；无锡新世界；浙江石狮商贸城；海城市西柳服装市场；杭州东方家私市场；重庆绿云石都建材交易市场。
中国十大市场强市（县）	义乌市、永康市、绍兴县、海宁市、桐乡市、佛山市、寿光市、临沂市、常州市、吴江市。

注：由中国社会科学院主办，于2007年10月27日在桐乡濮院召开的第三届中国商品市场峰会上发布的《中国商品市场发展报告》评出。该书由中国社会科学院财贸所中国商品市场发展报告课题组历时半年时间，对全国数百个超10亿元市场进行广泛的调查问卷，并在此基础上对华东、华南、华中、华北、东北和西南地区的重点商品市场进行实地考察、深入调研、理性分析后完成的。

资料来源：《中国社科院评出"全国十大市场强市（县）"》，新华网，http://www.qhnews.com。

参考文献

学术著作类

阿尔弗雷德·马歇尔:《经济学原理》(上,1890年英文第1版),商务印书馆1987年版。

阿尔弗雷德·韦伯:《工业区位论》(1909年德文第1版),商务印书馆1997年版。

阿尔弗雷德·马歇尔:《经济学原理》,商务印书馆1982年版,第78页。

埃维纳·格雷夫:《经济、社会、政治和规范诸因素的相互关系与经济意义:中世纪后期两个社会的状况》,载《新制度经济学前沿》(第二辑),德勒巴克等编,经济科学出版社2003年版。

艾萨德:《区域科学导论》,高等教育出版社1991年版,第72—76页。

奥古斯特·廖什:《经济空间秩序》(1948年德文第1版),商务印书馆1995年版。

奥利弗·威廉姆森:《资本主义经济制度》,商务印书馆2007年版。

保尔·芒图:《十八世纪产业革命》,商务印书馆1983年版。

保罗·克鲁格曼:《地理与贸易》,北京大学出版社2002年版。

布罗代尔:《15至18世纪的物质文明、经济和资本主义》,三联书店1993年版。

布罗代尔:《菲利浦二世时代的地中海和地中海世界》,商务印书馆1996年版。

程学童、王祖强、李涛:《集群式民营企业成长模式分析》,中国经济出版社2005年版。

费尔南·布罗代尔:《15至18世纪的物质文明、经济和资本主义》(第二卷),三联书店2001年版。

弗朗索瓦·佩鲁:《增长极概念》(1945年法文第1版),中国财政经济出版社2002年版。

弗朗西斯·福山:《信任——社会美德与创造经济繁荣》,海南出版社2001年版。

过聚荣:《2006—2007年:中国会展经济发展报告》,社会科学文献出版社2007年版。

哈耶克:《个人主义与经济秩序》,北京经济学院出版社1991年版。

哈耶克:《自由秩序原理》,邓正来译,三联书店1997年版。

何荣飞:《温州民间市场考察》,人民出版社1989年版。

侯建新:《农民、市场与社会变迁——冀中11村透视并与英国乡村比较》,社会科学文献出版社2002年版。

黄仁宇:《万历十五年》,生活·读书·新知三联书店1997年版。

黄宗智:《华北的小农经济与社会变迁》,中华书局2000年版。

林南:《社会资本——关于社会结构与行动的理论》,上海人民出版社2005年版。

林青松、威廉·伯德主编:《中国农村工业:结构、发展与改革》,经济科学出版社1989年版。

陆立军:《中国农村区域经济模式比较研究》,山东人民出版社1989年版。

陆立军等:《义乌商圈》,浙江人民出版社2006年版。

陆立军、白小虎、王祖强:《市场义乌——从鸡毛换糖到国际商贸》,浙江人民出版社2003年版。

陆立军、王祖强:《浙江模式——政治经济学视角的观察与思考》,人民出版社2007年版。

迈克尔·波特:《国家竞争优势》,华夏出版社2002年版。

缪尔达尔:《亚洲的戏剧:南亚国家贫困问题研究》,首都经济贸易大学出版社2001年版。

彭建强:《制度创新与市场发育:中国农村专业批发市场的形成与发展》,中国经济出版社2004年版。

皮朗:《中世纪欧洲经济社会史》,上海人民出版社1964年版。

商品市场竞争力报告课题组编著:《中国商品市场竞争力报告NO.1——中国商品市场蓝皮书》,社会科学文献出版社2005年版。

施坚雅:《中国农村的市场和社会结构》,中国社会科学出版社1998年版。

斯蒂格勒:《产业组织与政府管制》,上海三联书店、上海人民出版社1996年版,第46页。

王缉慈:《创新的空间:企业集群与区域发展》,北京大学出版社2001年版。

吴敬琏:《中国增长模式抉择》,上海远东出版社2006年版。

小艾尔雷德·D.钱德勒:《企业规模经济与范围经济》,中国社会科学出版社1999年版。

杨小凯:《经济学原理》,中国社会科学出版社1998年版。

杨小凯、黄有光:《专业化与经济组织——一种新兴古典微观经济学框架》,经济科学出版社 1999 年版。

杨小凯、张永生:《新兴古典经济学与超边际分析》,社会科学文献出版社 2003 年版。

叶静怡:《发展经济学》,北京大学出版社 2003 年版。

郑勇军等:《解读“市场大省”——浙江专业市场现象研究》,浙江大学出版社 2003 年版。

中华人民共和国国家统计局贸易外经统计司等编:《2007 中国商品交易市场统计年鉴》,中国统计出版社 2007 年版。

朱国宏主编:《社会学视野里的经济现象》,四川人民出版社 1998 年版。

Britnell, R. and B. Campbell eds., 1994, *A Commercializing Economy: England 1086 to 1300*, Manchester: Manchester University Press.

Grossman, Gene M. and Elhanan Helpman, 1991, *Innovation and Growth in the Global Economy*, M. I. T. Press.

Kowaleski, M., 1995, *Local Markets and Regional Trade in Medieval Exeter*, Cambridge University Press.

Krugman, P., 1993, "Geography and Trade", Cambridge (Mass), MIT Press.

Kumar, V., "The Role of R&D Consortia in Technology Development", Research Center for Technology Management, Carleton University, 2003.

Pine Ⅱ, B., 1992, *Mass Customization: The New Frontier in Business Competition*, Harvard Business School Press.

Porter, M., 1990, *Competitive Advantage of Nations*, New York: Free Press.

Saxenian, A., 1994, *Regional Advantage: Culture and Competition in Silicon Valley and Route 128*, Cambridge, MA: Harvard University Press.

Weber, Alfred, 1968, "Theory of the Location of Industries", Chicago: University of Chicago Press.

学术期刊类

白小虎:《文化内生制度与经济发展的文化解释——鸡毛换糖、义乌兵与板凳龙》,《浙江社会科学》2006 年第 2 期。

白小虎:《交换专业化和组织化的理论与历史考证——以义乌“敲糖帮”为例》,《中国经济史研究》2005年第1期。
白小虎:《专业市场集群的范围经济和规模经济》,《财贸经济》2004年第2期。
柏遵华、聂鸣:《产业集群背景下的社会资本与产业集群互动研究》,《科技进步与对策》2004年第10期。
包伟民、王一胜:《义乌模式:从市镇经济到市场经济的历史考察》,《浙江社会科学》2002年第5期。
蔡宁:《企业集群的竞争优势:资源的结构性整合》,《中国工业经济》2002年第7期。
蔡宁等:《产业集群的网络式创新能力及其集体学习机制》,《科研管理》2005年第4期。
晁钢令:《新中国商业改革的回顾与展望》,《财经研究》1999年第11期。
陈炳辉、安玉发、刘玉国:《我国农产品批发市场升级改造的目标模式与重点选择》,《农村经济》2006年第5期。
陈剑峰:《产业集群中社会资本价值模型及其影响因素》,《学术研究》2003年第2期。
陈立旭:《文化因素与中国经济体制变迁的路径》,《浙江社会科学》2000年第1期。
陈梦根:《中国巨市场下的“产出改良惰性”——小宗商品的一个供给特征》,《财贸研究》2003年第4期。
陈通、田红坡:《集群企业信任机制的探讨》,《经济问题》2002年第10期。
程华:《E-business背景下专业市场的演进》,《商业研究》2000年第1期。
程利仲:《浙江省专业市场生成原因、阶段性特征及发展对策探讨》,《商业研究》2003年第18期。
程敏、孙亚娟、洪涛:《流通产业迎接全面开放时期到来——2004年商贸理论观点综述》,《北京工商大学学报(社会科学版)》2005年第3期。
池仁勇:《从专业市场的生存基础变化看其发展趋势》,《商业研究》2003年第9期。
仇保兴:《发展小企业集群要避免的陷阱——过度竞争所致的“柠檬市场”》,《北京大学学报(哲学社会科学版)》1999年第1期。
董烨然:《从交换视角探析浙江产业集群形成的市场动力》,《当代经济科学》2007年第4期。
费孝通:《温州行》,《瞭望》1986年第20期。
方惠:《流通产业组织及其发展趋势》,《北京市计划劳动管理干部学院学报》2004年第4期。
方玉琴、汪少华、裘明军:《内生型集群成长及动力分析——以浙江市场主导集群为例》,《科技管理研究》2006年第5期。
冯拾松:《义乌中国小商品城国际化经营的广度与深度研究》,《商业经济与管理》2004年第1期。
付泳:《论非对称信息市场参与者不良行为的治理》,《甘肃社会科学》2002年第3期。
格雷夫:《历史制度分析:从经济史视角研究制度问题的新进展》,韩毅译,《经济社会体制比较》2003年第5期。
公衍奎:《专业市场竞争与转型之路》,《中国市场》2007年第51期。
龚青、何颖:《中国茧丝绸交易市场:全球茧丝交易要看嘉兴"脸色"》,《浙江市场导报》2007年8月21日。
龚晓瑾:《我国农村专业市场发展中的政府行为》,《南方经济》1996年第7期。
郭冬乐、方虹:《中国流通产业组织结构优化与政策选择》,《财贸经济》2002年第3期。
郭忠明:《钢材专业市场管理服务质量评价研究》(学位论文),电子科技大学,2006年。
韩增林:《我国物流业发展与布局的特点及对策探讨》,《地理科学进展》2002年第1期。
何雄浪:《劳动分工、交易效率与产业集群演进》,《财经科学》2006年第4期。
洪涛:《我国商品交易市场的政策取向及发展趋势——商品交易市场2006年回顾及2007年展望》,《中国市场》2007年第2、3合期。
胡志华:《欲望与现实——浅谈专业市场"国际化"》,《中国纺织》2007年第12期。
胡志华:《专业市场国际化来势正劲》,《纺织服装周刊》2007年第43期。
黄明东:《试论专业市场的功能、生成和发展》,《商业经济与管理》1998年第2期。
惠宁:《分工深化促使产业集群成长的机理研究》,《经济学家》2006年第1期。
贾根良:《网络组织:超越市场与企业两分法》,《经济社会体制比较》1998年第4期。
金国锋:《专业市场拓展机制与路径研究——以义乌小商品市场为例》,《商场现代化》2004年第11期。
金祥荣:《为什么外国没有中国特有?——一种制度演进的路径依赖模式》,《浙江社会科学》1996年第5期。

金祥荣、柯荣住:《对专业市场的一种交易费用经济学解释》,《经济研究》1997年第4期。
金祥荣、王桤桦:《虚拟组织与专业市场创新》,《当代财经》2002年第7期。
金祥荣、朱希伟:《专业化产业区的起源与演化——一个历史与理论视角的考察》,《经济研究》2002年第8期。
黎红、陈光龙:《从某大型专业批发市场看批发市场与现代物流功能的整合》,《物流技术》2007年第7期。
黎澍:《关于中国资本主义萌芽问题的考察》,《历史研究》1956年第4期。
李东光:《现代物流新理念》,《时代经贸》2007年第12期。
李功奎、应瑞瑶:《“柠檬市场”与制度安排——一个关于农产品质量安全保障的分析框架》,《农业技术经济》2004年第3期。
李家祥、王强:《建国五十年来商品流通体制的沿革与启示》,《天津师大学报(社会科学版)》1999年第4期。
李晶:《专业市场与产业集群发展——对汉正街都市工业区发展的思考》(学位论文),武汉大学,2004年。
李俊:《浙江省专业市场现代化策略研究》(学位论文),浙江大学,2003年。
刘林青、王春芬:《汉正街竞争力减弱的系统思考》,《商业时代》2004年第21期。
刘天祥:《产业集群与专业市场的互动机制研究》,《经济研究导刊》2007年第1期。
刘天祥:《基于史学视角下的专业市场发展研究》,《江苏商论》2006年第12期。
刘天祥:《论专业市场与竞争型民营中小企业的发展》,《求索》2006年第11期。
刘衍桥、王代敬:《“交易信息不对称”视野里的社会中介服务兴起》,《科学·经济·社会》2004年第3期。
刘怡:《中国需要会展业　会展业需要中国》,《中国食品工业》2002年第7期。
刘子峰:《论流通产业的战略性地位》,《财贸研究》2005年第2期。
刘宗太:《我国会展经济发展存在的问题及对策》,《经济纵横》2001年第2期。
龙登高:《个体小农与传统市场——以宋代为中心》,《中国经济史研究》1996年第2期。
陆建伟:《织里童装专业市场发展研究——对“浙江模式”的一个诠释》,《浙江经济》2003年第2期。
陆立军:《中国小商品城的崛起与农村市场经济发展的义乌模式》,《经济社会体制比较》1999 年第 1 期。
陆立军:《中国小商品城与农村经济发展的义乌模式》,《商业经济与管理》1997 年第 6 期。
陆立军、杨海军:《市场拓展、报酬递增与区域分工——以义乌商圈为例的分析》,《经济研究》2007 年第 4 期。
罗卫东:《改革开放以来浙江现代化进程的回顾与展望》,《浙江社会科学》2000 年第 6 期。
罗卫东:《温州模式:马格里布、热那亚抑或其他?》,《浙江社会科学》2004 年第 2 期。
罗卫东:《专业市场的前景不容乐观》,《浙江社会科学》1996 年第 5 期。
骆小俊:《专业批发市场的国际化经营模式》,《中共宁波市委党校学报》2005 年第 3 期。
孟华兴、王小平:《如何建设商品交易市场现代物流体系?》,《中国市场》2007 年第 51 期。
潘勇:《"柠檬"问题:传统市场与电子商务市场的比较分析》,《商业经济与管理》2002 年第 2 期。
潘祖和:《对"信息不完整和信息不对称"问题的探讨》,《经济问题探索》2002 年第 5 期。
钱方明、徐永良:《农村专业市场的发展战略研究》,《中国农村经济》2000 年第 8 期。
丘海雄、于永慧:《嵌入性与根植性》,《广东社会科学》2007 年第 1 期。
人民日报:《汉正街小商品市场的经验值得重视》,《人民日报》1982 年 8 月 28 日。
商务部研究院商务信息部:《"十一五"期间我国商品流通体制改革基本思路》,《中国经贸导刊》2006 年第 1 期。
佘明龙、郭玉华:《专业市场与产业集群耦合联动机理研究》,《重庆工商大学学报(西部论坛)》2006 年第 3 期。
盛世豪:《农村专业市场的形成及其主要特点》,《浙江社会科学》1996 年第 5 期。
史晋川:《温州模式的历史制度分析——从人格化交易与非人格化交易视角的观察》,《浙江社会科学》2004 年第 2 期。
史晋川:《制度变迁与经济发展:"浙江模式"研究》,《浙江社会科学》2005 年第 5 期。
孙经纬译:《不对称信息下的市场》,《外国经济与管理》2001 年第 11 期。
陶金国:《传统产业集群与专业化市场发展》,《中国流通经济》2005 年第 5 期。

万晓玲:《跑向市场的网店　跑向网店的市场》,《浙江市场导报》2007年8月14日。

汪斌、董赟:《从古典到新兴古典经济学的专业化分工理论与当代产业集群的演进》,《学术月刊》2005年第2期。

王秉安:《专业市场与制造业产业集群共生现象研究——福建实证》,《发展研究》2005年第10期。

王大洲:《企业创新网络的进化与治理:一个文献综述》,《科研管理》2001年第5期。

王健:《中山古镇灯饰专业市场机理的研究》,《乡镇经济》2004年第11期。

王黎虹:《成都专业市场现状分析与对策研究——以成都机电专业市场为例》(学位论文),电子科技大学,2004年。

王云:《我国现代物流的特点及发展对策》,《贵州工业大学学报》2006年第4期。

王祖强:《专业化交易组织成长与区域经济发展》,《浙江树人大学学报》2004年第2期。

王祖强:《转型经济中地方政府与市场关系的重新诠释——以义乌市场的形成和发展为例》,《中共浙江省委党校学报》2006年第2期。

吴承明:《传统经济·市场经济·现代化》,《中国经济史研究》1997年第2期。

吴德进:《企业间专业化分工与产业集群组织发展》,《经济学家》2006年第6期。

吴恒煜:《信息不对称的市场:逆向选择、信息传递与信息甄别》,《商业研究》2002年第12期。

吴志成:《西方治理理论述评》,《教学与研究》2004年第6期。

夏春玉:《流通、流通理论与流通经济学——关于流通经济理论(学)的研究方法与体系框架的构想》,《财贸经济》2006年第6期。

肖怡:《试论我国商品流通体制中的流通渠道改革》,《广东商学院学报》1999年第1期。

徐锋:《我国专业市场国际化的基本模式和发展路径》,《商业经济与管理》2006年第11期。

徐俊毅:《绍兴纺织产业集群网络的形成与功能分析》,《北方经济》2007年第4期。

晏维龙:《流通革命与我国流通产业的结构变动》,《财贸经济》2002年第10期。

晏维龙:《生产商主导还是流通商主导——关于流通渠道控制的产业组织分析》,《财贸经济》2004年第5期。

杨海娟:《我国纺织专业市场的发展阶段研究》(学位论文),东华大学,2006年。

杨丽青:《市场经济推进中的模式创新——义乌小商品市场发展的案例分析》,《上海综合经济》2004年第5期。

杨强、单单:《浙江传统制造产业群与专业市场互动发展研究》,《商业研究》2005年第13期。

杨强、单单、赵怀祥:《产业集群与专业市场互动发展的动力机制分析》,《商业经济》2005年第3期。

杨强、姚岗:《产业集群与专业市场的互动发展》,《统计与决策》2005年第11期。

叶建亮:《"次品市场"是如何恢复为"正品市场"的?——温州皮鞋业从制假售假到创保品牌的案例研究》,《浙江社会科学》2005年第6期。

于友伟:《浙江专业市场国家化研究》,《对外经贸实务》2006年第5期。

余琼蕾、范钧:《从义乌中国小商品城看我国大型专业市场的国际化》,《商场现代化》2006年第28期。

袁亚春:《浙江专业市场的发展与社会结构变迁》,《浙江大学学报(人文社会科学版)》2002年第6期。

原梅生、弓志刚:《论现代农村商品流通体系的构建》,《财贸经济》2005年第3期。

曾正滋:《公共行政中的治理——公共治理的概念厘析》,《重庆社会科学》2006年第8期。

张军:《增长、资本形成与技术选择:解释中国经济增长下降的长期因素》,《经济学(季刊)》2002年第1期。

张仁寿:《对专业市场的若干思考》,《浙江社会科学》1996年第5期。

张曙光:《对温州模式的几点理论思考》,《浙江社会科学》2004年第2期。

张炎兴、赵秀芳:《地方企业集群制度变迁的演化论解释——以浙江模式为例》,《学术月刊》2005年第6期。

张毅、陈雪梅:《分工演进、社会资本与产业集群——对产业集群的形成与发展机理的一个解释》,《当代经济科学》2005年第3期。

赵暖、张立玮:《关于浙江商品专业市场的调查与思考》,《财经研究》1998年第1期。

郑文哲:《专业市场发展的基本生长点——浙江专业市场发展经验及规律性探索》,《浙江师大学报》1996年第3期。

郑勇军:《浙江农村工业化中的专业市场制度研究》,《浙江社会科学》1998年第6期。

郑勇军等:《时空协同视角下的义乌中国小商品城演进历程分析》,《商业经济与管理》2006年第7期。

郑勇军、金祥荣:《农村制度变迁中的专业市场》,《经济学家》1995年第1期。

中国商业联合会商业政策研究会:《关于中国28年商品流通体制改革的评价——中国商品流通论坛第10、14、15次会议纪要》,《市场营销导刊》2006年第5期。

钟颖:《中国商品批发市场显示强劲势头》,《市场报》2006年7月5日。

周军:《培育现代物流 推动经济发展》,《商业经济与管理》2002年第1期。

朱国凡:《现阶段浙江农村专业市场的发展》,《中国农村经济》1995年第10期。

朱勤:《论产地型专业市场制度创新与中小企业联合营销平台——以浙江为例》,《经济纵横》2004年第2期。

朱玉辰:《关于我国建立批发市场问题的研究》,《管理世界》1993年第3期。

Arthur, W. Brian, Yuri M. Ermoliev, and Yuri M. Kaniovski, 1987, "Path-Dependent Processes and the Emergence of Macrostructure", *European Journal of Operational Reseach*, vol. 30:294—303.

Arthur, W. Brian, Yuri M. Ermoliev, and Yuri M. Kaniovski, 1987, "Path-Dependent processes and the Emergence of Macrostructure", *European Journal of Operational Research*, vol. 30.

Arrow, K., 1962, "The Economic Implication of Learning by Doing", *Review of Economic Studies*, 29(80):155—173.

Arthur, W. Brian, 1989, "Competing Technologies, Increasing Returns, and lock-in by Historical Events", *Economic Journal*, March, 99:116—131.

Arthur, W. Brian, 1990, "Positive Feedbacks in the Economy", *Scientific American*, February, 262(2):92—99.

Blanc, G. Le, "Improving the Return on Human Capital: New Metrics", *Compensation & Benefits Review*, 2000, vol. 32, no. 1:13—20.

Braudel, F., 1975, *Capitalism and Material Life 1400—1800*, New York: Harper and Row.

Bromley, R. J., 1971, "Markets in the Developing Countries: A Review", *Geography*, 56:124—132.

Carayannis Elias G., and Jeffrey Alexander, 2004, "Strategy, Structure, and Performance Issues of Precompetitive R&D Consortia: Insights and Lessons

Learned from SEMATECH", *IEEE Transactions on Engineering Management*, Vol. 51, No. 2:226—232.

Coase, R. , 1937, "The Nature of the Firm", *Economica*, 4(3):386—405.

Coase, R. , 1960, "The Problem of Social Cost", *Journal of Law and Economics*, 3(1):1—44.

Fujita, M. and Mori, T. , 2005, "Frontiers of The New Economic Geography", Institute of Developing Economies, Discussion Paper No. 27, April 2005, http://www. ide. go.

Fujita, M. , P. Krugman and A. J. Venables, *The Spatial Economy: Cities, Regions and International Trade*, Cambridge MA: MIT Press, 1999.

"George J. Stigler", In *Remembering the University of Chicago: Teachers, Scientists, and Scholars*, Edward Shils ed. , Chicago, University of Chicago Press: 469—478.

Glaeser, E. L. , H. D. Kallal, J. A. Scheinkman and A. Shleifer. , 1992, "Growth in Cities", *Journal of Political Economy*, 100(6):1026—1052.

Griliches, Z. , 1992, "The Search for R&D Spillovers", *Scandinavian Journal of Economics*, 94(5):29—47.
Griliches, Z. , 1992, "The Search for R&D Spillovers", *Scandinavian Journal of Economics*, 94(5):29—47.
Henderson, V. , A. Kuncoro and M. Turner, 1995, "Industrial Development in Cities", *Journal of Political Economy*, 103(5):1067—1090.

Holmstrom, B. , 1979, "Moral Hazard and Observability", *Bell Journal of Economics*, 10:74—91.

Jacobs, J. , 1969, *The Economy of Cities*, New York: Random House.

Jacobs, J. , 1985, *Cities and The Wealth of Nations: Principle of Economic Life*, Viking, London.

Jaffe, A. B. , 1989, "Real Effects of Acadamic Research", *American Economic Review*, 79:984—1001.

Jin-Qian and Weingast B. , 1997, "Federalism as a Commitment to Preserving Market Incentives", *Journal of Economic Perspectives*, 11.

Kaldor, Nicholas, 1972, "The Irrelevance of Equilibrium Economics", *Economic Journal*, vol. 82(328), December.

Kaldor, Nicholas, 1975, "What is Wrong with Economic Theory", *The Quarterly Journal of Economics*, Vol. 89(3), August.

Krugman, P. , 1991, "Increasing Returns and Economic Geography", *Journal of Political Economy*, Vol. 99.

Krugman, P. , 1991a, "Increasing Returns, Monopolistic Competition, and International Trade", *International Economics*, 9:469—479.

Krugman, P. , 1991b, "Increasing Returns and Economic Georaphy", *Journal of Political Economy*, vol. 99(3):483—499.

Leontief, W. , 1937, *Interrelation of Prices, Output, Savings, and Investment in The Structure of American Economy*, NY: International Arts and Sciences Press.

Lucas, R. E. , 1988, "On the Mechanics of Development Planning", *Journal of Monetary Economics*, 22(1):3—42.

Milgrom, P. and J. Roberts, 1995, "Complementaritics and Fit Strategy, Structure, and Organizational Change in Manufacturing", *Journal of Accounting and Economics*, 19:179—208.

Miller, E. , 1978, Medieval England: Rural Society and Economic Change 1086～1348, Longman:121—122, 511.

Mirclees, J. , 1974, "Notes on Welfare Economics, Information and Uncertainty", in *Essays on Economics Behavior under Uncertainty*, edited by Michael Balch, Daniel McFadden and shif-yen Wu, Amsterdam: North-Holland.

Mirrlees, J. , 1976, "The Optimal Structure of Authority and Incentives within an Organization", *Bell Journal of Economics* 7, 105—131.

Mothe, Caroline and Bertrand Quélin, 2000, "Creating Competencies through Collaboration: The Case of EUREKA R&D Consortia", *European Management Journal*, 18(6):590—604.

Nolan, P. , 1993, "China's Post-Mao Political Economy: A Puzzle", *Contributions to Political Economy*, vol. 12:25—31.

Romer, P. M. , 1986, "Incearing Returns and Long Run Growth", *Journal of Political Economy*, 94(5).

Romer, P. M. , 1986, "Increasing Returns and Long Run Growth", *Journal of Political Economy*, 94(5):1002—1037.

Romer, P. M. , 1987, "Growth Based on Increasing Returns due to Specialization", *American Economic Review*, May. 77:56—62.

Rothschild, M. and J. E. Stiglitz, 1970, "Increasing Risk: A Definition", *J. Econ. Theory*, Sept. , 2:225—243.

Saxenian, A. , 2001, "The Role of Immigrant Entrepreneurs in New Venture Creation", in C. B. Schoonhoven and E. Romanelli(eds.), *The Entrepreneurship Dynamic*, 40—67.

Smith, A. , 1776, *An Inquiry into the Nature and Causes of the Wealth of Nations*, David Campbell Publishers Ltd. , London:42—48.

Spence, M. , 1973, "Job Market Signaling", *The Quarterly Journal of Economics*, vol. 87(3), Aug. :355—379.

Young, A. , 1928, "Increasing Returns and Economic Progress", *Economic Journal*, Vol. 38, No. 152. Dec. :527—542.

后 记

《专业市场:地方型市场的演进》一书是我们共同承担的复旦大学新政治经济学研究中心和上海世纪出版集团为纪念改革开放 30 周年,面向海内外公开招标的系列重大课题的研究成果。

我们自 20 世纪末开始,即相互合作、共同致力于研究社会主义经济理论与实践,而身处"市场大省"浙江,更使我们多年来一直把专业市场作为考察、研究和实践的对象,并陆续发表了一些相关论著。有幸获准承担本课题后,我们在已有研究成果的基础上,先后到北京、辽宁、浙江、江苏、上海、广东、湖北、甘肃等省(市)的 54 座专业市场进行考察、座谈;并在我们长期学习、研究、实践的基地——浙江省义乌市,对全球最大的专业市场——中国小商品城市场开展了万家商户和 4 000 家企业的问卷调查,在义乌市领导的大力支持下,先后召开了一系列研讨会。在此基础上,我们分头执笔,写出了初稿。其间,南昌航空大学的杨海军、中共浙江省委党校的杨志文和郑小碧、浙江师范大学的俞航东、美国爱荷华州立大学(Iowa State University)的陆瑶等青年学者参与了调研和部分章节初稿的写作,浙江省发展规划研究院的殷庆坎参与了本书数据的搜集和分析处理。2008 年 4 月,复旦大学新政治经济学研究中心和上海世纪出版集团召开了课题中期成果汇报会,对初稿的修改提出了重要的指导意见,会后,由王祖强集中精力,根据与会专家、领导的意见对全书作了较大修改、调整和补充,并与陆立军共同确定了修改稿。修改稿由课题招标单位送审后,三位匿名评审专家对书稿既作了充分的肯定,也提出了十分宝贵的修改意见;根据专家意见,我们利用暑假,集中时间对书稿作了进一步的修改和润色。

在完成课题和本书写作的过程中,复旦大学新政治经济学研究中心主任史正富教授,上海世纪出版集团总裁陈昕编审,上海市人民政府研究室副主任周振华研究员,复旦大学经济学院陆德明教授,上海市工商联副主席、上海社会科学院部门经济研究所所长杨建文研究员,北京大学中国经济研究中心陈平教授,浙江大学经济学院常务副院长史晋川教授,浙江大学公共管理学院院长姚先国教授,浙江工商大学党委书记胡祖光教授,浙江工商大学 MBA 教育中心主任、现代商贸研究中心副主任郑勇军教授,浙江大学经济学院朱希伟副教授等著名专家从本课题立项到调研写作都给予了精心指导和大力帮助。三位匿名评审专家精心审阅了我们的书稿，提出的建议十分具体和富有建设性。我们的任职单位浙江师范大学、中共浙江省委党校和浙江工商大学现代商贸研究中心（教育部人文社科重点研究基地）的领导和科研管理部门对此项工作也非常支持，并给予了热情帮助。特此说明并一一致以谢忱。

本书责任编辑李娜同志与我们虽未谋面，但通过多次网上、电话联系，尤其是看了她在编辑过程中提出的修改意见以及对文稿所作的订正、修改，我们深感她是一位十分敬业也非常有水平的编辑，使我们对上海世纪出版集团及其编辑队伍的钦佩之心油然而生。特借此机会表示谢忱。

在纪念改革开放30周年之际，我们有幸承担了在国内外享有盛誉的复旦大学新政治经济学研究中心和上海世纪出版集团交付的重大研究任务，促使我们对专业市场这一我国改革开放催生的重大制度创新，再次开展了较为系统的研究。改革开放以来，专业市场对我国农村工业化、市场化和城镇化作出了不可磨灭的贡献，引起了国内外各方面人士的关注和好评，但在其成长中也面临新形势、新挑战、新使命，对此我们在浙江义乌等地的长期学习、研究和实践中体会甚深。目前，随着国内外经济形势的新变化和科学发展观的日益落实，我国的专业市场正处在转型、整合、提升的关键时期，并将在今后国民经济的发展与变革中作出更大的贡献。为此，我们将继续关注专业市场这一富有中国特色的研究对象，尤其是网下有形市场与网上无形市场相融合的新型专业市场这一发展趋势，力争能推出新的研究成果，并使之对中国经济改革发展和新政治经济学的学科建设作出新的更大贡献！

陆立军　王祖强

2008年8月

图书在版编目(CIP)数据

专业市场:地方型市场的演进/陆立军,王祖强著.
上海:格致出版社:上海人民出版社,2008
(中国改革30年研究丛书)
ISBN 978-7-5432-1529-0

Ⅰ. 专… Ⅱ. ①陆…②王… Ⅲ. 国内市场-市场经济-研究-中国 Ⅳ. F723

中国版本图书馆CIP数据核字(2008)第148053号

责任编辑 李 娜
封面设计 陈 楠

中国改革30年研究丛书
专业市场:地方型市场的演进
陆立军 王祖强 著

出 版 世纪出版集团 www.ewen.cc
格致出版社 www.hibooks.cn
上海人民出版社

(200001 上海福建中路193号24层)

格致出版
编辑部热线 021—63914988
市场部热线 021—63914081

发 行 世纪出版集团发行中心
印 刷 上海图宇印刷有限公司
开 本 787×1092毫米 1/16
印 张 23
插 页 5
字 数 354,000
版 次 2008年11月第1版
印 次 2008年11月第1次印刷
ISBN 978-7-5432-1529-0/F·112
定 价 45.00元